高职轨道交通铁道类专业精品教材

铁路工程施工组织与概预算

主　编　李东侠　张振雷

副主编　赵纪平　闫晶　李坤

参　编　关森　李秀焕

北京理工大学出版社

BEIJING INSTITUTE OF TECHNOLOGY PRESS

内 容 提 要

本书是全国高职轨道交通铁道类专业规划教材,是根据教育部对高职教育的教学要求及最新的相关国家标准和行业标准编写而成。本书系统地介绍了铁路工程施工组织和概预算的有关内容。全书分上、下两篇,上篇铁路工程施工组织,主要介绍了施工准备工作和临时工程、施工组织设计、网络计划技术、路基工程施工组织、桥涵工程施工组织、隧道工程施工组织和轨道工程施工组织等内容;下篇铁路工程概预算,主要介绍了铁路工程计量、铁路工程概预算定额和铁路工程概预算编制等内容。本书编写思路清晰,内容简明扼要,注重实用性。

本书可作为高职高专院校轨道交通铁道类专业的教学用书,也可作为各类成人教育铁道类的专业教材,还可作为铁路职工培训用书及工程技术人员参考用书。

图书在版编目(CIP)数据

铁路工程施工组织与概预算/李东侠,张振雷主编. —北京:北京理工大学出版社,2013.1(2024.8重印)

ISBN 978-7-5640-7392-3

Ⅰ.①铁…　Ⅱ.①李…　②张…　Ⅲ.①铁路工程-工程施工-施工组织-高等学校-教材　②铁路工程-概算编制-高等学校-教材　③铁路工程-预算编制-高等学校-教材　Ⅳ.①U215.1

中国版本图书馆CIP数据核字(2013)第022816号

责任编辑: 李志敏　　　　　**文案编辑:** 李志敏
责任校对: 周瑞红　　　　　**责任印制:** 边心超

出版发行 / 北京理工大学出版社有限责任公司

社　　址 / 北京市丰台区四合庄路6号

邮　　编 / 100070

电　　话 / (010)68914026(教材售后服务热线)

　　　　　　 (010)68944437(课件资源服务热线)

网　　址 / http://www.bitpress.com.cn

版 印 次 / 2024年8月第1版第13次印刷

印　　刷 / 河北世纪兴旺印刷有限公司

开　　本 / 787 mm×1092 mm　1/16

印　　张 / 19.5

字　　数 / 510千字

定　　价 / 55.00元

前言
Preface

　　高职高专教育的培养目标是高素质专业人才，高质量的教材是达到这一目标的基本保证。高职高专教育教材应当满足高等教育改革发展的需要，应当根据技术领域和岗位群的任职要求，参照相关的职业资格标准、改革理论体系和学习内容，突出职业能力培养的特色。本教材正是依据上述要求，根据教育部高职高专教育铁路线路课程教学基本要求，并结合吉林铁道职业技术学院课程改革成果编写而成。

　　全书分上、下两篇，上篇铁路工程施工组织，主要介绍了施工准备工作和临时工程、施工组织设计、网络计划技术、路基工程施工组织、桥涵工程施工组织、隧道工程施工组织和轨道工程施工组织等内容；下篇铁路工程概预算，主要介绍了铁路工程计量、铁路工程概预算定额和铁路工程概预算编制等内容，并介绍了铁道部最新发布的预算定额使用方法和概预算编制办法。本书内容密切联系现场实际，侧重基本知识的传授，涉及面广，适用性强，并且给出了必要的算例，各章后都附有复习思考题，便于读者练习和思考。

本书由吉林铁道职业技术学院李东侠、辽宁铁道职业技术学院张振雷任主编，吉林铁道职业技术学院赵纪平、闫晶和辽宁铁道职业技术学院李坤任副主编，中铁九局二公司关森、辽宁铁道职业技术学院李秀焕任参编。具体分工如下：绪论由李秀焕编写；项目1由闫晶编写；项目2、项目3、项目4、项目5、项目6由李东侠编写；项目7由张振雷编写；项目8由李坤编写；项目9由赵纪平编写；项目10由赵纪平、关森编写。在本书编写过程中，得到了中铁九局二公司预算部门的大力支持，在此表示感谢。

由于编者水平有限，书中疏漏之处在所难免，敬请读者批评指正。

编　者

目录
Contents

绪　论

🔵 **项目描述**

　　绪论主要阐述了铁路基本建设的特点、铁路基本建设程序及工作内容、铁路基本建设项目、铁路基本建设工程施工以及本课程的特点等内容。

🔵 **学习目标**

　　了解铁路基本建设的特点；
　　掌握铁路基本建设程序及工作内容；
　　掌握铁路基本建设项目；
　　掌握铁路基本建设工程施工；
　　了解本课程的特点。

　　基本建设是人类生产活动的基本形式，作为国民经济的重要组成部分，它是社会生产力发展和科技进步的动力。"铁路运输是国民经济的大动脉"，"若要富，先修路"，这些说法表明铁路基本建设是国家基本建设的一个重要方面。我国于 1876 年出现第一条运营铁路，至 2010 年底，铁路运营总里程已达到 9.1 万公里，其中已经投入运营的高速铁路也已经达到 8358 公里；复线铁路里程为 3.6 万公里，复线率 39.56%；电化铁路里程为 4.24 万公里，电化率 46.59%。虽然我国铁路建设在强化八纵八横、构筑快速网络、扩大西部路网、提高线路质量等方面取得了很大的成就，但是还远远不能满足国民经济可持续发展的需要。

0.1　铁路基本建设的特点

　　铁路基本建设是通过建筑安装（以及与此相联系的其他工作）和购置活动，把各种铁路建筑材料、机器设备等物资转化为固定资产的过程，是国家基本建设的一个重要方面。铁路基本建设具有以下特点：

1. 施工线路长

　　一条新建或改建铁路往往要经过几个省、区、市。工点极为分散，铁路有多长，线路施工现场就有多长，而且终年不间断地在复杂地质和不同气候条件下野外施工。

2. 结构多样化，技术类型多

　　仅以桥梁工程的基础而言，就有明挖基础、挖井基础、挖孔桩基础、沉井基础、钻孔桩基础、管柱基础等类型；从结构上说，有石砌基础、混凝土基础、片石混凝土基础、钢筋混凝土基础等。

3. 专业多、工种杂

　　铁路工程是一项专业多、工种杂、配套项目繁的系统工程。其包括拆迁工程、路基工程、桥涵和涵洞工程、隧道及明洞工程、轨道工程、通信及信号工程、电力及电力牵引供电工程、房屋工程、运营生产设备及建筑物等。为了保证铁路基本建设的顺利进行，还必须组织安排好准备工作、临时工程、辅助企业、材料供应及运输、生活福利设施等。

4. 施工条件复杂

铁路工程施工条件复杂，互相制约的因素多。铁路建设是由很多工程组成的，地区、地形、地质、气候、交通、工期等条件的不同，决定了错综复杂的施工顺序、施工方法、运输方法和机具配备。铁路线路往往要经过高山深谷、大江大河、戈壁沙漠、原始森林等地区，工程艰巨、技术复杂、交通困难且生活条件差。在施工过程中，地质、气候变化多端，难以预料。特别是既有线改建、扩建和增建第二线，需要在行车干扰情况下施工，此时既要保证通过能力和安全运营，又要保证工程任务的完成，导致了施工的复杂化。除此之外，铁路工程施工过程中还需要处理好征地、拆迁、补偿、道路、供电、给水等问题，以便施工顺利进行。

5. 投资大、工期长

在建设期间，外部环境的变化直接影响着建设项目的总投资和总工期。铁路建设每公里的基建投资，少则几百万元，多则几千万元；而施工期限少则数月，多则数年。

0.2　铁路基本建设程序及工作内容

基本建设程序是指基本建设项目在决策、设计、施工到竣工验收等工作过程中，各阶段、各环节之间必须遵循的先后次序。铁路基本建设必须严格执行建设程序。

0.2.1　基本建设程序

基本建设程序如图 0-1 所示。

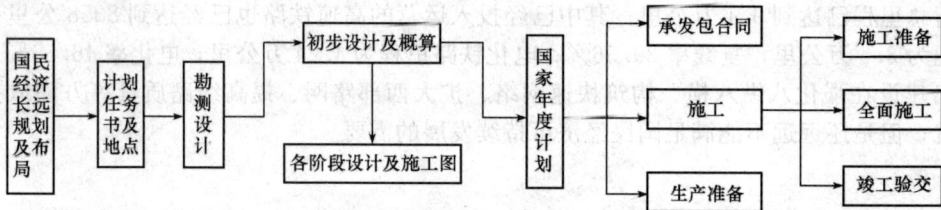

图 0-1　基本建设程序

0.2.2　基本建设工作内容

1. 可行性研究

可行性研究是项目建设决策阶段的重要工作，是对建设项目进行技术、经济方面的可行性论证，是立项决策的依据。

铁路基本建设项目的前期工作分为预可行性研究和可行性研究两个阶段。铁路基本建设项目通过机会研究对拟建的铁路项目的客货运量进行预测，研究某地区铁路建设的必要性，判别项目是否对国民经济的发展具有促进作用，铁路建成后是否能获得满意的运营效果。如果初步判明项目在国民经济发展中具有积极作用和较明显的投资效益，且建设部门、投资者或企业集团对投资寄予希望，则提出有必要进行下一步的预可行性或直接进行可行性研究的建议。预可行性研究是从宏观上论证建设项目的必要性，为项目建议书提供必要的基础资料，内容包括建设项目在政治、经济、军事上以及在路网中的意义和作用，邻接铁路的能力制约及加强措施，设计线的客货运量调查、远期预测及设计能力，对地区经济发展的意义，外部协作条件及相关工程，线路走向、接轨方案、主要技术标准的初步意见，运输组织，土建及配套工程，环境保护及节能、建设年限、投资估算、资金筹措设想与经济评价。预可行性研究审批后，批准项目建议书。在可行性研究中，为了提高投资与效益的估算精度，可将现行初测和初步设计的部分工作，特别是线路、地质工作提前到可行性研究阶段进行，内容包括线路方案、建设规模、主要技术标准、主要设计原则、主要设备制式和类型、主要工程数量、主要材料、用地及拆迁、建设工期、投资估算、资金筹措方案及外资使用方案建议、财务评价和国民经济评价以及环保与节能。可行性研究获审批后，即作为计划任务书。

2. 设计任务书的编制

设计任务书是确定基本建设项目，编制设计文件的主要依据，在基本建设程序中起主导作用。设计任务书把国民经济计划落实到建设项目上，同时使项目建设及建成投产后的人、财、物有可靠保证。

一切新建、扩建、改建项目，都要根据国家发展国民经济的计划和要求，按照项目的隶属关系，由主管部门组织计划、设计等单位，编制设计任务书。

3. 选择建设地点

建设地点的选择，要求在综合研究和进行多方案比较的基础上，提出选点报告。例如，进西藏的铁路，有川藏、青藏、新藏等不同走向方案，经综合比较选定由青海入藏。

综合考虑包括工程地质、水文地质、地形等自然条件，建设时所需的水、电、运输条件，以及工作人员的生产、生活环境条件等，并进行全面比较。

4. 编制设计文件

建设项目的设计任务书和选点报告经批准后，主管部门应委托设计单位，按设计任务书的要求编制设计文件，设计文件是安排建设项目和组织工程的主要依据。

大中型建设项目，一般采用两阶段设计，即初步设计和施工图设计；对于技术复杂而又缺乏设计经验的项目，可增加技术设计阶段；对于工程简单、原则明确、具备条件的可按一阶段设计，即施工设计。

初步设计的目的是确定建设项目在指定地点和规定期限内进行建设的可能性和合理性，从技术上和经济上对建设项目通盘规划、合理安排，做出基本技术决定并确定总的建设费用，以便取得最好的经济效益。

技术设计是为了研究和决定初步设计所采用的工艺过程、建筑结构形式等方面的主要技术问题，对初步设计进行补充和修改，与此同时，要编制、修正总概算。

施工图设计是在获得批准的初步设计基础上制定的，比初步设计更具体、精确。其是进行建筑安装、铺设、制造各类建筑物和机器设备安装所需要的图纸，是现场施工的依据。在施工图设计中，还应编制施工图预算。

铁路设计将现行的初步设计、技术设计及施工图设计三个设计阶段调整为初步设计和施工图设计两个阶段。铁路初步设计的工作深度要求达到现行技术设计的水平，解决各类工程的设计方案、技术问题、工程数量、主要设备数量、主要材料数量、用地拆迁数量、施工组织设计及概算。文件经审批后，作为控制建设项目总规模和总投资的依据。施工图的内容应详细说明施工具体事项和要求。

5. 做好建设准备工作

为确保施工的顺利进行，必须做好各项建设的准备工作。设计任务书获得批准之后，主管部门根据计划要求的建设进度和工作的实际情况，指定企业或建设单位，组成精干班子，负责建设准备工作。

6. 列入年度计划

一切建设项目都要纳入国家计划，以进行综合平衡。大中型项目由国家批准；小型项目，按隶属关系，在国家批准的投资总额内，由各部门及各省、区、市自行安排。用自筹资金安排的项目，要在国家确定的控制指标内编制计划。

根据批准的总概算和建设工期，合理安排建设项目的分年度实施计划。

7. 组织施工

建设项目列入国家年度计划后，应做好准备工作，具备开工条件，并经审核批准才能开工。计划、设计、施工三个环节应互相衔接，投资、工程内容、施工图纸、设备材料、施工力量五个方面要落实，以保证全面完成计划。

8. 生产准备

为保证项目建成后能及时投产，建设单位要根据建设项目的生产技术特点，组成专门的生产班子，抓好生产的准备工作。

9. 竣工验收，交付生产

生产准备做好之后，就可进行竣工验收，验收合格后即可交付生产。竣工验收的作用在于：在投产前解决影响正常生产的问题；参加建设的各单位分别进行总结，以利于经验的累积和资料的保存，供今后的项目建设借鉴；促进固定资产的移交，以利于生产使用。

铁路基本建设程序除预可行性研究、可行性研究、初步设计、施工图设计、工程施工和设备安装、验交投产、正式运营等具体工作内容外，还应加强铁路建成后的后评估工作。在铁路运营若干年后，由建设单位会同有关部门对立项决策、设计质量、施工质量、技术经济指标、投资和经济效益等进行后评估，以总结经验，提高决策水平。

0.3　铁路基本建设项目

1. 铁路基本建设项目内容

凡按一个总体设计组织施工，完工后具有完整的系统，可以独立地形成生产能力或使用价值的建设工程，称为一个建设项目。执行基本建设项目投资的企业或事业单位称基本建设单位，简称建设单位。

铁路基本建设项目，从大的方面而言，包括铁路新线修建项目、既有线复线或电化改造项目、线路或个体工程改扩建项目等，这些又包含许多子项目，如新建铁路基本建设工程项目线路路基及轨道、桥隧建筑、站场、机务设备、车辆设备、给水排水、通信、信号、电力、房屋建筑，一般将前三项工程统称站前工程，后七项工程统称站后工程。

2. 铁路基本建设项目划分

一个建设项目，按其复杂的程度，由下列工程内容组成：

(1)单项工程(也称工程项目)。凡具有独立的设计文件，可独立组织施工，竣工后可以独立发挥生产能力或工程效益的工程，称为一个单项工程。一个建设项目可以是一个单项工程，也可以包括若干个单项工程，如铁路建设在既有线站场改、扩建项目中，就有站房扩建、信号楼改建等具体工程项目。对于一条新建线路，采取分区段施工，每一区段可视为这条铁路建设项目的一个单项工程，而对每一区段中的单个路基、桥、涵、隧道等工程，不能视为单项工程，因其竣工后无法形成运输生产能力，只有各项工程完成并铺轨通车后，才能发挥使用效益。

(2)单位工程。单位工程是指具有单独设计，可以独立组织施工的工程。单位工程是单项工程的组成部分。在实际工作中，为了便于组织施工，通常根据工程的性质、作用和能否满足独立施工的要求，将一个单项工程划分为若干个单位工程，如新建线的路基、桥、涵、隧道等工建筑均为新建线的单位工程。

实施性施工组织设计和概预算以及成本考核的编制，一般是以单位工程为对象。

(3)分部工程。分部工程即单位工程中各组成部分的工程。如一座桥梁，由上部建筑和下部建筑组成，而桥梁墩台又由基础工程和主体工程等工程组成。

(4)分项工程。分项工程是按不同性质划分的工作内容集合。如按主要工种工程来划分，主体工程由模板、钢筋、混凝土等分项工程组成。

0.4 铁路基本建设工程施工

施工单位自承接工程任务至竣工验交，一般要经过签订施工合同、做好施工规划、工程施工准备、组织施工及管理和竣工验交五个步骤。

1. 签订施工合同

建设单位为择优选择施工单位会举行公开招标。施工单位通过投标获取承包权，一旦中标，即可签订合同。基本建设工程的施工合同，是经济合同的一种形式，是基本建设工程发包方(建设单位或甲方)与承包方(施工单位或乙方)的法人代表为完成预定的基本建设工程，建立的双方明确责任、权利、义务关系的，具有法律约束力的文件。所签订合同的副本送交有关部门监督执行。

2. 做好施工规划

施工合同签订生效后，施工单位对承建工程进行全面统筹安排，做好施工规划，并对工程施工中的重大问题进行战略决策。主要内容为建立现场施工机构，明确任务分工；制订重点工程的施工方案；拟定主要工种工程的施工方法；做出施工准备工作的规划。

根据施工部署的要求，合理地确定工程项目施工的先后顺序、施工期限、开工和竣工日期以及它们之间的搭接和时间，并正确地编制施工总进度计划。

在施工部署、施工方案和施工总进度计划的基础上，对各项生产、生活设施根据布置原则和要求进行规划，并布置在铁路建设工程施工总平面图上。

基本建设项目施工组织总设计，即铁路基本建设项目综合性施工组织设计，既为施工单位投标文件之必需，又是做好施工规划的基本方法。

完成施工规划后便可确定建筑工地上劳动力、材料、成品、半成品的需求量及其分批供应的日期，确定附属企业及基地的生产能力，临时房屋和仓库、堆场的面积，供电、供水的数量等。

3. 工程施工准备

施工准备工作是顺利开展基本工程的基础，对于铁路工程更是如此。在基本工程开工前，应做好各项准备工作：吃苦耐劳的思想准备、周密细致的组织准备、劳动力准备、物资准备和技术准备。根据设计单位提供的施工图文件，进行单位工程施工组织设计、施工作业设计，重点、关键作业必须做好施工作业过程。各级施工部门必须组织施工现场调查，实地核对设计文件，堪察地形、地质，了解当地材料、气候、水文、交通运输、动力及生活条件，做好施工场地准备、临时工程的修建以及生活后勤保障的准备，并做好施工计划安排，提出开工报告。

4. 组织施工及管理

对于一项基本建设工程而言，精心设计是关键，精心施工是保证。工程施工的基本任务是按照施工组织设计的安排进行施工。为保证铁路建设工程的工程质量，应积极推行工程项目管理制度，强化施工管理，在施工中做好动态控制，以保证质量、进度、成本、安全、节约等目标的实现。管理好施工现场，实行文明施工。严格履行工程承包合同，协调好内外关系，处理好合同变更及索赔事宜。

5. 竣工验交

竣工验交即工程收尾进入试运转阶段，在施工单位预验收基础上接受正式验收，整理移交竣工文件，总结工作，编制竣工总结报告，办理工程交付手续。

工程验交后，按合同责任期提供后续服务：提供技术咨询，进行工程回访，负责必要的维修工作，等等。

0.5 本课程的特点

本课程包括铁路工程施工组织与铁路工程概预算两部分内容，这两部分既密切联系，又相对独立。本课程既要研究技术问题，又要研究经济问题，是一门技术性、专业性和综合性很强的课程，是铁道工程及相关土建专业的专业课。

铁路工程施工组织设计是组织施工、指导生产活动、保证铁路基本建设工作正常进行的重要技术文件。其内容主要讲述如何对铁路工程项目或某一单位工程的各施工环节进行全面安排和优化组织，以达到保质、保量、按期完成铁路建设施工任务。

铁路工程概预算是确定每项新建、改建和恢复工程，从筹建到竣工交付使用所需全部建设费用的计划性文件。其通过货币的形式来评价和反映铁路建筑产品的经济效果。该部分内容主要讲述工程定额，铁路概预算费用的组成、编制原则和依据（铁建设〔2006〕113号《国家铁路基本建设工程设计概算编制办法》），以及如何根据施工组织的要求和国家及铁道部的规定来编制铁路工程项目或某一单位工程的概预算，正确确定其工程造价，以求处理好国家、建设单位、施工企业之间的经济关系。

随着基本建设经营管理体制改革的深入发展，施工组织与概预算方面的工作显得更为重要。主要涉及工程制图、工程材料、工程机械、工程地质及路基、桥涵、隧道、站场等工程设计、施工、计算机应用等多方面的知识，而且政策性很强。因此，必须学会综合应用以前所学的知识，严格执行党的路线、方针、政策，认真遵守技术规范、规程和有关编制办法的规定；要求学生能够理解基本概念，并通过反复练习和实践，掌握编制一般工程实施性施工组织设计和个别单位工程概预算的方法，不断提高解决实际问题和独立工作的能力，适应铁路现代化建设的需要。

▶◀ 项目小结 ▶◀

铁路基本建设的主要任务包括修建新线铁路，既有线复线和电气化改造，线路个体工程、车站枢纽等的改扩建工程，具有工程量大、施工线长、技术门类多、专业种类多、配套工程多、施工条件复杂、投资大、工期长等特点。铁路基本建设必须严格执行建设程序。绪论介绍了铁路基本建设的特点，重点介绍了铁路基本建设程序及工作内容、铁路基本建设工程施工，并定义了铁路基本建设项目，将铁路基本建设项目划分为单项工程、单位工程、分部工程及分项工程，最后介绍了本课程的特点。

▶◀ 复习思考题 ▶◀

1. 什么是基本建设？铁路基本建设的特点有哪些？
2. 铁路基本建设程序如何划分？
3. 铁路基本建设工作内容有哪些？
4. 什么是建设项目？铁路基本建设项目工程的内容有哪些？
5. 简述铁路基本建设工程施工步骤。
6. 铁路工程施工组织设计的意义是什么？

上篇　铁路工程施工组织

项目 1　施工准备工作和临时工程

项目描述

施工准备工作和临时工程并不构成永久性建筑物，但却是保证铁路工程各项基本工作顺利进行和如期完成的必需工作。本项目是铁路工程施工组织的基础之一，主要阐述铁路工程施工准备工作、临时工程、附属企业、工程运输等内容，为学习铁路路基、桥涵、隧道、轨道等施工组织打下基础。

学习目标

熟悉施工组织准备、施工调查、技术准备及施工现场准备的内容；

掌握临时房屋、临时道路、临时给水、临时供电的确定；

了解附属企业布置应考虑的因素及选址原则；

了解工程运输量的计算及运输路线的选择。

1.1　施工准备工作

学习任务

通过对施工准备工作的学习，明确铁路工程施工准备工作的主要内容，即组织准备、施工调查、技术准备及施工现场准备的内容。

铁路基本建设工程项目，不论其规模大小，均可按照施工单位程序将其施工全过程分为工程投标签约、施工准备、全面施工、竣工验交与结算、用后服务五个阶段。

施工准备工作是为了保证工程顺利开工和施工活动正常进行而事先做好的各项准备工作。其是施工程序中的重要环节，不仅存在于开工之前，而且贯穿在整个施工过程之中。

铁路的各项基本工程是由准备工作、辅助工作、基本工作来完成的。其中，基本工作是铁路的主体工作，它将构成永久性建筑物；准备工作和辅助工作是保证铁路工程各项基本工作顺利进行和如期完成的必需工作，并直接影响基本工作的速度和质量。

准备工作必须在基本工作开工前完成，它包括组织准备、施工调查、技术准备及施工现场准备等工作。

辅助工作，是根据铁路建筑的需要，修建一些临时工程、设置附属企业及材料供应和运输组织等，以保证工期内的工程运输、居住、通信、水电和材料的供应。辅助工作一部分在基本工程开工以前完成，一部分与基本工作同时进行。

实践证明，只有重视施工准备工作，积极为拟建工程创造一切施工条件，工程施工才会顺利地进行；如果不重视施工准备工作，就会给工程施工带来麻烦和损失，甚至给工程施工带来灾难，后果不堪设想。

1.1.1 组织准备

1. 我国现行的铁路施工管理机构

我国现行的铁路施工管理机构见表1-1。

表 1-1 铁路施工管理机构

属国务院国资委 监管的中央企业	中国铁路工程总公司（CREC）	中铁一局~中铁十局
	中国铁道建筑总公司（CRCC）	中铁建十一局~中铁建二十五局
	临时机构	临时成立的指挥部、项目经理部等
属地方管理的企业	固定机构	地方铁路开发公司
	临时机构	临时成立的指挥部、项目经理部等

中国铁路工程总公司前身是铁道部基本建设总局，1989年改制成为中国铁路工程总公司，2000年与铁道部正式脱钩，其下原有的第一到第五工程局改制为十个集团有限公司（俗称"老五局"、"新五局"），出于历史渊源的考虑，使用了"中铁×局集团有限公司"这样的公司名称。需注意的是，这不是简称而是正式的公司名称。

中国铁道建筑总公司前身是中国人民解放军铁道兵，在军队改革中脱下军装，成立总公司，归铁道部管理，同样在2000年与铁道部正式脱钩，其下设立了十五个集团有限公司。由于部分原属老五局的工程部、项目部划归其管理，也按照同样的命名规则命名旗下公司，即中铁建十一局集团有限公司到中铁建二十五局集团有限公司。

在此以后，铁道部对铁路局进行改革，将铁路局下属的工程系统全部划归这两大总公司，按照地域、协商、自愿、搭配等原则，两大总公司又各增设五个工程局，中国铁路工程总公司增加编号6~10，即中铁六局~中铁十局。中国铁道建筑总公司增加编号21~25，即中铁建二十一局~中铁建二十五局。

中铁×局（集团公司）或中铁建×局（集团公司）下设工程公司，工程公司下又设项目经理部等。

由地方投资并修建的铁路的施工一般由地方铁路管理机构负责。

临时机构一般指一个大的建设项目临时组成的指挥部、项目经理部等，以便对项目进行统一管理和协调。

2. 开工前的组织准备

施工企业承接施工任务后，组织各级施工管理机构、施工队伍、材料供应及运输管理部门，组织附属企业，进行劳动力训练，与其他单位签订各种协议合同等。

1.1.2 施工调查

施工调查的意义在于通过调查，了解和核对线路的详细情况，重点工程情况和沿线的施工条件等，确定符合实际情况的施工布置和施工方法，决定材料来源和运输方法，落实各项辅助工程和附属企业的设置，规划临时工程，作为编制施工组织设计和概预算的重要依据。

1. 施工调查的基本内容

(1)水文、地质及气象资料，包括沿线的气温、气压、雨量、风力以及大风（6级以上）、暴雨山洪、泥石流等出现的季节及危害程度;线路通过地区的不良地质、冻土深度、地下水位等有关资料。

(2)交通运输(铁路、公路、水运)情况及可利用的条件,包括当地的运输工具、运价情况,需要整修及准备修建的运输便道等情况。

(3)砖、瓦、砂、石(片石、料石、碎石、道碴、卵石)、石灰、竹、木等当地材料的产地、储量、产量、质量、单价及运输条件等。

(4)全线工程分布情况与地形特征,特别是与重点工程的施工条件、施工顺序及施工方法等有关的自然条件。

(5)当地水、电、燃料、通信、房屋等可供利用的条件及价格等。

(6)当地政府有关购地、租地、补偿和拆迁等文件规定及计费办法,有关产权单位要求的条件和单价。

(7)当地的风俗习惯、医疗卫生、生活供应、文化教育等情况。

(8)当地农作物种、收季节,可供利用劳动力的工种、人数以及沿线可承包工程的施工单位的能力、信誉等。

(9)拟建的临时工程、辅助工程及附属企业等设施的现场位置、地形、地貌、水文、地质等情况。

(10)先进的施工经验、先进技术及科研成果等资料。

2. 编写施工调查报告

施工调查完毕,应整理好资料,及时写出施工调查报告。施工调查报告包括以下内容:

(1)工程概况:地形、地貌、水文、地质情况,施工的有利条件和影响因素等;并提出有关方案意见和施工措施。

(2)交通情况:简要说明沿线铁路、公路及水运状况,地方道路的改扩建计划,并对贯通全线的主要运输道路建设提出方案意见。

(3)材料供应:详细列出当地材料的产地、储量、产量、质量及运输方法等,对缺料地段制定供应措施;对外来料考虑如何进入施工地段,布置主要材料供应基地、预制厂、轨节场等,并提出方案、意见。

(4)沿线水、电、生活物资供应情况:提出供电、通信方案、意见,并对缺水地区提出解决措施。

(5)提出有关改善设计的建议。

(6)使用地方劳动力和向地方施工单位发包工程的意见。

(7)有关编制概预算的资料。

(8)有待进一步解决的问题。

(9)有关图表及说明。

1.1.3 技术准备

技术准备是施工准备的核心。任何技术的差错或隐患都可能引起质量安全事故,因此必须认真做好技术装备。

1. 接收并核对设计文件

施工单位收到设计文件以后,在基本工程开工以前,应熟悉文件内容并仔细与现场进行核对，对设计文件中存在的问题，通过建设单位、设计单位和施工单位三方会审，由建设单位主持，设计单位说明拟建工程的设计依据、意图和功能要求，并对特殊结构、新材料、新工艺和新技术提出设计要求；施工单位提出自己对设计图纸的疑问和建议。经讨论、协商，在三方统一认识的基础上，形成"图纸会审纪要"，在三方共同会签后，作为与设计文件同时使用的技术文件和指导施工的依据，以及建设单位与施工单位进行工程结算的依据。

2. 交接桩及线路复测

施工单位接受任务后，应会同设计单位进行交接桩工作，然后进行线路复测。

(1)交接桩。由施工单位的技术人员及测量工等组成的接桩小组，会同勘测设计部门的交桩小组共同进行交接桩与补桩工作。如一条线路由几个施工单位施工，则各施工单位的接桩讫点应是其管界外两边的一个交点或转点桩。其交界处的中线、水平，应测量贯通，互相核对，保持一致。

施工单位按照有关图表文件，逐一接收基点桩，中线控制桩，站场的基线桩，三角网的主要控制桩，隧道及桥的导线网，重点工程中心桩，直线上的转点桩及曲线的交点桩，副交点桩，缓和曲线和圆曲线的起点桩、终点桩和中点桩等。

交接双方按图表对桩位逐一点交，施工单位以仪器复核并做好记录，检查桩的完好稳定程度，必要时加护桩。交接桩的验收标准按铁道部公布的《铁路测量技术规则》有关规定办理。在交接中，如误差超过允许范围，应由设计单位复核更正。

交接完毕后，根据交接记录，说明交接情况、存在的问题及解决方法，双方在记录上正式会签，视为线路交接完成。

(2)线路复测。交接桩后，施工单位进行线路复测和加钉桩号工作。这是施工前的最后一次线路定测工作。其工作内容包括：测定中线位置，复核线路转向角，测设曲线，复核各转点间的直线方向；核对设计单位移交的水准基点，并联系水准基点进行全线纵向水准测量和横断面测量；桥隧等重点工程的位置和中心线的定测；临时设施如基地材料厂、附属企业、单位驻地等场地测绘等。

3. 编制施工组织设计

工程开工前，施工单位应根据施工调查资料、设计文件、设计部门编制的指导性施工组织设计，结合施工单位的实际情况，充分分析有利因素与不利因素，经过综合分析研究，编制工程施工组织设计，作为指导施工的技术文件。

4. 编制施工预算

施工单位在开工前，根据施工组织设计资料，在投标时的报价控制下编制施工预算，作为施工单位内部成本核算、签订分包工程合同及验工计价的依据。

1.1.4 施工现场准备

1. 铁路用地范围

铁路用地的宽度，应能容纳所有铁路建筑物，但应注意少占农田，节约用地。一般在取土坑或排水沟外留出不小于 1 m 的宽度，作为用地限界，并按确定的地界，绘制用地界图，列出用地划定表，埋设地界标。

2. 购地与拆迁工作

铁路占用的土地在施工前必须向地方土地管理部门提出申请，根据有关法令、法规办理征购或租用(包括青苗补偿)。

当施工界线内有建筑物时,在施工前必须进行拆除或迁移,包括各种房屋、围墙、砖、瓦、石灰窑、电线杆、地下管线、坟墓及施工界内的原有道路等,并按有关规定给予一定的补偿。

3. 砍伐树木及拔除树根

对路基范围内和影响行车的林木,在施工前应予以砍伐或移植。按有关规范的规定,认真处理路堤、车站及水沟范围的路基基底。对砍伐的林木,按施工规定应拔出树根。

4. 施工地区的排水疏干工作

为保证路基的稳定,在路基施工前,应按施工过程的需要,做好施工场地的排水疏干工作。对正式工程的排水设施(排水沟、堑顶水沟、侧沟和排泄地下水的渗沟等),应提前施工,以利于施工场地的疏干。

1.2 临时工程

学习任务

通过对临时工程的学习,能够完成以下任务:

(1)确定临时房屋的修建原则及面积计算;

(2)明确临时道路的选线方案、技术标准;

(3)计算临时给水工程的用水量及贮水池容积;

(4)计算临时供电的工程用电负荷,进行施工电压选择。

临时工程是为了保证施工期间的工程运输、居住、通信、水电供应等临时修建的工程。临时工程在基本工程完成后都要被拆除废弃,但在施工准备期中是必须修建的。

1.2.1 临时房屋

在铁路建筑中,为了确保施工任务的顺利完成,需修建一定数量的生产及生活用临时房屋。

1.2.1.1 临时房屋的修建原则

修建临时房屋时,应遵循以下原则:

(1)尽可能地组织均衡,以减少施工人员的突增突减,提高房屋的利用率。

(2)根据施工调查资料,充分利用沿线已有房屋,提前修建部分正式房屋(通车需要的永久性房屋或建筑物),以满足部分施工需要。

(3)修建标准,在满足施工需要的前提下,应力求结构简单,并尽量利用拼装化房屋或帐篷,便于拆装倒用,以节省工时和费用。

(4)临时房屋的位置应符合下列要求:与施工、农田水利交通运输互不干扰;避开滑坡、泥石流、塌方等地质不良地段;考虑生活生产用水及交通运输条件,尽量靠近铁路、公路和水源;避开高压线和高大树木,防止雷电事故;便于职工上下班。

(5)就地取材,采用当地廉价的材料修建,并力求运杂费为最少。

(6)结构上要保证安全,考虑采光、防寒、防暑、防漏雨,满足生产生活的要求。

(7)临时房屋的修建与布置,应符合现行有关防火、雷电防护等的安全规定。

1.2.1.2 临时房屋的布置与面积计算

1. 生产用房

生产用房包括机械房、工作间、材料库房、机械棚、车辆棚等。

机械房一般要求机体间的距离不小于 1 m，机体间的通道不小于 1.5 m。常用机械房修建面积参考指标见表1-2。

表 1-2 常用机械房修建面积参考指标

名 称	单 位	面 积	附 注
混凝土或砂浆搅拌机房	m²/台	13～26	混凝土搅拌机以 250L、400L 为例，灰浆搅拌机采用下限
移动式空压机房	m²/台	30	以 6 m³、9 m³ 为例
固定式空压机房	m²/台	15	以 10 m³、20 m³ 电动的为例
发电机房	m²/kW	0.2～0.3	小容量者用上限，大容量者用下限
水泵房	m²/台	3～8	一般水泵占地平面面积在 1 m² 以内，多级离心式最大的占 2.4 m²
锻铆机房	m²/台	25～29	
充电机房	m²/台	15	
电瓶车棚	m²/台	15	
卷扬机棚	m²/台	10～15	以 1～1.5 t 为例
联合掘进机棚	m²/台	96	以 2.5 m³ 为例

注：土石方机械在严寒地区或有特殊需要时可酌情设棚。

材料库房应尽可能地靠近材料来源地，并充分利用铁路运输，尽量保证正在施工或即将开工的工点材料供应最为便利，且运输费用最省。工地布置料库时，应便于材料进出。

料库面积根据下式进行计算：

$$F = \frac{Q_x}{b_x K_f} \tag{1-1}$$

$$Q_x = \frac{M_x}{T} \cdot D_x \tag{1-2}$$

式中　F——料库需用面积；

　　Q_x——材料储备量；

　　b_x——材料储存指标，见表1-3；

　　K_f——面积利用系数，见表1-4；

　　M_x——材料需用量，可根据材料消耗定额和工程量计算来确定；

　　T——工作天数，指使用该材料的工程项目的计划完成天数；

　　D_x——材料储备天数（为使生产不间断而按一定储备量储备的天数），见表1-5。

表 1-3 材料储存指标 b_x

材料名称	单 位	每 m² 存料数量	放置高度/m	放置方法	仓库或敞棚
水泥（袋装）	t	1.3	2.0	堆垛	仓库
油毡	卷	15~22	1.0~1.5	堆垛	仓库
沥青	t	2.2	1.5~2.0	堆垛	敞棚
炸药（箱装）	t	1.2	1.8	堆垛	仓库
雷管（箱装）	t	0.7	1.0	堆垛	仓库
薄钢板	t	2.0~4.5	1.0~2.2	堆垛	敞棚
厚钢板	t	4.1~4.5	2.0	堆垛	敞棚
方钢、圆钢、角钢	t	2.9~4.2	1.2~1.5	堆垛	敞棚
大直径钢管	t	0.5~0.6	1.0	堆垛	敞棚
小直径钢管	t	1.5~1.7	1.2~1.5	棚架	敞棚
钢丝绳	t	1.2~1.3	1.2~1.5	堆垛	敞棚
电器制品	千件	0.12~0.8	2.0~2.5	料架	仓库
劳保用品	千件	0.2~0.3	2.0~2.5	料架	仓库

表 1-4 面积利用系数 K_f

仓库类型	利用系数	仓库类型	利用系数
用料架装备起来的封闭仓库	0.35~0.40	存放木料的露天场地	0.40~0.50
用大箱装备起来的封闭仓库	0.50~0.70	存放钢料的露天场地	0.50~0.60
堆置桶装及袋装材料的封闭仓库	0.40~0.60	存放砂石料的场地	0.60~0.70

表 1-5 材料储备天数

材料及成品名称	单 位	储备天数	材料及成品名称	单 位	储备天数
砂	m³	30	卷材	卷	30
石	m³	20	五金玻璃	t	40
石灰	t	30	沥青	t	30
水泥	t	30	金属结构	t	30
砖	千块	20	钢筋混凝土结构	m³	30
木材	m³	40	钢筋成品	t	10
钢材	t	40	粗木制品	m³	15~30
金属管	t	40			

【例 1-1】 某工程队修建涵管及挡土墙工程，工期为 60 天，水泥总需用量为 75 t，计算水泥库的需用面积。

解 查表 1-5，知水泥储备天数 $D_x = 30$ 天。

由式（1-2）得

$$Q_x = \frac{M_x}{T} \cdot D_x = \frac{75}{60} \times 30 = 37.5 \, (\text{t})$$

查表 1-3、表 1-4，知 $b_x = 1.3$，$K_f = 0.5$。

由式(1-1)得

$$F=\frac{Q_x}{b_x K_f}=\frac{37.5}{1.3\times 0.5}=57.7(\mathrm{m}^2)$$

2. 生活房屋

生活用房包括办公房屋、职工宿舍、文化生活福利建筑等。修建面积的计算应按施工单位的全员人数、房屋使用性质及机构设置情况分别进行确定。

生活房屋的需要面积等于工人、职员、干部各自的平均人数分别与其相应的面积参考指标（表1-6）的乘积之和；或根据历年各工程局的施工安排和现场统计资料，将临时生活房屋修建面积按综合指标每人 $8\sim 12\ \mathrm{m}^2$ 进行计算。

表 1-6　生活房屋修建面积参考指标

房屋用途	单位	指标	说　明
办公室	m²/人	5	按室内办公人员计
会议室	m²	20~60	
集体宿舍	m²/人	2.5~3.5	
单身宿舍	m²/人	4~5	
双身职工宿舍	m²/户	18~20	按双身职工的户数计
探亲家属宿舍	m²/人	15	按同时可能的探亲人数计
招待所	m²/床	3	按招待客量计
厨房	m²/人	0.25	按就餐人数计，包括储藏室
卫生所	m²	30~80	
托儿所	m²/人	4	按入托儿童计
茶炉房	m²	20~40	
理发室	m²	20~40	
浴池	m²/人	0.15~0.2	按全体职工计
厕所	m²	20~40	
职工生活供应站	m²	40~50	

现场工人平均人数可根据工程类别、项目、定额及施工期进行计算，也就是从基本工程开工起至铺碴工程完工止，将这一期间所需生产工人工天总量除以相应的施工期限即得施工期间工人的平均人数，并将临时工、辅助生产工人和其他间接工人数也计算在内。在计算时，如无具体资料，可按生产工人人数的 20%~30% 进行计算。职工、干部人数，可根据施工单位在册的人员人数确定，如无具体资料，可按生产工人的 10%~15% 进行计算。

用平均人数计算出来的房屋面积，应扣除可以利用或代用的房屋面积(如帐篷、活动房屋、租用的民房等)。当出工人数超过平均人数时，不足部分再以活动房屋或帐篷补充。对流动性大的工程(如铺轨、铺碴等)，可用挂有居住车辆的宿营列车，不必另修临时房屋。

1.2.1.3　临时房屋材料消耗指标

临时房屋每平方米的材料消耗指标见表1-7。

表 1-7　临时房屋每平方米的材料消耗指标

房屋种类			指　标					
			木料/m³	砖/块	瓦/块	油毡/m²	竹席/m²	石灰/kg
办公室	竹编墙	瓦顶屋面	0.113		112			87.00
		油毡屋面	0.082			1.60	1.60	87.00
		草顶屋面	0.092					87.00
	土墙	瓦顶屋面	0.086		112			87.00
		油毡屋面	0.055			1.60	1.60	87.00
		草顶屋面	0.065					87.00
集体宿舍	竹编墙	瓦顶屋面	0.115		112			1.52
		油毡屋面	0.084			1.50	1.50	1.52
		草顶屋面	0.095					1.52
	土墙	瓦顶屋面	0.088		112			1.52
		油毡屋面	0.057			1.50	1.50	13.0
		草顶屋面	0.067					1.30
厨房	竹编墙	瓦顶屋面	0.113		134			41.00
	土墙	瓦顶屋面	0.086		134			50.00
炸药库	砖墙	瓦顶屋面	0.078	179	112			27.50
	土墙	瓦顶屋面	0.084		112			27.50
料库	竹编墙	油毡屋面	0.082			1.58	1.58	0.79
		草顶屋面	0.092					0.79
发电房	竹编墙	瓦顶屋面	0.106		110			1.80
铁工房	竹编墙	瓦顶屋面	0.113		110			1.90
水泥库	竹编墙	油毡屋面	0.080			1.41	1.41	1.51
		草顶屋面	0.080					1.51
木工棚	竹编墙	油毡屋面	0.082			1.40	1.40	0.57
停机棚	无墙	草顶屋面	0.056			1.40	1.40	

1.2.2　临时道路

在铁路建筑施工期间，需将大量的劳动力、材料、机械和生活物质等运往沿线各工点。为保证施工的顺利进行，在开工前，做好贯通全线的临时运输道路的修建是非常重要的。

1.2.2.1　临时公路(临时便道)

临时公路包括长途公路干线、短途支线及由干线或支线通往各工点及一些附属企业的引入线。

1. 选线原则

(1)尽量利用原有道路，当原有道路不能满足运输要求时，也可进行改扩建。改扩建可适当结合地方的需要，使临时公路的修建与地方交通运输相结合。

(2)干线尽可能靠近修建的铁路，照顾重点工程，减少引入线长度。引入线应力求线路短、工程量小，并尽可能靠近材料产地及施工用料地点，避免材料倒运。

(3)应尽量避免与铁路线交叉，以减少施工对行车的干扰。

(4)尽量避免穿过滑坡、崩坍、泥石流等地质不良地段和行车危险地带。不可避免时，应选择合理线位，采取防治措施，保证运输安全。

(5)临时公路应尽量避免拆迁建筑物和穿过良田，少占农田，并注意保护农田水利及保持水土。

2. 临时公路的技术标准

线路部分的主要技术指标见表1-8～表1-12。

表1-8 线路主要技术指标

顺序	项目		干线		引入线		说明
			平原、微丘	山岭、重丘	平原、微丘	山岭、重丘	
1	计算行车速度/km·h⁻¹		40	20	—	—	
2	路基宽度/m	单车道	4.5	4.5	4.5	4.5	干线交通量平均每昼夜在200辆以下；条件比较困难的地区，可采用单车道标准
		双车道	6.5	6.5	—	—	
3	路基宽度/m	单车道	3.5	3.5	3.5	3.5	
		双车道	5.5	5.5	—	—	
4	错车道/m	间距	200～300		200～300		(1)错车道应选择在驾驶员便于瞭望来车的地点；(2)每边路肩仍保持0.5 m宽
		路面宽	≥5.5		≥5.5		
		长度	≥10		10		
		两端变宽和长度	10		5		
5	最小曲线半径/m		50	15	20	15	(1)地形特殊、困难而又不通过大型车的引入线，最小曲线半径可采用12 m；(2)位于平地或下坡道的长直线尽头，应尽可能不设小半径曲线，当不可避免时，应加设安全防护措施
6	竖曲线最小半径/m	凸形	500	400	400	300	(1)纵坡变更处的两相邻坡度代数差小于1%时，应按表列半径设置圆形竖曲线；(2)竖曲线长度不足10 m的，用10 m
		凹形	300	200	200	100	
7	最大纵坡/%		8	10	10	12	坡长较短、运量较小而工程又特别困难的山区引入线，最大纵坡可适当加大，但不得超过15%
8	视距/m	会车视距	100	40	40	30	在工程特殊困难或受限制地段，可采用停车视距，但必须设分道行驶标志
		停车视距	50	20	20	15	

表 1-9　路堤边坡

填料种类	路堤边坡的最大高度/m			边坡坡度		
	全部高度	上部高度	下部高度	全部坡度	上部坡度	下部坡度
粉性土	12	6	6	—	1：1.5	1：1.75
砂性土	12	8	4		1：1.5	1：1.75
一般黏性土	20	8	12		1：1.5	1：1.75
石土、粗砂	12			1：1.5	—	—
碎石土、卵石土	20	12	8	—	1：1.5	1：1.75
不易风化的小石块（<25 cm）	8～20	—	—	(1：1.3)～(1：1.5)	—	—
不易风化的大石块（25～40 cm）	20			1：1	—	—

注：1. 路堤受水浸淹的土质边坡应采用1：2并视水流等情况防护加固。
　　2. 沙漠地区路堤边坡一般采用1：1.75。
　　3. 不易风化的大石块边坡需码砌。

表 1-10　路堑边坡

土石种类		边坡最大高度/m	边坡坡度
一般均质黏土、砂黏土、黏砂土		20	1：1～1：1.5
中密以上中砂、粗砂		20	1：1.5～1：1.75
老黄土		20	1：0.3～1：0.75
新黄土		20	1：0.75～1：1.25
砾、碎土石	胶结和密实	20	1：0.5～1：1
	中密	20	1：1～1：1.5
岩石	分化	20	1：0.5～1：1
	一般	20	直立～1：0.5

注：沙漠地区如采用路堤，边坡采用1：1.75。

表 1-11　路面种类及厚度

路面种类	路基土壤	厚度/cm	路面种类	路基土壤	厚度/cm
泥结碎石路面	石质	8	碎砖路面	—	14～26
	一般土	16	炉渣、矿渣、贝壳路面	一般土	10～14
	松软土	26		松软土	14～30
级配路面	石质	8	沙土路面	一般土	15～20
	一般土	14		松软土	15～30
	松软土	24	石灰土路面	一般土	10～13

表 1-12 常用路面各层次厚度及材料的规格

路面种类	结构组成		厚度/cm	材料规格	说明
泥结碎石路面	基层(底层)	锥形块石基层	18	锥形块石尺寸 14～18 cm,嵌缝用粒径 2.5～3.5 cm 碎石	
		卵石基层	18	大卵石尺寸 14～18 cm,嵌缝用粒径 1.5～2.5 cm 石碴或砾石	
		泥结碎(卵)石基层	8	泥结碎(卵)石尺寸用粒径 3.5～7.5 cm 碎(卵)石,嵌缝用 2.5 cm 以下的小石子,胶结材料为黏土	
	面层(铺砌层)	泥结碎(砾)石基层	6	石质较软的用粒径 2.5～5.0 cm 碎石;石质较硬的用粒径 1.5～3.5 cm 碎石;胶结材料为黏土	碎石中含扁平细长的石料不宜多于 20%;黏土用量≤20%(黏土与石料干重比)
	封面层	碎石混合料磨耗层	2	砾碎石混合料	
		砂土混合料磨耗层	2	砂土混合料	
		稳定保护层	≤1	黏土及粗砂或石粉	
级配路面	基层	卵石基层	18	大卵石尺寸 14～18 cm,嵌缝用粒径 1.5～2.5 cm 石碴或砾石	
		不合级配的砂(卵)石基层	8	不合级配的砂砾(卵)石基层掺当地土壤	
	面层	级配面层	6	符合最佳级配的混合料,胶结材料为黏土	
	封面层	稳定保护层	≤1	黏土及粗砂或石粉	
碎砖、炉碴、贝壳路面	基层	碎砖基层	8～18	碎砖尺寸 7～10 cm,嵌缝用小碎砖或砂砾	碎砖基层须铺中粗砂或炉碴垫层 4～5 cm 厚
		炉渣、矿渣、贝壳基层	8	贝壳、炉渣、矿渣掺当地土	
		砂基层	8	中粗砂掺少量黏土	砂的压实系数可为 1.3～1.4
	面层	碎砖瓦面层	6	碎砖瓦尺寸 2～5 cm,胶结材料用当地土	碎砖瓦面层
		炉渣、矿渣、贝壳基层	6	炉渣、矿渣、贝壳等代用料,胶结材料用当地土	
	磨耗层	砂土磨耗层	1～1.5	砂土混合料	磨耗层

1.2.2.2 铁路便线、岔线

铁路便线和岔线可分为临时通车便线、临时运输便线和临时岔线三种。

(1)临时通车便线,是指在新建铁路长大干线的施工中,对影响全线铺轨的控制工程或地段，可修建铁路便线，先行铺轨通车，作为临时通车方案；也可指在通车的线路上，增建或改建桥、隧、路基抬落道、线路交叉及换边等工程的施工时，为了减少运输与施工的干扰而修建临时通车便线。

（2）临时运输便线，是指在施工中为了解决某一重点工程的材料运输问题，在技术可行、经济合理的条件下，在正线路基或局部增修的临时路基上铺设临时运料便线。

（3）临时岔线，是指为了解决工程材料和设备的中转、存放、加工、组装以及其他施工需要而设置岔线，如通往材料厂、成品厂、道碴场、存梁基地、轨节拼装场等的岔线及架桥岔线。

不管是临时便线还是临时岔线，在修建时，技术标准均不需要很高，以满足安全和需要为原则，其有关技术标准见表1-13～表1-15。

表1-13　铁路便线技术标准

项目	一般地段	困难地段	附注
最大坡度/‰	15	18	包括坡度折减
坡段最小长度/m	200	100	
最小曲线半径/m	300	200	
竖曲线半径/m	500		竖曲线半径

表1-14　铁路便线路基宽度

路基宽度/m		半径小于400 m地段路基外侧加宽值/m	路拱类型
土质	石质		
4.9	4.4	0.2	上宽2.1 m，高0.15 m梯形

表1-15　轨道标准

钢轨类型	轨枕根数/km	道床顶宽/m	道床厚度/m		道床边坡
			土质路基	石质路基	
≥38 kg/m	≥1440 根	2.8	0.25	0.20	1∶1.5

注：曲线半径小于或等于400 m的缓和曲线地段，或坡度陡于12‰下坡制动地段，应增加轨枕数量；采用钢筋混凝土枕时，每千米增加80根，采用木枕时，每千米增加160根。

1.2.3　临时给水

临时给水工程是为了解决施工过程中生活、生产及消防和铁路运输用水需修建的临时工程。因此，在施工准备期间做好临时供水，是一项重要工作。

1.2.3.1　用水量计算

施工总用水量，包括生活用水、生产用水和消防用水。

1. 生活用水

每小时平均生活用水量用 Q_s 表示，单位为 m^3/h，可按式（1-3）进行计算：

$$Q_s = \frac{1}{24}(q_1 \cdot p_1 + q_2 \cdot p_2) \tag{1-3}$$

式中　q_1——生产工人用水指标，一般采用 $0.04 \sim 0.06$ $m^3/$（人·天）；

p_1——生产工人人数；

q_2——非生产工人用水指标，一般采用 $0.02 \sim 0.04$ m³/（人·天）；

p_2——非生产工人人数。

2. 生产用水

每小时平均生产用水量用 Q_c 表示，单位为 m³/h，可按式（1-4）进行计算：

$$Q_c = \frac{1}{24} \sum \frac{q \cdot W_n}{t} \tag{1-4}$$

式中　q——生产用水量指标，见表 1-16；

　　　W_n——工程或机械数量；

　　　T——各项工程的工期（计划天数）。

表 1-16　生产用水量指标

工程项目	单位	用水量/m³	工程项目		单位	用水量/m³
建筑安装工程			施工机械及运输工作			
机械施工土方	100 m³	0.35～0.4	铲运机、推土机		台时	0.07～0.075
机械施工石方	100 m³	0.35～4.5	挖掘机、倾卸汽车		台时	0.03～0.035
机械施工土石方	100 m³	1.8～2.2	湿式凿岩机		台时	0.24～0.3
钢筋混凝土梁桥	延长米	17.9～24.8	内燃发动机	直流供水	km·h	0.08
拱涵（单孔）	延长米	6.7		循环供水	km·h	0.025
单线隧道机械开挖（成洞）	延长米	103～113				
单线隧道压浆	延长米	1.9～2.6	空气压缩机		km·h	0.025
混凝土	m³	1.2～1.3	汽车用水		台·昼夜	0.4
浆砌石	m³	0.5～0.6	蒸汽机车	标准轨	台·昼夜	10～20
砌砖	m³	0.1～0.15		窄轨	台·昼夜	4～7

注：1. 钢筋混凝土梁桥用水量不包括上部建筑、沉井、桩基等圬工的用水量。
　　2. 建筑安装工程各项用水量均包括养护用水。
　　3. 施工机械用水量为机械冷却用水量。

3. 消防用水

消防用水量用 Q_x 表示，单位为 m³/h，可按式（1-5）进行计算：

$$Q_x = 3\ 600 q_x \cdot t_m \tag{1-5}$$

式中　q_x——消防耗水流量（m³·s⁻¹），见表 1-17；

　　　t_m——灭火历时（h），一般按 $0.5 \sim 1.0$ h 进行计算。

表 1-17　消防耗水流量指标 q_x

耐火等级	临时房屋结构	修建面积/m²	耗水流量/（m³·s⁻¹）
五级	各类帐篷、竹木构架，草或油毡屋面	＜3 000	0.01
		3 000～5 000	0.015
		＞5 000	0.02

耐火等级	临时房屋结构	修建面积/m²	耗水流量/(m³·s⁻¹)
四级	土、石或砖砌墙、柱、竹木构架，草或油毡屋面	<3 000	0.005
		3 000~5 000	0.01
		>5 000	0.015

1.2.3.2　水源及水压

临时给水的水源，有地下水源和地表水源两种。地下水源有浅井、深井等；地表水源有河水、湖水、山溪水等。一般采用地表水。

选择水源时，应根据施工调查并结合实际用水量来选择。对生活用水，要注意检查水质是否符合饮用标准。

1.2.3.3　贮水池容积的计算

计算出生产、生活、消防用水后，还应计算出总用水量 Q_h，用来计算水池容积。

当 $Q_s+Q_c>Q_x$ 时

$$Q_h=Q_s+Q_c$$

当 $Q_s+Q_c<Q_x$ 时

$$Q_h=Q_x+\frac{1}{2}(Q_s+Q_c)$$

昼夜用水量 $Q_d=24Q_h$。

贮水池容积 $V(\mathrm{m^3})$ 按(1-6)计算：

$$V=a_0 \cdot C_0 \cdot Q_d \tag{1-6}$$

式中　a_0——调节水量系数，为 1.10~1.20；

C_0——贮水系数(水池容量/昼夜用水量)，昼夜用水量小于 1 000 m³ 时，C_0 取 1/4~1/6；昼夜用水量为 1 000~2 000 m³ 时，C_0 取 1/6~1/8。

1.2.3.4　施工供水

线路经过不缺水地区时，可就近利用附近的水源，或取用江、河、湖、井水。当抽水扬程不大(不超过 50 m)、输水管路不长(5 km 以下)时，不做供水设计，水费按所属新建铁路的规定计列。

线路经过缺水地区时，采用一级抽水站。输水管路在 5 km 以上时，供水干管路列入大型临时工程内，水价不另行分析，仍按所属新建铁路的规定计列。

线路经过特殊缺水地区时，采用二级抽水站。属于两个工点以上共用的输水干管路，不分长短，均列入大型临时工程内，水价另行分析。

【例 1-2】 某工程队生产工人 300 人，非生产工人 40 人。临时房屋为砖墙、油毡屋面，面积为 2 000 m²。该工程队的生产任务为：浆砌片石 10 000 m³，混凝土工程 20 000 m³，砌砖 5 000 m³，机械施工土方 500 000 m³，计划 300 天完成。试计算每天的用水量，并确定贮水池的容积。

解　$q_1=0.05$ m³/(人·天)(取平均值)；　$p_1=300$ 人

$q_2=0.03$ m³/(人·天)(取平均值)；　$p_2=40$ 人

由式(1-3)，得

$$Q_s = \frac{1}{24} \times (q_1 \cdot p_1 + q_2 \cdot p_2) = \frac{1}{24} \times (0.05 \times 300 + 0.03 \times 40) = 0.675(\text{m}^3/\text{h})$$

由式(1-4)，查表 1-16 得

$$Q_\text{浆} = 0.55 \qquad W_\text{浆} = 10\ 000$$
$$Q_\text{混} = 1.25 \qquad W_\text{混} = 20\ 000$$
$$Q_\text{砖} = 0.125 \qquad W_\text{砖} = 5\ 000$$
$$Q_\text{机土} = 0.375 \qquad W_\text{机土} = 5\ 000$$

$$Q_c = \frac{1}{24} \times \frac{0.55 \times 10\ 000 + 1.25 \times 20\ 000 + 0.125 \times 5\ 000 + 0.375 \times 5\ 000}{300} = 4.583(\text{m}^3/\text{h})$$

由式(1-5)，查表 1-17 得：

$$q_x = 0.005\ \text{m}^3/\text{s} \qquad t_m = 0.5\ \text{h}$$
$$Q_x = 3\ 600 \times 0.005 \times 0.5 = 9\ (\text{m}^3)$$

这时　　　　　$Q_s + Q_c = 5.258 < Q_x$

则　　　　　$Q_h = 9 + \frac{1}{2} \times (0.675 + 4.583) = 11.629(\text{m}^3/\text{h})$

昼夜用水量　　　$Q_d = 24 \times 11.629 = 279.096(\text{m}^3)$

再由式(1-6)，得

$$a_0 = 1.15(\text{取平均值})$$

$$Q_d = 279.096\ \text{m}^3 < 1\ 000\ \text{m}^3 \quad 取 C_0 = \frac{5}{24}$$

$$V = 1.15 \times \frac{5}{24} \times 279.096 = 66.87(\text{m}^3)$$

故水池容积采用 67 m³。

1.2.4　临时供电

1.2.4.1　临时供电的负荷计算

在铁路施工中，需要大量的电力供应，尤其是附属企业、大桥、隧道、重点土石方及大型车站，其施工中的动力用电和生活、照明用电量很大。

用电负荷是编制供电计划的依据。生产和生活用电需要量，在施工组织设计中可按以下两种方法计算。

1. 综合用电指标法

根据施工组织的安排，以施工最繁忙期间同时施工的各项工程对象的数量和辅助设备等（包括主体工程、辅助工程、附属企业），乘以相应的综合用电指标，其总和即为计算用电负荷，即

$$P_b = \sum p_i \cdot W_n \qquad\qquad (1\text{-}7)$$

式中　P_b——计算用电负荷(kW)；

　　　p_i——综合用电指标，见表 1-18～表 1-21；

　　　W_n——工程对象数量。

表 1-18　隧道每端洞口参考指标

隧道长度/m	500 以下	500~1 000	1 001~2 000	2 001~4 000	4 000 以上
用电指标/kW	100~200	250~350	400~450	600~800	850~1 100

　　注：1. 用电指标包括劳动力、生活照明及洞口修配所用电。

　　　　2. 3 000 m 及以上隧道，已考虑了平行导坑施工用电量。

　　　　3. 采用全断面开挖，钻孔台车综合机械化施工的隧道，不分长短需按 850~1 100 kW 配备，或单独计算确定。

表 1-19　桥梁用电参考指标

名称	单位	桥梁长度/m			
		特大桥 500 以上	大桥 100~500	中桥 20~100	小桥 20 以下
每座桥	kW/座	250~500	100~250	50~100	50 以下
每成桥米	kW/m			66~133	41

　　注：本表指标包括动力及照明用电，每成桥米指标未包括抽水用电，需抽水者应另行增加：大桥 70 kW/m；中桥 53 kW/m，小桥 26 kW/m。

表 1-20　土石方工程用电参考指标

名称	单位	用电量
重点站场土石方(包括修理所)	kW/工点	150~300

表 1-21　辅助企业用电参考指标

名称	生产能力	用电量/kW
机修厂	年修 100 个标准台	150~250
成品厂	年产 200~250 孔钢筋混凝土梁	240
材料厂	年加工木材 1.0×10^4~1.5×10^4 m³	80~150
轨节厂	每班 8 h 生产轨节 1~2 km	250
砂石厂	年产 100 000 m³ 以内	80~150

2. 综合系数法

　　根据施工单位所有完好合格的电动机械或同期工程对象所配备的电动机械设备总容量乘以相应的综合性同期用电量系数，所得总和即为计算用电负荷。

$$P_b = k_c \cdot \sum P_d \tag{1-8}$$

式中　P_b——计算用电负荷(kW)；

　　　k_c——综合性同期用电量系数，简称综合系数，见表 1-22；

　　　$\sum P_d$——单项工程或施工单位的设备容量总和(kW)。

表 1-22　综合性同期用电量系数

名称	综合系数 k_c	名称	综合系数 k_c
工程处	0.5~0.7	隧道	0.65~0.7
项目部	0.6~0.8	附属企业(工厂)	0.6~0.8

名 称	综合系数 k_c	名 称	综合系数 k_c
桥梁、基部	0.6～0.65		

注：1. 综合系数均已考虑生活照明及线路损失用量。
　　2. 综合系数的大小根据电动机械设备总容量而定，设备容量越大，则 k_c 值越小。

【例1-3】　某施工单位担负的施工任务有100 m中桥4座，20 m以下小桥17座(其中20 m小桥11座，10 m小桥6座)；重点土石方工程5处；200 m隧道2座，采用2个洞口同时施工。所有工程同时施工，采用地方电源，计算其用电量。

解　按综合用电指标计算其用电负荷。

由式(1-7)，查表1-18～表1-20，得

$$P_1 = 100 \text{ kW} \qquad W_1 = 4 (100 \text{ m中桥})$$
$$P_2 = 50 \text{ kW} \qquad W_2 = 11 (20 \text{ m小桥})$$
$$P_3 = 25 \text{ kW} \qquad W_3 = 6 (10 \text{ m小桥})$$
$$P_3 = 225 \text{ kW} \qquad W_3 = 5 (重点土石方工程，取平均值)$$
$$P_3 = 140 \text{ kW} \qquad W_3 = 2 (200 \text{ m隧道，用内插})$$

因此总用电量　$P_b = 100 \times 4 + 50 \times 11 + 25 \times 6 + 225 \times 5 + 140 \times 2 \times 2 = 2785 (\text{kW})$

1.2.4.2　电源种类

在我国，电源主要分以下两类：

(1)国家区域电网或地方工矿企业电源(简称地方电源或高压电源)。对这种电源，铁路施工应尽可能加以利用。

(2)自建电站(简称自发电)。当地方电源不能满足施工用电需要或无法利用地方电源时，需自建电站，以满足施工需要。自建电站有以下几种形式：

1)提前修建永久性的发电厂；

2)修建临时性的发电厂；

3)采用移动式的发电设备。

1.2.4.3　电压选择

(1)高压输电线路常用的电压有220 kV、110 kV、35 kV、10 kV、6 kV。低压配备线路常用电压有380 V和220 V等，可供施工时选用。

(2)各级电压电力线路的输送容量及距离见表1-23。

表1-23　电力线路输送容量及距离表

线路电压	输送功率/kW	输送距离/km
0.22	50 以下	0.15 以下
0.38	100 以上	0.6 以上
6	100～1 200	15～4
10	200～2 000	20～6
35	1 000～10 000	70～20
110	10 000～50 000	150～50

（3）施工常用电压：低压有 220 V 和 380 V 两种；高压一般用 6 kV、10 kV。只有在较长的施工地段，电源较远时，才采用 35 kV 或 110 kV。如沿线有高压输电线路经过时，通过技术经济比较，可采用高压深引越级降压(35/0.4 kV)或多级降压(35/10/0.4 kV)的配电方式。

1.3 附属企业

学习任务

通过对附属企业的学习，能够明确材料厂，混凝土成品厂，砂、石、道碴场，机械修配厂等附属企业布置应考虑的因素及选址原则。

为了满足施工的需要，在施工前应修建一些附属企业(如轨节组装基地、材料厂、混凝土成品厂、砂(石)道碴场、砖瓦厂、木材加工厂及机械修配厂等)供应工程需要的原材料、成品和机械维修服务，以保证施工的顺利进行。

附属企业的设置应慎重，应充分考虑调动当地企业的积极性，从经济、技术的角度考虑如何满足施工的需要；能不设附属企业则尽量不设，这样既可减少施工的投资，又可推动地方的经济发展。

1.3.1 材料厂

为满足铁路各项工程材料的需要，必须在适当地点设立材料厂(库)，以存储和供应工程所需材料。材料厂应设在运输方便，不受季节影响和运送材料时不产生迂回及反向运输的地点。

材料厂按其使用范围可分为材料总厂、材料分厂和转运站。材料厂中应设置库房、料棚、存料场、办公及生活用房以及厂内运输道路和装卸设备等设施。

1. 材料厂面积

材料厂的用地面积，应通过设计计算确定。库房(料棚)及存料面积，可根据下列方法计算：

$$需用面积 = \frac{材料储备量}{材料储放指标 \times 面积利用系数} \tag{1-9}$$

$$材料储备量 = \frac{材料需要量}{工作天数} \times 储备天数 \tag{1-10}$$

材料需要量，根据材料消耗定额和工作量计算确定。储备天数，应包括材料交货间隔时间、验交时间、配料与准备时间及材料厂运至工地仓库所用的时间。

材料储存指标见表 1-3，面积利用系数见表 1-4。

2. 平面布置

(1)库房、料棚的布置。布置库房、料棚位置时，应考虑各种材料都能出入方便，互不干扰。库房、料棚相互间的距离不应小于 6 m，距站台边缘不小于 3 m，距公路边缘不小于 2 m；两站台间的公路宽度不小于 10 m。爆破材料和易燃品仓库应符合防爆、防火规定。

(2)厂内运输。为避免材料进出厂时的倒运，应将标准轨距铁路引入厂内，同时在每一幢仓库房屋附近修建运输道路，其宽度不小于 4 m，必要时也可修轻轨铁路。若用轨行吊车装卸材料，应在装卸工作繁忙地点附近修建侧线，以便吊车停放或通过。

修建运输道路时，应尽量减少与铁路的交叉，不得已时，需在交叉地点设平交道。

1.3.2 混凝土成品厂

混凝土成品厂用来供应施工中所需的部分混凝土材料,如钢筋混凝土(预应力)梁、钢筋混凝土轨枕、钢筋混凝土水管等。

混凝土成品厂应靠近砂石料产地,以原料及成品进出运输方便,出岔短,不受洪水影响,并有生产和储放材料的地点为宜。

1. 场内设施

混凝土成品厂厂内设施包括:

(1)水泥、钢材、沥青仓库。

(2)砂石料堆放场。

(3)集料、材料加工车间(木工、钢筋加工、钢丝束制造、混凝土搅拌、沥青熬制)。

(4)制品成型车间(工作台)。

(5)成品堆放场。

(6)辅助车间(机械修理、热处理、运输、试验、电力、给水、蒸汽设备)。

(7)运输道路。

(8)移吊场和装车场。

(9)办公及生活用房等。

2. 平面布置

厂内进行平面布置时,应考虑工序衔接,水泥、砂石料场地靠近搅拌机,搅拌机和工作台的距离应最短;厂内股道布置应与厂内运输相适应,便于和铁路干线接轨,厂内道路应相互贯通。

3. 成品堆放场地的面积计算

成品堆放场地的面积根据每天的生产量加上 6 天生产量的储存量来考虑。每天的生产量(日生产能力)H 可按式(1-11)计算:

$$H = \frac{u \cdot k}{n} \tag{1-11}$$

式中 u——年度需要量,根据施工组织设计计划确定;

k——产品需要量不均匀系数,一般为 1.2～1.5;

n——年工作日,一般按 254 天考虑。

1.3.3 砂、石、道碴场

砂、石、道碴场应选择储量丰富、开采方便,质量符合规范要求,便于修建临时岔线,以及有适当场地堆料和弃土的地点。

砂、石、道碴场的平面布置应考虑以下几个因素:

(1)装车线长度应能容纳设计装车的列车长度,如离车站较远,需要调车时,则应配备调车股道。装车线与开采面平行,如采用松动爆破时,与开采面距离不小于 50 m。

(2)装车站台应根据砂石场地质、地形、使用期长短等因素选择站台类型,以滑坡式站台为好,站台长度按储量大小考虑,若装车线在曲线上时,站台设在曲线内侧为宜。

(3)场内运输一般采用翻斗车及皮带运输机等。

(4)采石场内除设置必需的生产房屋及设备外,其余均应设在爆破危险区范围以外,安全距离为 200 m。200 m 以内房屋及设备应采取防护措施,炸药库、雷管库等都应位于开采区 1 km

以外。

砖瓦材料，一般施工单位可向地方购买，不必自行设置专用的砖瓦厂。当砖瓦需要量很大，地方砖瓦不能满足需要时，施工单位才自设砖瓦厂。

1.3.4　机械修配厂

为了保证各种施工机械的正常运转，应对机械进行定期检修和经常维修。机械修配厂厂区面积应合理。

1. 定期检修的内容

(1)小修。目的在于更换磨耗较快的机械零件，并消除机械的隐蔽故障，基本上不拆卸机械的主要部件。

(2)中修。目的是恢复工作能力已消失或降低的机件性能。需要拆卸机械的局部或主要构成部分，以更换或修复磨耗的机件。

(3)大修。目的是对机械进行彻底翻新，以恢复机械的工作性能。大修后的机械，其质量水平应达到新出厂机械的 90%～95%。

2. 机械的经常维修

机械的维修一般视现场条件及实际需要而定，由工程队机械修理班担负。加强机械的修理工作，是提高机械出勤率的有效办法。

3. 修配厂厂区面积

修配厂应尽量靠近主要工地，设在交通运输方便，有电力、水源供应的地点。

厂区面积，一般根据厂区的房屋建筑面积进行估算，计算公式如下：

$$A=(1+K)F \tag{1-12}$$

$$F=F_1+F_2+F_3+F_4 \tag{1-13}$$

式中　F——厂内房屋建筑面积(m^2)；

K——面积增加系数，一般采用 0.1～0.25；

F_1——生产房屋面积，按机械设备配备数量及各机械占用面积指数计算，并应考虑生产性质，修配能力和工艺过程等的具体情况；

F_2——辅助生产房屋面积，约为生产房屋面积的 12%；

F_3——仓库面积，约为生产房屋面积的 8%；

F_4——行政及生活房屋面积，约为生产房屋面积的 12%(不包括家属住宅区)。

1.4　工程运输

学习任务

通过对工程运输的学习，能够进行工程运输量的计算、选择运输路线及方法、确定运输工具需要量。

在铁路施工中，有大量的工程材料和设备需要运送至工地。运输工作优良与否，直接影响工程能否顺利进行和按期完成，也影响到工程成本，必须予以高度重视。应根据施工调查资料，全面考虑，提出经济合理的运输方案，组织好工程运输。

1.4.1 运输量的计算

需要运输的材料数量，可按各工点或建筑物的工程数量及相应的材料消耗或材料需要量指标进行计算。此外，还需考虑施工机具、生活供给及管理用品的需要量。一般只计算一些主要材料、机具，其他零星材料可按主要材料、机具需要量的10%计算。材料需要量指标见表1-24。

表1-24 每正线公里主要材料参考指标

材料名称	单 位	平原地区	丘陵地区	山岳地区
水泥	t	310	500	950
木材	m³	95	200	355
钢材	t	20	27	35
砂	m³	1 055	1 520	2 490
碎、卵石	m³	1 110	1 960	2 740
片料石	m³	1 190	1 740	2 790
底碴	m³	950	1 020	1 070
注：表列用数量仅系铺轨前工程，面碴、轨料及站后工程未计入。				

需运输的各项材料重量与其运距的乘积累加起来即为运输量，单位为 t·km。计算出来的总数为所需要的运输能力。

确定运输量后，可编制货流图。货流图是以图示的形式表示铁路基本建设工程在一定期限内，必须运送到工地的材料总吨位及货流性质与方向，一目了然地概括了工程运输的全貌，可用来检算运输道路的标准及通过能力，也便于运输工具数量的计算。

1.4.2 运输路线及方法的选择

运输路线的选择，对于新建铁路，应根据现有的交通运输情况和拟建的临时运输道路来决定。由于当地料源分散，应充分利用既有道路。

目前常用的运输方法有三种：铁路、公路与水运。

铁路运输量大、运价低、安全可靠，应充分利用。一般外来料都是通过营业线铁路运输。新线站后工程所需的材料、机具，尽可能利用铁路运输，以节省运费。

公路运输可用汽车、拖拉机等运输工具，这些运输工具具有高度的机动性、灵活性及较高的速度和载重能力，使用方便，为新建铁路施工中的主要运输方法，特别是铺轨前，大部分材料都是用公路运输的，但公路运输成本较铁路运输高。

在有条件通航的江、河、湖泊，可采用水上运输。

既有线技术改造、增建第二线、扩建枢纽等建设项目，应尽量采用既有线铁路运输，以节省运费和临时道路修筑费。

1.4.3 运输工具需要量

运输工具需要量的计算，可根据运输量、工期及运输工具的运输能力等因素，按式(1-14)计算：

$$N = \sum \frac{C_n \cdot Q_n}{t_n \cdot q_d} \tag{1-14}$$

式中 N——材料运输工具数量(不包括土石方、隧道等工程施工所需的运输工具);

C_n——材料运输不平衡系数,一般可采用 $1.2 \sim 1.4$(采用施工最繁忙时期计算运量时,可不用此系数);

Q_n——用每种运输工具运输材料的运输量($t \cdot km$);

t_n——工作天数,根据施工组织设计的安排确定;

q_d——单个运输工具平均每日完成的运量定额。

运输工具需要量可根据施工单位的资料分析确定,应考虑运距之长短、货物装卸系数、车辆利用系数、道路情况以及装卸作业方法等因素。

▪ 项目小结 ▪

施工准备工作和临时工程是施工程序中的重要环节,是为拟建工程的施工建立必要的技术和物质条件,统筹安排施工力量和施工现场的根本保证。本项目是铁路工程施工组织的基础之一,介绍了铁路工程施工组织准备、施工调查、技术准备及施工现场准备的内容;临时房屋、临时道路、临时给水、临时供电等临时工程的内容;附属企业布置应考虑的因素及选址原则;工程运输量的计算及运输路线的选择等内容。重点讲解了临时给水、贮水池容积的计算,临时房屋面积的确定,临时公路选线方案及施工组织中用电负荷计算等。

▪ 复习思考题 ▪

1. 什么是准备工作、辅助工作和基本工作?它们都包括哪些内容?

2. 为什么要进行施工调查?调查的基本内容是什么?

3. 铁路工程施工前应做哪些技术准备工作?为什么说技术准备是施工准备的核心?

4. 施工现场准备应做哪些主要工作?

5. 怎样计算临时房屋需要修建的面积?修建临时房屋应遵循哪些原则?

6. 临时公路如何合理选线?

7. 某工程队全员 300 人(其中生产工人占 85%),负责某隧道进口端施工(单线隧道机械开挖),每天进度为 4 m。临时房屋为 1 500 m^2(砖墙、油毡屋面),拟设贮水池一座,试计算该贮水池容积。

8. 临时给水的用水量应如何计算?

9. 施工组织中怎样计算用电负荷?

10. 附属企业一般有哪些?其设置应如何考虑?

11. 工程运输应如何选择运输方法?运输量应如何计算?

项目 2　施工组织设计

项目描述

　　施工组织设计是基本建设工程项目规划设计的有力工具，是工程项目勘测设计和施工准备的重要内容，是施工全过程进行科学管理的重要手段。本项目是对施工组织设计的总体概述，主要阐述了施工组织设计的作用及编制依据、原则，施工组织设计的分类及文件组成，施工作业组织方法、施工进度计划的编制方法及内容。

学习目标

　　了解施工组织设计的作用和任务、编制依据及编制原则；
　　了解施工组织设计的分类及文件组成内容；
　　熟悉施工作业的三种基本作业方法、流水作业法的组织及主要参数、流水施工的分级及表述方式；
　　掌握施工进度计划的编制内容及方法。

2.1　施工组织设计的作用及编制

学习任务

　　通过对施工组织设计的作用及编制的学习，认识施工组织设计的作用及任务，明确施工组织设计的编制依据及编制原则。

2.1.1　施工组织设计的作用和任务

　　施工组织设计是组织施工、指导施工活动、保证铁路基本建设工作正常进行的重要技术经济文件，是围绕一个工程项目或某一单项工程，规划整个施工进程及各施工环节相互关系的战略性或战术性部署。在编制和贯彻过程中，不断完善施工组织设计是合理组织施工，保证施工企业经营管理顺利进行的一项重要措施。

　　施工组织设计把整个施工技术作业过程的各个环节都联系到一定的技术作业环节中，在主管部门统一领导下，合理确定各项技术作业间的关系，确定在什么时间、按什么顺序、用什么方法及工具来完成施工任务。若组织得好，可使工地上的工人、机具、材料能够各得其所，以最少的消耗、最快的速度，取得最好的效果；反之，若没有施工组织设计，就会打乱施工顺序，违反操作规程，互相牵扯、干扰，甚至造成窝工、停工，降低工程质量，延误施工期限，造成人力、物力、财力的巨大浪费。

　　施工组织设计是编制概预算的重要基础资料，也是施工企业编制施工计划、实行科学管理和计划管理的重要依据和手段，还是招投标的重要文件。

施工组织设计的主要任务如下：根据国家对建设项目的工期要求，确定施工顺序；选择施工方案、施工方法和施工机械设备；安排施工进度；计算劳动力、材料、机械设备的需要量；进行施工场地的平面布置等。总之，施工组织设计包括准备工作、基本工作和辅助工作等全部生产活动。

2.1.2　施工组织设计的编制依据

施工组织设计的编制依据主要有以下几点：

(1)计划文件，包括国家批准的基本建设计划文件、单位工程项目一览表、分期分批投产的期限要求，投资指标和设备材料订货指标、建设地点所在地区主管部门的批件、施工单位上级主管部门下达的施工任务等。

(2)设计文件和合同文件，包括已批准的可行性研究、初步设计、设计说明书、投资估算以及工程承包合同等。

(3)建设地区的调查资料，如水文、气象、地质、交通运输状况，当地建筑材料的分布，重点工程施工条件，大型临时工程及辅助设施修建条件以及水、电、燃料供应等资料。

(4)现行有关定额、指标及施工总结等资料，类似工程的经验资料等。

(5)施工单位的生产能力，如施工人数、技术装备、施工水平及机具数量、规格、性能等。

(6)有关技术标准、施工规范、操作规程等资料。

(7)有关协议、合同、纪要及上级文件等资料。

2.1.3　施工组织设计的编制原则

施工组织设计的编制应遵循以下原则：

(1)严格执行基本建设程序，从实际出发，在保证质量的前提下，正确处理需要与可能、局部与全局的关系。

(2)施工组织设计必须认真贯彻国家有关方针政策，做好方案比选工作，根据建设计划，结合工程实际，按技术可行、经济合理的原则，进行人力、物资、机械设备的综合平衡，合理安排施工顺序，均衡组织生产。

(3)施工组织设计要积极推广切实可行的先进施工方法和施工工艺，不断提高综合机械化、施工工厂化的水平。

(4)改建铁路的施工组织设计，要妥善解决施工和运输相互干扰的问题，制定施工过渡和防护措施，保证运输安全和施工的顺利进行。

(5)厉行节约、降低成本。如有条件，临时工程与永久工程应尽量结合考虑；同时，要注意因地制宜，就地取材，以节约和减少投资，降低工程造价。

(6)采用网络计划技术组织连续、均衡而有节奏地施工，保证人力、物力充分发挥作用。

(7)实现常年不间断施工。根据工程所在地区的季节性特征、工程类别及工程特点，落实季节性施工措施，安排好施工顺序及各作业项目的衔接，确保全年不间断施工。

(8)合理开采和利用当地建筑材料(如砂、石、道碴、瓦、砖、石灰等)，避免舍近求远、增加投资。

(9)施工组织设计应符合环境保护和水土保持的要求，节约用地，节约能源，考虑资源的综合利用。

2.2 施工组织设计的分类及文件组成

学习任务

通过对施工组织设计的分类及文件组成的学习，明确施工组织设计的分类及文件组成内容。

施工组织设计既是指导施工的战略部署文件，也是进行工程概预算的基础，因此，工程项目进行的每一阶段都应该有相应的施工组织设计，只是各阶段编制的侧重点不一样。

2.2.1 施工组织设计的分类

施工组织设计根据编制单位的不同，分为设计单位编制的施工组织设计与施工单位编制的施工组织设计。设计单位编制的施工组织设计称为指导性施工组织设计，施工单位编制的施工组织设计称为实施性施工组织设计。具体分类情况见表2-1。

表 2-1 施工组织设计分类表

编制单位	项目阶段	名称	主要作用
设计单位	预可行性研究阶段	概略施工组织方案意见	编制投资估算的依据
	可行性研究阶段	施工组织方案意见	制订基本建设计划以及编制投资估算的依据
	初步设计阶段	施工组织设计	修订基本建设计划，指导建设项目施工组织安排，编制初步设计概算，控制分年度投资以及安排施工力量的依据
施工单位	投标阶段	投标施工组织设计	作为投标书的组成部分，是编制投标报价的依据
	施工阶段	总施工组织设计	以整个建设项目为对象，通盘考虑，全面规划
		综合性施工组织设计	根据总施工组织设计的原则，按分段施工的范围，以经理部承担的全部工程为对象，对其做出全面规划
		单位(单项)工程实施性施工组织设计	以中标工程内重点单位(或单项)工程(如×大桥、×隧道、×路基)为对象，编制具体的施工组织设计

在上述分类中，施工单位在施工前，以设计单位编制的施工组织设计为依据，结合施工单位的具体情况编制总施工组织设计。本节重点介绍施工单位的施工组织设计。

1. 投标施工组织设计

投标施工组织设计是向建设单位展示本企业素质的手段，也是中标后施工的指导方案，是编制投标报价的依据。在编制时，必须以招标文件规定的竣工日期为起点，逆排施工工序，计算人力、物力的需用量，尽量采用机械化、专业化施工。施工组织应反映出采用的新技术、新结构、新材料、新设备、新动向，表现出为建设单位创建优质工程、降低造价的举措，显示出本企业的综合素质、优势和长处，为中标创造条件。

2. 总施工组织设计

总施工组织设计是由项目总承包单位对承揽的综合建设项目施工所做的总体部署，是指导所属项目经理部进一步编制施工组织设计的依据，也是编制项目总承包单位全年、季度施工生产计划的依据。其编制单元可以是某地区中标的某一个标段，也可以是同时中标的多个标段。

3. 综合性施工组织设计

综合性施工组织设计即以总施工组织设计为依据，由经理部对其承担的工程做出全面安排，是经理部编制全年、季度施工生产计划的依据。

4. 单位(单项)工程实施性施工组织设计

单位(单项)工程实施性施工组织设计是以单位工程(如一段线路、一座桥梁、一座隧道等)或单项工程为对象编制的，用以直接指导施工。施工单位依据国家的技术政策和建设要求，从工程实施的目标出发，结合客观的施工条件，拟订工程施工方案，确定施工顺序，制定各分部分项工程的施工工艺和施工方法，提出质量保证和安全生产的措施，安排施工进度，组织劳动力、机具、材料、构件、半成品和成品的供应，对生产和生活设施做出规划和布置，从而实现优质、按期、低耗的施工目标而编制的技术经济文件。

2.2.2　单位(单项)工程实施性施工组织设计的文件组成

单位(单项)工程实施性施工组织设计的文件组成与内容包括以下三大部分。

1. 说明书

说明书主要说明以下内容：

(1)编制依据。

(2)工程概况。

(3)施工调查情况。

(4)施工方法、施工顺序及工期和进度的安排。

(5)劳动力、主要材料、机具设备等的供应情况。

(6)施工准备工作，如购地拆迁、人员调遣及资料准备等工作。

(7)施工场地及有关电力、给水管网布置情况。

(8)主要临时工程设置意见。

(9)主要辅助生产设施设置意见。

(10)采用新技术、新工艺施工的意见和有关科研的安排。

2. 图纸

(1)工程全貌图。

(2)施工计划进度图。

(3)劳动力动态图。

(4)施工场地平面布置图。

(5)辅助工程及辅助设施设置图。

(6)其他必需的附图。

3. 附表

(1)工程数量表及日历性(分年、季)完成数量表。

(2)主要材料需要量表及计划(分年、季)供应表。

(3)主要机械设备需要量表及计划(分年、季)供应表。

(4)成品、半成品制造供应计划表。

(5)临时工程数量表。

2.3 施工作业组织方法

学习任务

通过对施工作业组织方法的学习，明确施工作业的三种基本作业方法，确定流水作业法的组织及主要参数、流水施工的分级及表述方式。

铁路工程施工作业的组织方法与其他土木工程一样，有三种基本作业方法：顺序作业法、平行作业法、流水作业法。在进行施工组织设计时，这三种作业方法既可以单独运用，也可以综合运用；既可以用横道图表示，也可以用网络图表示，两种图示方法可以互换。下面举例讲解这三种基本作业方法。

2.3.1 施工作业的基本作业方法

1. 顺序作业法

顺序作业法是指施工班组完成一个工程对象后，再接着进行下一个工程对象的施工，直至所有工程对象全部施工完毕的施工作业组织方法。这种方法较其他施工作业组织方法投入的机械、劳动力、材料少，但工期长。当组织专业班组施工时，各个专业班组的工作是间歇的、不连续的，劳动力和机械无法保持连续生产，易造成窝工。因此，采用此法不利于进行专业化施工。

下面以一实际案例进行具体说明。

某工程队承担 3 座工程量近似的石砌拱涵，其施工过程包括挖土方、砌基础、砌边墙、砌拱圈等工作，每个施工过程的施工天数均为 4 天，其中 6 人挖土方，10 人砌基础，16 人砌边墙，16 人砌拱圈。

按照顺序作业法组织施工，可知

总工期 $T = m \cdot n \cdot t_i = 3 \times 4 \times 4 = 48$ 天

式中　m——工程对象个数（3 座石砌拱涵）；

　　　n——每个工程的施工过程数（4 个过程）；

　　　t_i——每个施工过程的持续时间（每个施工过程施工均为 4 天）。

顺序作业法施工进度及劳动力动态曲线如图 2-1 所示。

从图 2-1 可以看出，顺序作业法有以下特点：

(1)不能充分利用工作面去争取时间，所以工期长。

(2)施工队不能实行专业化施工，不利于提高工程质量和劳动生产率；机械设备得不到充分利用。

(3)劳动力需要量波动大。

(4)单位时间内需要投入施工现场的资源数量较少，有利于组织资源供应工作。

(5)因为只有一个施工队在施工，所以施工现场的组织管理工作比较简单。

由此可见，顺序作业法适用于小型项目，且工期要求不严。

2. 平行作业法

平行作业法是指所有工程对象同时开工、齐头并进直至全部完成的施工作业组织方法。使用这种方法，可使工期大大缩短，但同时投入的劳动力、机具、材料数量成倍增加，材料消耗过于集中，容易因材料供应跟不上而产生停工待料现象。

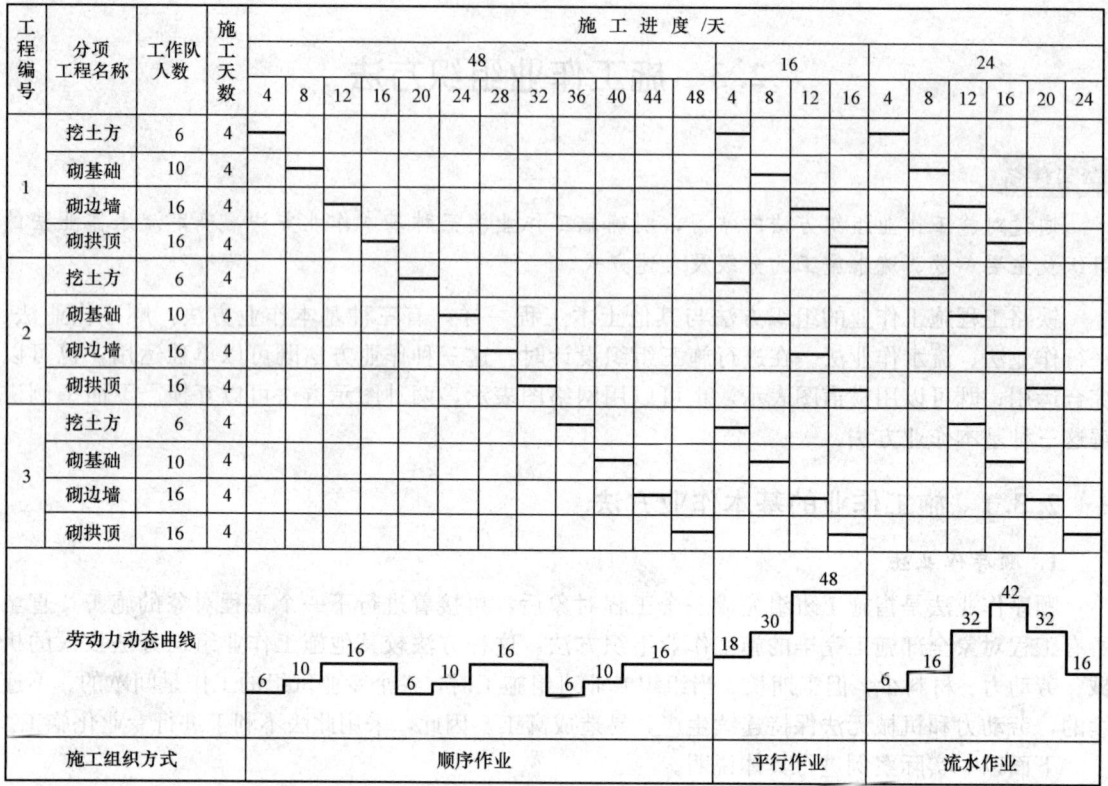

图 2-1　三种不同施工作业组织方式示意图

平行作业法一般只在工程量大而施工期限短的情况下采用。

上例中若采用平行作业法，则

总工期 $T=n \cdot t_i=4 \times 4=16$（天）

平行作业法施工进度及劳动力动态曲线如图 2-1 所示。

由图 2-1 可以看出，平行作业法有以下特点：

(1)充分利用了工作面，缩短了工期。

(2)施工队不能实行专业化施工，不利于提高工程质量和劳动生产率。

(3)协调性、均衡性差，劳动力需要量出现高峰。

(4)单位时间内需要投入施工现场的资源成倍增加，给材料供应、机械设备调度等工作带来困难。

(5)因为施工队多，人员集中，所以施工现场的组织管理工作复杂。

由此可见，只有当施工任务十分紧迫，工期紧张，工作面允许，及资源充分、能保证供应的条件下，才能使用这种作业方法。

3. 流水作业法

流水作业法指将所有工程对象按一定的时间间隔依次投入施工，各个专业班组的施工是连续不断的，依次从一个工程对象转移到下一个工程对象完成相同的工作，直至所有工程对象全部完工。上例中，用流水作业法，则

总工期 $T=(n-1)t_i+m \cdot t_i=(3-1) \times 4+4 \times 4=24$（天）

流水作业法施工进度及劳动力动态曲线如图 2-1 所示。

由图 2-1 可以看出,流水作业法的工期比顺序作业法短,比平行作业法长。通过比较可知,流水作业法消除了以上两种作业法的缺点,其特点是:

(1)由于流水作业法科学地利用工作面,所以总工期比较合理。

(2)施工队采用专业化施工,可使工人的操作技术水平不断提高,为进行技术改造、革新创造了条件,更能保证工程质量,同时获得更高的劳动生产率。

(3)专业施工队实行连续作业,相邻专业施工队之间搭接紧凑,体现了施工的连续性。

(4)单位时间内需要投入施工现场的资源数量较为均衡,有利于资源供应的组织工作。

(5)施工有节奏,为文明施工和进行施工现场的科学管理创造了条件。

采用流水作业法组织施工,施工段的数量和工作面的大小必须满足一定的要求,以便流水作业法更好地发挥自身的优越性。

以上是假定在施工条件、技术水平、工程数量等完全相同的条件下,仅就三种施工组织方法的施工工期和劳动力需要量进行的比较,实际工程中的情况要复杂得多。

4. 平行流水作业法

平行流水作业法是流水作业法的一种形式,它综合了平行作业法和流水作业法的优点。当所有工程对象按一组进行流水作业,其工期比规定工期要长时,可将全部工程对象根据工程类型、工程数量分为几组进行平行流水作业,每组内的工程对象采用流水作业法施工,组与组之间则采用平行作业法。

平行流水作业法分组(流水个数)多少要经过计算确定。一般是按采用一个流水作业施工的总工期除以规定工期进整所得,即为流水个数。

2.3.2　流水作业法的组织及主要参数

2.3.2.1　流水作业法的组织

无论是分部、分项工程,还是基本建设项目,都可以组织流水作业,即小到一道工序大到一个基本建设项目,都可以按流水作业法组织施工。

组织流水作业的基本方法如下:

1. 划分施工段

划分施工段,就是把劳动对象(工程项目)按自然形成或人为地划分成劳动量大致相等的若干段。例如,一个标段上有若干小涵洞,可以把每一个小涵洞看作是一个施工段,这就自然形成了若干施工段;如果把一个标段的路线工程部分每千米划分成一段,就属于人为地把劳动对象划分成了若干施工段。

2. 划分工序

划分工序就是把劳动对象(工程项目)的施工过程,划分成若干道工序或操作过程,每道工序或操作过程分别按工艺原则建立专业班组,即有几道工序,原则上就应该有几个专业施工队。

3. 确定施工顺序

确定施工顺序就是各个专业班组按照一定的工作流程,依次、连续地由一个施工段转移到下一个施工段,不断地完成同类施工。例如,路线的施工顺序是:施工准备→施工放样→路基施工→铺轨施工等,各专业班组按照这样一个施工顺序,由一个施工段转移到下一个施工段,直至完成全部工程。

4. 施工段之间、工序之间保持衔接

为了缩短工期，提高经济效益，减少施工工人和施工机械的闲置时间，施工段上各相邻工序之间或本工序在相邻施工段之间进行作业的时间，应尽可能相互衔接起来。

2.3.2.2 流水作业法的主要参数

1. 施工段数

施工段数属于空间参数。为了有效地组织流水施工，通常把拟建工程在平面上划分成若干个劳动量大致相等的施工段落，这些施工段落称施工段，其数目用 m 来表示。

(1)划分施工段的目的。一般情况下，一个施工段内只安排一个施工过程的专业工作队进行施工。在一个施工段上，只有前一个施工过程的工作队提供足够的工作面，后一个施工过程的专业工作队才能进入该段从事下一个施工过程的施工。划分施工段的目的是：

1) 创造工作面，为下一道工序尽早开工创造条件。

2)方便不同的工序(不同工种的专业施工队)在不同的工作面上平行作业、流水作业。

(2)划分施工段应注意的事项。

1)划分施工段时，要使各施工段劳动量大致相等，相差以不超过 15％为宜。

2)施工段的划分，应考虑施工规模、资源供应等，通常以主导工序的组织为依据。

3)施工段的划分，应考虑施工对象的结构整体完整性。例如，大型人工构造物以伸缩缝、沉降缝为界分段，一般的工程结构应在受力最小而又不影响结构外观的位置分段。

4)施工段的划分，要考虑各作业班组有合适的工作面。过小，不能充分发挥人、机械的效力；过大，则会影响工期。

2. 施工过程

施工过程属于工艺参数。在组织流水时，用以表达流水施工在工艺上开展层次的有关过程，统称为施工过程，也叫工序。施工中，根据具体情况，会把一个工程项目(分部工程)划分为若干道各具工艺特点的个别施工过程。例如，桥梁钻孔灌注桩工程可分为埋护筒、钻孔、灌混凝土等，预制混凝土构件可分为钢筋组、木工组、支模板组、实验组、混凝土搅拌站、混凝土运输、混凝土浇筑、混凝土振捣。工序数常用 n 来表示。每一道工序由一个专业班组来承担施工。

工序数要根据构造物的复杂程度和施工方法来确定，划分工序时，应注意以下问题：

(1)工序划分的粗细程度应以流水作业进度计划的性质为依据。对于实施性的流水作业进度计划，应划分得细一些，可划分到分项工程；对于控制性的进度计划，应划分得粗一些，可以是单位工程，甚至是单项工程。

(2)结合所选择的施工方案划分工序。例如，钢筋混凝土结构的现场浇筑与预制安装，沥青混凝土路面的机械摊铺施工与人工摊铺施工，其划分施工工序的差异是很大的。

(3)划分工序应重点突出，抓住主要工序，不宜太细，使流水作业进度计划简明扼要。例如，路面工程可以划分为底基层、基层、面层。

(4)一个流水作业进度计划内的所有工序均应按施工先后顺序排列，所采用的工序名称应与现行定额的项目名称一致。

3. 流水节拍

流水节拍属于时间参数。流水节拍是指一道工序(作业班组)在一个施工段上的持续时间，用

t_i 表示。当施工段数目确定后，流水节拍的长短会影响总工期。影响流水节拍长短的因素有施工方案、施工段的工程数量、专业施工队的人数、机械台数、每天的作业班次等。

从理论上讲，流水节拍越短越好。但是实际上，由于工作面的限制，流水节拍会有一个界限。流水节拍按式(2-1)计算：

$$t_i = \frac{Q_i}{S_i \cdot R_i \cdot N_i} = \frac{Q_i \cdot C_i}{R_i \cdot N_i} \tag{2-1}$$

式中　t_i——某专业工作队在第 i 施工段的流水节拍；

　　　Q_i——某专业工作队在第 i 施工段要完成的工作量；

　　　S_i——某专业工作队的计划产量定额；

　　　R_i——某专业工作队投入的工作人数或机械台数；

　　　N_i——某专业工作队的工作班次；

　　　C_i——某专业工作队的计划时间定额。

4. 流水步距

流水步距属于时间参数。流水步距指两相邻不同工序(专业班组)相继投入同一施工段开始工作的时间间隔，即开始时间之差，通常用 K 表示。流水步距 K 的大小，对总工期有很大影响。在施工段数目和流水节拍确定的条件下，流水步距越大，总工期就越长；反之，就越短。确定流水步距时，在考虑正确施工顺序、合理技术间歇、适当工作面和施工均衡性的同时，一般还应遵循以下原则：

(1)采用最小的流水步距，即相邻两工序在开工时间上最大限度、最合理地连接，以缩短工期。

(2)流水步距要能满足相邻两工序在施工顺序上相互制约的关系。

(3)尽量保证各施工专业队都能连续作业。

(4)确定流水步距要保证工程质量，满足安全施工的要求。

2.3.3　流水施工的分级及表达方式

1. 流水施工的分级

根据流水施工组织的范围划分，流水施工通常可分为以下几种：

(1)分项工程流水施工。分项工程流水施工也称为细部流水施工，是在一个专业工种内部组织起来的流水施工。在施工进度计划表上，它由一条标有施工段或工作队编号的水平进度指示线段或斜向进度指示线段表示。

(2)分部工程流水施工。分部工程流水施工也称专业流水施工，是在一个分部工程内部、各项工程之间组织起来的流水施工。在施工进度计划表上，它由一组标有施工段或工作队编号的水平进度指示线段或斜向进度指示线段表示。

(3)单位工程流水施工。单位工程流水施工也称综合流水施工，是在一个单位工程内部、各分部工程之间组织起来的流水施工。在施工进度计划表上，它由若干组分部工程的进度指示线段表示，并由此构成一张单位工程施工进度计划。

(4)群体工程流水施工。群体工程流水施工亦称大流水施工，是在若干单位工程之间组织起来的流水施工，反映在施工进度计划表上，是一张施工总进度计划。

流水施工的分级如图 2-2 所示。

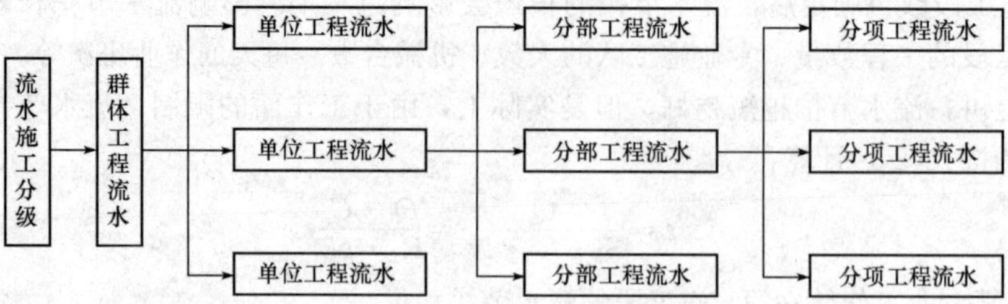

图 2-2 流水施工分级示意图

2. 流水施工的表达方式

流水施工的表达方式主要有横道图和网络图两种，如图 2-3 所示。

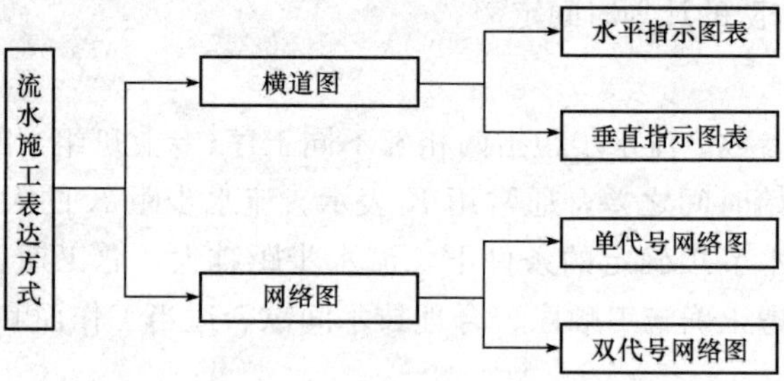

图 2-3 流水施工表达方式示意图

(1)水平指示图表。在流水施工水平指示图中，横坐标表示流水施工的持续时间，纵坐标表示施工过程及开展流水施工的专业工作队的名称、编号和数目，呈梯形分布的水平线表示流水施工的开展情况，如图 2-4 所示。

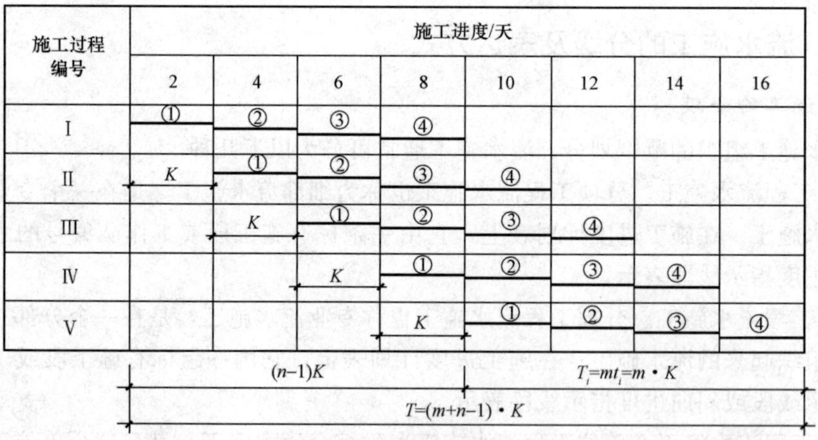

施工过程编号	施工进度/天							
	2	4	6	8	10	12	14	16
Ⅰ	①	②	③	④				
Ⅱ	K	①	②	③	④			
Ⅲ		K	①	②	③	④		
Ⅳ			K	①	②	③	④	
Ⅴ				K	①	②	③	④

$(n-1)K$ 　　　　$T_i=mt_i=m \cdot K$

$T=(m+n-1) \cdot K$

图 2-4 水平指示图表

T—流水施工计划总工期；T_i——一个专业工作队或施工过程完成其全部施工段的持续时间；n—施工过程数或专业工作对数；m—施工段数；K—流水步距；t_i—流水节拍(本图中 $t_i=K$)；①、②、③、④—施工段编号；Ⅰ、Ⅱ、Ⅲ、Ⅳ、Ⅴ—施工过程或专业工作队编号

（2）垂直指示图表。在流水施工垂直指示图中，横坐标表示流水施工的持续时间，纵坐标表示开展流水施工所划分的施工段编号；n 条斜线段表示各专业工作队或施工过程开展流水施工的情况，如图 2-5 所示。

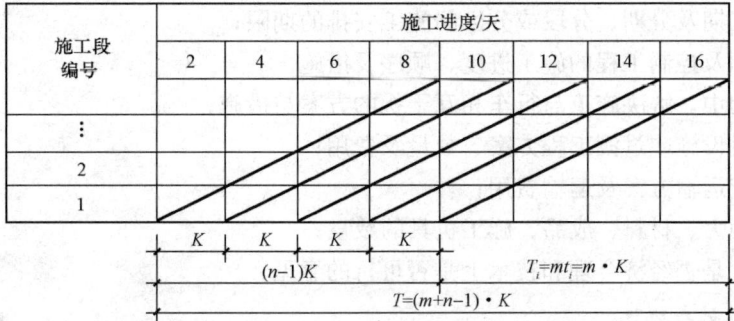

图 2-5　垂直指示图表

（3）网络图。有关网络图表达方式的流水施工，详见本书第 3 章。

2.4　施工进度计划编制

学习任务

通过对施工进度计划编制的学习，明确施工进度计划编制的内容及方法，并通过一般线路的总施工组织设计示例，能够进行施工的铺轨方案、区段的划分、施工安排及材料供应计划、临时工程及劳动力、材料及机械数量等的安排及计算。

施工组织设计进度计划，就是在规定的总工期范围内，对各项主要工程的施工顺序和施工进度作出全面的规划，以便施工人员按照计划的目标组织施工。施工进度计划常用施工进度图表示。

施工进度图是用图示方法将铁路工程的各施工过程、施工顺序有机地联系在一起，并在图上表示出来，它是施工组织设计的重要组成部分。在进度图中，主要解决各主要工程的施工顺序和施工进度安排，及各项工程之间的衔接配合。

2.4.1　施工调查资料

施工组织有关资料的调查，是编制施工进度计划的重要依据，必须认真做好。施工调查的项目，应根据具体工程的不同而有所侧重。调查前应编写调查提纲，有的放矢地进行调查工作。

2.4.2　施工组织方案的比选

施工进度计划的编制，应根据计划任务书规定的通车期限，结合建设项目或单项工程的具体情况，通过调查提出不同的施工方案，从技术上可行和经济上合理等方面进行研究、分析、比选，选出最优施工方案。

1. 方案比选的内容

方案比选的内容，不必涵盖铁路建筑物的全部工程，只需对路基土石方、桥隧建筑物、正线铺轨和铺碴等主要工程进行方案比选即可。方案比选一般应包括以下内容：

(1)施工总工期及分期、分段或分区间施工安排的期限；

(2)主要工程及控制工程的施工进度、顺序及措施；

(3)改建工程中，解决施工与行车相互干扰的方案与措施；

(4)大型临时设施或过渡工程方案、数量及费用；

(5)材料供应运输方案及运输费用；

(6)所需劳动力、材料、成品、施工机具的数量；

(7)工程造价是否经济合理和技术上是否可行的意见。

2. 方案的编制与比选

(1)确定控制工程的施工时间。根据规定的通车期限，结合设计文件交付时间，定出施工期限。在正常施工条件下，检查控制工程能否满足通车期限的要求，如不能满足，则应采取措施，根据实际情况和施工力量，调整好控制工程的施工时间。

(2)确定铁路正线铺轨、铺碴的方向和期限。与其他工程相比，铺轨铺碴工程的工作面比较小，编制指导性施工组织设计时，必须认真确定铺轨线。铺轨方案(包括铺轨方向、方法、进度)确定后，站前工程与站后工程的施工期限也就随之确定了。站前工程的安排不得对按期铺轨产生影响，有关用工程列车运送材料、机械设备的计划也要随铺轨方案的确定进行安排。

道碴的来源决定铺碴方向，而铺碴工作决定着铺轨进度，这些对铺轨方案的确定有重要影响。因此，在施工调查阶段，对沿线或附近道碴材料的产地和产量，应作详细调查，为施工方案提供可靠的依据。在铺轨、铺碴方案比选中，应解决好运送道碴的工作。

另外，铺轨进度与铺轨方法、每日工作班数、轨节生产能力等很多因素有关，应仔细考虑和安排。

(3)确定路基土石方和桥隧工程的施工期限。从基本工程开工之日至正线铺轨前这段时间，均可作为路基土石方及中小桥隧施工之用。安排施工时，适当考虑段落划分、流水分组等。工作量大的地段，安排工期时应作工期检算，如超过规定工期，可采取适当措施。

每个方案均按以上三个步骤进行研究，绘出方案图，并说明其优缺点。通过对几个方案进行技术、经济、社会效益等方面的比选，最后选出一个最优方案。

2.4.3 施工区段的划分

1. 划分的原则

(1)根据沿线工程分布，工程量大小，结合施工单位劳动力、机具配备情况综合考虑。

(2)与地方行政区划分相结合，考虑省、直辖市、自治区所管辖的范围。

(3)除控制工期的重点工程及地段由专业施工队承担外，一般均以独立经济核算的综合工程公司为划分单元。

(4)从全线及总工期考虑，各处的工作任务要平衡饱满，并考虑在本建设项目内流水施工，避免施工队伍频繁转移。

(5)考虑铁路和地方不同工资区的划分，便于概预算的编制和调整，也便于成本分析、指标统计等。

2. 划分时的注意事项

(1)应考虑路基土石方调配中土石方的利用和取弃土的位置及隧道出碴的利用。

(2)对长大干线或既有线技术改造，由几个工程局或铁路局施工时应考虑各局的管辖范围。

(3)在线路展线地段，还应考虑相互之间的施工干扰。

(4)一般不应在桥隧建筑物中间、车站内、高填方或深挖方中间及线路曲线上分界，最好在直线地段填挖交界处分界。

(5)以独立施工的重点工程为界，应考虑与专业队的工作平衡、施工中的总体性、管理上的合理性等因素，不能硬性划分。

3. 有关参考指标

(1)一个综合工程公司的管辖长度，因工期要求及地区特征而不同，一般山区为 20～30 km，平原及丘陵地区为 40～60 km，最长可达 100 km。

(2)分项工程参考指标见表 2-2，可根据工程数量、劳动力配备，结合工期要求计算区段长度。

表 2-2　分项工程劳动力指标

项　目	指　标	备　注	项　目	指　标	备　注
土石方(人工、机械综合)	0.33 工日/m³	按断面方计，不包括附属土石方	机械开挖单线隧道	155 工日/m	石质每米综合，不包括辅助导坑
挡土墙、浆砌片石	1.5 工日/m	—	人力开挖单线隧道	197 工日/m	土质每米综合，不包括辅助导坑
大桥	101 工日/m	—	铺轨(综合)	1350 工日/正线公里	包括站线及铺碴
中桥	94 工日/m	—	铺轨(单项)	395 工日/铺轨公里	—
小桥	138 工日/m	—	铺碴	0.30 工日/m³	—
涵管	35～46 工日/横延长米	—	架桥	6.5 工日/m	包括桥面系

2.4.4　各项工程施工顺序、施工进度及期限安排

2.4.4.1　施工准备

施工准备是为施工创造条件，应做到运输道路、电力、通信线路尽快贯通，临时房屋、给水及工作场地等修建齐备。因此需全面考虑，配备足够的力量，留出足够的时间来完成。

施工准备所需时间，与地形、临时工程及拆迁建筑物的多少、全线工程量的分布及原有交通运输条件等有关。在一般情况下，一个施工区段所需施工准备时间为 2～4 个月。对于长大干线，施工准备所需时间应单独确定。为分期分段施工时，施工准备就没必要全线同时展开，应将准备工作和辅助工作分成与基本工程相适应的若干段落进行。

2.4.4.2 基本工程

1. 站前工程

站前工程是指铺轨前必须完成的工程(包括铺轨),包括路基土石方、桥涵、隧道、铺架及铺碴等工程。对站前工程应首先安排好重点工程的施工顺序,然后再考虑一般工程。

(1)路基土石方工程。路基土石方工程在每一施工区段的准备工作完成后或准备工作进展到一定程度即可开工,也可与桥涵工程同时开工,但其竣工应落后于桥涵工程,并必须在正线铺轨前半个月完成,以便在此期间进行线路复测、设置线路桩、整修路面及边坡,以及正线上预铺底碴等工作。

一般在隧道口的路堑应尽量提前施工,为隧道施工提前进洞创造有利条件。利用隧道出碴的路堤,应与隧道划分在同一施工区段,以便统一管理。在桥涵群地段的路基土石方,若爆破开挖,对建筑物有影响的,应提前施工;如果站场内土石方数量过大,需用火车运土,或采用大型机械施工,对工程列车或临时运营没有影响时,可推延至正线铺轨后完成。

路基土石方的施工期限,应考虑季节的影响。路基土石方的完工期限应尽量避开雨期。对于各段土石方的施工顺序,应根据铺轨方向来确定;同时应考虑与其他工程的相互配合和利用,减少干扰,降低造价。

路基土石方工程进度取决于取弃土的位置、土壤种类、施工方法、机械设备、运输机具及季节等。当路基土石方工程开竣工日期确定后,对控制工期的土石方集中地段,除进行具体的土石方调配,拟定施工方法和运输方法外,还需检算其工期。

土石方集中地段的工期可按式(2-2)计算:

$$T=\frac{W}{g \cdot a \cdot N} \tag{2-2}$$

式中　T——该段土石方需用的工期(工天);

W——土石方集中地段的工程数量(m^3,按施工方计);

g——某种机械设备的台班产量(若为人力施工,则为人力施工的产量定额);

a——每天作业班数;

N——每班的机械台数(人力施工时为每班施工人数)。

通过检算,如果路基土石方工程在铺轨前半个月不能完成,应考虑能否将开工日期提前,或者增加机械(或人力)及工作班数(但应注意工作面),以缩短施工期限;或者考虑选用其他施工方法或措施,以保证重点土石方工程能在规定的工期内,顺利完成施工任务。

路基土石方工程应尽量采用机械施工,以节约劳动力,提高工效,加快施工进度。为了减少人员、机械的频繁调动和搬迁,机械施工地段土石方数量应不少于 50 万 m^3;若在 120 万 m^3以上,可满足全年的施工。

路基土石方工程施工进度综合指标可参考表 2-3。

表 2-3　土石方工程施工进度综合指标

工程项目	施工方法	综合指标	附　注
土石方	人力施工	2.0 m³/工日	按施工方计
	机械施工	3.5 m³/工日	按施工方计
	人力机械综合	3.0 m³/工日	按施工方计

工程项目	施工方法	综合指标	附 注
土 方	机械施工	20 万 m³/队月	—
石 方	潜孔爆破	1 000 m³/队日	潜孔钻机打眼，装载机、倾卸汽车配合，每日三班

(2)桥涵工程。桥涵工程应根据基础类型、洪水季节、施工方法、机具设备、材料运输等问题，结合该段路基土石方工程的开竣工时间，安排桥涵工程的开竣工日期及流水分组。一般桥涵在准备工作完毕后即可开工(对于重点工程也可提前开工)，小桥涵的开工应安排在路基土石方工程之前，也可同时开工。桥涵工程一般应在同区段路基土石方工程完工前半个月至一个半月完工(可参考表2-4)，以便有充分的时间做好锥体护坡填土、桥头填土及涵洞顶部填土等工作。同时考虑混凝土及砌筑圬工的强度达到承受重力的时间。桥涵工程若不能在路基土石方之前完工，则应先修好桥台，尽量不留缺口，以免影响路基土石方的质量和进度。

表 2-4　桥涵工程比路基工程提前完工时间

工程类别	桥头或涵顶填土高度 h/m	比路基提前完工时间/月
大中桥	$h \leqslant 12$	0.5
	$h > 12$	1.0
涵管	$h < 4$	0.5
	$4 < h < 8$	1.0
	$8 < h < 12$	1.5
	$h > 12$	按个别设计决定

桥隧相连地段，应结合具体情况研究路基、桥、隧的施工顺序，注意石方爆破、隧道弃碴的干扰、石方的利用以及施工场地布置等问题。一般可先安排桥基础开挖，待圬工砌出地面后，再进行路基和隧道的施工。砌好的墩台，应避免受爆破影响，必要时可覆盖防护。有时因地形陡峭，施工场地布置困难，桥头、隧道洞口的路基要先施工，以便堆置料具及开辟施工场地。但路堑弃碴应避免堆置于桥墩台基础附近，以免影响基础施工。导流堤应在可能被水淹没地带的路堤修筑前修建或同时修建。

桥梁施工的总工期由建筑基础、墩台和架设桥梁的时间组成，所以桥梁的进度与工期，都应根据基础类型、墩台形式、桥跨形式的不同分别计算。在施工进度中，特大桥、大桥、中桥及复杂工点应单独安排施工期，绘出进度线并考虑安排好流水作业；小桥涵因数量较多，不必每座单独绘出进度线，一般以一个施工区段范围分组考虑，用一斜线表示单位流水的范围和进度。

桥梁一般施工进度(不包括架梁时间)，可参考表2-5、表2-6所列的综合指标。大跨度拱桥、高墩或基础复杂的桥梁，工期应经具体计算确定。

表 2-5　按墩高划分的进度综合指标

桥梁式样	墩高/m	工期/(月/座)
梁式桥	30 以下	3～5
梁式桥	30～50	5～7
梁式桥	50～70	6～8

表 2-6　按全长及跨度划分的桥梁进度综合指标

桥梁式样	全长及跨度/m	工期/(月/座)	桥梁式样	全长及跨度/m	工期/(月/座)
拱　桥	跨度 38 以下	6～8	梁式桥	全长 101～150	4～6
拱　桥	跨度 38～54	8～12	梁式桥	全长 151～250	6～8
梁式桥	全长 21～60	2～3	梁式桥	全长 251～350	8～10
梁式桥	全长 61～100	3～4	梁式桥	全长 351～500	10～12

小桥涵进度，根据工程类型、填土高度等确定，其工期参考指标为：小桥 1～3 月/座，涵管 0.5～1 月/座。

(3)隧道工程。隧道工程一般在准备工作完毕后开工，长大隧道或隧道群地段，可提前施工，并与隧道口的桥涵工程密切配合，应在桥基或涵洞完成后开工，在铺轨前 1 个月竣工，以便有充分的时间进行检查整修、整体道床施工、场地清理等。

隧道工程进度主要受开挖和运碴速度所限，因此一般采用昼夜三班施工，由两端同时掘进。对控制工期的长大隧道，应采用机械施工，利用先进施工方法，并设置辅助坑道（平行导坑、横洞、斜井、竖井），以增加开挖和运输的工作面，加快施工进度，缩短工期。隧道群地段为了配合长隧道的出碴或解决路基的填料问题，短隧道可以考虑提前打通，以其作为运输通道，解决施工困难。

由于施工地区地形、地质及水文自然条件不同，施工单位的技术水平、设备能力不同，隧道的施工进度也不同。单线隧道施工进度综合指标参见表 2-7。

表 2-7　单线隧道施工进度综合指标

隧道长度/m	单口月成洞/m
5 000 以上	120～150
2 000～5 000	100～120
500～2 000	60～100
500 以下	30～60

辅助坑道的进度，单线隧道可按正洞单口月成洞进度的百分数计算：横洞 70%～80%，斜井 40%～60%，竖井 30%～40%；双线隧道施工进度一般可按单线隧道施工进度的 70%考虑。

(4)铺架工程。铺轨架梁工程应在路基土石方工程完工后半个月进行。一般正线铺轨和站线铺轨分别进行，正线铺轨时应考虑铺设一股站线和连接的两组道岔，以便铺轨及运料列车的利用，而其他站线则可利用架梁的间隙铺设。

在正线铺轨前，路基、桥涵、隧道等站前工程必须完成。以保证铺架工作的顺利进行，避免开始铺轨后，由于上述工程未竣工而使铺架工作停顿下来，影响铺架工程的工期。

铺架工程的工期与施工单位的技术水平、设备能力、轨道类型、轨节供应、施工方法、每天工作班数以及架梁孔数、跨度等因素有关。铺轨架梁的工期还应考虑不能利用架梁时间铺设的站线股道工作量。隧道内铺轨工作面窄，又需具备照明条件，一般较洞外困难，尤其隧道设计为刚性道床时，铺轨进度比洞外更慢。在深路堑地段铺轨，因工作面小，铺轨进度也会受到一定限制。因此，计算铺轨时间时，应考虑上述因素。

铺轨架梁应广泛采用机械化施工，只有当机械设备不足或铺轨工期紧迫时，方可考虑与人工铺轨同时进行；短距离岔线、专用线或有大量小半径曲线的线路，可采用人工铺轨。每昼夜工作一般按 1~2 班(每班 8 h)计，进度为 1~1.5 km/d。

机械铺轨多采用每天两班制，在工期紧迫的情况下可采用三班制工作。每天三班的铺轨进度可达 3~5 km，但由于架梁速度的限制，实际上每天铺轨架梁综合进度约为 1 km。

架梁进度一般因地形、桥梁类型、跨度、连续孔数等的不同而不同，在安排架梁进度时可参考表 2-8。

表 2-8　架梁进度参考指标

跨度及项目	平均每孔需用时间
16 m 及以下	3h/孔
20~24 m	5h/孔
32 m 以上	6h/孔
架梁准备时期	5~8h/座(包括岔线、加固、整道)

在下列情况下，架梁进度应单独计算：

1)桥头不能出岔线或岔线距桥头较远，以致增加了加固地段及吊车梁运行的距离；

2)桥台在隧道内或紧接洞口，需在隧道内起吊车梁进行架设；

3)其他困难条件下的架梁。

根据铺轨及架梁数量结合线路具体情况，参考上述指标或按定额计算出铺架进度及工期，绘出进度图。

(5)铺碴工程。铺底碴或碴带应在路基土石方工程完工，并经线路复测和路基整修后进行，一般用汽车、马车、拖拉机等运输工具将道碴运送到沿线，并用人工一次进行铺设，在铺轨之前完工。

面碴铺设与铺轨同时进行，但不能同时在一个工作面上施工，铺面碴要落后铺轨 1~2 个区间。面碴一般须分层铺设，第一层和第二层面碴铺设的间隔时间最多不超过 1 个月。道碴铺完后起道至设计标高，应经列车或单机碾压 50 次以上，然后对道床进行最后的修整工作。

铺碴进度往往受碴场的位置、生产能力及运输方法的影响。

如果沿线道碴资源丰富，铺碴工程一般不控制工期，随铺轨进行即可。当有几处道碴场时，应合理选用，并计算其供应范围。

采用机械铺碴时，每日一班铺碴进度可达 3~4 km。

铺碴工期的检算：如某一铺碴地段铺碴量为 W (m³)，则该段线路的铺碴工期可按式(2-3)进行计算：

$$T = \frac{W}{q_d} + t_g \tag{2-3}$$

式中　T——铺碴期限(天)；

$\quad\quad q_d$——道碴场每昼夜生产量(或运输工具的平均运输能力)(m³/天)；

$\quad\quad t_g$——两次铺碴时间间隔(天)。

2. 站后工程

站后工程一般是指铺轨通车后，为正式交付运营需要修建的工程(房屋、给排水、通信、信号、电力及电力牵引供电、其他运营生产设备及建筑物等）。站后工程的施工安排，应配合通车或铺轨进度逐步完成，并在交付使用前1～2个月全部竣工。

(1)房屋工程。房屋工程的开竣工期限，须视房屋类别、临时运营及正式运营的需要而定。一般安排在铺轨后施工，这样可利用工程列车运料，最后完工期限以在交付使用前1.5～2个月为宜。

对于有设备需要安装的房屋，房屋本身应提前完成，以便有足够的时间进行安装工作(如安装机器)。

有的房屋施工期限应与机械设备的订货及到货计划的时间相配合(如机车库、车辆检修房屋、发电站及变电所房屋等)。

对于靠近铺轨末端的房屋，如果安排在铺轨后施工，应保证全线交付使用日期的要求，必要时可提前开工。

如果能就地取材或材料运输费用不大，可提前修建部分永久房屋，以供施工期间作临时房屋之用。在保证工期和不增加投资的前提下，也可发包给地方建筑队伍施工，并要求在通车前交付使用。

房屋工程的施工进度综合指标参见表2-9。

(2)给排水工程。给排水工程应尽可能配合通行工程列车、临时运营和正式运营的需要进行施工。如施工条件许可，材料供应方便，部分工程可在铺轨前修建(如引水设备、水泵房、送水管路及一部分配水管路等)，以保证机车用水，降低临时给水的费用。当缺乏材料或材料运输困难时，一部分给水工程可安排在铺轨后进行施工，而施工与工程列车用水由临时给水解决。给水排水工程的最后完工期限与房屋工程相似。

给排水工程施工进度综合指标参见表2-9。

(3)通信工程。通信工程一般可安排在铺轨后施工，以免施工干扰，同时可利用工程列车运送材料，减少运费。一般铺完第一层道碴后，隔5～10天即可架设通信线路，其完工日期与房屋工程相似。当设计方案及料源均落实，交通运输方便，无施工干扰时，也可在施工准备期间完成，以供施工通信之用，减少临时通信工程。但通过隧道的电缆槽，应配合隧道施工。

通信工程施工进度综合指标参考表2-9。

(4)信号工程。信号工程一般在铺碴、整道、道岔就位后即可开工，除特大站场外，均应在施工期内同时完工。要求最后一个站场的信号工程应在铺完第二层道碴同一时间或不晚于半个月完工。信号工程应在开通工程列车前完成信号装设(包括信号楼、机电房等)。

信号工程施工进度综合指标参见表2-9。

(5)电力及电力牵引供电工程。新线或既有线改造的电力及电力牵引供电工程，开工前必须做好以下工作：

1)为采用电力牵引而进行的既有线线路技术改造工程应基本完工，个别工点未完项目应达到基本上不影响电力牵引供电工程施工的程度。如果站场改建未完，则不能立接触网的软横跨支柱，甚至牵引变电所和供电段都不能开工。如果沿线桥梁、隧道扩大净空的改建工作未完工，接触网不能安装挂线。

2)路基已经夯实整平，平、纵断面基本稳定，线路中心线已拨正，起落道工作已完成。

3)沿线干扰、拆迁工程及工程用地等应有妥善协议和安排。

电气化接触网工程施工进度综合指标参见表2-9。

表 2-9 站后工程施工进度综合指标

项　目	说　明		指　标	附　注
站场设备及房屋建筑	中、会站	无给水	3～4 月/站	一班制每班 30 人
		有给水	4～6	
房屋建筑	折返段、区段站		1.5 万～2.0 万 m² /(队·年)	250 人/队
给排水工程	管路及设备安装		6 月/站	包括 200 t 水塔，一个队工作，每队 1 000 人
通信工程	平原地区		25～30km/(队·月)	80 人/队
信号工程	大站电气集中		2.5～5.5(月/站)	2 个班，每班 30 人，按 30～60 组联锁道岔
	中、会站电气集中		2 月/(班·站)	1 个班，每班 30 人，按 3～4 股道考虑
电气化接触网工程	每日出车两次		120～150 正线公里/(队·年)	120 人/队

2.4.4.3　结束工作

结束工作是指最后一层面碴铺完到正式交付使用的收尾工作，主要包括线路沉落整修和交接验收工作。

结束工作的周期一般为 2 个月。当有遗留的基本工程时，则视线路长度及遗留工程的工作量大小确定结束工作的时间。

从工程列车开行到正式交付使用，一般以 6 个月之内为宜。

各项工程施工顺序及开竣工间隔时间表参见表 2-10。

表 2-10　各项工程施工顺序及开竣工间隔时间表

工作项目	开竣工间隔时间	附　注
正式运营	视修补、收尾、整理、交验准备工作而定	包括技术总结、交付正式管理的有关技术报表，修补、收尾、整理、试验以及其他的交验准备工作等
临时运营	30 天	留有一定时间，完成部分临时运营所急需的站后工程
第二次铺碴	留有足够的辗压时间	
第一次铺碴	1～3 天	不超过 1～2 个区间
铺轨	15 天	复核水平，复测定线以及路基的检查修整等工作
路基土石方	15～45 天	视桥涵类型及填土高度而定(详见表 3-4)，以便有足够的时间填筑护坡、桥头填土、顶部填土。若为混凝土或钢筋混凝土结构应留足凝固时间和要求承重时间
桥涵		
准备工作	时间以线路划分地段长度及工作量大小而定，一个施工区间需 2～4 个月	准备工作完工后，桥涵、路基土石方可同时开工，但桥涵竣工应先于路基土石方
设计文件交付	0.5～1.0 个月	施工单位施工计划，现场调查等

2.4.5　材料供应计划

材料供应计划，是施工组织中的一项重要内容。应根据工程分布、施工进度、各类工程需要材料的品种、数量、来源，结合运输方案及分期、分段通车安排统筹规划，尽可能就近供应材料或就地取材，减少远距离运输，编制出经济、合理的供料计划。

1. 编制依据

(1)线路平面及纵断面图、车站表、桥涵表、隧道表及断链表等。

(2)线路地区内有关交通运输情况的调查资料及说明。

(3)砂、石、道碴、砖、瓦、石灰等当地材料的调查表、汇总表及试验资料。

(4)材料厂、成品厂、轨节组装基地等的设置位置、供应范围及其与交通路线的关系等。

(5)直发料项目及其来源。

(6)施工进度图所安排的施工顺序、施工期限以及施工区段划分等资料。

(7)各项工程所需材料数量的计算资料。

(8)通过比选确定的运输方案。

2. 编制原则

(1)统筹规划、全面安排，最大限度地就地取材，达到运输费用最省的目的。

(2)根据施工组织设计的安排，先重点，后一般；先供应料源附近的工程，后供应其他工程；保持一定流向，避免反向运输。

(3)当地材料产地应考虑开采和运输的可能性、合理性和经济性。

(4)应结合各类工程的需要，合理调配不同材料，做到材料不积压，工人(机械)也不会因材料供应不足而影响施工或停工待料。

(5)结合施工顺序、材料堆放地点，合理利用路堑挖方和隧道弃碴。对于石方，首先应考虑能否作为建筑材料(片石、砾石、道碴)之用。

3. 编制范围及单元

材料供应计划的编制，应与概预算编制单元对口。凡单独编制个别概预算的重点工程，应单独编制材料供应计划，其余均按总概预算范围进行编制。

2.4.6　临时工程

临时工程，特别是大型临时设施和过渡工程，应结合地区特征、基建项目的特点及施工期限，本着节省资金、节约用地、发挥投资效益的原则，统筹规划，全面安排。要因地制宜、就地取材或利用正式工程的材料、设备先后倒用(如过渡信号设施)，以及临时工程和永久工程相结合，或利用原有建筑物、设备等。临时工程修建标准应结合安全、防火、卫生等规定，力求简易、实用。

临时工程的修建也应通过研究、比选，提出必须修建的项目、地点(尽可能建在用地界内)、规模(包括主要工程量及租用土地的面积)，以及可以利用的其他建筑物和材料等情况，并合理进行施工场地布置，以达到利于施工生产、节省费用的目的。

2.4.7　施工计划进度图及劳动力动态图

1. 施工计划进度图

施工计划进度图是施工组织设计的核心部分，其采用图示的方法，主要表示在规定的总工期范围内，各项工程的施工过程、施工顺序、劳动力组织、机具配备、施工进度及期限。

施工计划进度图由以下内容组成：

(1)线路平面示意图、纵断面示意图或工程全貌图。

(2)主要工程数量。

(3)施工区段划分。

(4)当地材料供应范围。

(5)工程计划进度图。

(6)劳动力动态图。

(7)图例及图注。

2. 劳动力动态图

劳动力动态图是用于检验劳动力安排是否合理、施工组织设计方案是否合理的依据，也是编制概预算、计算有关费用的依据。因此，劳动力的布置和调配应与施工进度安排相一致。从准备工作开始，出工人数应由少逐渐增多，然后保持相对稳定的最高出工人数，待施工高潮过后，人数再逐渐减少。在整个施工期内劳动力要基本均衡，劳动力动态图不应出现锯齿状的忽多忽少现象。

2.4.8 施工平面布置示意图

施工平面布置示意图，也是施工组织设计的主要内容之一，包括建设项目总平面布置示意图和个别工程施工场地平面布置示意图。施工平面布置示意图是将线路通过地区或工点附近范围内的施工现场情况及研究确定的主要施工部署反映在图纸上，便于了解线路地区内的工程分布、材料产地、交通运输条件、拟修便道便线、施工驻地、临时房屋、厂矿企业位置，以及供水供电方案、施工区段及行政区划分等情况，为运输方案的比选、材料供应计划的编制提供资料，便于领导和施工技术管理人员有效地安排和指导施工。

施工平面布置图由以下内容组成：

(1)线路平面缩图(线路方向、里程、较大长短链、主要村镇、河流位置以及等高线)或个别工程建筑工地界内平面图(已有的或拟建的地上或地下设施及河流位置、等高线)。

(2)重点桥隧等工程的位置及其中心里程、长度、孔跨以及重点取弃土场的位置。

(3)车站位置及其中心里程。

(4)施工区段划分、省界、县界及驻地位置。

(5)砂场、石场、砖瓦厂、石灰厂等附属企业的位置、产地、产量及运输里程。

(6)大型临时辅助设施以及一切安全及防火设施的位置。

(7)既有和拟建的运输道路，水、电、通信线管路的位置及交通线路运输里程表。

(8)既有线技术改造或增建第二线的项目，应标明设计线和既有线的关系。

(9)图例、图注、比例尺。

2.4.9 主要劳动力、材料、施工机具数量的计算

主要劳动力、材料(包括成品、半成品、构配件)、施工机具数量的计算，是施工组织设计的一部分，以设计工程数量及工程定额为依据进行计算。

1. 劳动力的计算

劳动力数量，是计算工人数，安排施工进度，估算临时房屋，计算工费、工资差及调遣费的依据。

劳动力包括基本工程劳动力、附属辅助劳动力及间接用工三部分。基本工程劳动力是指直接从事基本工程的建筑安装的劳动力，简称建安工人，其根据工程数量及定额计算；附属辅助劳动力是指材料运输工人及施工现场备料、预制成品、修理工具、锻钎、铁工等工人，占建安工人的

$20\%\sim30\%$；间接用工是指一些非生产性质的工作所使用的工人，占建安工人的 $2\%\sim5\%$。

2. 主要材料（包括成品、半成品、构配件）的计算

（1）根据各类工程的工程量（包括正式工程及大型临时设施和过渡工程），按相应定额或综合指标计算。

（2）由工地临时设置的成品厂所预制的成品、半成品，按成品量及定额计列原材料数量，并注明预制品的品名、数量。对采购的成品、半成品，则只计算安装所需材料数量。

（3）利用本建设项目拆除或开挖出来的材料，要另行列表，并注明来源及可供使用的数量。

3. 主要施工机具数量的计算

主要施工机具数量，按工程数量和定额计算其台班需要量，根据施工顺序、施工进度、工期及各工点相互调配使用等情况确定配备数量。

（1）台班需要量。

$$M=\frac{W}{q} \tag{2-4}$$

式中　M——机械台班需要量；

　　　W——设计工程数量；

　　　q——机械台班产量定额。

（2）机械需要量。

$$N=\frac{M}{T\cdot a} \tag{2-5}$$

式中　N——机械配备量；

　　　T——工期（工天）；

　　　a——每天工作班数。

另外，按照计算所需的机械数量，应再增加 $10\%\sim15\%$ 的备用量。

═╣ 项目小结 ╠═

本项目是对施工组织设计的总体概述，介绍了施工组织设计的作用和任务、编制依据及编制原则，施工组织设计的分类及文件组成、施工作业的三种基本作业方法、流水作业法的组织及主要参数确定、流水施工的分级及表达方式，重点介绍了施工进度计划的编制内容及方法。

═╣ 复习思考题 ╠═

1. 施工组织设计的作用和任务是什么？
2. 编制施工组织设计前应做好哪些准备工作？
3. 编制施工组织设计应遵循哪些原则？
4. 施工组织作业方法有哪几种？各有什么优缺点？
5. 施工方案比选有哪些内容？
6. 站前工程包括哪些内容？其施工顺序怎样确定？
7. 站后工程的施工应如何安排？
8. 施工计划进度图与施工平面布置包括哪些内容？
9. 简述路基土石工程、桥涵工程、隧道工程、铺架工程及铺碴工程施工进度及期限安排。
10. 铁路工程施工区段的划分有哪些原则和注意事项？
11. 为什么说施工计划进度图是施工组织设计的核心部分？
12. 简述施工平面布置示意图的作用及内容。

项目 3 网络计划技术

🔶 **项目描述**

网络计划技术是利用网络计划对任务的工作进度进行安排和控制，以保证实现预定目标的科学计划管理技术。本项目主要阐述网络计划的特点及基本概念、网络图的绘制、网络计划时间参数的计算、双代号时标网络计划等内容。

🔶 **学习目标**

了解网络计划的特点及分类，网络计划的基本概念；

掌握网络图的绘制方法；

掌握网络计划时间参数的计算；

熟悉双代号时标网络计划，并能够确定双代号时标网络计划中的关键线路和时间参数。

3.1 网络计划概述

学习任务

明确网络计划的特点及网络计划的基本概念。

网络计划是指用网络图表示各项工作开展方向和开工、竣工时间的进度计划。网络图是一种表达各项工作先后次序和所需时间的网状图，又称工序流水图和箭头图。

网络计划技术是 20 世纪 50 年代中期美国开始采用的关键线路法（CPM）、计划评审技术（PERT）和其他以网络图表表达的计划管理新方法。60 年代后，美国采用 PERT 技术成功组织了阿波罗载人登月计划，人类的足迹第一次踏上了月球，PERT 法因此声誉大振，随后，网络计划风靡全球。

我国是从 20 世纪 60 年代开始运用网络计划的，著名数学家华罗庚教授结合我国实际，在吸收国外网络计划技术理论的基础上，将 CPM、PERT 等方法统一定名为统筹法。网络计划技术现在在我国已广泛应用于国民经济各个领域的计划管理中。随着计算机的普及，网络计划技术在组织管理中的优越性也日益显著。

3.1.1 网络计划的特点

网络计划就是用网络图表达的进度计划，与传统的横道图计划相比，它具有以下特点：

(1)从工程整体出发，统筹规划，能明确地反映各项工作的先后顺序和相互制约、相互依赖关系。

(2)通过网络时间参数计算，能找出决定工期的关键线路、关键工作以及有机动时间的非关键工作，有助于管理人员抓主要矛盾，确保控制计划总工期和合理安排人力、物力和资源，从而降低成本、缩短工期。

（3）通过优化，可在若干可行方案中找出最优方案。

（4）网络计划执行过程中，可通过时间参数预先了解各工作提前或推迟完成对整个计划的影响程度，便于管理人员采取技术组织措施对计划进行有效控制与监督，从而加强施工管理工作。

（5）可以利用计算机进行时间参数的计算、优化、调整，从而提高管理效率。

由于网络计划实际计算工作量大、调整复杂，如果不利用计算机处理某些工作，在实践中将很难发挥其优点。

3.1.2　网络计划的分类

按照不同的分类原则，可以将网络计划分成不同的类别。

1. 按性质分类

（1）肯定型网络计划。肯定型网络计划是指工作、工作与工作之间的逻辑关系以及工作持续时间都肯定的网络计划。在这种网络计划中，各项工作的持续时间都是确定的单一的数值，整个网络计划有确定的计划总工期。

（2）非肯定型网络计划。非肯定型网络计划是指工作、工作与工作之间的逻辑关系和工作持续时间三者中一项或多项不肯定的网络计划。在这种网络计划中，各项工作的持续时间只能按概率方法确定出三个值，整个网络计划无确定计划总工期。

2. 按表示方法分类

（1）单代号网络计划。单代号网络计划是以单代号表示法绘制的网络计划。网络图中，每个节点表示一项工作，箭杆仅用来表示各项工作间相互制约、相互依赖的关系。

（2）双代号网络计划。双代号网络计划是以双代号表示法绘制的网络计划。网络图中，箭杆用来表示工作。

3. 按有无时间坐标分类

（1）时标网络计划。时标网络计划是以时间坐标为尺度绘制的网络计划。

（2）非时标网络计划。非时标网络计划是不按时间坐标绘制的网络计划。

4. 按层次分类

（1）总网络计划。总网络计划是以整个计划任务为对象编制的网络计划。

（2）局部网络计划。局部网络计划是以计划任务的某一部分为对象编制的网络计划。

5. 按工作衔接特点分类

（1）普通网络计划。普通网络计划是工作间关系均按首尾衔接关系绘制的网络计划，如单代号网络计划、双代号网络计划及概率网络计划。

（2）搭接网络计划。搭接网络计划是按照各种规定的搭接时距绘制的网络计划。

（3）流水网络计划。流水网络计划是充分反映流水施工特点的网络计划。

3.1.3　网络图和工作

网络图是由箭线和节点组成，用来表示工作流程的有向、有序网状图形。一个网络图表示一项计划任务。网络图中的工作是计划任务按所需粗细程度划分而成的，消耗时间或同时也消耗资源的一个子项目或子任务。工作可以是单位工程，也可以是分部、分项工程，还可以是一个施工过程。在一般情况下，完成一项工作既需要消耗时间，也需要消耗劳动力、原材料、施工机具等资源；但也有一些工作只消耗时间而不消耗资源，如混凝土浇筑后的养护过程和墙面抹灰后的干燥过程等。

网络图有双代号网络图和单代号网络图两种。双代号网络图又称箭线式网络图，它以箭线及其两端节点的编号表示工作；节点表示工作的开始或结束，以及工作之间的连接状态。单代号网络图又称节点式网络图，它以节点及其编号表示工作，箭线表示工作之间的逻辑关系；网络图中工作的表示方法，如图 3-1 和图 3-2 所示。

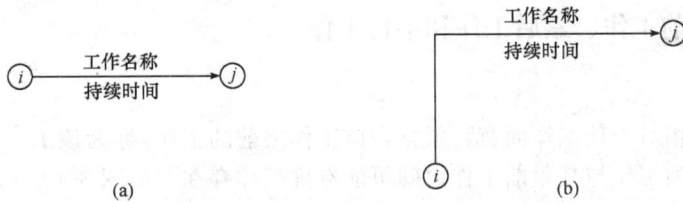

图 3-1　双代号网络图工作的表示方法

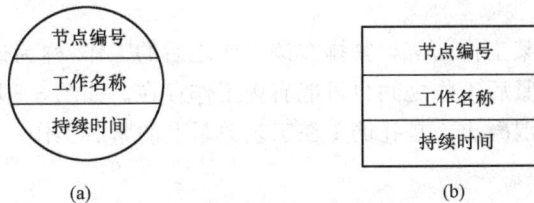

图 3-2　单代号网络图工作的表示方法

网络图中的节点都必须有编号，其编号严禁重复，并应使每一条箭线上箭尾节点编号小于箭头节点编号。

在双代号网络图中，一项工作必须有唯一的一条箭线和相应的一对不重复出现的箭尾、箭头节点编号。因此，一项工作的名称可以用其箭尾和箭头节点编号来表示。而在单代号网络图中，一项工作必须有唯一的一个节点及相应的一个代号，该工作的名称可以用其节点编号来表示。

在双代号网络图中，有时存在虚箭线，虚箭线不代表实际工作，称其为虚工作。虚工作既不消耗时间，也不消耗资源。虚工作主要用来表示相邻两项工作之间的逻辑关系，但有时为了避免两项同时开始、同时进行的工作具有相同的开始节点和完成节点，也需要用虚工作加以区分。

在单代号网络图中，虚工作只能出现在网络图的起点节点或终点节点处。

3.1.4　基本概念

3.1.4.1　工艺关系和组织关系

工艺关系和组织关系是工作之间先后顺序关系即逻辑关系的组成部分。

1. 工艺关系

生产性工作之间由工艺过程决定的、非生产性工作之间由工作程序决定的先后顺序关系，称为工艺关系。如图 3-3 所示，支模 1→扎筋 1→混凝土 1 为工艺关系。

2. 组织关系

工作之间由于组织安排需要或资源(劳动力、原材料、施工机具等)调配需要而规定的先后顺序关系，称为组织关系。如图 3-3 所示，支模 1→支模 2，扎筋 1→扎筋 2 等为组织关系。

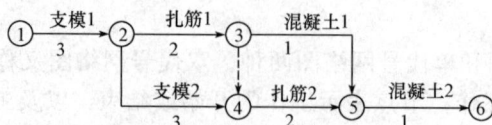

图 3-3 某混凝土工程双代号网络计划

3.1.4.2 紧前工作、紧后工作和平行工作

1. 紧前工作

在网络图中，相对于某工作而言，紧排在该工作之前的工作，称为该工作的紧前工作。在双代号网络图中，一项工作与其紧前工作之间可能有虚工作存在。如图 3-3 所示，支模 1 是支模 2 在组织关系上的紧前工作；扎筋 1 和扎筋 2 之间虽然存在虚工作，但扎筋 1 仍然是扎筋 2 在组织关系上的紧前工作；支模 1 则是扎筋 1 在工艺关系上的紧前工作。

2. 紧后工作

在网络图中，相对于某工作而言，紧排在该工作之后的工作，称为该工作的紧后工作。在双代号网络图中，工作与其紧后工作之间也可能有虚工作存在。如图 3-3 所示，扎筋 2 是扎筋 1 在组织关系上的紧后工作；混凝土 1 是扎筋 1 在工艺关系上的紧后工作。

3. 平行工作

在网络图中，相对于某工作而言，可以与该工作同时进行的工作即为该工作的平行工作。如图 3-3 所示，扎筋 1 和支模 2 互为平行工作。

紧前工作、紧后工作及平行工作是工作之间逻辑关系的具体表现，只要能根据工作之间的工艺关系和组织关系明确其紧前或紧后关系，即可据此绘出网络图。明确这三类关系，是正确绘制网络图的前提条件。

3.1.4.3 先行工作和后续工作

1. 先行工作

相对于某工作而言，从网络图的第一个节点（起点节点）开始，顺箭头方向经过一系列箭线与节点到达该工作为止的各条通路上的所有工作，都称为该工作的先行工作。如图 3-3 所示，支模、扎筋 1、混凝土 1、支模 2、扎筋 2 均为混凝土 2 的先行工作。

2. 后续工作

相对于某工作而言，从该工作之后开始，顺箭头方向经过一系列箭线与节点到网络图最后一个节点（终点节点）的各条通路上的所有工作，都称为该工作的后续工作。如图 3-3 所示，扎筋 1 的后续工作有混凝土 1、扎筋 2 和混凝土 2。

在建设工程进度控制中，后续工作是一个非常重要的概念。因为在工程网络计划的实施过程中，如果发现某项工作进度出现拖延，则受到影响的工作必然是该工作的后续工作。

3.1.4.4 线路、关键线路和关键工作

1. 线路

网络图中从起点节点开始，沿箭头方向顺序通过一系列箭线与节点，最后到达终点节点的通路称为线路。线路既可依次用该线路上的节点编号来表示，也可依次用该线路上的工作名称来表示。如图 3-3 所示，该网络图中有三条线路，这三条线路既可表示为：①—②—③—⑤—

⑥、①—②—③—④—⑤—⑥和①—②—④—⑤—⑥，也可表示为：支模1→扎筋1→混凝土1→混凝土2，支模1→扎筋1→扎筋2→混凝土2和支模1→支模2→扎筋2→混凝土2。

2. 关键线路和关键工作

在关键线路法（CPM）中，线路上所有工作的持续时间总和，称为该线路的总持续时间。总持续时间最长的线路，称为关键线路，关键线路的长度就是网络计划的总工期。如图3-3所示，线路①—②—④—⑤—⑥或支模1→支模2→扎筋2→混凝土2为关键线路。

在网络计划中，关键线路可能不止一条，而且在网络计划执行过程中，关键线路还会发生转移。

关键线路上的工作，称为关键工作。在网络计划的实施过程中，关键工作的实际进度提前或拖后，均会对总工期产生影响。因此，关键工作的实际进度是建设工程进度控制工作中的重点。

3.2 网络图的绘制

学习任务

掌握网络图的绘制方法。

3.2.1 双代号网络图的绘制

1. 绘图规则

绘制双代号网络图时，一般应遵循以下基本规则：

(1)网络图必须按照已定的逻辑关系绘制。由于网络图是有向、有序网状图形，所以必须严格按照工作之间的逻辑关系绘制，这也是为保证工程质量和资源优化配置及合理使用所必需的。例如，已知工作之间的逻辑关系(表3-1)，若绘制的网络图如图3-4(a)所示则是错误的，因为工作A不是工作D的紧前工作；此时，可用虚箭线将工作A和工作D的连接断开，如图3-4(b)所示。

(2)网络图中严禁出现从一个节点出发，顺箭头方向又回到原出发点的循环回路。如果出现循环回路，会造成逻辑关系混乱，使工作无法按顺序进行。如图3-5所示，网络图中存在不允许出现的循环回路BCGF。当然，此时节点编号也发生了错误。

表 3-1 逻辑关系表

工作	A	B	C	D
紧前工作	—	—	A、B	B

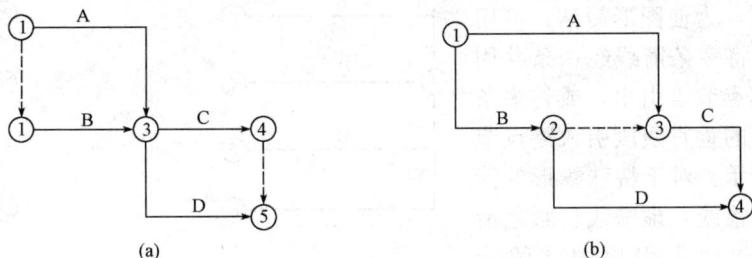

(a)   (b)

图 3-4 按表 3-1 绘制的网络图
(a)错误画法；(b)正确画法

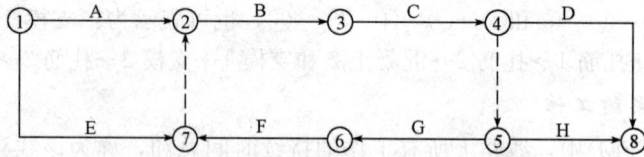

图 3-5 存在循环回路的错误网路图

(3)网络图中的箭线(包括虚箭线,以下同)应保持自左向右的方向,不应出现箭头指向左方的水平箭线和箭头偏向左方的斜向箭线。若遵循此规则绘制网络图,就不会出现循环回路。

(4)网络图中严禁出现双向箭头和无箭头的连线。图 3-6 所示即为错误的工作箭线画法,因为工作进行的方向不明确,因而不能达到网络图有向的要求。

图 3-6 错误的工作箭线画法
(a)双向箭头;(b)无箭头

(5)网络图中严禁出现没有箭尾节点的箭线和没有箭头节点的箭线。图 3-7 所示即为错误的画法。

图 3-7 错误的画法
(a)存在没有箭尾节点的箭线;(b)存在没有箭头节点的箭线

(6)严禁在箭线上引入或引出箭线。图 3-8 所示即为错误的画法。

图 3-8 错误的画法
(a)在箭线上引入箭线;(b)在箭线上引出箭线

当网络图的起点节点有多条箭线引出(外向箭线)或终点节点有多条箭线引入(内向箭线)时,为使图形简洁,可用母线法绘图。即将多条箭线经一条共用的垂直线段从起点节点引出,或将多条箭线经一条共用的垂直线段引入终点节点,如图 3-9 所示。对于特殊线形的箭线如粗箭线、双箭线、虚箭线、彩色箭线等,可在从母线上引出的支线上标出。

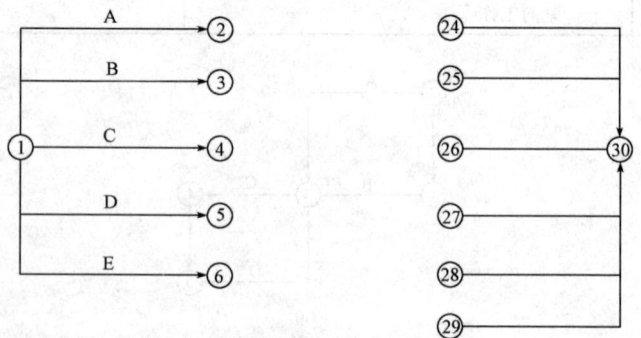

图 3-9 母线法

(7)应尽量避免网络图中工作箭线的交叉。当交叉不可避免时，可以采用过桥法或指向法处理，如图 3-10 所示。

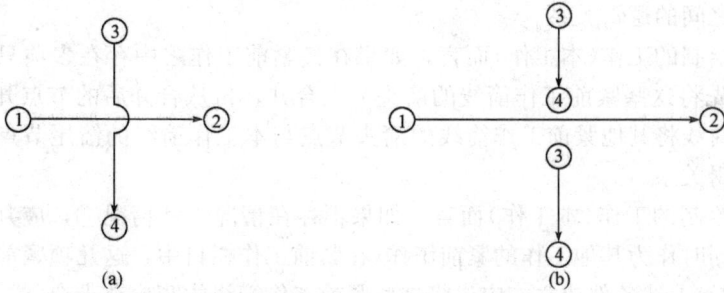

图 3-10　箭线交叉的表示方法
(a)过桥法；(b)指向法

(8)网络图中应只有一个起点节点和一个终点节点(任务中部分工作需要分期完成的网络计划除外)。除网络图的起点节点和终点节点外，不允许出现没有外向箭线的节点和没有内向箭线的节点。图 3-11 所示网络图中有两个起点即节点①和节点②，两个终点即节点⑦和节点⑧，因此是错误的。该网络图的正确画法如图 3-12 所示，即将节点①和节点②合并为一个起点节点，将节点⑦和节点⑧合并为一个终点节点。

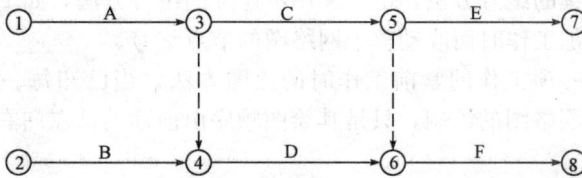

图 3-11　存在多个起点节点和多个终点节点的错误网络图

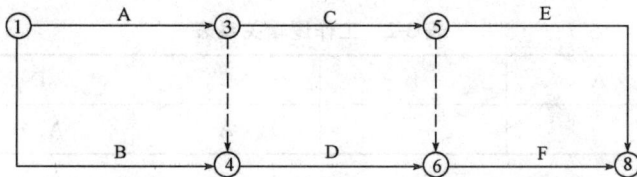

图 3-12　正确的网络图

2. 绘图方法

当已知每一项工作的紧前工作时，可按下述步骤绘制双代号网络图。

(1)绘制没有紧前工作的工作箭线，使它们具有相同的开始节点，以保证网络图只有一个起点节点。

(2)依次绘制其他工作箭线。这些工作箭线的绘制条件是其所有紧前工作箭线都已经绘制出来。在绘制这些工作箭线时，应按下列原则进行：

1)当所要绘制的工作只有一项紧前工作时，将该工作箭线直接画在其紧前工作箭线之后即可。

2)当所要绘制的工作有多项紧前工作时，应按以下四种情况分别予以考虑：

①对于所要绘制的工作(本工作)而言，如果在其紧前工作之中存在一项只作为本工作紧前

工作的工作(在紧前工作栏目中,该紧前工作只出现两次),则应将本工作箭线直接画在该紧前工作箭线之后,然后用虚箭线将其他紧前工作箭线的箭头节点与本工作箭线的箭尾节点分别相连,以表达它们之间的逻辑关系。

②对于所要绘制的工作(本工作)而言,如果在其紧前工作之中存在多项只作为本工作紧前工作的工作,应先将这些紧前工作箭线的箭头节点合并,再从合并后的节点开始,画出本工作箭线,最后用虚箭线将其他紧前工作箭线的箭头节点与本工作箭线的箭尾节点分别相连,以表达它们之间的逻辑关系。

③对于所要绘制的工作(本工作)而言,如果不存在情况①和情况②,应判断本工作的所有紧前工作是否都同时作为其他工作的紧前工作(在紧前工作栏目中,这几项紧前工作是否均同时出现若干次)。如果上述条件成立,应先将这些紧前工作箭线的箭头节点合并,再从合并后的节点开始画出本工作箭线。

④对于所要绘制的工作(本工作)而言,当既不存在情况①和情况②,也不存在情况③时,则应将本工作箭线单独画在其紧前工作箭线之后的中部,然后用虚箭线将其各紧前工作箭线的箭头节点与本工作箭线的箭尾节点分别相连,以表达它们之间的逻辑关系。

(3)当各项工作箭线都绘制出来以后,应合并那些没有紧后工作之工作箭线的箭头节点,以保证网络图只有一个终点节点(多目标网络计划除外)。

(4)当确认所绘制的网络图正确后,即可进行节点编号。网络图的节点编号在满足前述要求的前提下,既可采用连续的编号方法,也可采用不连续的编号方法,如1、3、5、…,或5、10、15、…,以避免以后增加工作时而改动整个网络图的节点编号。

以上所述是已知每一项工作的紧前工作时的绘图方法,当已知每一项工作的紧后工作时,也可按类似的方法进行网络图的绘制,只是其绘图顺序由前述的从左向右改为从右向左。

3. 绘图示例

下面举例说明双代号网络图的绘制方法。

【例3-1】 已知各工作之间的逻辑关系(表3-2),试绘制其双代号网络图。

表3-2 工作逻辑关系表

工作	A	B	C	D	E
紧前工作	—	—	A	A、B	B

解 (1)绘制工作箭线A和工作箭线B,如图3-13(a)所示。

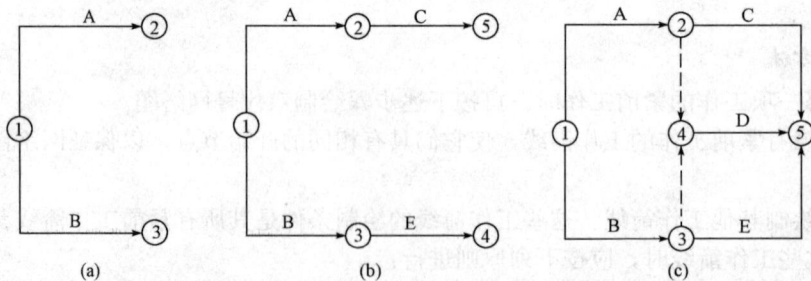

图3-13 例3-1绘图过程

(2)按"2. 绘图方法"中的原则1)分别绘制工作箭线C和工作箭线E,如图3-13(b)所示。

(3)按"2. 绘图方法"中的原则 2)中的情况绘制工作箭线 D，并将工作箭线 C、工作箭线 D 和工作箭线 E 的箭头节点合并，以保证网络图只有一个终点节点。当确认给定的逻辑关系表达正确后，再进行节点编号。表 3-2 给定逻辑关系所对应的双代号网络图如图 3-13(c)所示。

【例 3-2】 已知各工作之间的逻辑关系(表 3-3)，试绘制其双代号网络图。

表 3-3　工作逻辑关系表

工作	A	B	C	D	E	G
紧前工作	—	—	—	A、B	A、B、C	D、E

解　(1)绘制工作箭线 A、工作箭线 B 和工作箭线 C，如图 3-14(a)所示。

(2)按"2. 绘图方法"中的原则 2)中的情况③绘制工作箭线 D，如图 3-14(b)所示。

(3)按"2. 绘图方法"中的原则 2)中的情况①绘制工作箭线 E，如图 3-14(c)所示。

(4)按"2. 绘图方法"中的原则 2)中的情况②绘制工作箭线 G。当确认给定的逻辑关系表达正确后，再进行节点编号。表 3-3 给定逻辑关系所对应的双代号网络图如图 3-14(d)所示。

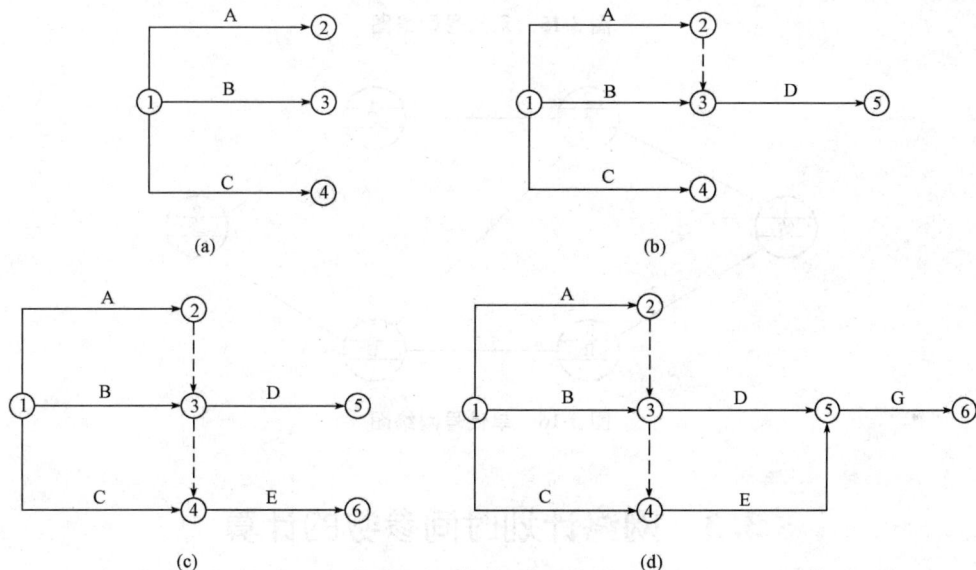

图 3-14　例 3-2 绘图过程

3.2.2　单代号网络图的绘制

1. 绘图规则

(1)单代号网络图必须正确表达已确定的逻辑关系。

(2)单代号网络图中，不允许出现循环回路。

(3)单代号网络图中，不能出现双向箭头或无箭头的连线。

(4)单代号网络图中，不能出现没有箭尾节点的箭线和没有箭头节点的箭线。

(5)绘制网络图时箭线不宜交叉，当交叉不可避免时，可采用过桥法或指向法绘制。

(6)网络图中有多项开始工作或多项结束工作时，应在网络图的两端分别设置一项虚拟的工作，作为该网络图的起点节点和终点节点。

2. 绘图示例

某网络计划，其逻辑关系见表 3-4，双代号网络图如图 3-15 所示，则其单代号网络图如图 3-16所示。

表 3-4　工作逻辑关系表

工作	A	B	C	D
紧前工作	—	—	A	A、B

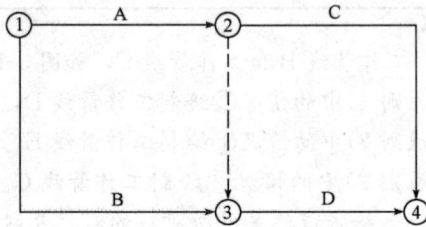

图 3-15　双代号网络图

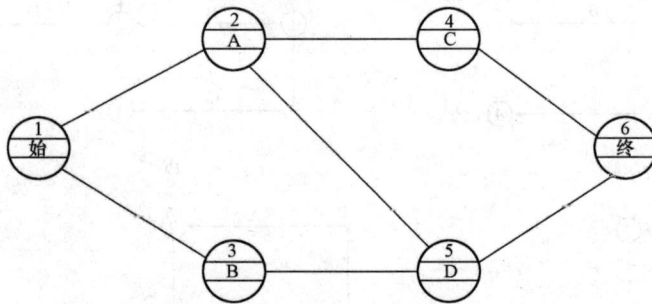

图 3-16　单代号网络图

3.3　网络计划时间参数的计算

学习任务

通过学习，能够按工作计算法在网络图上计算网络计划时间参数。

3.3.1　网络计划时间参数概述

网络计划时间参数计算的目的在于通过计算各项工作的时间参数，确定网络计划的关键工作、关键线路和计算工期，为网络计划的优化、调整和执行提供明确的时间参数。

网络计划时间参数的计算方法很多，常用的有按工作计算和按节点计算两种。以下只讨论按工作计算的方法。

1. 工作持续时间(D_{i-j})

工作持续时间是一项工作从开始到完成的时间。

2. 工期（T）

工期泛指完成任务所需要的时间，一般分以下三种：

(1)计算工期。指根据网络计划时间参数计算出来的工期，用 T_c 表示。

(2)要求工期。指任务委托人所要求的工期，用 T_r 表示。

(3)计划工期。指根据要求工期和计算工期所确定的作为实施目标的工期，用 T_p 表示。

网络计划的计划工期 T_p 应按下列情况分别确定：

当已规定了要求工期时，计划工期不应超过要求工期，即

$$T_p \leqslant T_r \tag{3-1}$$

当未规定要求工期时，可令计划工期等于计算工期，即

$$T_p = T_c \tag{3-2}$$

3. 网络计划中工作的时间参数

工作的时间参数主要有六个：最早开始时间、最早完成时间、最迟开始时间、最迟完成时间、总时差和自由时差。各时间参数的含义如下：

(1)最早开始时间（ES_{i-j}）。指在其所有紧前工作全部完成后，本工作有可能开始的最早时刻。

(2)最早完成时间（EF_{i-j}）。指在其所有紧前工作全部完成后，本工作有可能完成的最早时刻。工作的最早完成时间等于本工作最早开始时间与其持续时间之和。

(3)最迟开始时间（LS_{i-j}）。指在不影响整个任务按期完成的前提下，本工作必须开始的最迟时刻。工作的最迟开始时间等于本工作最迟完成时间与其持续时间之差。

(4)最迟完成时间（LF_{i-j}）。指在不影响整个任务按期完成的前提下，本工作必须完成的最迟时刻。

(5)总时差（TF_{i-j}）。指在不影响总工期的前提下，本工作可以利用的机动时间。

(6)自由时差（FF_{i-j}）。指在不影响其紧后工作最早开始时间的前提下，本工作可以利用的机动时间。

按工作计算法计算网络计划中各时间参数，其计算结果应标在箭线之上，如图 3-17 所示。

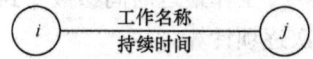

图 3-17　标注内容

4. 节点最早时间和节点最迟时间

(1)节点最早时间。指在双代号网络计划中，以该节点为开始节点的各项工作的最早开始时间。节点 i 的最早时间用 ET_i 表示。

(2)节点最迟时间。指在双代号网络计划中，以该节点为完成节点的各项工作的最迟完成时间。节点 j 的最早时间用 ET_j 表示。

3.3.2　网络计划时间参数计算

按工作计算法在网络图上计算六个时间参数，必须在清楚计算顺序和步骤的基础上，列出必要的公式，以加深对时间参数计算的理解。下面介绍时间参数的计算。

1. 最早开始时间和最早完成时间的计算

工作最早时间参数受到紧前工作的约束，故其计算顺序应从起点节点开始，顺着箭线方向依次逐项计算。

(1)以网络计划的起点节点为开始节点的工作最早开始时间为零。若网络计划起点节点的编

号为 1，则

$$ES_{i-j} = 0 \quad (i = 1) \tag{3-3}$$

(2)工作的最早完成时间等于最早开始时间加上其持续时间，即

$$EF_{i-j} = ES_{i-j} + D_{i-j} \tag{3-4}$$

式中　EF_{i-j}——工作 i—j 的最早完成时间；

　　　ES_{i-j}——工作 i—j 的最早开始时间；

　　　D_{i-j}——工作 i—j 的持续时间。

(3)其他工作的最早开始时间等于其紧前工作最早完成时间的最大值，即

$$ES_{i-j} = \max\{EF_{h-i}\} = \max\{ES_{h-i} + D_{h-i}\} \tag{3-5}$$

式中　ES_{i-j}——工作 i—j 的最早开始时间；

　　　EF_{h-i}——工作 i—j 的紧前工作 h—i（非虚工作）的最早完成时间；

　　　ES_{h-i}——工作 i—j 的紧前工作 h—i（非虚工作）的最早开始时间；

　　　D_{h-i}——工作 i—j 的紧前工作 h—i（非虚工作）的持续时间。

2. 确定计算工期 T_c

计算工期等于以网络计划的终点节点为箭头节点的各项工作的最早完成时间的最大值。当网络计划终点节点的编号为 n 时，计算工期为

$$T_c = \max\{EF_{i-n}\} = \max\{ES_{i-n} + D_{i-n}\} \tag{3-6}$$

式中　T_c——网络计划的计算工期；

　　EF_{i-n}——以网络计划终点节点 n 为完成节点的工作的最早完成时间；

　　ES_{i-n}——以网络计划终点节点 n 为完成节点的工作的最早开始时间；

　　D_{i-n}——以网络计划终点节点 n 为完成节点的工作的持续时间。

当无要求工期的限制时，取计划工期等于计算工期，即取 $T_p = T_c$。

3. 最迟开始时间和最迟完成时间的计算

工作最迟时间参数受到紧后工作的约束，故其计算顺序应从终点节点起，逆着箭线方向依次逐项计算。

(1)以网络计划的终点节点（$j = n$）为箭头节点的工作的最迟完成时间等于计划工期，即

$$LF_{i-n} = T_p \tag{3-7}$$

式中　LF_{i-n}——以网络计划终点节点 n 为完成节点的工作最迟完成时间；

　　　T_p——网络计划的计划工期。

(2)工作的最迟开始时间等于最迟完成时间减去其持续时间，即

$$LS_{i-j} = LF_{i-j} - D_{i-j} \tag{3-8}$$

式中　LS_{i-j}——工作 i—j 的最迟开始时间；

　　　LF_{i-j}——工作 i—j 的最迟完成时间；

　　　D_{i-j}——工作 i—j 的持续时间。

(3)其他工作的最迟完成时间等于各紧后工作的最迟开始时间 LS_{j-k} 的最小值，即

$$LF_{i-j} = \min\{LS_{j-k}\} = \min\{LF_{j-k} - D_{j-k}\} \tag{3-9}$$

式中　LF_{i-j}——工作 i—j 的最迟完成时间；

　　　LS_{j-k}——工作 i—j 的紧后工作 j—k（非虚工作）的最迟开始时间；

　　　LF_{j-k}——工作 i—j 的紧后工作 j—k（非虚工作）的最迟完成时间；

　　　D_{j-k}——工作 i—j 的紧后工作 j—k（非虚工作）的持续时间。

4. 计算工作总时差

总时差等于其最迟开始时间减去最早开始时间，或等于最迟完成时间减去最早完成时间，即

$$TF_{i-j} = LS_{i-j} - ES_{i-j} = LF_{i-j} - EF_{i-j} \qquad (3\text{-}10)$$

式中　TF_{i-j}——工作 i—j 的总时差。

5. 计算工作自由时差

(1)当工作 i—j 有紧后工作 j—k 时，其自由时差等于本工作之紧后工作最早开始时间减去本工作最早完成时间所得之差的最小值，即

$$FF_{i-j} = \min\{ES_{j-k} - EF_{i-j}\} = \min\{ES_{j-k} - ES_{i-j} - D_{i-j}\} \qquad (3\text{-}11)$$

式中　FF_{i-j}——工作 i—j 的自由时差；

　　　ES_{j-k}——工作 i—j 的紧后工作 j—k(非虚工作)的最早开始时间。

(2)对于无紧后工作的工作，以网络计划的终点节点($j=n$)为完成节点的工作，其自由时差 FF_{i-n} 应按网络计划的计划工期 T_p 确定，等于计划工期与本工作最早完成时间之差，即

$$FF_{i-n} = T_p - EF_{i-n} = T_p - ES_{i-n} - D_{i-n} \qquad (3\text{-}12)$$

式中　FF_{i-n}——以网络计划的终点节点 n 为完成节点的工作 i—n 的自由时差；

　　　T_p——网络计划的计划工期；

其余符号同前。

需要指出的是，对于网络计划中以终点节点为完成节点的工作，其自由时差与总时差相等。此外，由于工作的自由时差是其总时差的构成部分，所以，当工作的总时差为零时，其自由时差必然为零，可不必进行专门计算。

6. 关键工作和关键线路的确定

(1)关键工作。网络计划中总时差最小的工作是关键工作。特别地，当网络计划的计划工期等于计算工期时，总时差为零的工作就是关键工作。

(2)关键线路。自始至终全部由关键工作组成的线路为关键线路，或线路上总的工作持续时间最长的线路为关键线路。关键线路上各项工作的持续时间总和应等于网络计划的计算工期，这一特点也是判别关键线路是否正确的准则。网络图上的关键线路可用双箭线或粗箭线标注。

【例 3-3】 已知网络计划的资料(表 3-5)，试绘制双代号网络计划。若计划工期等于计算工期，试计算各项工作的六个时间参数，确定关键线路并标注在网络图上。

表 3-5　某网络计划工作逻辑关系及持续时间

工作	紧前工作	紧后工作	持续时间	工作	紧前工作	紧后工作	持续时间
A_1	—	A_2、B_1	2	C_3	B_3、C_2	E、F	2
A_2	A_1	A_3、B_2	2	D	B_3	G	2
A_3	A_2	B_3	2	E	C_3	G	1
B_1	A_1	B_2、C_1	3	F	C_3	I	2
B_2	A_2、B_1	B_3、C_2	3	G	D、E	H、I	4
B_3	A_3、B_2	D、C_3	3	H	G	—	3
C_1	B_1	C_2	2	I	F、G	—	3
C_2	B_2、C_1	C_3	4				

解　(1)根据表 3-5 中网络计划的有关资料,按照网络图的绘制规则,绘制双代号网络图如图 3-18 所示。

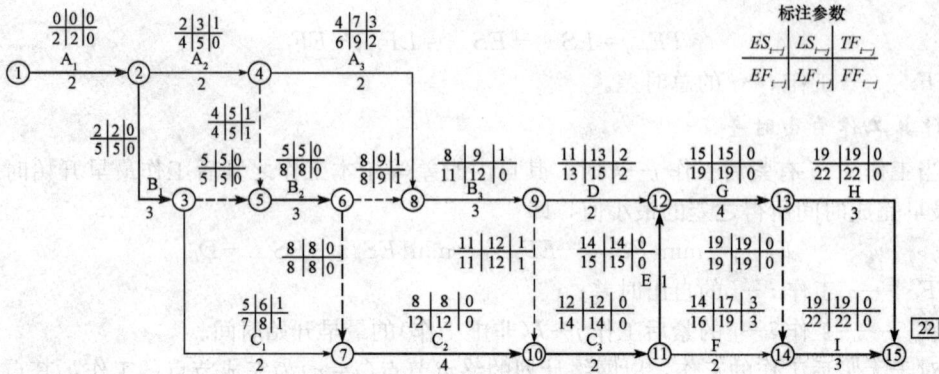

图 3-18　双代号网络图

(2)计算各项工作的时间参数,并将计算结果标注在箭线上方相应的位置。

1)计算各项工作的最早开始时间和最早完成时间。

从起点节点(节点①)开始顺着箭线方向依次逐项计算到终点节点(节点⑮)。

①以网络计划起点节点为开始节点的各工作的最早开始时间为零。工作 1—2 的最早开始时间 ES_{1-2} 从网络计划的起点节点开始,顺着箭线方向依次逐项计算,因未规定其最早开始时间 ES_{1-2},故按式(3-3)确定:

$$ES_{1-2}=0$$

②计算各项工作的最早开始时间和最早完成时间。工作的最早开始时间 ES_{i-j} 按式(3-5)计算,即

$$ES_{2-3}=ES_{1-2}+D_{1-2}=0+2=2$$
$$ES_{2-4}=ES_{1-2}+D_{1-2}=0+2=2$$
$$ES_{3-5}=ES_{2-3}+D_{2-3}=2+3=5$$
$$ES_{4-5}=ES_{2-4}+D_{2-4}=2+2=4$$
$$ES_{5-6}=\max\{ES_{3-5}+D_{3-5},\ ES_{4-5}+D_{4-5}\}=\max\{5+0,\ 4+0\}=\max\{5,\ 4\}=5$$

工作的最早完成时间就是本工作的最早开始时间 ES_{i-j} 与本工作的持续时间 D_{i-j} 之和,按式(3-4)计算,即

$$EF_{1-2}=ES_{1-2}+D_{1-2}=0+2=2$$
$$EF_{2-4}=ES_{2-4}+D_{2-4}=2+2=4$$
$$EF_{5-6}=ES_{5-6}+D_{5-6}=5+3=8$$

2)确定计算工期 T_c 及计划工期 T_p。

已知计划工期等于计算工期,即网络计划的计算工期 T_c 取以终点节点为箭头节点的工作 13—15 和工作 14—15 的最早完成时间的最大值,按式(3-6)计算:

$$T_c=\max\{EF_{13-15},\ EF_{14-15}\}=\max\{22,\ 22\}=22$$

3)计算各项工作的最迟开始时间和最迟完成时间。

从终点节点开始逆着箭线方向依次逐项计算到起点节点(节点①)。

以网络计划终点节点为箭头节点的工作的最迟完成时间等于计划工期。

网络计划结束工作 $i-j$ 的最迟完成时间按式(3-7)计算,即

$LF_{13-15} = T_p = 22$

$LF_{14-15} = T_p = 22$

4)计算各项工作的最迟开始时间和最迟完成时间。

依次类推，计算出其他工作的最迟完成时间，即

$LF_{13-14} = \min\{LF_{14-15} - D_{14-15}\} = 22 - 3 = 19$

$LF_{12-13} = \min\{LF_{13-15} - D_{13-15}, LF_{13-14} - D_{13-14}\} = \min\{22-3, 19-0\} = 19$

$LF_{11-12} = \min\{LF_{12-13} - D_{12-13}\} = 19 - 4 = 15$

网络计划所有工作 $i—j$ 的最迟开始时间均按式(3-8)计算，即

$LS_{14-15} = LF_{14-15} - D_{14-15} = 22 - 3 = 19$

$LS_{13-15} = LF_{13-15} - D_{13-15} = 22 - 3 = 19$

$LS_{12-13} = LF_{12-13} - D_{12-13} = 19 - 4 = 15$

5)计算各项工作的总时差。

可以用工作的最迟开始时间减去最早开始时间或用工作的最迟完成时间减去最早完成时间，按式(3-10)计算，即

$TF_{1-2} = LS_{1-2} - ES_{1-2} = 0 - 0 = 0$

$TF_{2-3} = LS_{2-3} - ES_{2-3} = 2 - 2 = 0$

$TF_{5-6} = LS_{5-6} - ES_{5-6} = 5 - 5 = 0$

6)计算各项工作的自由时差。

网络中工作 $i—j$ 的自由时差等于紧后工作的最早开始时间减去本工作的最早完成时间，可按式(3-11)计算，即

$FF_{1-2} = ES_{2-3} - EF_{1-2} = 2 - 2 = 0$

$FF_{2-3} = ES_{3-5} - EF_{2-3} = 5 - 5 = 0$

$FF_{5-6} = ES_{6-8} - EF_{6-8} = 8 - 8 = 0$

网络计划中的结束工作 $i—j$ 的自由时差按式(3-12)计算，即

$EF_{13-15} = T_p - EF_{13-15} = 22 - 22 = 0$

$EF_{14-15} = T_p - EF_{14-15} = 22 - 22 = 0$

将以上计算结果标注在图 3-18 中的相应位置。

(3)确定关键工作及关键线路。

在图 3-18 中，最小的总时差是 0，所以，凡是总时差为 0 的工作均为关键工作。

该例中的关键工作是：A_1、B_1、B_2、C_2、C_3、E、G、H、I。

在图 3-18 中，自始至终全由关键工作组成的关键线路用粗箭线进行标注。

3.4 双代号时标网络计划

学习任务

通过对双代号时标网络计划的学习，能够绘制双代号时标网络计划，并能够确定时标网络计划的关键线路和时间参数。

双代号时标网络计划简称时标网络计划，是以时间坐标为尺度编制的网络计划。时标网络计划中应以实箭线表示工作，实箭线在水平轴上的投影长度，就是工作持续时间；以虚箭线表

示虚工作，且必须以垂直虚箭线表示；当有自由时差时，加波形线表示。

3.4.1 时标网络计划的绘制方法

时标网络计划宜按最早时间绘制。在绘制前，先按已确定的时间单位绘出时标表，把时标标注在时标表的顶部或底部，注明时标的长度单位（长度单位据需要事先确定，可为时、天、周、月或季）。有时，在顶部或底部加注日历的对应时间。时标表中的刻度线宜为细实线，以便图面清晰，此线不画或少画也是允许的。

绘制时标网络计划的方法，有间接绘制法和直接绘制法两种。

1. 间接绘制法

先绘制一般网络计划，算出时间参数，确定出关键线路，再绘制时标网络计划。绘制时宜先绘出关键线路，再绘制非关键工作，某些工作箭线长度不足以达到该工作的结束节点时，用波形线补足，箭线画在与该工作完成节点的连接处。

2. 直接绘制法

根据网络计划中工作之间的逻辑关系及各工作的持续时间，直接在时标计划表上绘制时标网络计划。绘制步骤如下：

(1)将起点节点定位在时标表的起始刻度线上。

(2)按工作持续时间在时标表上绘制以起点节点为开始节点的工作箭线，如图 3-19 中的1—3箭线、1—2箭线、1—4箭线。

(3)其他工作的开始节点必须在该工作的全部紧前工作都绘出后，定位在这些紧前工作最迟完成的时间刻度上。某些工作的箭线长度不足以达到该节点时，用波形线补足，箭头画在波形线与节点连接处，如图 3-19 中的4—6箭线。

(4)用上述方法自左至右依次确定其他节点位置，直到网络计划终点节点定位绘完。

需要注意的是，使用直接绘制法的关键是把虚箭线处理好。首先，要把它等同于实箭线看待，而其持续时间是零；其次，虽然它本身不占时间，但可能存在时差，故要按规定画好波形线。在画波形线时，其垂直部分仍应画虚线，如图 3-19 中的5—6箭线。

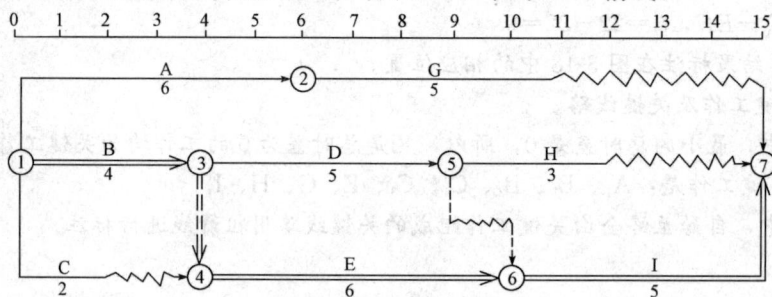

图3-19 双代号时标网络计划

3.4.2 时标网络计划中关键线路和时间参数的判定

1. 关键线路的判定

时标网络计划中的关键线路可从网络计划的终点节点开始，逆着箭线方向进行判定。凡自始至终不出现自由时差（波形线）的线路，即为关键线路。因为不出现波形线，说明在这条线路上不存在自由时差，也不存在总时差，其没有机动余地，当然就是关键线路。或者说，这条线路上的各项工作的最迟开始时间与最早开始时间是相等的，这样的线路特征只有关键线路才具备。例如，在图 3-19 所示时标网络计划中，线路①—③—④—⑥—⑦即为关键线路。

2. 最早时间和计算工期的判定

(1)每条箭线箭尾和箭头所对应的时标值，就是该工作的最早开始时间和最早完成时间。

(2)时标网络计划的计算工期，应是其终点节点与起点节点所在位置之差。

上述两点的理由是：时标网络计划是按最早时间绘制的，每一项工作都按最早开始时间确定其箭尾位置，起点节点定位在时标表的起始刻度线上，表示每一项工作的箭线在时间坐标上的水平投影长度都与其持续时间相对应。因此，代表该工作的箭线末端(箭头)对应的时标值必然是该工作的最早完成时间，终点节点表示所有工作都完成，它所对应的时标值，也就是该网络计划的总工期。

3. 时差的判定与计算

(1)时标网络计划中，工作的自由时差表示在该工作的箭线中，是波形线部分在坐标轴上的水平投影长度。这是因为双代号时标网络计划波形线的后面节点所对应的时标值，是波形线所在工作的紧后工作的最早开始时间，波形线的起点对应的时标值是本工作的最早完成时间。因此，按照自由时差的定义，紧后工作的最早开始时间与本工作的最早完成时间的差(波形线在坐标轴上的水平投影长度)就是本工作的自由时差。

(2)总时差不能从图上直接识别，需要进行计算。计算应自右向左进行，且符合下列规定：

1)以终点节点$(j=n)$为箭头节点的工作的总时差 TF_{i-n} 应按网络计划的计划工期 T_p 计算确定，其计算公式为

$$TF_{i-n}=T_p-EF_{i-n} \tag{3-13}$$

2)其他工作的总时差按下式计算：

$$TF_{i-j}=\min\{TF_{j-k}+FF_{i-j}\} \tag{3-14}$$

式中　TF_{j-k}——$i-j$ 工作的紧后工作 $j-k$(非虚工作)的总时差。

之所以自右向左计算，是因为总时差受总工期制约，故只有在其紧后工作的总时差确定后才能计算。

总时差值"等于其诸紧后工作总时差的最小值与本工作的自由时差之和"，是因为总时差是某线路段上各项工作共有的时差，其值大于或等于其中任一工作的自由时差。因此，某工作的总时差除本工作独用的自由时差必然是其中之一部分之外，还必然包含其紧后工作的总时差。如果本工作有多项紧后工作，只有取紧后工作总时差的最小值，才不会影响总工期。如果一项工作没有紧后工作，其总时差除包含其自由时差之外，不会有其他的机动时间可用，这样的工作其实只能是计划中的最后工作。

例如，在图 3-19 所示的时标网络计划中，假设计划工期为 15，则工作 G、工作 H 和工作 I 的总时差分别为

$$TF_{2-7}=T_p-EF_{2-7}=15-11=4$$
$$TF_{5-7}=T_p-EF_{5-7}=15-12=3$$
$$TF_{6-7}=T_p-EF_{6-7}=15-15=0$$
$$TF_{1-2}=TF_{2-7}+FF_{1-2}=4+0=4$$
$$TF_{1-4}=TF_{4-6}+FF_{1-2}=0+2=2$$
$$TF_{3-5}=\min\{TF_{5-7}+FF_{3-5}, TF_{6-7}+FF_{3-5}\}=\min\{3+0, 0+1\}=1$$

4. 最迟时间的计算

由于最早时间与总时差已知，故最迟时间可用下列公式计算：

(1)工作的最迟开始时间等于本工作的最早开始时间与其总时差之和，即

$$LS_{i-j}=ES_{i-j}+TF_{i-j} \qquad (3-15)$$

例如，在图 3-19 所示的时标网络计划中，工作 A、工作 C、工作 D、工作 G 和工作 H 的最迟开始时间分别为

$$LS_{1-2}=ES_{1-2}+TF_{1-2}=0+4=4$$
$$LS_{1-4}=ES_{1-4}+TF_{1-4}=0+2=2$$
$$LS_{3-5}=ES_{3-5}+TF_{3-5}=4+1=5$$
$$LS_{2-7}=ES_{2-7}+TF_{2-7}=6+4=10$$
$$LS_{5-7}=ES_{5-7}+TF_{5-7}=9+3=12$$

(2)工作的最迟完成时间等于本工作的最早完成时间与其总时差之和，即

$$LF_{i-j}=EF_{i-j}+TF_{i-j} \qquad (3-16)$$

例如，在图 3-19 所示的时标网络计划中，工作 A、工作 C、工作 D、工作 G 和工作 H 的最迟完成时间分别为

$$LF_{1-2}=EF_{1-2}+TF_{1-2}=6+4=10$$
$$LF_{1-4}=EF_{1-4}+TF_{1-4}=2+2=4$$
$$LF_{3-5}=EF_{3-5}+TF_{3-5}=9+1=10$$
$$LF_{2-7}=EF_{2-7}+TF_{2-7}=11+4=15$$
$$LF_{5-7}=EF_{5-7}+TF_{5-7}=12+3=15$$

【例 3-4】 已知网络计划的资料，见表 3-5，试用直接法绘制双代号时标网络计划。

解 (1)将起点节点①定位在时标表的起始刻度线上，如图 3-20 所示。

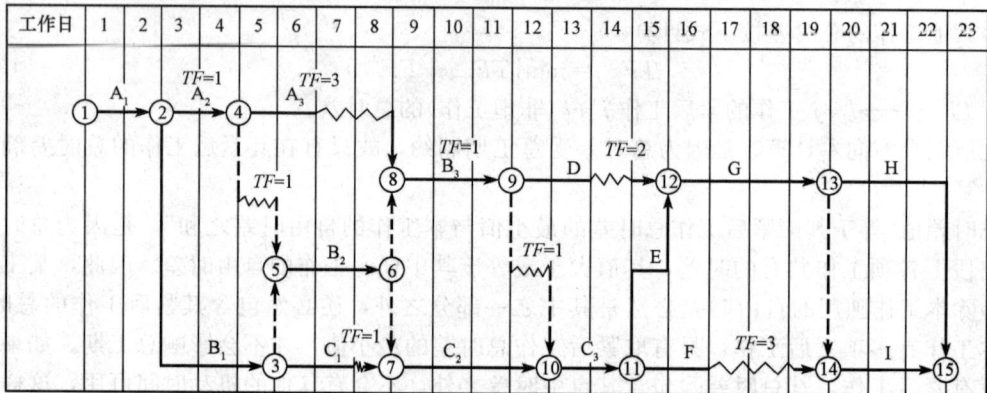

图 3-20 时标网络计划示例

(2)按工作的持续时间绘制节点①的外向箭线①—②，即按 A_1 工作的持续时间，画出无紧前工作的 A_1 工作，确定节点②的位置。

(3)自左至右依次确定其余各节点的位置。如节点②、③、④、⑥、⑨、⑩之前，只有一条内向箭线，则在其内向箭线绘制完成后，即可在其末端将上述节点绘出。节点⑤、⑦、⑧、⑩、⑫、⑬、⑭、⑮，则必须待其前面的两条内向箭线都绘制完成后，才能定位在这些内向箭线中最迟完成的时刻处。其中，⑤、⑦、⑧、⑩、⑫、⑭各节点均有长度不足以达到该节点的内向实箭线，故用波形线补足。

(4)用上述方法自左至右依次确定其他节点位置，直至画出全部工作，确定终点节点⑮的位置，该时标网络计划即绘制完成。

项目小结

传统进度计划的表达方式是横道图法。网络计划技术符合统筹兼顾、适当安排的思想，适应现代化大生产的组织管理和科学研究的需要，因而，在现代化大生产的组织管理中，该方法正在逐步地替代传统的计划管理方法。本项目主要介绍了网络计划的特点及分类、网络计划的基本概念，网络图的绘制方法，网络计划时间参数的计算，双代号时标网络计划及其关键线路和时间参数的确定。需着重掌握网络图的绘制及关键线路的确定，区分出关键工作和非关键工作，并能找出各项工作的机动时间，利用网络计划指导施工。

复习思考题

1. 什么是网络计划方法？其表示方法有哪几种？
2. 网络图与横道图相比，具有哪些优缺点？
3. 双代号网络图中，虚工作的作用是什么？
4. 什么是关键线路？其有何特点？
5. 网络图的绘图规则有哪些？
6. 时间参数有哪几种？如何计算？
7. 时标网络计划有何特点？如何确定时标网络计划关键线路及时间参数？
8. 根据表 3-6 绘制双代号时标网络计划，找出关键线路并计算出工期。
9. 根据表 3-7 绘制双代号时标网络计划。

表 3-6　复习思考题 8 资料表

工作名称	A	B	C	D	E	F	G	H	I	J	K	L
紧前工作	—	—	A	A	A、F	B、C	F	D、E	E、G	E、G	H、I	J
持续时间	5	3	2	4	5	3	1	3	2	5	3	5

表 3-7　复习思考题 9 资料表

工作名称	A	B	C	D	E	F	G	H	I	J
紧前工作	—	—	A、B	B	B	C、D	C、D、E	D、E	F	F、G、H
持续时间	5	3	2	4	5	3	1	3	2	5

项目 4 路基工程施工组织

项目描述

路基工程具有土石方数量大、耗费投资高、占用土地广、使用劳动力多、施工期限长等特点，在铁路建设中占有很重要的地位。本项目主要阐述路基施工方法的选择，土石方调配的原则及方法，劳动力、机械及运输工具需要量的计算，路基工程实施性施工组织设计需要的原始资料以及文件组成，机械化土石方工程实施性施工组织设计示例等内容。

学习目标

了解铁路路基工程施工特点；

了解路基施工方法选择的原则及影响因素；

掌握路基土石方调配的目的、原则及区间和站场路基土石方调配方法；

熟悉劳动力、机械及运输工具需要量的计算；

掌握路基工程实施性施工组织设计需要的原始资料以及文件组成的内容；

通过对机械化土石方工程实施性施工组织设计示例的学习，掌握铁路路基工程施工组织方法。

4.1 路基工程的工作内容

学习任务

通过对路基工程工作内容的学习，明确路基工程在铁路建设中的地位及路基工程包括的工作内容。

路基是以天然土石修筑而成的条形建筑物，它与桥涵、隧道和轨道等组成铁道线路的整体，是铁路线路的重要组成部分。路基是轨道的基础，路基的坚实与稳固是线路稳定及列车平稳运行的重要保证。

在整个铁路基本建设中，路基工程在工程数量和工程投资方面均占有很大的比重。修筑路基需使用大量的劳动力及施工机械。在各种不同的地形条件下，路基工程费一般可达全线总工程费的 25%～60%，所耗费劳动量在 40%～45% 之间。铁道线路绵延千里，不但占用大量的土地，且常穿越各种复杂的地形、地质、水文与气象条件的地带，会给施工造成非常大的困难，有些重点土方工程，如高寒缺氧、永久冻土、盐碱戈壁、原始森林等，往往成为技术攻关和控制工期的关键工程。

路基质量的好坏，直接关系到铁路运营能否安全、准确、迅速和不间断地进行。因此，对路基的坚固性和稳定性要求很高，并且要确保全天候使用。由于我国铁路运输承担了全国 70% 左右的货物周转量和 60% 左右的旅客周转量，因此国家确定了发展重载列车及高速客运专线的技术政策。为了适应这一变化，必须提出与之相适应的高要求的路基设计标准，并严格控制工程质量。因此，根据路基工程的特点和特性，结合施工现场的具体条件，合理组织路基工程施工，严格遵循规范规程要求，才能确保路基的施工质量，达到快速、优质、高效和低耗的修建目的。

路基工程包括：区间与站场路基土石方工程及路基附属工程。

区间与站场路基土石方工程包括：开挖路堑、填筑路堤、挖除池沼淤泥及换填土壤、路堤夯实、铲草皮、挖台阶、整平路基表面、铲除地表腐殖土、原地面打夯等。

路基附属工程包括：附属土石方工程(指区间与站场的天沟、吊钩、排水沟、缓流井、防水墁、平交道的土石方工程，以及上述除平交道外的砌筑)；路基加固及防护工程(指因加固路基而设计的锚固桩、砂桩、砂井、盲沟、片石垛、反压护道；因修筑路基引起的改河、河床加固；因防护边坡而采取的铺草皮、种草籽、护坡、护墙；为防雪、防沙、防风而设置的防护林带的植树等)；挡土墙工程(指路堑和路堤挡墙，支墙和支柱的挖基、砌筑、回填及有关工程)。

路基工程的工作内容由准备工作、基本工作及整修工作三部分组成。准备工作是在施工前进行的一系列工作，目的是使基本工作能够顺利、有效而安全地开展，主要包括砍伐施工地区的树木和拔除树根，排除地表水使施工地区预先干燥，设置运土道路等。基本工作是为完成路基工程——路堑、路堤及加固防护等所进行的工作，包括挖、装、运、卸、压实以及砌筑等作业。基本工作完成以后，还要进行整修工作，以使路基部分的形状和尺寸符合设计要求，包括整修路基顶面和整修路基边坡两项内容。

铁路路基工程施工组织设计是指导拟建路基工程项目进行施工准备工作、基本工作和整修工作的综合性技术经济文件。它的主要内容是合理选择施工方案、施工方法，采用机械化施工，精心调配土石方，制订土石方最佳调配方案，使土石方的利用达到最大限度，以减少土石方施工方数；周密安排施工进度计划，准确计算和科学安排施工的人力物力，保证紧张、有序地均衡施工，达到缩短工期、降低成本，保证优质地完成路基工程施工的目标。

4.2　路基施工方法选择

学习任务

通过对路基施工方法选择的学习，能够完成以下任务：

(1)认识路基土方施工和石方施工采用的施工方法；

(2)明确路基选择施工方法的原则；

(3)确定路基选择土石方施工机械的影响因素。

铁路路基土石方工程的特点是工程量大、劳动强度大、质量要求高，因此应优先采用机械化施工方法，以达到又快、又省、又好的目标。在工程量小且受施工条件限制而不宜采用机械施工的工点，也可采用人力配合小型机械的施工方法。因此，要因地制宜地选择施工机械，并使挖、装、运、卸、夯等各工序做到配套使用，连续作业，以实现路基土石方施工的综合机械化。

4.2.1　路基施工方法简介

4.2.1.1　土方施工

1. 人力施工

人力施工主要是人工挖土和装土，借助小型机械运土、卸土和夯实。常用的方法有：人推架子车运土、卷扬机拉架子车运土、人推轨道翻板车运土等。架子车是一种简单灵活、使用方便的运输工具,在垃圾土石方施工中被广泛使用。卷扬机拉架子车运土是指用卷扬机牵引翻斗架子车进行升高运输,适用于高填方及工程量集中的上坡运土工点。人推轨道翻板车运土是指利用小斗车从上向下装车运土,利用自重和坡度溜放,适用于土石方数量大且工程集中的地段。

2. 机械施工

土方施工主要机械有推土机、铲运机、挖掘机和装载机,辅助机械有松土机、自动平地机、羊足压路机(羊足滚)、带专门工作装置的刷坡机、路拱整修机和边(侧)沟开挖机等。

推土机是一种具有推(挖)运、碾压等效能的土方机械,操纵灵活,转移方便,所需工作面小,行驶快,适于近距离范围内的施工,用途较广。推土机主要用于平整场地、开挖沟槽、回填基坑、修筑路堤等。此外,也可用于土层压实,配合铲运机、挖土机等机械工作。推土机适宜在松土、普通土中施工,对于硬土或含石不多的土,施工时应先翻松;运土的经济运距为20～70 m,最大运距为100 m。推土机铲挖宜在下坡道进行:对密实土,下坡坡度一般为10%～18%,最大为30%;对松散砂土,下坡坡度不宜大于10%。推土机修筑路基时,填挖高度不要超过2.5m,纵向运土修筑路基时填挖高度不受限制。

铲运机是一种能独立、综合地完成铲装、运输、卸土三个工序的土方机械,所以它是应用最广泛的土方机械之一。铲运机适用于平整场地、开挖基坑、填筑路堤等土方工程,特别是地形起伏不大、坡度在20°以内的大面积场地平整,土质含水量不超过27%,平均运距在800 m左右,以铲运机施工,将可获得最高的技术经济效益。

挖掘机或装载机是一种只能进行挖装作业的土方机械,必须辅以自动倾卸汽车或其他运输工具运土才能进行路基施工。我国铁路土方施工中,常用的挖土机一般是履带式正铲挖土机,这种机械不如推土机和铲运机调动灵活,并且需用大型运输工具来转移,因此,一般在重点填挖地段才采用,以尽量减少机械的转移。而装载机灵活机动,适应性较强。

松土机(或除根机)应用于冬期施工或土质坚硬地段刨松土壤。自动平地机主要用于整平路基面和大面积的场地平整以及路堤和路堑边坡的修整。羊足压路机主要用于路堤上层及路基特别设计地段或密实度要求较高工程的压实。

4.2.1.2 石方施工

石方机械施工的基本作业程序是:钻眼、爆破、挖装、运填和压实。常用的爆破方法有炮眼法、蛇穴法、药壶法、深孔法、裸露药包法和洞室药包法等。一般多采用深孔法,对于石方集中的工点,也可采用洞室药包法,而最为常用的是炮眼法。

炮眼法:又称浅眼法,炮眼直径25～75 mm,深度1～5 m。炮眼法适用于各种不同石质和复杂的工作条件,爆破岩石比较均匀,便于使用和搬运,爆破力小,飞石距离近,在铁路石方路堑开挖中被广泛采用。

蛇穴法:又名小型洞室药包法,蛇穴直径30～40 cm,或为方形断面,深度2～5 m。

药壶法:又称葫芦炮,是将炮眼底部采用连续多次爆破扩大成为球状药室,以装置集中药包,药室深度2～10 m。

深孔法:孔径75～300 mm,孔深5～20 m,有光面爆破、预裂爆破、深孔控制爆破等类别,配合使用可获得均匀块度,便于机械装运;可以减少超挖,使路堑边坡平整、稳定;可用于接近城市、附近建筑物多的石方路堑施工。

裸露药包法:又称扒炮、贴炮、明炮。除应用于孤石或第二次爆破大块石外,也可用于炸除树根、爆毁建筑物等。

洞室药包法：又称大爆破，是将每个药包的炸药量控制在几百千克至几十吨之间，分别装在若干个洞室内，同时进行爆破，用作扬弃、抛掷、松动或崩塌、定向等爆破开挖路堑。采用大爆破时，必须做好技术设计，进行详细的技术经济论证和路堑边坡稳定性分析。

4.2.2 选择施工方法的原则

施工方法的选择与土方调配有着极其密切的联系，调配方案不同，施工方法的选择也不同；施工方法不同，调配结果也不一样。施工中应一边进行土石方调配，一边按合适条件选择施工方法，只有做到两者综合协调、统一考虑，才能取得比较理想的结果。但对情况复杂的地段，需采用不同的施工方法和调配方式，进行技术经济的综合比较后，方能得出经济、合理的方案。

机械施工中，能否充分发挥机械效能，取决于施工的组织工作和机械的运用，因此，必须根据工地的具体条件，合理选择施工方法与机械类型，把机械安排到最适宜的工地上去，使机械发挥出最大的作用，以便取得良好的经济效益。

施工方法的选择，一般可按下列原则进行：

(1)首先考虑困难复杂及控制工期的工点，然后解决一般性工点。

(2)先解决正线路基，然后考虑站场及附属工程，但不要截然分开，若有的站场工程数量大，可先考虑。

(3)先定大爆破和机械化施工点，后定小型机械施工点。

4.2.3 选择土石方施工机械的影响因素

4.2.3.1 土方机械

各种土方施工机械性能各不相同，而机械的技术性能又往往限制机械的使用。一些机械在特定的工作条件下是最适宜的，而在另外条件下可能就不能很好地发挥效能，甚至根本不能进行工作。因此，在选择机械时，应考虑下列影响因素。

1. 工作数量

在土方数量很大且较集中的工点，可用生产能力强的大型机械，因其生产效率高，且能减少机械转移工地的时间消耗，工程成本要比一般能力小的机械低。如果土方数量较小，则只能用生产能力小的机械。

工点工作量的大小，对于移动困难的大型机械影响甚大，特别是在交通不便的地区尤为显著。如果工点工作量不大，则需增多机械转移的次数，因机械转移致使费用增多，在这种情况下，往往限制了大型机械的使用。在选择机械时，可参考表4-1。

表 4-1 机械工作限额

顺序	机械名称	规格	工作限额/m³	附注
1	推土机	红旗100	不限制	
2	铲运机	2~2.5 m³	5 000	
3	铲运机	6 m³	5 000~10 000	
4	铲运机	6 m³ 以上	20 000~30 000	
5	挖土机	0.25~0.5 m³	5 000~10 000	
6	挖土机	1~2 m³	15 000~40 000	

2. 工程期限

工程期限是选择施工方法的主要影响因素，一般在工期紧张且工程量较集中的地段，应使用大型机械，这样做虽然会增加工程成本，但若能因此而加快施工进度并提前交付使用，反而有利。有时路基虽能提前完工，可是由于其他原因使整段线路不能提前交付使用，那就没有必要采用大型机械来缩短路基工程的工期了。但路基的完工期限，无论如何都要满足铺轨工期的要求。

3. 土壤性质

路堑和取土坑（或取土场）的土质对挖土机械有一定的限制，如普通土、松土可以使用任意类型的土方机械开挖。对于硬土，当铲土机的铲刀不易吃土时，可先用松土机械刨松后再进行铲运施工。斗容量在 6 m³ 以上的大型铲运机，可在直径为 25 cm 的卵石土壤中工作（卵石成分不超过 25%）。对石质土壤（如软石、次坚石），经爆破后也可用铲运机和推土机施工。若土壤冻结，当冻土厚度为 10～20 cm 时，可以直接使用推土机、铲运机或挖土机施工；当冻土厚度超过 20 cm 时，则需先将冻土耙松或爆破松动后再装运。

4. 路堤填筑高度及路堑开挖深度

3 m 以内的矮路堤或浅路堑，宜采用推土机填挖土方，特别是横向坡度不陡的半填半挖地段尤为适宜。当开挖高度大于 3 m 时，宜采用铲运机施工。在浅路堑中，不适宜使用土斗容量很大的挖土机，因为作业面很浅，机械挖土时必须重复转动，延长了挖土工作的循环时间，致使工作效率大大降低。挖土机适用于土质大路堑及大型取土场挖土和半径在 7 m 以上的土方挖掘及卸弃，但其最低工作面高度必须在 1.5 m 以上。

5. 地形条件及交通条件

地形及交通条件对于选择土方机械及运输工具有很大的影响，因为地形及交通条件往往决定着能否向工点运送机械或工点间机械的转移。因而在选择机械时，应充分考虑并利用地形及交通条件，满足机械性能的要求。

6. 当地气候条件

施工地段的气候条件，对选择施工方法也有影响，如每年有多少不能工作的雨雪天、地表冻结情况以及在规定的工期内有多少有效工作日，这些因素对于冬雨期施工所用机械的选择影响很大。土石方施工应按季节安排，一般旱季应尽量进行填方施工，在土方及地下水发育的地段施工，而雨期最好进行挖方施工，在石方和地下弱流水的地段施工。

7. 土石方运输距离

对机械及运土工具的选择，还要考虑土石方运距的远近。一般情况下，推土机的运距以 10～100 m 为宜，铲运机以 100～800 m 为宜。挖土机或装载机需配备运输工具装运土方，而运输工具还必须与挖土机械的能力相适应。当采用倾卸汽车配合挖土机装运土方时，可参考表 4-2 来配备倾卸汽车。

表 4-2 每台挖土机所配备的倾卸汽车辆数

挖土机的斗容量	运距/km	倾卸汽车的重量/t		
		3.5	6.5	10
0.5	0.5	4	3	—
	1.0	6	4	—
	1.5	7	6	4
	2.0	9	7	4
	4.0	15	9	5

挖土机的斗容量	运距/km	倾卸汽车的重量/t		
		3.5	6.5	10
0.75	0.5	5	4	—
	1.0	7	5	3
	1.5	9	7	4
	2.0	12	9	5
	4.0	18	12	7
1.0	0.5	—	5	3
	1.0	—	7	4
	1.5	—	10	6
	2.0	—	12	7
	4.0	—	15	10

8. 施工单位的机械设备和技术条件

施工单位的土方机械和运输设备的供应与购置条件,对机械的选择有时会起决定性的作用。首要的问题是有无机械可用,其次才考虑不同类型机械的适用条件,当然也可考虑是否有租用的可能和取费标准。

上述选择土方机械的影响因素是相互制约的。在选择时,必须抓住主要矛盾,对影响因素进行综合分析,从中选出经济、合理的施工方案。各种常用土方施工机械的适用范围和使用条件可参见表 4-3 和表 4-4。

表 4-3　土方施工机械适用范围

机械名称	施工适用范围		
	准备作业	基本作业	辅助作业
推土机	1. 修筑临时道路; 2. 推倒树木,拔除树根; 3. 铲除草皮,清除积雪; 4. 推缓陡坡地形; 5. 翻挖回填井、坟、陷穴; 6. 清除建筑垃圾	1. 高度 3 m 以内路堤和路堑土方工程; 2. 运距 10～100 m 以内土方挖运、铺填和压实; 3. 半填半挖路基土石方工程; 4. 桥涵处路基缺口土方回填	1. 斜坡上挖台阶; 2. 路基面粗平; 3. 取土坑及弃土堆平整; 4. 土层压实; 5. 配合铲运机顶装助铲
拖式铲运机	1. 铲除草皮; 2. 移运孤石	运距 100～800 m 以内土方挖运、铺填和压实	1. 路基面及场地粗平; 2. 取土坑及弃土堆平整
自行铲运机	铲除草皮	运距 500 m 以上土方挖运、铺填和压实	
自行平地机	1. 铲除草皮; 2. 清除积雪; 3. 疏松土层	1. 高度 0.75 m 以内路侧取土填筑路堤; 2. 高度 0.6 m 以内路侧弃土开挖路堑	1. 开挖排水沟、截水沟; 2. 路基面及场地平整; 3. 修整边坡
单斗挖掘机	—	1. 半径 7 m 以上土方挖掘和卸弃; 2. 运距 500～5 000 m 配合自卸汽车、火车等运土、石、砂施工	1. 挖沟槽及基坑; 2. 水下捞土(以上利用反铲)

机械名称	施工适用范围		
	准备作业	基本作业	辅助作业
单斗装载机	—	1. 运距 500~5 000 m 配合自卸汽车装土方和砂石料； 2. 改装成推土机，完成相应作业	—
推式松土机	1. 翻松旧道路路面； 2. 清除树根、小树墩和灌木丛	—	1. 疏松含有砾石的普通土和硬土； 2. 破碎及揭开 0.5 m 以内冻土层

表 4-4 土方施工机械使用条件

路基种类		主导机械	辅助机械	填挖高度/m	水平运距/m	集中工作量/m³	最小工作面长度或高度/m
1. 路堤	(1)路侧取土	(1)自行平地机； (2)73.5 kW 推土机； (3)102.9~147 kW 推土机； (4)6~8 m³ 拖式铲运机； (5)9~12 m³ 拖式铲运机	73.5 kW 推土机	<0.75 <3 <3 <6 >6	— 10~40 10~80 100~250 250~800	— 不限 不限 >5 000 >5 000	300~500 — — 50~80 80~100
	(2)远运取土	(1)6~8 m³ 拖式铲运机； (2)9~12 m³ 拖式铲运机； (3)9 m³ 以上自行铲运机； (4)挖掘机配合自卸汽车等； (5)装载机配合自卸汽车	—	不限 不限 不限 不限 不限	≤700 ≤1 000 >500 500~5 000 500~5 000	>5 000 >5 000 >5 000 >10 000 >1 000	≥50~80 ≥50~80 ≥50~80 ≥2.0~3.5
2. 路堑	(1)路侧弃土	(1)自行平地机； (2)73.5 kW 推土机； (3)102.9~147 kW 推土机； (4)6~8 m³ 拖式铲运机； (5)6~8 m³ 拖式铲运机； (6)9~12 m³ 拖式铲运机	58.8 kW 推土机	<0.6 <3 <3 <6 <15 >15	— 10~40 10~80 100~300 300~600 ≤1000	— 不限 不限 >5 000 >5 000 >5 000	300~500 50~80 ≥100 ≥200
	(2)纵向利用	(1)73.5 kW 推土机； (2)102.9~147 kW 推土机； (3)6~8 m³ 拖式铲运机； (4)9~12 m³ 拖式铲运机； (5)9 m³ 以上自行铲运机； (6)挖掘机配合自卸汽车等； (7)装载机配合自卸汽车	58.8 kW 推土机	不限 不限 不限 不限 不限 不限 不限	20~70 <100 80~800 ≤1 000 >500 500~5 000 500~5 000	不限 不限 >5 000 >5 000 >5 000 >10 000 >1 000	 ≥100 ≥100 ≥100 ≥2.0~2.5
3. 半填半挖路基	纵向利用	73.5~102.9 kW 推土机	不限	20~80	不限	

4.2.3.2　石方机械

铁路石方施工，要求钻孔、挖、装、运、填、压机械具有设备能力强、效率高、轻便灵活、有一定的越野和爬坡能力等性能。

选择石方机械时，应考虑工期所要求的生产能力、爆破岩石的块度和岩堆的尺寸、运输工具的类型和大小、机械进入工点的运输条件及爆破时机械撤离和重新进入工作面的方便程度，以及选用该机械是否经济等综合分析确定。

1. 钻孔机械的选择

钻孔机械种类及型号较多，如冲击钻机、露天潜孔钻机、牙轮钻机等，钻机孔径为60～300 mm。铁路石方工程施工，以钻孔直径为100～150 mm的露天潜孔钻机较为适宜。

2. 挖装机械的选择

石方挖装机械选择，必须根据施工现场的地形地质情况、岩石特性、爆破方法、机械性能、施工方法、运输距离等综合考虑，避免因选型错误，造成石方挖装困难。

(1)推土机推运石方。推土机推运石方的适用条件是：一般石方数量较少，运距不大于60 m，开挖深度浅，可以一次爆破成形，岩石易于破碎；并要求路堑端头至少有一端为深沟，作为施工石方的弃土场。

(2)铲运机开挖石方。铲运机开挖石方，适用条件主要取决于石方爆破的破碎程度。铲运作业对石块粒径的要求：50 cm以上者不应多于5%，小于25 cm的不少于总方数量的60%。否则，易发生机械故障，影响机械效率。对于已风化的软弱岩石及薄层石灰岩，经裂碎或松动爆破后，岩石块度较小且运距小于500 m，可采用铲运机施工。

(3)装载机挖装石方。装载机挖装石方，适用于场地开阔的傍山开挖及站场石方，作业面宽度不小于10 m，长度以能同时摆放2台或3台装载机作业为宜，并能修建运输车辆上下循环道路。

(4)挖掘机挖装石方。挖掘机机体笨重、转移困难，要求作业面场地道路平整，适用于开挖数量大而集中的石方工程。由于回转半径和运输车辆运行路线的要求，对石方路堑较长和开挖深度较大的施工作业，必须根据不同的开挖宽度，做出分层的挖掘机和倾卸汽车联合作业施工设计，以便组织生产。

3. 石方挖运机械配套

石方挖运机械配套取决于岩石性质、破碎程度、施工条件、运距等因素。一般选用大功率、大容量、坚固的挖掘机或装载机，自卸汽车载重量以8 t以上为好，每车装3～5斗比较合适。挖运机械配套是否合适，将直接影响生产效率的高低。

4.3　土石方调配

学习任务

通过对土石方调配的学习，能够完成以下任务：

(1)明确路基土石方调配的目的、原则；

(2)明确区间路基土石方调配的原理及方法；

(3)明确站场路基土石方调配的特点及方法。

4.3.1 土石方调配的目的

土石方调配是研究和解决路基施工中如何取土、弃土及移挖作填的问题，也就是在何种情况下，路堑中的挖方应纵向移挖作填，用来填筑路堤；在何种情况下，路堑中的挖方应横向弃土，而路堤中的填方采用横向取土填筑最为经济、合理。经济、合理的土石方调配，能最大限度地移挖作填，减少土石方施工方数；再加上正确地布局取土坑和弃土堆的位置，对少占农田、维持山体的稳定、加速施工进度及降低工程成本将起到很大的作用。同时，土石方调配还是编制概预算和施工组织设计的依据。因此，合理地进行土石方调配，对确保路基施工期限、降低工程造价十分重要。

路基土石方调配有区间路基土石方调配和站场路基土石方调配两种情况。

4.3.2 土石方调配的原则

确定土石方调配时，应遵循以下原则：

(1)要贯彻以农业为基础的方针，尽量移挖作填，减少弃土堆、取土坑占用农田，节约用地。在不增加国家投资的基础上，结合施工进行改地造田，以支援农业，促进农业基本建设的发展。

(2)路堤取土，应根据所需数量，考虑路基排水、农田灌溉和改地造田，结合施工方法、地形和土壤情况，选用浅挖宽取、坡地取平和取土坑挖取等方法。兼作排水的取土坑，坑底要有一定坡度，深度要与桥涵进出口标高相配合。若无上述要求，可深挖窄取，以少占农田为原则。在沿河地段，要注意不要因取土，造成河岸冲刷。

(3)路堑弃土，应保证路堑边坡稳定和地面排水，不能堵塞渠道。沿河取土，不能阻塞河流、压缩桥孔而造成对河岸的冲刷。

(4)对桥隧、站场及附属工程等的弃土要合理利用，避免由于施工不当或考虑不周，造成弃土多占农田的不良后果。

(5)路堤的填料质量应符合设计和规范的要求，应尽量考虑利用可作填料的路堑挖方、隧道弃碴、附属工程弃方，附近城郊、工矿建设弃碴等。如路堑挖方的土质不符合路堤填料的质量要求，则应废弃。

(6)在土石方的合理调配范围内，需跨越数量较大的高填深挖地段时，应考虑地段的工期长短，核定能否在规定期限内完成路基施工任务。

(7)土石方调配时，应综合考虑与远期工程的配合。在预留的复线位置或拟扩建的站场范围，都不应在其挖方上弃土，亦不应在其填方处取土。

(8)路基土石方调配段落的划分，一般以概算编制的段落为单元。在调配中，要周密考虑工期的先后顺序，研究其运输的可能性，并确定其调配的运输道路。例如，在建有大桥和隧道的区段，因修建工期较长，调配时可不考虑跨越；但在建有中小桥涵地段，则应根据地形情况，适当考虑其跨越的可能性。

4.3.3 区间路基土石方调配

4.3.3.1 调配原理

区间路基和一般中间站土石方的调配，常采用线调配法，即沿线路中心线调配土石方。该法主要是根据经济运距，确定纵向移挖作填和横向取土、弃土的合理范围。

从经济角度来看，当由路堑挖一方土纵向运到路堤的费用，比在该路堑挖一方土就近横向运到弃土堆和自取坑挖一方土横向运到路堤的总费用低时，则纵向运土是经济的，即可纵向移挖作填。而当纵向运土大到一定距离时，即路堑挖一方土运到路堤的费用，比将该一方土运到弃土堆再从取土坑挖一方土运到路堤的总费用大时，纵向运土是不经济的，而应采用横向取土、弃土。此时，纵向运土的范围称为纵向移挖作填的最大范围（或称极限范围），而在纵向移挖作填的最大范围内的平均运距称为最大经济运距（或称极限平均运距）。这就是区间路基土石方调配的基本原理。

4.3.3.2　最大经济运距的确定

最大经济运距是根据工程费用计算的，即根据纵向移挖作填和横向取土弃土这两种方案在价格相等的条件下来决定的，如图 4-1 所示。

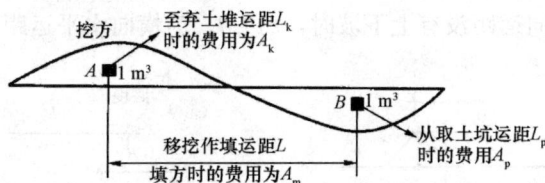

图 4-1　最大经济运距

1. 纵向运费计算

设路堑挖 $1\ \mathrm{m}^3$ 土体，经纵向运距 L，送到填筑地点的费用为 A_m，则

$$A_\mathrm{m}=a+bL \tag{4-1}$$

式中　a——挖 $1\ \mathrm{m}^3$ 土体并装到运具上的费用；

　　　b——$1\ \mathrm{m}^3$ 土运送 $1\ \mathrm{m}$ 距离的费用。

2. 横向运费计算

如果上述路堑挖方不纵向运至路堤，而运至弃土堆，而路堤则由取土坑取土横向运至路堤，则横向弃土和横向取土的费用分别为

$$A_\mathrm{k}=a+bL_\mathrm{k} \tag{4-2}$$

$$A_\mathrm{p}=a+bL_\mathrm{p} \tag{4-3}$$

总费用为

$$A_\mathrm{n}=A_\mathrm{k}+A_\mathrm{p} \tag{4-4}$$

式中　L_k——挖土运至弃土堆的运距；

　　　L_p——取土坑取土后运至路堤的运距。

3. 经济运距计算

当满足 $A_\mathrm{m}{\leqslant}A_\mathrm{n}$ 时，L 值即为经济运距，即

$$a+bL{\leqslant}(a+bL_\mathrm{k})+(a+bL_\mathrm{p})$$

得

$$L{\leqslant}\frac{a+b(L_\mathrm{k}+L_\mathrm{p})}{b} \tag{4-5}$$

在取土和弃土时，有的要占用农田、损毁青苗，因此还要将相应的购地费和青苗补偿费计算在内，故式(4-5)应改为

$$L = \frac{a + b(L_k + L_p) + AF + A'F'}{b}$$ (4-6)

式中 F——取土 1 m³ 和弃土 1 m³ 占用耕地的总面积(m²);

A——1 m² 耕地的购地费(元);

F'——取土 1 m³ 和弃土 1 m³ 占用的青苗总面积(m²);

A'——1 m² 的青苗费(元)。

式中的各个单价可以由定额和单价表中查得,只需确定两个运距 L_k 和 L_p。

4.3.3.3 横向运距的确定

1. 横向水平运距的计算

横向运距应根据路堑中心线到弃土堆中心线间的距离 L'_k,或路堤中心线到取土坑中心线间的距离 L'_p 来计算。

如图 4-2 所示,当横向运距没有上下坡时,L'_k、L'_p 为横向水平运距,即

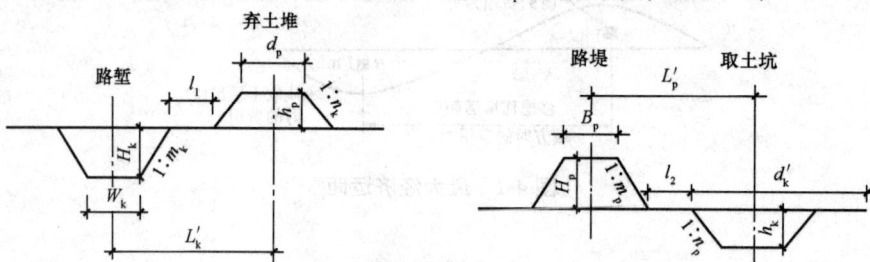

图 4-2 路基横向运距

$$L'_k = \frac{W_k}{2} + m_k \cdot H_k + l_1 + n_p \cdot h_p + \frac{d_p}{2}$$ (4-7)

式中 W_k——路堑底宽(m);

m_k——路堑边坡;

H_k——路堑挖深(m);

l_1——隔带宽(m);

n_p——弃土堆土边坡;

h_p——弃土堆高度(m);

d_p——弃土堆顶宽(m)。

$$L'_p = \frac{B_p}{2} + m_p \cdot H_p + l_2 + n_k \cdot h_k + \frac{d_k}{2}$$ (4-8)

式中 B_p——路堤顶宽(m);

m_p——路堤边坡;

H_p——路堤填高(m);

l_2——护道宽(m);

n_k——取土坑边坡;

h_k——取土坑深度(m);

d_k——取土坑底宽(m)。

2. 横向实际运距的计算

(1)横向斜距离的计算。设横向弃土的斜距离为 L''_k(m);横向取土的斜距离为 L''_p(m);弃土

堆重心与路堑重心间的高度差为 $H_1(\mathrm{m})$，近似按 $0.4(H_k+h_p)$ 计算；取土坑重心与路堤重心间的高度差为 $H_2(\mathrm{m})$，近似按 $0.4(H_p+h_k)$ 计算，则

$$L_k''=\sqrt{(L_k')^2+H_1{}^2} \tag{4-9}$$

$$L_p''=\sqrt{(L_p')^2+H_2{}^2} \tag{4-10}$$

（2）横向折合水平距离 L_k、L_p 的计算。当重载方向有上下坡时，应根据不同的运输方法，按运土斜距离 L_k''、L_p'' 乘以重载坡度折算系数 K_h（也称升高折平系数），即为横向折合水平运距，即

$$L_k=K_h\cdot L_k'' \tag{4-11}$$

$$L_p=K_h\cdot L_p'' \tag{4-12}$$

根据采用的运输方法及坡度值 i，在表 4-5 至表 4-8 中查出 K_h 值，坡度值 i 分别按式（4-13）和式（4-14）计算：

$$i_1=\frac{H_1}{L_k'}\times 100\% \tag{4-13}$$

$$i_2=\frac{H_2}{L_p'}\times 100\% \tag{4-14}$$

表 4-5　人力挑抬折算系数

项目	上坡坡度/%			下坡坡度/%		
	4 及以内	5～30	31 及以上	15 及以内	16～30	31 及以上
重载坡度折算系数	1.0	1.8	3.5	1.0	1.3	1.9

表 4-6　手推车(架子车)运输折算系数

项目	上坡坡度/%			下坡坡度/%	
	2 及以内	3～10	11 及以上	10 及以内	11 及以上
重载坡度折算系数	1.0	2.5	4.0	1.0	2.0

表 4-7　轻轨斗(平)车运输折算系数

项目	上坡坡度/%		
	0.3 及以内	0.4～1.5	1.6 及以上
重载坡度折算系数	1.0	1.7	2.4

表 4-8　铲运机、推土机坡度折算系数

项目	上坡坡度/%			
	5 及以内	6～10	11～20	21～30
重载坡度折算系数	1.0	2.0	3.0	3.5

【例 4-1】　某段路堤采用推土机施工，由取土坑取土填筑，路堤和取土坑断面如图 4-3 所示，计算其横向运距。

解　横向水平距离按式（4-8）可得

$L_p'=6.7\div 2+1.5\times 6.2+5.0+1\times 4+21.0\div 2=32.15(\mathrm{m})$

取土坑与路堤重心的高度差

6.7

1:1.5

6.2

2.48

1.6

4.0

12.65   5.0   4.0   21.0   4.0

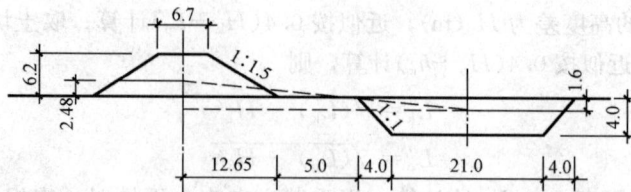

图 4-3　某路基断面示意图(单位: m)

$H_2 = 0.4(H_p + h_k) = 0.4 \times (6.2 + 4) = 4.08(m)$

横向取土斜距离按式(4-8)可得

$L''_p = \sqrt{32.15^2 + 4.08^2} = 32.41(m)$

横向坡度为

$i = H_2 / L'_p = 4.08 \div 32.15 = 12.7\%$

查表 4-8 得折算系数为 3.0,则推土机施工的折合水平运距按式(4-12)计算,可得

$L_p = 3.0 \times 32.41 = 97.23(m)$

故按定额采用运距为 100 m。

4.3.3.4　区间土石方调配方法

区间土石方调配方法,常用的有调配明细表法和土积调配图法,其宗旨是在经济运距范围内,最大限度地移挖作填,减少施工方数。

1. 调配明细表法

(1)调配明细表格式。调配明细表格式见表 4-9。

表 4-9　路基土石方数量调配明细表

　　　　线　　　　段　　　　设　计　　　　　　　　　　　　　　　　第　页　共　页

起讫里程	段落编号	断面方数/m²		施工方数/m³		利用方数/m³						自何处来,往何处去	土石等级	运距/m	施工方法及数量/m³						
				路堑		路堤															
		路堤	路堑	往路堤	往弃土堆	自取土坑		自路堑		自其他											
						紧方		紧方		紧方											
1	2	3	4	5	6	7	8	9	10	11	12	13	14	15	16	17	18	19	20	21	22

　　填表　　　年　　月　　日　　　　　　　　　　　　　　复核　　　年　　月　　日

注:1. 本表适用于技术设计和施工图阶段。技术设计阶段,将表名中"明细"二字涂掉。

　　2."自其他"指来自隧道、改河(沟)等弃土。

(2)调配明细表法步骤:

1)将划分的段落填入表中 1 栏。

2)根据土石方数量计算，将每段落内的填方和挖方数量，分别填入表中3栏与4栏。

3)确定纵向利用和横向取弃土数量。一般先挖方（运往路堤或运往弃土堆），后填方（采用利用方或取土方）。纵向利用和弃土数量按下列方法确定：

①确定段落内本断面利用或纵向利用（即运往路堤）数量，并按不同运距、施工方法、运输方法和土石等级，分别填入表中5栏及13～22栏；

②将弃土数量，按上述要求分别填入表中6栏及13～22栏。

4)取土数量按下列方法确定：

①将来自路堑的利用方数量，填入表中9、10及13栏；

②来自其他（即隧道、路基加固防护工程等）利用方数量，填入表中11、12及13栏；其中，如隧道弃碴运距离洞口超过200 m时，应将超过部分的数量和接运的平均运距单独列出，填入表中11、12、13栏，并在15栏中填"接运××m"；

③来自取土坑的数量，按不同运距、施工方法、运输方法、土石等级，分别填入表中7、8及13～22栏内。

5)表中13栏：往何处去，应把运往何段路堤的起讫里程写出；自何处来，应把来自某段路堑或取土坑的起讫里程写出。利用隧道弃碴，应注明"利用××隧道弃碴"；自取土坑运来或运往弃土堆，除注明起讫里程外，还应注明线路的左右侧。

6)调配时，施工方、断面方数量，要有千米计、区间计或施工段落计。

7)调配完毕后，按概预算要求的段落汇总施工方和断面方数，并填入路基土石方数量调配汇总表（表4-10）。其中，施工方按不同土的类别、施工方法、运输方法和运距等，分别填列；断面方不论填挖，均按土石类别分列。

表 4-10　路基土石方数量调配汇总表

_____线_____段_____设计　　　　　　　　　　　　第　页共　页

起讫里程				
土石类别	施工方法	运距/m	施工方数/m³	备注

2. 土积调配图法

(1)土积调配图。土积调配图如图 4-4 所示。

(2)土积调配图调配步骤：

1)在土积调配图上划分调配段落。

2)根据土石方数量计算，将调配段落内的断面方数，按填方、挖方的不同土石类别，填入图中相应段落。

3)确定纵向利用和横向取弃土的原则及运距，类似于调配明细表法。将利用方及施工方，按线路左、右侧，分别列入土积调配图中调配零线的上方和下方。

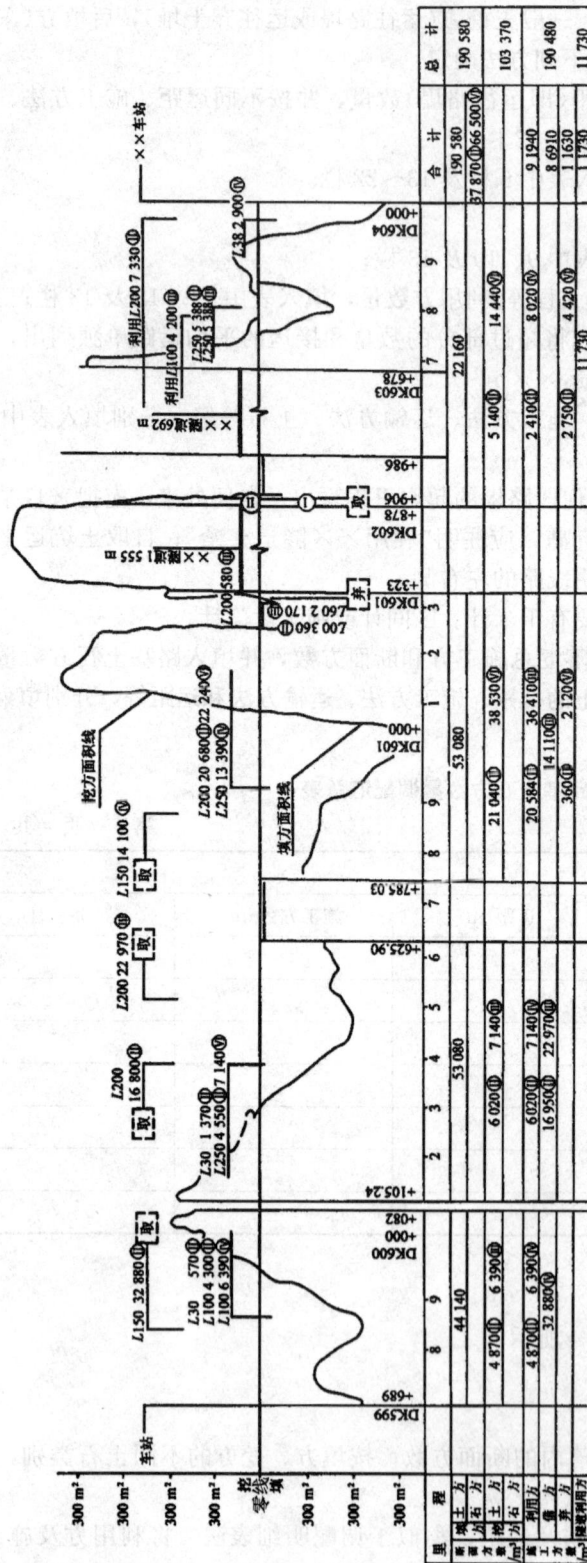

图4-4 土积调配图

4)调配完毕后,按区间汇总施工方数、断面方数,填入图中及路基土石方数量调配总表(表4-11)。

表 4-11 路基土石方数量调配汇总表

_____线_____段_____设计   第 页 共 页

起讫里程	断面方数/m³				施工方数/m³					隧道利用方	合计	施工方法/运距/数量/m³						
	路堤		路堑		总计	利用方	取土	弃土	合计			运距/m						
	土	石	土	石														

填表   年 月 日   复核   年 月 日

注:本表配合"路基土积调配图"使用。

3. 与其他工程的相互利用

在路基土石方调配中,除了合理安排区间路基土石方本身的利用和取弃土外,还应充分考虑与其他工程的相互利用和配合,以减少施工方数和降低工程造价。

(1)附属工程的利用。在进行调配时,应注意对附属工程(改河、改沟、开挖侧沟、改移公路等)的土石方加以利用,以减少施工方数,并少占用土地。

(2)隧道出碴的利用。隧道开挖的土石方可用来填筑路堤,其数量为除去本身(混凝土用的碎石与拱背回填片石)利用之外,隧道每延长米可利用 30 m³ 作路堤填料用。对于短隧道的开挖,一般为两端并进,两端出碴,会合处不一定在中点,故每端只能考虑利用隧道全长 2/5 的数量。在调配中,对该项土石方的利用方数不计入施工方数,而列在隧道出碴内。

(3)桥梁回填土壤的取用。对桥头渗水土壤与桥台两侧锥体护坡所需的土壤,在土石方调配时,应适当考虑。当开挖路堑有这种土壤时,可将该种土壤就近弃于路堑附近的弃土堆,待桥梁需要使用时,再做第二次运输,其倒装和第二次运输的费用列于桥梁工程中。

(4)石料和道碴的供应与路堑石方的利用。路堑内开挖的石方,不仅可填筑填石路堤,而且还可以用作桥隧建筑和附属工程的片石、碎石材料以及线路道碴材料。当路堑石方数量较少不敷应用时,应先满足填石路堤的需要。当路堑中石方很充裕且可用作建筑材料时,应将该石方调配作为弃方堆放于弃土堆,以备运用,不得用以填筑路堤,以便节省料费。

4.3.4 站场路基石方调配

1. 站场土石方施工特点

站场(区段站、编组站或较大坪场等)土石方调配与区间路基不同。其特点是施工范围广且施工场地宽;工程量大而集中,山区铁路尤为显著;站内建筑物多且施工顺序先后不一,有时还要考虑分期施工并需满足扩建要求;取土、弃土受城市建设的限制(不能在站场范围或距站场较近地点挖坑取土或堆置弃土堆)。因此,站场土石方调配一般采用面调配法,即方格网调配法进行。

2. 方格调配法的调配程序

(1)在站场地形平面图上画出方格,方格的大小应根据地形条件和要求确定,一般每边长

$10\sim100$ m，并将方格编上号，如图 4-5(a)所示。

(2)根据设计标高和地形断面(地面实测标高)，确定填挖零线。

(3)计算每一方格填挖数量，编制"站场土石方数量计算表"(表 4-12)进行土石方调配，选择施工方法，确定运土路线，并编制"站场土石方调配表"(表 4-13)。

(4)在进行方格调配时，必须遵守运距最短和运输互不干扰的原则。

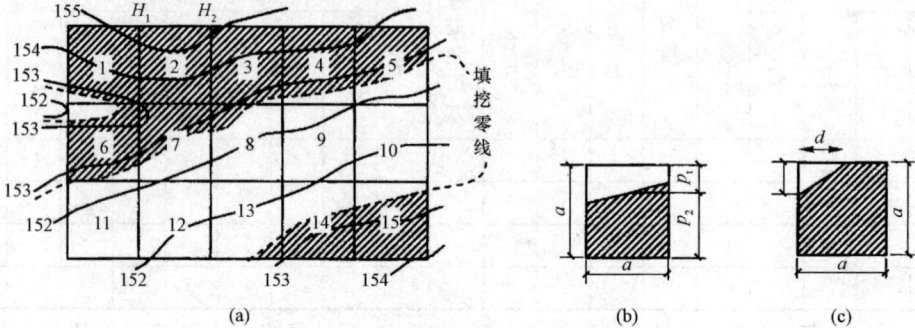

图 4-5 广场土石方调配方格

3. 站场土石方的计算

站场土石方可采用四方棱柱体公式，计算每个方格内的土石方填挖数量。

(1)当一个方格中全是挖方或填方时，如图 4-5(a)中第 2 方格(全挖)和第 12 方格(全填)，其土石方数量是该方格的面积与其平均填挖高的乘积，即

$$V=\frac{a^2(H_1+H_2+H_3+H_4)}{4}(m^3) \tag{4-15}$$

式中　　　　　a——方格的边长(m)；

H_1、H_2、H_3、H_4——方格顶点的填挖高(m)。

对于挖方：挖高＝地面表高－设计标高；

对于填方：填高＝设计标高－地面标高。

(2)当一个方格中有部分填方和部分挖方时，其填方和挖方的土石方数量应分别计算，如图 4-5(b)、(c)所示。

当填挖方格如图 4-5(b)所示时，填方和挖方的土石方数量分别按式(4-16)和式(4-17)计算：

$$V_t=a \cdot p_t(A'-B') \tag{4-16}$$

$$V_w=a \cdot p_w(B'-A') \tag{4-17}$$

当填挖方格如图 4-5(c)所示时，填方和挖方的土石方数量分别按式(4-18)和式(4-19)计算：

$$V_t=\frac{d}{2}(A'-B') \tag{4-18}$$

$$V_w=(a^2-d/2)(B'-A') \tag{4-19}$$

式中　　V_t——一个方格中的填方数量(m^3)；

V_w——一个方格中的挖方数量(m^3)；

A'——一个方格中的平均设计标高(m)；

B'——一个方格中的平均地面标高(m)；

p_t——填方部分的平均宽(m)；

p_w——挖方部分的平均宽(m)。

土石方计算完毕后，应将其计算结果填入"站场土石方数量计算表"(表 4-12)内。

表 4-12 站场土石方数量计算表

方格编号	土石方数量/m³		方格编号	土石方数量/m³	
	填方	挖方		填方	挖方
1	250	9 650	9	5 900	—
2	—	14 400	10	6 100	—
3	5	10 500	11	7 900	—
4	610	6 120	12	7 900	—
5	2 435	2 460	13	5 855	30
6	250	1 520	14	1860	1 090
7	1 935	1 470	15	280	3 920
8	4 630	300	合计	45 855	51 460

4. 土石方调配

根据计算出的土石方数量，按全站场的填挖分部情况，结合施工方法及施工顺序，合理地确定调配方案。一般先求方格本身的填挖平衡，将剩余的挖方数量调往邻近需要填方的方格内。待每一方格的填挖方平衡后，如填方不足或挖方有余，则从站场范围外靠近处取土、弃土，或结合支农，在指定地点取土、弃土。最后将调配结果填入"站场土石方调配表"(表4-13)中，表中的数据，分子表示土石方数量(m³)，分母为运距(m)。

表 4-13 站场土石方调配表

挖方量 /m³ ＼ 填方量 /m³		1	2	3	4	5	6	7	8	9	10	11	12	13	14	15	弃土堆	总计
		285	—	5	610	2 435	250	1 935	4 630	5 900	6 100	7 900	7 900	5 855	1 860	280		47 215
1	9 650	$\frac{285}{20}$					$\frac{1\,270}{120}$					$\frac{7\,900}{210}$					$\frac{195}{100}$	
2	14 400							$\frac{465}{120}$				$\frac{7\,900}{210}$	$\frac{3\,255}{250}$				$\frac{2\,780}{100}$	
3	10 500			$\frac{5}{20}$					$\frac{4\,300}{120}$	$\frac{2\,825}{150}$			$\frac{2\,570}{210}$	$\frac{770}{200}$				
4	6 120				$\frac{610}{40}$					$\frac{3\,075}{120}$	$\frac{2\,435}{120}$							
5	2 460					$\frac{2\,435}{50}$					$\frac{25}{100}$							
6	1 250						$\frac{250}{30}$											
7	1 470							$\frac{1\,470}{60}$										
8	300								$\frac{300}{20}$									
13	30													$\frac{30}{20}$				
14	1 090														$\frac{1\,090}{50}$			
15	3 920									$\frac{3\,640}{120}$						$\frac{280}{30}$		

填方量/m³ 挖方量/m³	1	2	3	4	5	6	7	8	9	10	11	12	13	14	15	弃土堆	总计
	285	—	5	610	2 435	250	1 935	4 630	5 900	6 100	7 900	7 900	5 855	1 860	280		47 215
取土坑																	
总计	50 190															2 975	

4.4 劳动力、机械及运输工具需要量的计算

学习任务

通过对劳动力、机械及运输工具需要量计算的学习,能够进行劳动力、机械及运输工具需要量计算,确定施工机械使用量。

在土石方调配和施工方法确定以后,就可据此计算劳动力、机械及运输工具需要量了。

4.4.1 劳动力需要量的计算

人力施工劳动力的需要量可按式(4-20)计算:

$$p = \frac{W \cdot q}{T_z} (人) \tag{4-20}$$

式中 W——人工施工的土石方数量(m^3);

q——土石方劳动定额(工日/m^3);

T_z——日历施工期内的工作天数。它等于日历天数 T_c 乘以工作日系数 0.69[除去星期日和国家法定假日,即$(365-104-11) \div (12 \times 30) = 0.69$],再乘以气候影响系数 K,即 $T_z = T_c \times 0.69 K$。

对于在挖土机械和运输机械上工作所需的工人人数,可从机械手册或操作作业规范中查得。

【例 4-2】 某路基土石方工程施工方数为 5 000 m^3,采用人力挖土,双轮车运输施工。土质为普通土,其中 3 000 m^3 运距为 50 m,2 000 m^3 运距为 100 m,一班制作业,工期要求为 2 个月,该地区气候影响系数为 0.9。求该工程所需劳动力数量(出工率为 85%)。

解 查《铁路路基工程预算定额》可得,每 100 m^3 普通土挖运 50 m 的工日消耗为 24.48 工日,每增运 50 m 的工日消耗为 3.74 工日,则所需的总工日数为

$$\sum W \cdot q = 24.48 \times 30 + (24.48 + 3.74) \times 20 = 1\ 299(工日)$$

日历工期内的工作天数为

$$T_z = 2 \times 30 \times 0.69 \times 0.9 = 37(天)$$

$$p = \frac{1\ 299}{37 \times 85\%} = 41(人)$$

4.4.2 挖土机械需要量的计算

挖土机械台班需要量可按式(4-21)计算:

$$M = W_j \cdot q_1 \text{(台班)} \tag{4-21}$$

式中　W_j——某种机械施工土石方数量(m^3);

　　　q_1——某种机械施工土石方的时间定额(台班/m^3)。

求出施工中所需各种机械的台班数后,再按式(4-22)求机械的需要量:

$$N = \frac{\sum M}{T_z \cdot a} \tag{4-22}$$

式中　$\sum M$——各个地段上同一种机械所需的台班总数;

　　　a——每昼夜的工作班数;

其他符号说明同前。

按照计算所需的机械数量,应再增加10%~15%的备用量,以备修理之用。

【例4-3】 某路基工程土石方量为10 000 m^3,采用≤8 m^3拖式铲运机施工,推土机配合,土质为硬土,运距为400 m,两班制作业,工期为一个月,施工地区气候影响系数为0.85,求机械需要量。

解　查《铁路路基工程预算定额》可得:铲运机定额为0.489+2×0.095=0.679台班/100 m^3,推土机定额为0.098台班/100 m^3。则铲运机所需台班数为

$$M = W_j \cdot q = 10\ 000 \times 0.679 \div 100 = 68 \text{(台班)}$$

推土机所需台班数为

$$M = 10\ 000 \times 0.098 \div 100 = 10 \text{(台班)}$$

日历工期内的工作天数为

$$T_z = 1 \times 30 \times 0.69 \times 0.85 = 18 \text{(天)}$$

铲运机需要量:$N_{铲} = \dfrac{68}{18 \times 2} = 1.9$ 台,采用两台。

推土机需要量:$N_{推} = \dfrac{10}{18 \times 2} = 0.28$ 台,采用一台。

4.4.3 运输工具需要量的计算

有些挖土机械,需要配备一定数量的运输工具(如汽车、运土列车车辆等),所需的运输工具可根据运输量及运输工具的能力计算。计算公式为

$$N_y = \frac{Q_w}{q_w} \tag{4-23}$$

其中

$$q_w = \frac{q_1 \cdot T}{t' + t'' + \dfrac{2L}{V_{cp}} + t_d} \cdot K_t \tag{4-24}$$

式中　N_y——运输工具的需要量(辆);

　　　Q_w——在所计算时间内的运输量(t、m^3 等);

　　　q_w——在所计算时间内一辆运输工具的生产率(t、m^3 等);

　　　q_1——运输工具的额定载重量(t);

　　　T——完成运输量 Q_w 所规定(或所计算)的工作时间(min);

　　　t'——装车时间(min);

t''——卸车时间（min）；

t_d——等待时间（min）；

L——运距（m）；

V_{cp}——往返的平均运行速度（m/min）；

K_t——运输时间利用系数，一般取 0.80～0.95。

根据运输工具的种类和具体条件，对计算出的运输工具需要量，一般还应增加 10% 的备用量，以备部分运输工具进行定期检修或不定期的修理。

【例 4-4】 某路基土石方工程，根据工程量和工期，要求每天完成 1 000 m³ 的土方施工任务，运距为 8 km，采用载重量为 12 t 的自卸汽车配合斗容量为 1 m³ 的挖掘机施工，两班制作业。求自卸汽车需要量。

解 根据施工现场测定资料：

$t'=4.9$ min $t''=1.4$ min $t_d=2.6$ min

$V_{cp}=31.8$ km/h=530 m/min

另据已知条件：

$Q_w=1\ 000$ m³

$T=2\times8\times60=960$ min

$Q_l=12$ t（每车定额容量为 6.3 m³）

$K_t=0.80$ $L=8$ km

将以上数据代入式（4-24）和式（4-23）得

$$q_w=\frac{6.3\times960}{4.9+1.4+\dfrac{2\times8\times1\ 000}{530}+2.6}\times0.80=123.78(\text{m}^3)$$

$$N_y=\frac{Q_w}{q_w}=\frac{1\ 000}{123.78}=8(\text{辆})$$

增加 10% 的备用量，按 9 辆配备。

4.5 路基工程实施性施工组织设计

学习任务

通过对路基工程实施性施工组织设计的学习，明确路基工程实施性施工组织设计需要的原始资料以及文件组成的内容。

4.5.1 路基工程施工组织设计的基本问题

在组织路基土石方工程的施工中，必须正确地解决以下基本问题：

(1)合理地进行土石方调配，使土石方的利用达到最大限度，减少施工方数。

(2)合理地选择施工方法。根据工程数量、工期要求、土壤种类、运土距离、劳动力及施工机具等具体条件综合分析，并通过技术、经济指标比选，确定最佳施工方法。

(3)周密地安排施工进度计划。根据施工定额或预算定额，以及确定的路基土石方施工方数，计算所需劳动天数、材料、施工机械和运输工具台班消耗量，再根据工期要求、施工顺序安排劳动组织、机具设备及施工进度计划，并决定其调动顺序。

(4)妥善地进行工地组织。根据安排的施工顺序、施工方法和施工期限妥善地进行工地组织，把整个工地划分为几个施工段落，修建运土道路，将开挖地点与填筑地点联系起来，构成完整的工作循环。对于高填深挖大量集中的土石方工程，还需按照选定的施工方法进行详细的开挖设计和填筑设计，另外还要绘制每一施工循环的平面布置略图。除此之外，还应筹划工地所需的机具修理、水电供应和施工所需生产、生活房屋及设施，以保证工程的顺利开展。

以上几个基本问题应系统完整地反映在路基工程实施性组织设计文件中，以指导施工。

4.5.2 路基工程实施性施工组织设计的编制

1. 编制实施性施工组织设计的原始资料

(1)线路平面、纵断面图，路基横断面图，排水系统图，土石方数量计算表及汇总表。

(2)施工调查资料，如地质、地形、水文、气象及施工供应条件等资料。

(3)指导性施工组织设计(施工方案、工期要求、工程配合等)。

(4)施工单位所拥有的机械设备类型、规格、数量、能力程度及其标准技术作业图表。

(5)有关定额资料及施工单位统计的工效指标。

2. 实施性施工组织设计文件组成及内容

(1)说明书。主要说明线路特征、工程特点、工程数量、工期、设备条件及所使用的定额；着重说明土石方调配、施工方法选择及机械设备经济技术比较，以及加快施工进度、提高工程质量、降低成本、保证施工安全和支援农业的技术组织措施等。

(2)图纸：

1)线路平面示意图及纵段面简图；

2)土石方调配图，包括区间路基土石方概略调配图和站场土石方方格调配图；

3)施工进度计划图(横道图或网络图)；

4)劳动力动态图(人力施工)、机械使用动态图(机械施工)；

5)机械运行路线图。

(3)附表：

1)路基土石方数量表；

2)土石方数量调配明细表和汇总表；

3)站场土石方数量计算表及站场土石方调配表；

4)工、料、机数量表；

5)施工进度计算表；

6)劳动力组织及机械设备配备表；

7)临时工程数量表。

3. 路基工程实施性施工组织设计编制程序

(1)根据原始资料和设计文件，认真分析施工条件。

(2)经过技术经济比较确定施工方法和机具设备，并合理进行土石方调配，绘制区间、站场土石方调配图，编制土石方调配表。

(3)计算工、料、机需要量。

(4)绘制线路平面、纵断面图。

(5)编制施工进度计划图表。

(6)绘制劳动力动态图(人力施工)、机械使用动态图(机械施工)。

(7)编制技术作业规程。

(8)编制施工场地平面布置图。

(9)编制说明书。

4.6 机械化土石方工程实施性施工组织设计示例

学习任务

通过对机械化土石方工程实施性施工组织设计示例的学习,认识铁路路基工程施工组织的方法。

4.6.1 工程概况

某机械化土石方工程概况如下:

(1)地形:本段铁路施工里程为 DK151+912~DK155+700,经过地段为低缓丘陵区,地形起伏不大,相对高差 10~25 m,自然坡度 10°~25°,部分地段穿越水田。线路走向与一国家公路大致平行,相距不远,交通方便。

(2)地质:地表植被较差,坡面冲刷较严重,上覆残坡积膨胀土厚 0~3 m,下伏第三系伏平组泥岩、泥质砂岩,为Ⅳ级软石,属中强膨胀岩土,具有失水收缩,吸水膨胀,并随之崩解的不良特征。稳定性很差,要求在施工中必须按有关规程办理。

(3)气候条件:工程所处地区为亚热带湿润气候,夏季长而炎热,冬季短而暖,5~9 月为雨期,雨量充沛,年降水量平均为 1 171.7 mm,日降水量最大可达 140 mm。对机械施工产生不利的影响。

(4)工期:根据建设指挥部的要求,本段土石方工程要求保证 2012 年"8.1"铺轨工期,因此根据现场施工条件及本单位的实际情况,工期安排为 12 个月,其中包括两个月施工准备的时间。

4.6.2 土石方调配

本段土石方工程断面方 428 949 m³,其中挖方 270 826 m³,填方 158 123 m³,挖方多出填方 11 270 m³。因此,在经济运距范围内尽量移挖作填,弃土时应多考虑造地,搞好对农业的支援。本段土石方工程分两个段落进行调配,各段土石方数量及调配结果见路基土石方数量调配明细表(表 4-14)和路基土石方数量调配汇总表(表 4-15)。

4.6.3 施工方法的选择

本段土石方工程数量较大,土壤种类有松土、普通土和软石,岩土具有膨胀性,因此根据设计要求,采取分层开挖,分层填筑,实行及时开挖,及时封闭,决定采用人工、机械并用的施工方法。管段内的瓦工采用人工砌筑。根据工程数量、土壤性质、工期、运距、路堤填高和路堑挖深等主要因素,土石方施工采取铲运、挖运和推运施工相结合的综合施工方法。软石采取先潜孔钻爆松动,然后进行土石方作业施工。

表4-14　路基土石方数量调配明细表

××线××段　施工设计

起讫里程	段落编号	断面方数/m³ 路堤	断面方数/m³ 路堑	施工方数/m³ 路堑 在路堤	施工方数/m³ 路堑 在弃土堆	利用方数/m³ 自取土坑 紧方	自取土坑 涨余方	路堤 自路堑 紧方	路堤 自路堑 涨余方	路堤 自其他 紧方	路堤 自其他 涨余方	自何处来 在何处去	土石等级	运距/m	施工方法及数量/m³ 推土机100m I,II	推土机100m IV	铲运机200m II	铲运机300m I	铲运机300m II	铲运机500m II	挖掘机挖 自卸汽车 1000m IV
1	2	3	4	5	6	7	8	9	10	11	12	13	14	15	16		17	18		19	20
DK151+912~	I	103 528	124 183	2 688				2 668				本段利用	II	200			2 668				
DK153+995				1 635				1 635				本段利用	II	100	1 635						
				5 948				5 948				本段利用	II	300					5 948		
				22 243				22 243				本段利用	IV	300							22 243
				2 427				2 427				本段利用	IV	100		2 427					
					6 511							本段利用	I	300				6511			
				10 554				10 554				本段利用	II	500						10 551	
				19 297				19 297				本段利用	IV	500							19 297
				3 562				3 562				本段利用	IV	200							3 562
					5 292							本段利用	I	200				5 292			
				10 827				10 827				本段利用	II	300					10 827		
				24 367				24 367				本段利用	IV	300							24 367
					6 544							本段利用	II	200			6 544				
				2 308				2 308				调往II段	IV	100		2 308					
第I段小计		103 528	124 183	105 836 18 347				103 528							1 635	4 735 (2308)	9 212	11 803	16 775	10 554	69 469
DK153+995~	II	54 595	146 643	2 308				2 308				由I段调来	IV	100		(2308)					

起迄里程	段落编号	断面方数/m³ 路堤	断面方数/m³ 路堑	施工方数/m³ 往路堤	施工方数/m³ 往弃土堆	利用方数/m³ 自取土坑 紧方	自取土坑 涨余方	自路堑 紧方	自路堑 涨余方	自其他 紧方	自其他 涨余方	自何处来 往何处去	土石等级	运距/m	施工方法及数量/m³ 推土机 100m (I、II)	铲运机 200m (II)	铲运机 300m (I、II)	铲运机 500m (II)	挖掘机挖 自卸汽车 1000m (IV)
1	2	3	4	5	6	7	8	9	10	11	12	13	14	15	16	17	18	19	20
DK155+700	1	54 595	146 643		1 656								I	100	1 656				
				6 285				6 285				本段利用	II	200		6 285			
				7 601				7 601				本段利用	IV	200					7 601
					13 334								II	300			13 334		
				31 923				31 923				本段利用	IV	300					31 923
					2 248								I	200		2 248			
					4 530								II	200		4 530			
					31 018								IV	200					31 018
				3 478				3 478				本段利用	IV	100	3 478				
					4 267								II	200		4 267			
					37 303								IV	200					37 303
				3 000				3 000				本段利用	IV	100	3 000				
第II段小计		54 595	146 643	52 287	94 356			52 287							8 134	17 330	13 334		107 845
合计 土石方		158 123	270 826	158 123	112 703			158 123							14 504	26 542	41 912	10 554	177 314

断面方数合计 428 949　　施工方数合计 270 826

表 4-15 路基土石方数量调配汇总表

××线××段　施工设计

起讫里程　DK151+912～DK155+700				
土石类别	施工方法	运距/m	施工方数/m³	备　注
Ⅱ	推土机施工	100	1 635	
Ⅳ	推土机施工	100	4 735	
Ⅱ	铲运车施工	200	9 212	
Ⅰ	铲运车施工	300	11 803	
Ⅱ	铲运车施工	300	16 775	
Ⅱ	铲运车施工	500	10 554	
Ⅳ	自卸汽车配合挖掘机	1 000	69 469	
第Ⅰ段小计			124 183	
Ⅰ	推土机施工	100	1 656	
Ⅳ	推土机施工	100	6 478	
Ⅰ	铲运车施工	200	2 248	
Ⅱ	铲运车施工	200	15 082	
Ⅱ	铲运车施工	300	13 334	
Ⅳ	自卸汽车配合挖掘机	1 000	107 845	
第Ⅱ段小计			146 643	
全段合计			270 826	

填表　　　年　　月　　日　　　　　　　　　　　复核　　　年　　月　　日

4.6.4　施工安排

4.6.4.1　施工准备

2011 年 8 月、9 月进行施工准备工作，主要内容包括：

(1)租用当地外贸局招待所一年，作为项目经理部。

(2)在 DK153+200 处修建临时房屋(包括宿舍、办公室、料库、试验室、发电房、修理间、水、油库、炸药库、工具房等)共 120 m²。

(3)分别在 DK153+200 和 DK154+100 两处扩建既有乡间公路 6 km，作为施工便道。

(4)修贮水池一个，管道长 2.5 km。

(5)预制场、堆料场各一处，租地 7.1 亩。

(6)水电供应：采用地方电源，架设电力线至工点，前期内燃发电过渡并作平常备用；由于点上严重缺水，生产生活用水困难，各工点采用水罐车拉水并修建贮水池贮水，解决施工期间用水问题。施工现场平面布置如图 4-6 所示。

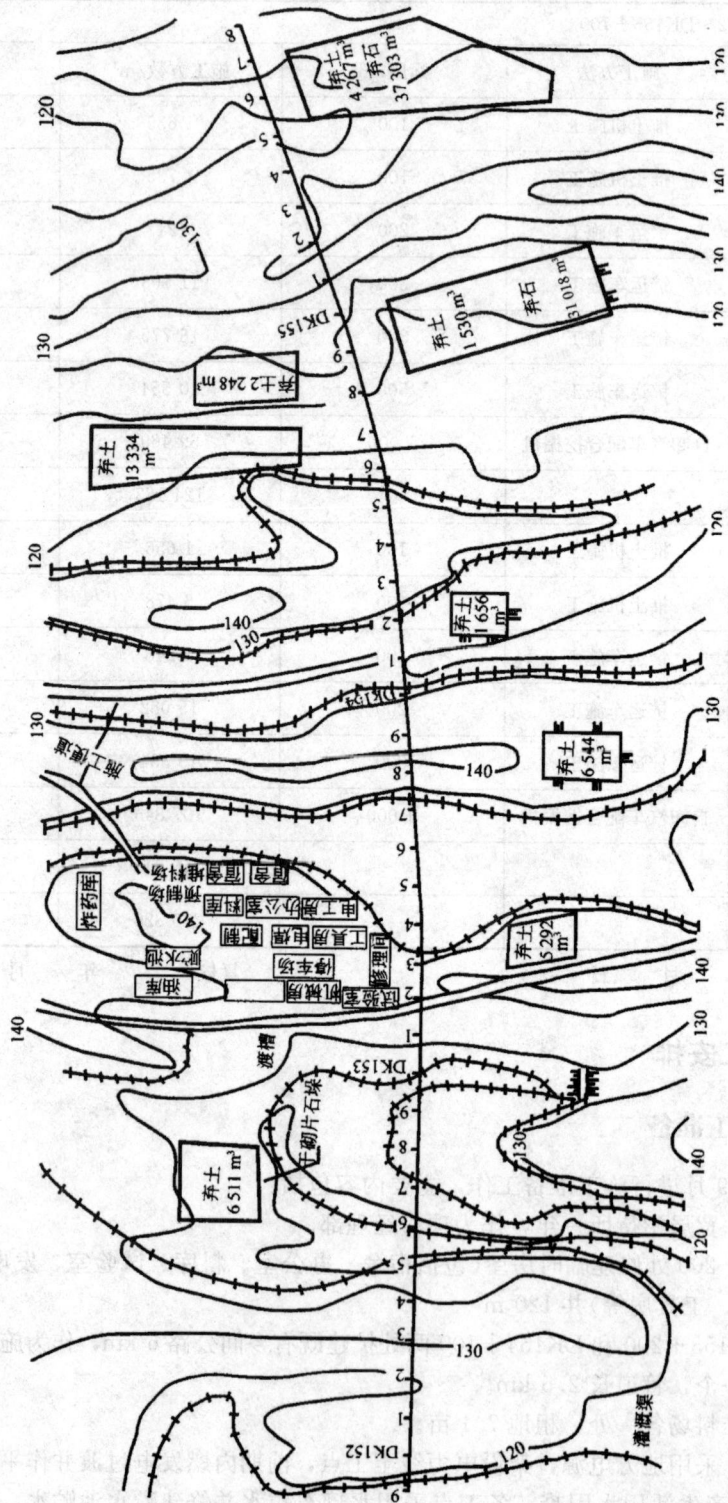

图4-6 施工现场平面布置

4.6.4.2 施工进度安排

本段土石方工程分为两个区段进行施工安排，由一个机械筑路分队担负施工任务，采用两班制，每班工作 8 h，全月按 21 个工作日安排(周 40 h 工作制)，施工期为 10 个月。

1. 机械需要量的计算

根据土石方调配结果，按照《铁路路基工程预算定额》(表 4-16)以及工期要求，计算机械需要量。

表 4-16 采用定额一览表

施工机械类型	土壤种类	运距/m	时间定额 /(台班/100 m³)	说明
推土机≤105 kW	Ⅰ(松土)	100	0.608	
	Ⅱ(普通土)	100	0.765	
	Ⅳ(软石)	100	1.537	
拖式铲运机≤8 m³	Ⅰ(松土)	200	0.311	
		300	0.394	
	Ⅱ(普通土)	200	0.396	
		300	0.49	
		500	0.678	
挖掘机≤1.0 m³	Ⅳ(软石)	1 000	0.301	
自卸汽车≤10 t	Ⅳ(软石)	1 000	1.102	配合挖掘机施工
推土机≤75 kW	Ⅱ(普通土)	20	0.059	配合拖式铲运机施工
	Ⅳ(软石)	20	0.075	配合挖掘机械施工
履带式电动潜孔钻机 d≤150 mm	Ⅳ(软石)		0.220	深孔爆破钻眼
内燃空压机≤12 m³/min	Ⅳ(软石)		0.430	配合深孔爆破施工
自行式振动压路机≤15 t	Ⅳ(软石)		0.352	机械施工陆地压实用
平地机≤120 kW	Ⅳ(软石)		0.040	机械施工陆地平整用
气腿式凿岩机	Ⅳ(软石)		0.080	配合深孔爆破施工
气动锻钎机 d≤90 mm	Ⅳ(软石)		0.010	配合深孔爆破施工

(1)第一段机械需要量的计算。

机械台班需要量计算公式为

$$M = W_j \cdot q_j \qquad (4-25)$$

1)主力施工机械台班需要量的计算。

铲运机≤8 m³：

$$\sum M_{铲1} = 92.12 \times 0.396 + 118.03 \times 0.394 + 167.75 \times 0.49 + 105.54 \times 0.678 = 237(台班)$$

推土机≤105 kW：

$$\sum M_{推1} = 16.35 \times 0.765 + 47.35 \times 1.537 = 85(台班)$$

挖掘机≤1.0 m³：

$$\sum M_{w挖1} = 694.69 \times 0.301 = 209(台班)$$

自卸汽车≤10 t：

$$\sum M_{w汽1} = 694.69 \times 1.102 = 766(台班)$$

2)辅助施工机械台班需要量的计算。

推土机≤75 kW：

$$\sum M_{推1} = (92.12 + 167.75 + 105.54) \times 0.059 + 694.69 \times 0.075 = 73(台班)$$

潜孔钻机 d≤150 mm：

$$\sum M_{潜1} = (47.35 + 694.69) \times 0.22 = 163(台班)$$

内燃空压机≤12 m³/min：

$$\sum M_{空1} = (47.35 + 694.69) \times 0.43 = 319(台班)$$

气腿式凿岩机：

$$\sum M_{凿1} = (47.35 + 694.69) \times 0.08 = 59(台班)$$

气动锻钎机 d≤90mm：

$$\sum M_{锻1} = (47.35 + 694.69) \times 0.01 = 7(台班)$$

自行式振动压路机≤10 t：

$$\sum M_{压1} = 1\ 035.28 \times 0.352 = 364(台班)$$

平地机≤120 kW：

$$\sum M_{平1} = 1\ 035.28 \times 0.04 = 41(台班)$$

3)主力施工机械需要量的计算。

拖式铲运机≤8 m³：

$N_{铲1} = 237 \div 10 \times 23 \times 2 = 0.51(台)$　　采用 1 台

推土机≤105 kW：

$N_{推1} = 85 \div 10 \times 23 \times 2 = 0.18(台)$　　采用 1 台(与二段倒用)

挖掘机≤1.0 m：

$N_{挖1} = 209 \div 10 \times 23 \times 2 = 0.45(台)$　　采用 1 台

自卸汽车≤10 t：

$N_{汽1} = 766 \div 10 \times 23 \times 2 = 1.6(台)$　　采用 2 台

(2)第二段机械需要量的计算。

与前面计算同理可得：

1)主力施工机械台班需要量。

$$\sum M_{铲2} = 151 台班$$

$$\sum M_{推2} = 143 台班$$

$$\sum M_{挖2} = 431 台班$$

$$\sum M_{汽2} = 2\ 038 台班$$

2)辅助施工机械台班需要量。

$$\sum M_{推2} = 238 \text{ 台班}$$

$$\sum M_{潜2} = 274 \text{ 台班}$$

$$\sum M_{空2} = 549 \text{ 台班}$$

$$\sum M_{凿2} = 103 \text{ 台班}$$

$$\sum M_{锻2} = 12 \text{ 台班}$$

$$\sum M_{压2} = 202 \text{ 台班}$$

$$\sum M_{平2} = 120 \text{ 台班}$$

3)主力施工机械需要量。

$N_{铲2} = 151 \div 10 \times 23 \times 2 = 0.33(台)$　采用 1 台

$N_{推2} = 143 \div 10 \times 23 \times 2 = 0.31(台)$　采用 1 台(与一段倒用)

$N_{挖2} = 431 \div 10 \times 23 \times 2 = 0.94(台)$　采用 1 台

$N_{汽2} = 2\,038 \div 10 \times 23 \times 2 = 4.43(台)$　采用 5 台

根据上述计算及综合考虑,本段主力施工机械的配备情况如下:铲运机≤8 m³,2 台;推土机≤105 kW,1 台(在一、二施工段中相互倒用);挖掘机1.0 m³,2 台;自卸汽车≤10 t,7 台。对于辅助施工机械,应根据各施工段所需台班数量、施工进度及施工机械相互配合施工等统筹考虑、合理安排配备台数。根据本段具体情况安排如下:推土机≤75 kW,一、二段各1台;潜孔钻机 d≤150 mm²,一、二段各1台;空压机12 m³/min,一、二段各1台;凿岩机一、二段各1台;压路机≤10 t,1 台;平地机≤120 kW,1 台;锻钎机1台,根据施工需要在一、二施工段内安排。

2. 进度安排

第一施工段采用1台铲运机、1台推土机、1台挖掘机、2台自卸汽车等主要机械施工,于11月1日开工,次年6月29日完工;第二段采用1台铲运机、1台推土机、1台挖掘机、5台自卸汽车等主要机械,于10月1日开工,次年7月20日完工;全段需填筑渗水土30 433 m³,由于数量大,运距远(15～33 km),工期紧,此项工作必须见缝插针,穿插安排,路基成型一段,则填筑一段,以保证铺轨工期。施工进度横道图如图4-7所示。

4.6.4.3　施工要求

1. 路堑

精确测定施工开挖边桩,画出施工图,先施工天沟、护裙,阻止地表水渗入边坡,路堑边坡由于采用浆砌片石护坡全封闭防护,因此开挖时,留0.3～0.5 m厚保护层以利边坡稳定和精刷坡。开挖应自上而下,分层开挖,分段完成,及时封闭,施工至换填标高后,应及时用深水土换填基床,防止暴露过久。

2. 路堤

(1)基底处理。清除地面的树根腐殖土等杂物,并根据地面坡度,用推土机整平或自下而上挖台阶,并随挖随填筑压实,保持台阶的稳定,整平压实必须达到设计要求的密实度。水田地段应清除0.5 m厚淤泥和腐殖土后,整平、挖台阶碾压密实。水塘地段,挖除1 m厚淤泥,抛填2 m厚片石和0.25 m厚砂夹卵石反滤层,并采用振动式压路机碾压。

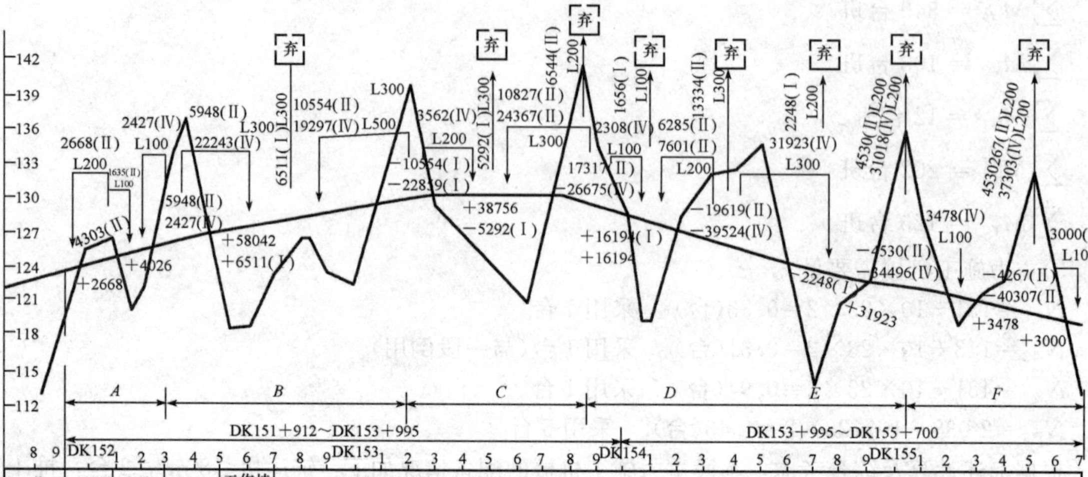

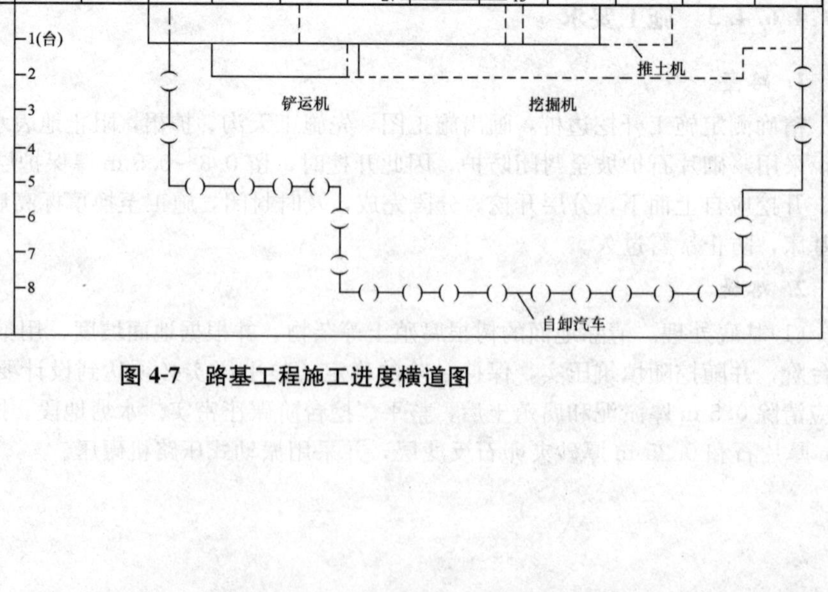

图 4-7 路基工程施工进度横道图

(2)填筑路堤。按照《客货共线铁路路基施工技术指南》(TZ 202—2008)的有关规定,采用四区段、八流程,水平填筑的方法施工,分层厚度不宜大于 30 cm,填料块经击碎 15 cm 以下,碾压时应保持最佳含水量,并配以相应的加强压实机械碾压,压实应先压两侧(靠路肩部分)后,再压中央,平行操作,行与行之间及相邻区段均应重叠压实。

4.6.5 与其他工程的配合

本段共有单孔箱涵 12 座,双孔涵 1 座,倒虹吸管 5 座,渡槽 1 座,此外还有大量挡土墙、护坡、排水沟等附属工程,而土石方工程按照通段施工、通段成型、通段竣工的原则安排施工。因此,根据路基开挖和填筑段的先后顺序和时间安排,应紧跟安排挡、护、沟等工程的施工,为路基在深水区填筑创造条件,赢得时间;涵洞工程应先行安排施工,保证其瓦工按期达到承重强度,以配合机械填筑路堤的顺利进行。

4.6.6 工、料、机需要量

主要工、料、机需要量见表 4-17。

表 4-17 主要工、料、机需要量统计表

工、料、机名称	单位	数量	工、料、机名称	单位	数量
人工	工日	18 306	内燃空压机≤12 m³/mm	台班	905
合金工具钢	kg	377	气腿式凿岩机	台班	170
潜孔钻头 ϕ50	个	189	气动锻钎机 d≤90 mm	台班	19
合金钻头	个	189	履带式推土机≤105 kW	台班	250
钻头键	个	94	拖式铲运机	台班	424
合金刀片	kg	38	履带式推土机≤75 kW	台班	394
硝铵炸药 1 号	kg	94 264	履带式液压单斗挖掘机≤1.0 m³	台班	709
火雷管 8 号、金属壳	个	5656	自卸汽车≤10 t	台班	3351
非电毫秒雷管(导爆管长 4 m)	发	47132	自行式振动压路机≤10 t	台班	585
导爆管 d3	m	28 279	平地机≤120 kW	台班	348
履带式电动潜孔钻机 d≤150 mm	台班	452	柴油	kg	343 058

4.6.7 材料供应计划

1. 外来材料

由南宁材料厂供应油料、水泥、钢材、木材及火工产品等材料,运距 210 km。

2. 大堆材料的供应

(1)片石:从尤昌石场购买,运距 19 km。

(2)砂:从祥周砂场(河砂)购买,运距 16 km。由于砂价随时变动且供应数量有限,因此应设堆料场,积蓄备用,并根据需要自行采集山砂。

4.6.8 质量、安全措施

为保证施工顺利进行,机械化土石方工程应采取如下质量、安全措施:

（1）贯彻分级图纸会审制度，熟悉图纸，领会设计意图。

（2）坚持技术交底、工程日志记录制度。

（3）严格测量复核制，认真做好测量记录，准确控制路基边桩及路基尺寸，避免出现超填欠挖。

（4）严格按规范施工，及时检查路基压实密度，保证路基填筑质量。

（5）建立健全质量保证体系，积极开展QC攻关活动。

（6）贯彻执行工程检查签证制，凡未经监理工程师签证者，不得进行下道工序的施工。

（7）编制创优规划和目标管理图，定人定责，努力实现全优工程的目标。

（8）加强对职工的安全教育，定期进行安全质量检查及评比活动，并加强对职工的劳动保护工作。

（9）执行机械司机持证上岗，对施工机械及车辆应勤检查、勤保养。运输车辆应遵守交通规则，文明行车，严禁酒后驾车。

（10）一旦发生质量安全事故，按"三不放过"原则处理。

项目小结

本项目是对铁路路基工程施工组织设计的全面介绍，介绍了铁路路基工程施工的特点，路基施工方法的选择原则及影响因素，路基土石方调配的原则及方法，劳动力、机械及运输工具需要量的计算，路基工程实施性施工组织设计需要的原始资料以及文件组成，并要求通过对机械化土石方工程实施性施工组织设计示例的学习，掌握铁路路基工程施工组织方法。

通过合理选择施工方法，采用机械化施工，精心调配土石方，周密安排施工进度计划，准确计算和科学安排施工的人力物力，保证紧张有序地均衡施工，达到缩短工期，降低成本，保证优质地完成路基工程施工的目标。

复习思考题

1. 路基工程有哪些特点？编制施工组织设计的意义何在？

2. 路基工程主要包括哪些工程项目和工作内容？

3. 路基工程施工组织设计需要解决的基本问题是什么？

4. 路基土石方工程施工中常用的施工方法和施工机械有哪些？

5. 选择土方施工机械和石方施工机械时应考虑哪些因素？如何合理选择施工机械？

6. 简述石方路堑施工时采用的爆破方法。

7. 土石方调配的基本目的和要求是什么？

8. 土石方调配应遵守哪些基本原则？

9. 区间路基土石方调配的基本原理是什么？如何确定最大经济运距？

10. 横向运距如何确定？当重载方向有上下坡时，如何确定实际运距？

11. 简述区间路基土石方的调配方法。

12. 在土石方调配中，如何考虑与其他工程的相互利用和配合？

13. 简述方格法的调配原理及特点。如何计算方格内的土石方数量？

14. 如何计算路基工程施工劳动力、机械及运输工具的需要量？

15. 路基工程实施性施工组织设计文件组成及内容包括哪些？

项目5　桥涵工程施工组织

项目描述

桥涵是铁路工程的重要组成部分，由于工程量大、施工难度高、工期较长，往往成为铁路工程的施工控制工程。本项目主要阐述桥涵工程施工组织设计文件的内容及编制、桥涵施工条件的调查研究、桥涵工程施工方法的选择、桥涵工程工作分类和施工顺序、桥涵工程施工组织方法、桥涵工程施工进度安排、桥涵工程施工场地布置以及中桥实施性施工组织设计示例等内容。

学习目标

了解桥涵工程施工组织设计的内容、编制依据及程序；

了解桥涵工程施工调查研究的目的及具体内容；

了解桥涵工程最佳施工方案或方法选择应考虑的因素及条件；

熟悉桥涵工程的工作分类及施工顺序安排；

掌握桥涵工程的施工作业组织方法；

掌握桥涵工程施工进度安排的方法及施工计划进度图的编制；

掌握桥涵施工场地平面布置图的内容；

通过对中桥工程实施性施工组织设计示例的学习，掌握铁路桥涵工程施工组织方法。

5.1　桥涵工程施工组织设计文件的内容及编制

学习任务

通过对桥涵工程施工组织设计文件内容及编制的学习，明确桥涵工程在铁路建设中的作用，明确桥涵工程施工组织设计文件的组成、编制依据及程序。

5.1.1　桥涵工程在铁路建筑中的重要性及其作用

桥涵是铁路工程的重要组成部分，由于工程量大、施工难度高、工期较长，往往成为铁路工程的施工控制工程。桥涵工程属铁路的下部建筑工程，它是保证铁路列车安全正常运行的必要条件。它的作用除可跨越江、河、湖、海、峡谷之外，还可解决排水、灌溉和道路立交等问题，并能代替高填路堤以减少耕地占用面积，既利于排水也便于桥下耕种或通行，在线路通过城镇、村庄或重要建筑物时，可考虑抬高线路平面，修桥跨越，以减少建筑物的拆迁。

桥涵工程施工是一项复杂的技术经济活动。施工的质量和施工进度直接影响到列车的安全正常运营和全线的完工期限。因此，如何在施工之前对工程进行周密的统筹规划，在施工过程中实施有效的控制管理，最终取得相对最优的技术经济效果，就成为施工组织设计必须研究的课题。

　　桥涵工程施工的主要特点是：桥涵工程类型多，工程量大；受地形、地质、水文及气候条件的制约，施工技术复杂，难度大；施工人员和机械集中，工作面狭小；参与施工的人员专业多、工种多，施工工序更多而且相互交叉；露天作业、高空作业多；等等。这些施工特点要求在施工过程中，需要采用合理的施工方法，并能对每道工序采用先进的施工组织。

5.1.2　施工组织设计文件的内容

1. 说明书

　　(1)工程概况及工程特点。

　　(2)施工组织设计编制的依据，如图纸、文件、定额及施工调查等资料。

　　(3)主要施工方法、施工顺序、施工进度安排及对采用新技术、新方法、新材料的意见、措施及有关科研安排。

　　(4)主要建材及特殊材料的来源、采购、供应及调配。

　　(5)劳动力的布置及施工机具的配备。

　　(6)主要的施工技术组织措施与质量、安全要求。

　　(7)预计施工中可能发生的问题及采取的对策。

　　(8)主要临时工程和辅助设施的修建计划，施工用水、用电、用风的来源及管网设置，大堆料堆放场地布置等意见。

　　上述各项说明应视工程的具体情况，抓住重点，简明扼要，主次分明，避免重复。

2. 图

　　(1)施工计划进度图。其包括：

　　1)桥梁立面及平面图和桥址处纵剖面图；

　　2)施工进度图(横道图或网络图)；

　　3)劳动力动态图；

　　4)各种图例。

　　(2)施工场地平面布置图。

　　(3)材料、机具供应图。其是指将材料、机具供应设计以图示形式表示，画在施工进度图的一旁。

　　(4)其他必需的附图。如特殊施工方法示意图、特殊构件大样图及剖面图等。

3. 附表(计算表或计划表)

　　(1)主要工程数量表。

　　(2)主要人工、材料(包括成品、半成品、构件)、机械台班(包括运输工具)需要量计算表(主要工、料、机数量计算表)。

　　(3)人工、机具设备数量表。

　　(4)日例行完成工程数量表。

　　(5)施工用电、用水需要量及日例行供应计划表。

　　(6)人工、材料、机具设备日例行供应计划表。

　　(7)工程运输计划表。

　　(8)临时工程数量表。

　　(9)梁跨及其他设备最迟到货时间明细表。

5.1.3　施工组织设计编制依据及编制单元

1. 编制依据

(1)全线指导性施工组织设计、工程局、工程公司、项目经理部所辖范围综合性施工组织设计或单个桥梁(如特大桥、结构复杂的桥梁等)指导性施工组织设计。根据这些指导性组织设计来了解桥涵工程与其他工程的协调关系以及桥梁的施工方案、工期要求、大宗料供应安排等。

(2)桥涵工程及其他有关工程设计文件,如桥涵设计图、线路平面剖面图、路基设计图、桥址平面图、桥涵工程数量表、测量及线路诸表等资料。

(3)施工调查资料。

(4)施工单位的素质和施工能力状况以及人工、材料、机具和其他资源供应情况。

(5)对设计图纸的改进意见以及核实的具体工期。

(6)有关定额资料及协议、合同、纪要等文件。

(7)有关施工技术和安全技术的规范、规则。

(8)先进施工经验、方法,以此为借鉴。

上述各种资料是编制施工组织设计的依据,通常称为编制施工组织设计的原始资料。

2. 编制单元

桥涵工程实施性施工组织设计的编制单元,应视工程的技术复杂程度、施工条件和分期分段施工要求而定。对特大桥、高桥(50 m 及以上)、技术复杂的大中桥、跨度≥100 m 的拱桥、新型结构的桥梁以及大型涵洞,均以座为编制单元;当特大桥由几个施工单位施工时,应以划分的各施工段为编制单元;一般中桥及小桥涵,可按施工单位,施工区或成组桥涵为单元进行编制。

5.1.4　施工组织设计编制程序

桥涵工程施工组织设计按下述程序编制:

(1)熟悉桥涵工程设计文件(包括对设计图纸的改进意见、指导性施工组织设计及协议、合同、纪要等)。

(2)熟悉施工技术和安全技术规范、规则。

(3)收集并研究调查资料和施工现场具体情况,为编制施工组织设计提供确切的数据和条件。

(4)选择施工方案和施工方法。根据设计文件、施工现场具体条件、指导性施工组织设计要求,并结合工程的特点、施工队伍的生产能力,通过研究分析、优化、比选,选择出符合实际情况又比较经济合理的最佳施工组织方案和施工方法。

(5)计算劳动力、材料、机具设备需要量。根据确定的施工方法、工程数量及有关定额计算总体工程和分部分项工程的人工、材料、机械台班需要量,再根据工期要求和各分部分项工程进度安排,综合考虑劳动力、组织及机具配置。

(6)编制施工计划进度图。

(7)绘制材料、机具供应图。

(8)绘制其他必要附图。

(9)编制各种计算表或计划表。

(10)编制施工场地平面布置图。

(11)制定施工质量、安全技术措施,预计施工中可能发生的问题及采取的对策。

(12)拟定降低工程成本措施。

(13)上报审批备案。

5.2 桥涵工程施工条件的调查研究

通过对桥涵工程施工条件调查研究的学习，明确施工条件调查研究的目的及具体内容。

5.2.1 施工调查研究的目的

编制实施性施工组织设计，必须建立在对施工条件的详细调查研究以及充分了解的基础上。如果对施工条件的掌握不够确切或与实际有较大出入，必定会作出不切实际的施工组织。用此指导施工，会出现严重的不良后果，如确定出不切实际的施工进度、选择了不适宜的施工方法、规划出不合理的施工场地布置等。所以，对桥涵工程施工地区的调查研究是很重要的，必须认真对待。通过调研应达到以下目的：

(1)充分了解桥涵工程具体施工条件；

(2)为选择正确的施工方案和施工方法提供准确的依据；

(3)使施工组织设计能切合实际，正确指导施工。

5.2.2 调查研究的具体内容

1. 河流水文资料

在河道上进行施工，必须认真详细了解桥位附近的水文资料，主要包括以下内容：

(1)流速、流量、流向。

(2)河流在不同季节的常水位、历史最高水位、最低水位，洪水期、枯水期的时间及施工期间的水位变化。

(3)地下水位高低、水量大小、水质分析以及河床最大冲刷线。

(4)冬季结冰日期、冻结深度、冰层厚度及强度、解冻日期及流冰速度、持续时间等。

水文资料可由设计文件或勘测资料提供，也可向当地水文站和居民调查了解，还应到桥位处对河流实地观测，踏勘近年来洪水最高位留下的痕迹以及河流水位、流速、河床宽度等。除此之外，还应调查河流的通航情况，这是因为河流的通航直接影响某些建筑物的设置及施工方法的选择。

2. 气象资料

工程在开工前和整个施工过程中都要收集、研究当地气象情况，主要包括以下内容：

(1)年平均气温，最高与最低绝对气温；月平均气温，最高与最低气温的月份。

(2)年平均降雨量，历年最高降雨量与最低降雨量；每个月的平均降雨量以及月平均降雨最高与最低的月份；持续下雨的最长时间等。

(3)冬季降雪量大小、冰冻期限、地层最大冻结深度等。

(4)当地风向、风速、风力情况，多风季节和最大风力、风速以及连续大风的月份和持续时间。

3. 地质资料

调查研究桥址及河床地质情况，是保证桥梁基础施工顺利进行的重要条件，所以必须有足够的地质资料，例如，工程地质平面剖面图、桥址钻孔布置图、地下水位、水质资料、地质构造以及岩土的物理、化学性质等。根据施工的需要，还应进行桥位的地质专题调查。

4. 地形、地貌资料

桥（涵）址处的地形、地貌情况是布置施工场地的依据。要充分利用有利地形，合理布置临时建筑物、材料堆放场地、运输道路、便桥、水、电、管线，尽量减少临时工程费用的支出。

5. 当地资源资料

就地取材是降低工程造价的重要措施。因为修建桥涵工程需要大量的笨重材料、成品、半成品，这些建材的运输费用将成为工程造价的重要组成部分（工程费用中，运杂费一般占第二位）。若能充分就地取材，缩短运距，可节省大量的运输费用。另外，新建线一般就地取材，价格较为便宜，还可节省材料费。

就地取材多数是砂、石（块石、片石、碎石、卵石、道碴等）、砖、瓦、石灰、竹、木、麻、杂品、燃料等，因地区而异，要充分了解这些材料的产地、产量、质量、规格、单价、采制等情况及运输条件。

6. 交通运输情况

桥涵工地运输条件对工程施工所需建材、机具设备能否保证供应及运杂费高低影响很大。开工前，需调查了解以下有关运输资料：

(1)桥（涵）址离既有铁路的远近，离车站的运距、货场容量，以及有无区间卸料的可能。

(2)桥（涵）址距公路远近及运能、运价、其他收费（如过桥费、高速公路费）等。

(3)水运情况。如河流、湖泊航运的运能、运距、运价及码头吞吐能力等情况。

(4)其他运输情况。如马车、拖拉机等运输的运能与运价。

(5)运输单位的情况。如能否承担工程材料运输、信誉如何、是否会造成停工待料等。

总之，要尽量利用一切现有运输条件，以减少运费，同时保证工程施工的顺利进行。

7. 供水、供电条件

施工单位应向工程所在地区水电管理部门了解当地的供水供电能力、水价、电厂电价、用电其他收费（如供电贴费、电力建设资金、用电综合加价等）标准等；如电力供应不足，有无扩容可能。在地方无供电能力的情况下，应考虑施工单位建立发电站。

调查了解工程所在地区可供生产、生活用水的水源，以及水源的水量、水质、取水条件及取水方法，当地供水能力及水价，水管道、电力线的布设条件，管网路径等。

8. 铁路既有线设备情况

对新增第二线或既有线改建、修建桥涵，应了解既有线情况，如区间、场站的通过能力，现行运行图，最大列车间隙，线路封锁的影响程度和可能性，既有铁路的水、电、通信、砂石场等设施能否利用等。

9. 其他情况调查

要调查了解桥涵工程所在地附近民房能否租用及租用单价；生活供应、卫生医疗条件；当地居民风习俗；当地劳动力是否富余，不同季节可雇用民工情况及雇用单价；以及当地政府对施工界内占用土地及其附着物（如房屋、坟墓、树木、青苗等）和道路改移、拆迁、赔偿的办法及单价。

总之，施工条件的调查研究越详细具体，对编制实施性组织设计、选择施工方法、科学指导施工就越有利。在具体进行施工调查时，应根据工程的特点和工程所在地区的实际情况，先列出详细的调查提纲，以便有目的地调查研究桥涵工程施工条件。

5.3 桥涵工程施工方案或方法的选择

学习任务

通过对桥涵工程施工方案或方法选择的学习，明确如何选择最佳施工方案或方法。

桥涵工程的施工特点决定了桥涵施工方法多种多样，即便是结构设计定型化，也会因工程所在地区、地形、地质、气候、水文条件的不同，而使施工方法各不相同。同一工程可能有几种施工方法，不同的施工方法对同一施工过程将产生不同的效果。这就要从工期、质量、安全、效益等方面进行分析比较，从中选择出最佳的一种。

5.3.1 最佳施工方案或方法的选择

5.3.1.1 按分部工程选择施工方案或方法

桥涵工程施工可分为基础、墩台(包括墩台身、托盘、顶帽、耳墙、道碴槽)或涵身及出入口、桥跨结构等分部分项工程。

1. 桥梁基础工程

依据不同地质和施工条件，按照设计的基础类型(扩大基础、沉井基础钻孔、钻孔桩基础、打入桩基础、管柱基础等)，选择基础施工方法。

(1)扩大基础(明挖基础)：基坑开挖，可选用人工配合挖掘机开挖，根据土质及地下水位情况不同，选择不同的开挖扩散角和基坑支护形式；基坑有水时，可根据水量大小选择不同的水泵进行机械排水，在地下水丰富地区基坑开挖前可设置降水井，使地下水下降至施工标高以下，再进行排水；基坑弃土可选用机械或人力车或船舶等运土。基坑开挖时是否需要设置支撑或防护(如草袋围堰、钢围堰、钢板桩等)，应视基坑深度、地质、水文等具体条件决定。基础混凝土灌注，无水基坑采用串筒法，有水基坑采用导管法；模板应优先选用钢模板，也可用木模板；采用商品混凝土或者现场搅拌混凝土，混凝土泵车灌注或者溜槽灌注；捣固可采用振捣棒捣固。

(2)沉井基础：包括沉井制造、沉井下沉、沉井封底、沉井填充和沉井顶盖。先要确定浮式沉井(带钢气筒浮式沉井，钢丝网水泥薄壁式沉井，或带有临时性井底的沉井)或筑岛沉井的制造方法。如筑岛(桥址处若无地面水，也可不筑岛)沉井是采用枕木支垫还是采用土内模制造沉井刃脚。沉井下沉可采用排水下沉或不排水下沉，可用人工挖土，抓土斗抓土下沉，吸泥机吸泥下沉，以及用泥浆润滑套、空气幕或高压射水等辅助措施配合开挖下沉。封底混凝土可在水中灌注，如有条件，可采用排水灌注。沉井内填充可用普通混凝土、片石混凝土或砂石作填料。顶盖可预制安装，也可在井顶浇筑。

(3)钻孔桩基础：选用冲击(冲抓)钻机或旋转转机钻孔，选择合适的清孔方法、水下灌注混凝土方法、固定钢筋骨架(笼)方法、混凝土灌注及质量检查方法等，对钻孔桩基础施工的顺利进行十分重要。

(4)打入桩基础：依靠沉桩设备将预制桩直接打入、振入或旋入土中，可选用锤击沉桩、射水沉桩、振动沉桩、静水压桩等方法。

(5)管柱基础：可选择设置防水围堰或不设置防水围堰，根据施工要求选择合适的围檩结构制造、浮运就位、下沉方法和管柱制造、下沉、钻孔、清孔以及混凝土灌注方法等。

2. 墩台工程

选择木模板、钢模板、滑模、爬模施工方法，混凝土水平与垂直运输方法，混凝土浇筑与捣固方法等。

3. 桥跨结构工程

钢筋混凝土梁可选择是工厂预制还是就地制梁。就地制梁是在桥位上、桥位旁或桥头路基上浇制或悬臂浇筑。有多种架梁方法可供选择，如人工架梁、架桥机架梁、顶推法架梁、鹰架法架梁、悬臂拼装架梁等。

在选择施工方法时，应考虑全线铺轨日期及通车方案的要求，如工期紧迫，个别困难的桥涵不能确保按时铺轨，可采用便桥、便涵（便线）通过；对大桥、特大桥等大型工程及成组中小桥涵，可划分两个或两个以上的施工段，以缩短工期，争取早日通车，充分发挥已修建好的铁路工程的作用。

5.3.1.2 选择最佳施工方案或方法应考虑的因素

1. 施工期限

工期是确定施工方案或方法的决定因素。单位桥涵工程应根据国家或建设单位对建设项目的总工期或单位工程指导性施工组织设计的工期要求，合理决定其施工期限。

一般桥涵的工期应在同段路基土石方工程完工前完成，以便结合路基土石方工程进行桥头及锥体护坡的填土。小桥涵应尽量在路基开工前修建，避免留有缺口，影响路基填筑质量。

有时因急需通车，工期紧迫，重点桥梁工程不能按设计如期建成，需修建便线便桥或正线便桥，以保证按期铺架。在施工中采用修建便线便桥方案，其优点是可使全线早日铺轨，早日开通工程列车，对站后工程和正式桥涵施工中用的材料（特别是笨重材料）、机具设备（特别是大型机械设备）等可通过工程列车运往工地，既可降低运输成本，又可提高施工机械化程度，促进全线工程的完工。其缺点是增加了便线、便桥的修建费用，而且正线留有缺口，要在桥涵工程完工后才能进行缺口填土，这将影响桥涵缺口填土的质量。

2. 施工条件

桥涵工程施工条件是选择施工方案或方法的重要因素。要根据工程所在地区的地形、地质、气象、水文、施工季节等施工条件，选择适合工程结构特点的施工方案或方法，如软土地基加固，采用换填、砂垫层、砂井或振冲桩等方法，雨期防淹、防冲刷措施，冬季防寒保温措施，以保证常年不间断施工等。

3. 桥涵基础类型

在桥涵施工中，一般技术比较复杂的是基础工程施工。不同类型的基础，施工方法均不相同，即便是同类型基础，也可能有几种施工方法，需慎重选择。

4. 专业化施工水平

桥涵工程专业性强，工种多，技术难度大，选择施工方法应考虑专业化施工水平。这样使工种技术越干水平越高，而且越干越快，既可保证工程质量，又可加快施工进度。同时，为了连续均衡生产，应结合工期要求，选择流水作业或平行流水作业组织施工。

5. 施工单位的生产能力

施工单位的生产能力是指施工单位生产工人文化程度、技术工种、等级、实际水平、现有机具设备状况，以及生产管理人员的素质和管理水平。

6. 先进技术、工艺和施工经验的采用

桥涵工程施工复杂，选择施工方法应吸取成功的先进经验，采用先进的施工技术和施工工艺是非常重要的，如用空气幕、泥浆套下沉沉井，用滑模、爬模施工混凝土高桥墩，大跨度桥梁的悬灌（浇）、斜拉、桥梁转体施工等新技术。

7. 机械施工

凡能用机械施工的作业项目，应首先考虑机械施工。当因施工条件限制或工作量零碎不宜采用机械施工时，应考虑其他方法。

8. 施工方案或方法的经济性

桥涵工程施工方案或方法，在保证工期、质量和安全的前提下，还应采取措施降低工程成本，提高经济效益。

5.3.1.3 施工方案或方法比选

在做桥涵施工组织设计时，首先应根据国家或建设单位规定的通车期限，结合桥涵工程的特点及施工条件，提出不同的施工组织方案或方法，再从技术的可能性（工期、质量、安全）和经济的合理性（成本费用或工程造价）上进行全面研究、分析、比较，选出最佳施工方案或方法，并对所选方案或方法加以必要说明。在此基础上，做施工进度和施工方法的具体安排。

5.3.2 工业化施工

把便于在工厂内生产的桥涵构件、预制块（如墩台拼桩块、涵身拼装块、管桩、管柱、圆管、钢筋混凝土及预应力混凝土梁等）在厂内生产，然后将生产的成品、半成品、构件运到工地组装架设，构成桥涵实体，这就是桥涵的工业化施工，也称为桥涵工程装配式构件拼装化施工。它具有很多优点，应大力推广。

1. 加快施工进度，缩短施工期限

桥涵结构构件，特别是梁在现场就地浇筑要比在工厂预制好后运到工地拼装架设所需工期长得多，而且在工地制作，工作面小，有时就地浇筑还会影响其他工作项目的施工。在工厂预制则不受工程施工顺序限制，可与其他工作同时进行，也可在桥涵工程开工前进行。待基础或墩台施工完成，即可运到工地进行预制件拼装或架梁。这样，可大大加快施工进度，缩短工期。

2. 改善施工条件，提高产品质量

桥涵构件在工地施工，质量会受到季节、气候、施工场地、生产设备、工艺方法、质量检验、浇筑、养护等条件的影响，而在工厂内生产就可设法避免这些影响，既能保证桥涵构件的施工质量，又可使工人在较好的生产条件下工作。

3. 提高机械化水平，减轻工人劳动强度

预制的成品、构件，其重量和体积都比较大，必须采用机械施工，而且要使用大型的运输和起重设备，这就促进了现场桥涵施工机械化。成品、构件在工厂内生产，可广泛采用各种施工机械（包括水平和垂直运输），代替工人的重体力劳动，从而降低工人劳动强度并确保安全生产。

4. 降低工厂成本, 提高经济效益

成品、构件在工厂预制, 可以节省施工现场大量劳动力, 还可大大减少工地运输以及现场制作的占地和机械设备数量, 同时还能提高机械设备利用率。

5.3.3 机械化施工

机械化施工具有加速工程进度、缩短工期、节省劳力、减轻繁重的体力劳动、提高工效、确保工程质量和安全生产、促进工厂化施工、降低工厂成本、提高企业经济效益等优越性。因此, 一项工程施工方法是否先进, 其机械化程度是重要的衡量标准之一, 在考虑桥涵施工方法时, 要尽可能考虑机械化施工。

为了提高机械效率, 应采用多种机械相互配合, 即综合机械化施工。多种机械相互配合, 应按施工机械的种类和型号、功能和数量综合配套, 以形成机械的最佳效率。当前, 我国桥涵施工中, 还应优先选用小型机具。例如, 运输中使用的各种特制车辆(如翻斗车、三轮车、吊运车、爬坡车等); 起重中使用的各种机械(如汽车起重机、塔式起重机、简易龙门架、简易架空索道等)和加工工具(如混凝土振捣器, 焊接、木工、电工等机具)。

5.4 桥涵工程的工作分类和施工顺序

学习任务

通过对桥涵工程的工作分类和施工顺序的学习, 能够完成以下任务:

(1)认识桥涵工程的工作分类;

(2)明确单座桥梁、单座涵洞、成组桥涵的施工顺序;

(3)明确桥涵工程施工顺序安排应注意的事项。

5.4.1 桥涵工程的工作分类

桥涵工程可分为准备工作、基本工作和结束工作三个阶段。

1. 准备工作

(1)组织准备, 包括组织施工机构、调遣施工队伍、筹建施工附属企业(如砂石场、混凝土成品场)、建立运输系统等。

(2)技术准备, 包括审核设计文件(如施工图纸、测量资料等)、进行施工调查、编制技术交底、施工组织设计、施工图预算和施工预算。

(3)置备或调拨机具设备和工程材料。

(4)布置施工现场, 清除场内障碍物。

(5)建筑临时设施, 如临时房屋、便道、通信线路及水、电管线等。

2. 基本工作

基本工作是为完成构成桥涵建筑物的作业项目所做的工作, 包括:

(1)桥涵基础工程。

(2)桥梁墩台和涵洞主体工程。

(3)桥跨及桥面系工程。

(4)桥头引线工程。

(5)附属工程(如锥体护坡、导流堤、河床铺砌等)。

桥涵基本工作按其建筑部位和对后续工作及工期的影响,可分为主导工作(也称主体工作)和非主导工作(也称一般工作)。主导工作如基础、墩台和桥面工程等,对施工资源占用量大控制工期,影响后续工作,是该工程的重点,应着重安排,从人力、物力、财力各方面给予保证。非主导工作如基坑回填、开挖河道、砌石勾缝、导流堤、锥体护坡、检查设备制作安装等,与主导工作有牵连,但不影响完工期限。

一般非主导工作可在主导工作完成到一定程度或完成后进行,有的非主导工作也可和主导工作同时进行。当非主导工作影响铺轨通车时,非主导工作就成为主导工作。如雨期或山洪暴发季节,开挖河道、河床铺砌、基坑回填可能成为主导工作。

主导工作与非主导工作的划分应根据工期要求、桥梁结构、施工部位、施工季节、劳动力、机具设备等具体情况考虑,其目的是为了抓住工程的关键,集中力量完成关键工程。

3. 结束工作

结束工作包括清理施工现场、编制竣工文件、工程竣工验收和交付使用。

5.4.2 单座桥梁工程施工顺序

桥梁工程施工顺序是指各分部分项工程或作业项目之间的先后施工次序。

单座桥梁的施工顺序因桥梁本身的形式、基础类型、施工方法不同而异。通常将全桥分为下部建筑、上部建筑(包括检查设备)、附属工程三部分。应先将它们各部分的施工顺序安排好,再将三部分联系在一起,构成全桥施工顺序。

5.4.2.1 基础工程

1. 明挖基础(扩大基础)施工顺序

施工准备→草袋围堰(有地表水时)(地下水丰富时需要降水施工)→人工或机械开挖基坑→坑壁支护→排水→砌石或立模浇筑混凝土基础。

影响坑基开挖进度的因素颇多,如基坑深度,开挖方法,坑壁是竖直还是放坡,是否需要支护及支护种类,有无地下水及排水方法,弃土的运输及距离,季节、气候、地质等,在组织施工中需认真考虑。

2. 沉井基础施工顺序

沉井基础施工比较复杂,应根据施工条件决定施工方法。可采用就地或墩台位置筑岛制作沉井,待达到设计强度后挖土下沉;也可在岸边预制,浮运就位下沉。一个墩台的沉井基础,根据下沉深度不同,由一节或多节沉井组成。每节沉井都有制造、下沉等环节。

第一节沉井先在地面或临时筑的土岛上制造好后,在井内挖土,借沉井自重和附加重力逐渐下沉,下沉到一定深度后(井顶露出水面不应小于1.5 m,井顶露出地面不应小于0.5 m),再接第二节沉井,继续挖土下沉,依次循环,一直下沉到设计高程。

由于地质、水文、季节等因素的影响,沉井下沉往往是控制沉井基础施工期限甚至整个工程工期的关键。在施工前,要充分预料到施工可能发生的各种问题并采取对策,以便及时解决下沉中可能遇到的困难。

当一座桥梁有几个墩台为沉井基础时,要考虑它们之间的相互配合,特别是技术性间歇时间的利用。应尽量压缩每节沉井下沉时间。沉井井盖应采用预制安装,以缩短工期。水中施工的沉井或干河河道中的沉井基础,应尽量安排在枯水季节施工。

3. 钻孔桩基础施工顺序

旋转式钻机钻孔施工顺序如图 5-1 所示。

冲击式钻机钻孔施工顺序可参照图 5-1，只是拌制泥浆工作可省略，但钻进和抽碴应间隔进行。

4. 挖孔桩基础施工顺序

（1）对于一根挖孔桩的施工顺序：施工准备→开挖桩孔→设置孔口护壁→开挖井身→视地质情况随挖孔进度设置井身护壁→孔内排水及通风→孔底清理→吊装制备好的钢筋骨架→浇筑孔内混凝土。

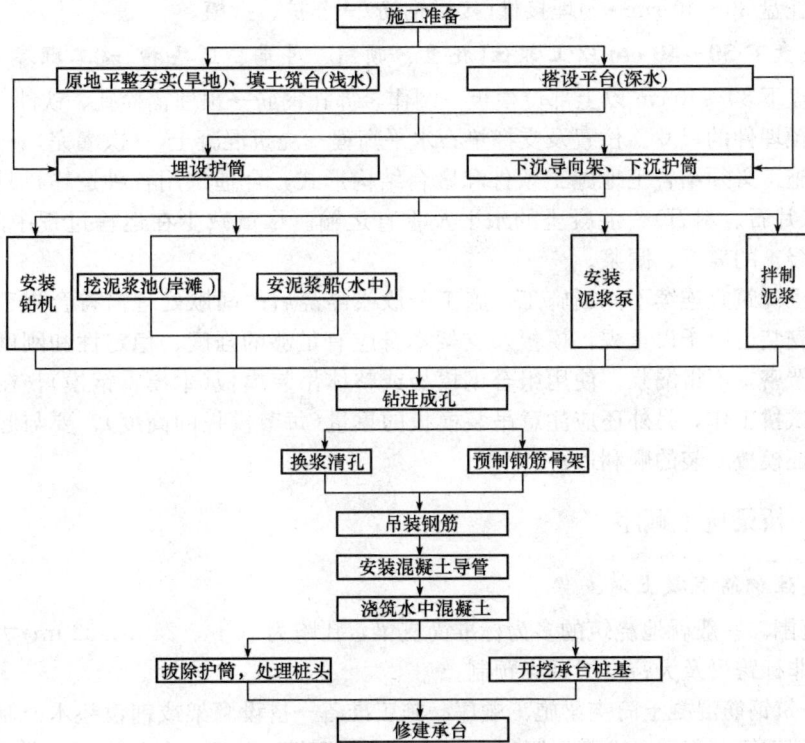

图 5-1　旋转式钻机钻孔施工顺序

（2）对于同一墩台或各挖孔桩之间的施工顺序安排：

1）承台与桩孔的开挖，先挖孔后挖承台基坑比较好，这样便于排除地面水，并且挖孔时孔口场地平整、宽敞，利于操作。

2）桩孔开挖时，要防止相邻孔壁发生坍塌和施工干扰，因此需视土质情况决定开挖顺序。土质松软者，同一墩台有四根桩时，应先挖对角两孔，灌注混凝土后再挖另外两孔；五孔者，先挖中间一孔，灌注混凝土后，再挖对角孔。当土质一般或较紧密并无水时，四孔者可同时开挖；五孔者先挖中间一孔，灌注混凝土后同时开挖其余四孔。多于五孔者，应根据桩孔排列间距及土质情况，采用跳跃式开挖或一次全部开挖。

3）有涌水的地层，应先开挖一孔作抽水坑用，使其他各孔在无水条件下开挖，以便改善施工条件，提高工效。

挖孔过程中，随着孔的加深，应经常检查有害气体浓度，施工中应备有通风设备。成孔后，应立即浇筑桩身混凝土。

各种类型的基础都有符合其特点和施工条件的施工顺序。其他类型桥梁基础(如沉入桩基础、管桩基础等)的施工顺序不再一一介绍。

5.4.2.2 墩台施工顺序

桥涵墩台施工方法主要有就地浇筑、石砌和预制拼装等。就地浇筑法较为普遍。

1. 一般实体墩台就地浇筑施工顺序

施工准备→模板制作或组合钢模板试拼→墩台钢筋绑扎→模板安装→浇筑混凝土至墩台顶帽垫石后浇筑托盘 30～40 cm→预埋接榫(接槎钢筋)→养护、拆模。

2. 墩台托盘下 30～40 cm 以上部位(托盘、顶帽、耳墙、道碴槽)施工顺序

制、立托盘下 30～40 cm 以上部位模板→制作、绑扎钢筋→预埋锚栓孔、铁件、泄水孔等→检查钢筋和各预埋件的尺寸、位置及支撑垫石水平高程→浇筑混凝土(一次灌完)→养护、拆模。

桥梁墩台施工必须结合工地施工条件和墩台结构形式,合理选用各种运输机具,妥善解决好砂浆、石料(片石、料石)、混凝土的水平及垂直运输。尽量减少在运输过程中的倒装次数,减少砂浆、混凝土的离析、漏浆。

墩台混凝土浇筑宜连续不间断施工。施工分段或停浇后的间歇处理需符合施工技术规范要求。对模板的安装也应予以重视,模板及支架本身应有足够的强度、稳定性和刚度,模板面要光滑,接缝要严密,不得漏浆。使用组合钢模板或整体吊装模板(木模、钢模),在安装前应进行排版设计及试拼工作,另外还应注意吊装模板的重量(每节模板的高度),要与起重设备能力相配合,以保证模板安装的顺利进行。

5.4.2.3 桥梁施工顺序

1. 就地浇注钢筋混凝土简支梁

(1)适用范围。一般就地浇筑的多为标准简支梁,孔跨为 16 m、24 m、32 m;大跨度箱梁进行工厂预制,非标跨梁及大跨度梁现场预制。

(2)就地浇筑钢筋混凝土简支梁施工顺序。施工准备→搭设鹰架或铺设垫木→制、立底模→制作、绑扎底部钢筋→制、立内模→制作、绑扎好全部钢筋→检查钢筋→制、立外模、端模→制作、绑扎道碴槽钢筋,同时预埋 U 形螺栓及全部泄水管→进行钢筋、模板全面检查→搭设浇筑脚手架平台→浇筑混凝土→养护、拆模。

就地浇筑钢筋混凝土梁可根据具体情况,确定在墩位上、在桥旁或在桥头路基上建造。

1)在墩台位上建造钢筋混凝土梁:均在鹰架(即托梁)上进行。鹰架是由枕木垛或木排架、万能杆件搭的脚手架或塔架以及扣轨、木撑架组成。梁制好后,可进行落梁就位。

2)在桥位旁建造钢筋混凝土梁:是在桥位一侧修建的平行于桥位的便线上进行。此便线应在不妨碍墩台施工的前提下,尽量靠近正线。梁制好后需采取纵向或横移梁的方法使梁就位。此种方法应用在墩台比较低的情况下,否则便线及支架的搭设将消耗大量费用。

3)在桥头路基上建造钢筋混凝土梁:应选择在铺轨的起点端桥头路基上。梁建造好后需纵向移梁就位。一般是从桥头顺桥位中线设置移梁滑道,桥孔内搭好枕木垛或木排架,然后纵向使梁就位,或者利用架桥机架梁。

2. 悬臂浇筑混凝土连续梁施工顺序

悬臂浇筑混凝土连续梁施工不需要在梁下安设大量的脚手架,它的主要设备是一对能够行走的脚手架挂篮。挂篮可在已经张拉锚固并与墩身连成整体的梁段上移动。挂篮前一部分伸出已成梁段，模板即安设在它的里边，绑钢筋、立模、浇筑混凝土、预应力都利用挂篮进行。通常，每次可浇筑 3～4 m 长的一个梁段。

悬臂浇筑混凝土连续梁施工顺序为：施工准备→靠近墩(台)身用万能杆件拼制成托架→立 0 号块模板→绑扎钢筋→浇筑 0 号块(墩顶梁段)混凝土→养护、拆模→预施应力及管道压浆→在 0 号块上及托架上拼装挂篮→由挂篮两边对称进行 1 号段施工→以后分段块顺序，对两悬臂梁块同时施工至合龙段，完成桥梁体浇筑施工。

5.4.2.4 架桥机架设混凝土梁

新建铁路梁工程中，跨度 32 m 及以下钢筋混凝土(预应力)简支梁为数众多。在大多数情况下，都采用工厂预制，运到工地用架桥机架设。

采用架桥机架梁，首先要做好供梁计划和梁的运输及存放场地的安排。

1. 钢筋混凝土(预应力)梁的运输

钢筋混凝土(预应力)梁由桥梁厂或成品厂运往工地，常用专用运梁平车或经改造的普通铁路平车。桥梁在工地短距离转移可用运梁台车。桥梁装车位置要正确，不得倾斜，其重心位置必须与平车上转向盘的中心重合。梁的装运次序及倒顺方向应严格按工地提出的架梁资料周密安排，避免次序和方向错乱，影响架设。

2. 存梁场

存梁场应因地制宜，尽量靠近工点，要有足够场地，而且装卸梁时不干扰正线行车，便于装卸调车作业。若在沿线两侧存梁，则存梁点宜选在高出线路 1.7 m 的土台上，以方便梁装卸及横移，减少搭设枕木垛工作。大型存梁场一般采用横移方式卸车，装、卸桥梁可使用大跨度龙门起重机或其他起重机，或采用千斤顶起落梁。桥梁水平移动一般用人力或电动卷扬机通过滑车牵引。在存梁场，存梁数量一般为施工段落架梁孔数的 30%。前方等待架设的梁，应按架设的先后次序提前 1～2 天运到前方车站(距架桥工地一个区间)，并有 2～5 孔梁装在车上待架。梁车的编排次序，一定要符合架设的先后次序，并将曲线梁及左右梁标注清楚。

5.4.3 单座涵渠施工顺序

涵渠类型比较多，圆涵和拱涵的施工顺序如下：

(1)圆涵施工顺序：准备工作→挖基→砌筑基础→安装圆管→浇筑护管混凝土→砌筑出入口→浇筑帽石混凝土→设置防水层及防护层→设置沉降缝。

(2)拱涵(圆弧形拱涵、卵形拱涵、高矢拱涵)施工顺序：准备工作→开挖基坑→建造基础(浇筑混凝土、片石混凝土、浆砌石，拼装成品块)→基坑回填→建造墙身(同基础)→制作安装拱架(钢轨拱架、木拱架、土拱胎等)→凿毛并清洗拱座与拱圈的接触面→建造拱圈(浇筑混凝土、浆砌石，拱圈成品安装)→养护、拆模(拱圈施工强度达到设计强度的 70% 方可拆模)→建造出入口→设置防水层及防护层→设置沉降缝。

5.4.4 成组桥涵工程的施工顺序

成组桥涵工程的施工顺序，是指施工单位所辖的一段线路中所有中小桥涵的施工顺序。确定施工顺序时，应先按中小桥涵的结构类型(基础类型、桥式、涵洞构造等)及它们所处的位置，进行分类编组，按流水作业或平行流水作业组织施工。

对编组中的桥涵，其施工顺序应考虑以下问题：

(1)应方便施工机具及人员的转移，由近到远或由远到近，以一个方向按顺序施工，尽量不走回头路，避免人员、材料、机具设备往返搬迁，增大运输费用，造成不必要的损耗。

(2)对经验不足、把握不大的工程，应先做试验，在总结经验的基础上再行推广。

(3)要充分发挥专业班组的作用，实现专业化生产，而且要不间断施工，有利于组织流水作业。

(4)充分发挥机械效率，使机具设备能连续工作。对租赁机械更应充分利用，尽量减少停机时间，缩短租赁天数。

(5)对影响其他工程施工进度的桥涵，要提前安排施工，并在其他工程开工前完成。

5.4.5　施工顺序安排应注意的事项

桥涵工程施工顺序安排应注意以下事项：

(1)首先要研究确定桥涵工程总体施工方案，才能具体安排各分部分项工程施工顺序。例如钢桁梁桥，先要确定钢桁梁安装方法，是在桥孔中的脚手架上拼装还是在桥旁脚手架上拼装再拖拉就位；是在桥位上采用半悬臂法拼装还是悬臂法拼装。只有施工方案确定后，才能具体安排基础、墩台等分部分项工程的施工顺序。

(2)应结合季节、气候、水文条件安排施工顺序。季节、气候、水文条件对施工顺序安排影响很大，如果处理得好，充分利用有利方面，对工程质量、施工进度、降低成本能起到促进作用。如桥梁基础和墩台的施工，应尽量避开冬季和雨期。但严寒地区，可利用冰冻期河流结冰的条件，采用冻结开挖基坑，或在冰上搭设脚手架拼装等工作，但必须对冰层强度进行计算。某些工作也可能要专门利用涨水期的高水位进行施工，如浮运钢沉井、浮运法架设钢梁等。在旱季要先安排水中基础及桥墩的施工，并在洪水到来之前完成或在雨期之前将桥墩修建至最高水位线上，而且在洪水到来之前应将河道中的脚手架拆除，以防堵塞和被洪水冲掉。

(3)要遵循施工程序和操作工艺的客观规律，这种客观规律是结构本身所必需的，是不能随意改变的。例如，灌注钢筋混凝土盖板，由施工工艺决定作业项目之间的先后施工次序为：立模板、绑钢筋、浇筑混凝土、养护及拆模，不可颠倒；沉井混凝土下沉，必须待沉井混凝土强度到100%设计强度后，方能开挖下沉。

(4)要根据施工方法和采用的机械设备确定施工顺序。施工方法不同，采用的机械设备不同，施工顺序也会有所不同。例如，钻孔桩施工，采用旋转式钻机和采用冲击式钻机的施工顺序有所区别。前者需设置一套拌制泥浆系统，后者则不需要；前者不需要抽碴，后者需要，并且钻进和抽碴需间隔进行。

(5)合理安排工作面(合理确定流水作业组个数)。工作面的安排应全面考虑施工期限、劳动力、机械设备、材料供应等条件。当施工工作面较多时，可使工期缩短，但劳动力、机具设备及一些临时设施会增多，甚至会造成劳动力、机具设备、材料供应困难；反之，若工作面较少，工期会延长，劳动力、机具设备也可能发生窝工。因此，要通盘研究，在保证工期的前提下，以尽量节省模板、围堰等倒用材料和基本不增加机械设备的原则来安排。

(6)桥涵工程施工时间和施工顺序的安排，应考虑与桥涵附近其他建筑物施工的协调配合。例如与路基工程的配合，桥头缺口及涵洞顶填土应满足铺架工程总进度要求，并使填土有足够的沉落时间。一般桥涵工程施工应在同段路基土石方工程完工前半个月至一个半月完工。为此，路基填方地段中的中小桥涵及大桥、特大桥的桥台应尽早安排施工。又如与隧道工程的配合，隧道出入口要有材料场地、出碴运输及弃碴场等问题的考虑，对隧道洞口的桥涵工程应安排在隧道开工前完成，以免相互干扰。

总之，桥涵工程施工顺序应综合上述各种情况，统筹安排，以达到保证工期、确保质量和安全、降低工程成本的目的。

5.5　桥涵工程施工作业组织

学习任务

通过对桥涵工程施工作业组织方法的学习，明确桥涵工程单位流水作业法和平行流水作业法的应用。

桥涵工程施工作业组织方法有顺序施工作业法、平行施工作业法、流水作业法、平行流水作业法几种。应根据桥涵工程的工期要求，劳动力、材料、机具设备供应等条件来选择。本部分主要介绍桥涵工程施工流水作业法和平行流水作业法。

5.5.1　施工流水作业法

5.5.1.1　流水作业的特点

流水作业是由若干个建筑物（如几个中小桥涵或大桥、特大桥中几个墩台）组成一个组，按流水作业组织施工，并对各专业班（组）进行劳动组织（包括劳动力、材料、机具设备的组织），计算其作业时间，协调好专业班（组）之间的衔接与配合。流水作业法可用于一个工点，也可用于多个同类型工程的施工组织。

5.5.1.2　流水作业法的分类

1. 细部流水

细部流水是指一个专业班组利用同一生产工具，依次连续不断地在各施工段中完成同一施工过程的工作。如安装模板的班组依次在各施工段连续完成模板安装作业，即可称为细部流水。

2. 工艺组合工程流水

工艺组合工程流水是指若干个在工艺上密切联系的细部流水的组合应用。如钢筋混凝土工程可以组成一个工艺组合，它是由模板（制作、安装、拆除）、钢筋（制作、绑扎）、混凝土（拌和、浇筑）三个细部流水组成的，各细部流水连续在各施工段上施工，而各细部之间又依次进行。

在实际工作中，细部流水的效果不显著，只有把若干个有联系的细部流水严密地组成工艺组合工程流水时，才能达到较好的经济效果。在桥涵施工组织中，细部流水和工艺组合工程流水作业法应结合应用。

5.5.1.3　流水作业的主要参数

流水作业主要参数有施工过程数、流水节拍、流水步距等。

1. 施工过程数

施工过程数是指施工过程划分的个数，也就是指一个建筑物按其组成的各分部分项工程或作业项目之间的施工顺序，进行不同类别的施工过程的分组数。

组成建筑物的各分部分项工程或作业项目的施工过程，可分为主导施工过程、搭接施工过程和穿插施工过程。主导施工过程是施工项目的关键，它将控制施工项目的工期，以致影响整个工程的工期。搭接施工过程是为了缩短后一个施工过程所占用的施工项目的工期或工程总工期，当前一个施工过程尚未完成，后一个施工过程接着进行。穿插施工过程是利用施工过程中的空闲(或间歇)时间进行其他有关工作的过程。这要根据施工现场劳动力、材料、机具、施工条件以及工期等情况进行穿插施工。如在沉井制造完成后，不能接着挖土下沉，需等待强度达到设计要求，在等待这段时间(称技术性间歇)安排其他工作。一般附属工作以及后续工程的准备工作，常利用穿插过程进行施工。

2. 流水节拍

(1)流水节拍的定义。一个建筑物(如一座涵洞，一座桥或一个桥墩、台等)全部施工过程是由各个不同类型的分组工程组成的。它的施工时间即为各个分组专业工班所完成各施工项目的时间之总和。其中，各分组工程施工过程的持续时间，称为流水节拍，亦称工作循环时间，用 t_i 表示。其中持续时间最短的那一分组工程的工作循环时间称最小流水节拍，这组工作称为最不繁重的工作。相反，持续时间最长的那一分组工程的工作循环时间称为最大流水节拍，这组工作称为最繁重的工作。

(2)流水节拍的计算。流水节拍 t_i (工天)可按式(5-1)计算：

$$t_i = \frac{W}{p \cdot q} \tag{5-1}$$

式中　W——工作循环的工程量(某一分组工程的施工过程在某一施工段的工程量)；

　　　p——此工作循环每班所需的适当的建筑工人数；

　　　q——产量定额。

具体确定流水节拍有两种方法。一种是按已定工期要求，决定流水节拍的大小，再相应求出所需资源量(工人数、机械量、材料量)。这时应考虑工人是否有足够的工作面以及资源供应能否满足要求。如果工期紧、节拍小、工作面又不够，就应增加工作班次(两班或三班制)。另一种是根据工地现有班组人数及能投入生产的机具设备台数所能达到的产量定额或指标来确定流水节拍，同时要满足工期的要求。节拍越小，则所需人数和机具设备就越多。另外，还应考虑使材料、构件的订购、预制、供应和储备，与流水节拍相适应。

3. 流水步距

在单位流水作业组织中，每一后续建筑物加入的流水时间间隔(如1号墩与2号墩开始施工间隔的时间)，称为流水步距，用 t_b 表示。

确定流水步距是流水作业组织中的一个重要组成部分。流水步距可按式(5-2)计算：

$$t_b = \frac{T_1 - t}{B - 1} \tag{5-2}$$

式中　T_1——单位流水作业中，全部建筑物施工总期限(工天)；

　　　t——单位流水作业中，每一建筑物的施工时间(工天)，当各流水节拍相等时，$t = b \cdot t_i$，b 为一个建筑物工作循环个数，也就是一个建筑物可划分的施工过程数，t_i 为流水节拍；

　　　B——单位流水作业中，全部建筑物的数目。

由式(5-2)可以看出，若 T_1 和 B 已确定，t_b 就随 t 而变化，同时 t_b 也视第一个建筑物各个工作循环时间而定。因为参加施工的专业班组必须首先完成第一个建筑物相应的工作循环之后，才能转移到第二个建筑物。

如果流水作业中均为同类型建筑物(如桥墩台均为明挖基础，混凝土墩台)，而且各分组工程的循环时间相等，则流水步距将等于一个工作循环时间(流水节拍)，即 $t_b = t_i$。

如果工作循环时间不同，流水步距一般应采用工作循环中最短的时间。在这种情况下，其他分组工程的工作循环时间应等于或倍于流水步距。可通过调整劳动力组织、机具设备、工作班制等方法来达到这一要求。

根据式(5-2)得出

$$T_1 = t + t_b \cdot (B-1) \tag{5-3}$$

【例 5-1】 假定某大桥有同类型的两台三墩共五个建筑物，采用流水作业法组织施工。每个墩台施工时间 $t=30$ 天，流水步距 $t_b=8$ 天，则 $T_1=30+8\times(5-1)=62$（天）。试分析将 t 缩短一半而 t_b 不变和将 t_b 减少一半 t 不变时，总工期 T_1 的变化。

解 (1)若将 t 缩短一半（$t=15$ 天），t_b 不变，则 $T_1=15+8\times(5-1)=47$（天），总工期 T_1 减少 26.56%；

(2)若将 t_b 减少一半（$t_b=4$ 天），t 不变，则 $T_1=30+4\times(5-1)=46$（天），总工期 T_1 减少 28.13%。

由此可见，流水步距的减少对施工总期限影响很大。从流水步距这个特点可以看出，每一个后续建筑物加入流水的时间间距越小，则接近平行作业法的程度越大，而全部建筑物的施工总期限 T_1 就越趋近于一个建筑物的施工时间 t。这样虽可大大缩短总工期，但会出现人工数量急剧增加，材料、机具设备集中用量增大，造成工、料、机供应紧张。反之，流水步距大，则工期长。因此，流水步距不能任意减小或增大。

5.5.2　平行流水作业法

平行流水作业实质上是多个流水作业的平行施工组织方法。大桥、特大桥等大型工程和成组中小桥涵常采用平行流水作业组织施工。关键是要合理地将全部工程划为若干个施工阶段，也就是合理确定单位流水作业数目。施工阶段的划分数目是平行流水作业的主要参数之一。

5.5.2.1　施工阶段的划分

施工阶段划分的目的，是为了保证不同工作队、班、组，能在不同的工作面（施工段）上同时进行工作，消除由于各工作队、班、组不能依次连续进入同一工作面（施工段）上工作而产生的互等、停歇及干扰等现象，为流水施工创造条件。

确定施工阶段数目（亦称单位流水数目）的多少，是组织流水施工首先要解决的问题。施工阶段的数目要适中，若过多，则会造成施工力量、机具设备及资金占用过多，致使资源供应紧张，同时也增加管理难度，工作面不能合理利用，机具设备利用率得不到提高。若施工阶段数过少，又会引起劳动力、机具设备和材料供应过分集中，而施工场地工作面紧张，劳动力窝工。因此，要根据具体的施工条件，合理确定工程施工阶段数目。

5.5.2.2　大桥、特大桥单位流水数目的确定

大桥、特大桥等大型工程，其数量较大，基础类型复杂，而且大多要水下施工，施工困难，往往一个流水作业不能满足总工期要求，通常需将全桥分为若干个流水作业个数，并保证每个单位流水施工期限小于全桥总工期。

大桥、特大桥工程可按其基础、墩台、梁跨三大部位划分，每一部位工程可视为一个建筑物群，而每一基础、墩台或梁跨可视为一个建筑物，各建筑物都有其具体施工过程。对于基础类型不同或墩台结构不同的桥，因其施工方法、所需材料、机具设备各不相同，不便在一起组织流水作业。在这种情况下，确定单位流水作业数目时，应将同类型、同施工方法者组成流水

作业组，并根据影响总工期的关键施工项目，计算全桥按一个流水作业组组织施工时所需工期 (T_1)，与指导性施工组织设计规定该桥总工期 (T)（不包括该桥准备工作、架梁工作和清理工作时间）进行比较。当 $T_1 \leqslant T$ 时，按一个流水组施工即可；当 $T_1 > T$ 时，则应组成若干个流水作业组。流水作业组数目 $S = \dfrac{T_1}{T}$，算出有小数时，应采用进位法取整。S 个流水作业组同时开工，而每一组内仍按前面所述开展流水作业施工，即为平行流水作业法。

5.5.2.3 中小桥涵流水数目的确定

一个施工区段有多个中小桥涵，当按一个流水作业组施工，不能满足指导性施工组织设计规定的该施工区段的中小桥涵群总工期 (T) 时，需将中小桥涵群分成几个流水作业组。各桥涵工程量较大时，常以一座桥涵为单位；各桥涵工程量较小时，可以若干座同类型、同结构桥涵为单位，按平行流水作业法组织施工。

当施工区段若干座中小桥涵基础类型简单，施工不复杂时，控制工期的往往是桥涵的瓦工量，此时可按瓦工数计算单位流水的数目。如果大桥或特大桥基础类型、墩台结构简单，施工不复杂，其流水数目也可按瓦工数计算；若桥梁基础比较复杂，施工难度大，需由单独（不属于单位流水）专业工程队、班进行施工时，在单位流水中，只考虑墩台建造的工作循环。因墩台是桥梁建筑中的主要部分，将主要部分纳入单位流水的规律中，也就等于确定了各项工作的流水作业。虽基础工程不参与单位流水作业，但基础施工须确保墩台流水作业能顺利进行。流水作业数目确定的方法有两种，下面分别介绍。

1. 第一种方法

(1)计算每座中小桥涵或每个墩台的瓦工量 $(W_1，W_2，W_3，\cdots，W_n)$ 占施工区段所有中小桥涵或全桥主体工程瓦工总量 (W) 的比值，即

$$\frac{W_1}{W} = m_1，\quad \frac{W_2}{W} = m_2，\quad \frac{W_3}{W} = m_3，\quad \cdots，\quad \frac{W_n}{W} = m_n$$

$$m_1 + m_2 + m_3 + \cdots + m_n = 1$$

(2)计算按一个流水作业组施工时，完成 W 的施工期限 T_1（天）：

$$T_1 = \frac{W}{Q_u} = \frac{W}{p \cdot q} \tag{5-4}$$

式中　Q_u——每班完成的瓦工数量（m^3）；

　　　　p——每班适当的建筑工人数；

　　　　q——产量定额（m^3/工日）。

(3)确定流水作业数目。

当 $T_1 \leqslant T$ 时，组成一个流水作业组；

当 $T_1 > T$ 时，组成流水作业组数目 $S = \dfrac{T_1}{T}$，S 应进位取整。

(4)确定每个流水作业组桥涵座数或墩台个数及搭配组合。因施工区段内同类型同结构的各中小桥涵或大桥各墩台的瓦工数有所不同，为使各工作队、班组能依次在施工段各流水组上连续均衡施工，每个流水作业组的施工量应大致相等。因各 m 比值之和等于 1，可将每个流水作业组中包括的各座桥涵或各个墩台的 m 比值相加，使其和接近相等（接近 $\dfrac{1}{S}$），则分配得比较合理。假设计算 $S = 3$，也就是按 3 个流水作业组进行施工，应将 m 比值之和接近 0.333 的桥涵或墩台组成一个流水作业组。

(5)计算每单位流水作业平均施工期限 $t_平$（按瓦工计）。

$$t_平 = \frac{T_1}{S}$$

(6)计算每单位流水作业组实际施工期限 $t_实$（按瓦工计）。

$$t_实 = \frac{W_s}{Q_u} = \frac{W_s}{p \cdot q}$$

或

$$t_实 = m_s \cdot T_1$$

式中　W_s——各单位流水作业组实际施工瓦工量。

【例 5-2】　某新建线大桥为明挖基础，混凝土墩台，施工不复杂，各墩台（含基础）混凝土数量见表 5-1。

表 5-1　各墩台混凝土数量

墩台编号	1号台	2号墩	3号墩	4号墩	5号墩	6号墩	7号墩	8号墩	9号墩	10号台	合计
混凝土/m³	156	200	276	300	310	360	356	305	278	210	2 751
比值 m	0.057	0.073	0.100	0.109	0.113	0.131	0.129	0.111	0.101	0.076	1

指导性施工组织设计规定，该大桥总工期 T 为 3 个月（按 90 天计），每班可完成混凝土数量为 25 m³。确定墩台施工流水作业组数目及搭配组合（平均每月作业数按 23.33 天计）。

解　计算各墩台混凝土数量占全桥总瓦工量的比值 m（表 5-1）。计算一个流水作业组施工，完成总瓦工量的施工期限 $T_1 = \frac{2\,751}{25} \times \frac{30}{23.33} = 142$（日历天）。

确定该桥墩台施工流水作业组数目，$S = \frac{142}{90} = 1.58 \approx 2$（组）。

确定每一流水作业组的墩台数及搭配组合。将 m 比值之和接近 0.5 的分配为一组。即第一流水作业组的墩台为 1 号台、3 号墩、5 号墩、7 号墩、9 号墩。

$$m_s = 0.057 + 0.100 + 0.113 + 0.129 + 0.101 = 0.5$$

其余为第二流水作业组。

$$m_s = 0.076 + 0.073 + 0.109 + 0.131 + 0.111 = 0.5$$

每个流水组平均施工期限 $t_平 = \frac{142}{2} = 71$（日历天）

每个流水作业组实际施工期限：

$$t_{实1} = \frac{156 + 276 + 310 + 356 + 278}{25} \times \frac{30}{23.33} = \frac{1\,376}{25} \times 1.286 = 71（日历天）$$

$$t_{实2} = \frac{200 + 300 + 360 + 305 + 210}{25} \times \frac{30}{23.33} = \frac{1375}{25} \times 1.286 = 71（日历天）$$

或

$$t_{实1} = 0.5 \times 142 = 71（日历天）$$

$$t_{实2} = 0.5 \times 142 = 71（日历天）$$

2. 第二种方法

(1)在施工区段若干座中小桥涵或大桥、特大桥中，选择一座瓦工量最小的中小桥涵或一个墩台（用 $W_小$ 表示），并按下式计算其循环工作时间（$t_小$）：

$$t_小 = \frac{W_小}{Q_u} = \frac{W_小}{p \cdot q}$$

式中，Q_u、p 含义同前。

计算各座桥涵或各个墩台瓦工量与 $W_小$ 的比值:

$$\frac{W_1}{W_小}=m_1', \quad \frac{W_2}{W_小}=m_2', \quad \frac{W_3}{W_小}=m_3', \quad \cdots, \quad \frac{W_n}{W_小}=m_n$$

即

$$m_1'+m_2'+m_3'+\cdots=\frac{W}{W_小}=m'$$

式中,W 含义同前。

(2)计算按一个流水组施工,中小桥涵群或大桥、特大桥总工期(T_1)。

假定专业队、班在所有桥涵施工中每班产量相等,比值 m' 亦表示 T_1 与 $t_小$ 之比,有

$$T_1=m' \cdot t_小$$

(3)指导性施工组织设计规定该施工区段中、小桥涵群或大桥、特大桥总工期 T 与 $t_小$ 比较。若 $T_1<T$,按一个流水作业组施工即可;若 $T_1>T$,则组成若干个流水作业组 $S=\dfrac{T_1}{T}$,并进位取整。

(4)平均每一流水作业组施工期限 $t_平=\dfrac{T_1}{S}$。

(5)确定各流水作业组桥涵座数或墩台个数及其搭配组合。

在 m_1'、m_2'、m_3'、m_n' 比值中,将其中若干个比值相加,使其和(m_s')接近 $\dfrac{t_平}{t_小}$,此时的桥涵座数或墩台个数即包括在一个流水作业组内。

(6)用 $t_小$ 乘以 m_1',m_2',m_3',$\cdots$,m_n' 即可求得各座桥涵或各墩台实际施工期限 t_1,t_2,t_3,$\cdots$,t_n,可作为绘制指导性施工组织设计进度图的依据。至于桥梁的架设时间,应配合铺轨工程及有关指标定额来确定。

(7)每一流水作业组施工期限 $t_{实1}$、$t_{实2}$、$t_{实n}$ 应为各作业组的 m_s' 乘以 $t_小$ 而得,或者按下式进行计算:

$$t_{实n}=\frac{W_{总n}}{W_平}\times t_平$$

式中 $W_平$——S 个流水作业组平均瓦工数,$W_平=\dfrac{W}{S}$。

【例 5-3】 某工程处沿线路中线管辖内共有小桥涵 22 座(各座小桥涵的线路位置及瓦工数量略),瓦工总量(W)为 6 135 m^3,其中最小一座瓦工量($W_小$)为 180 m^3,指导性施工组织设计规定该施工区段小桥涵总工期(T)为 120 工天,平均每班完成瓦工量 20 m^3,计算单位流水作业组数目及桥涵搭配组合。

解 完成瓦工量最小的一座桥涵的施工期限 $t_小=\dfrac{180}{20}=9$(工天)。

此施工区段小桥涵如按一个流水组施工,施工期限为

$$T_1=\frac{W}{W_小} \cdot t_小=\frac{6\,135}{180}\times9=307(\text{工天})$$

因为 $T_1>T$,所以 $S=\dfrac{T_1}{120}=\dfrac{307}{120}=2.56\approx3$。

每一流水组平均施工期限 $t_平=\dfrac{307}{3}=102$(工天)。

平均一个流水作业组瓦工数量 $W_平=\dfrac{6\,135}{3}=2\,045(\text{m}^3)$

将接近 2 045 m^3 数量的小桥涵划分为一个流水作业组,同时还要考虑施工范围各桥涵所处

位置、距离远近以及施工队伍转移与管理方便。因此，确定 0～24 km 为第一单位流水，瓦工总量(W_1)为 2 116 m³；24～43 km 为第二单位流水，瓦工总量(W_2)为 2 130 m³；43～70 km 为第三单位流水，瓦工总量(W_3)为 1 880 m³。

因划分后的瓦工量与平均瓦工量有出入，故实际的工期与 $t_平$ 也有区别，各流水作业组实际工期为：

第一流水作业组 　　　　$t_{实1}=\dfrac{W_1}{W_平}\cdot t_平=\dfrac{2\ 116}{2\ 045}\times102=106（工天）$

第二流水作业组 　　　　$t_{实2}=\dfrac{W_2}{W_平}\cdot t_平=\dfrac{2\ 130}{2\ 045}\times102=106（工天）$

第三流水作业组 　　　　$t_{实3}=\dfrac{W_3}{W_平}\cdot t_平=\dfrac{1\ 880}{2\ 045}\times102=94（工天）$

5.6　桥涵工程施工进度安排

学习任务

通过对桥涵工程施工进度安排的学习，能够完成以下任务：

(1)明确桥涵工程施工进度安排的步骤；

(2)进行单个施工项目的劳力组织、机具配备及进度安排；

(3)编制施工计划进度图。

5.6.1　桥涵工程施工进度安排的步骤

1. 确定施工总期限

(1)根据全线铺轨日程安排，查出通过本桥涵的铺轨日期，或在全线指导性施工组织设计中查出对本桥涵的工期要求，以便确定本桥涵的最迟必须竣工日期。

(2)按照本桥涵指导性施工组织设计中的施工期限，确定本桥涵的开工、竣工日期。

(3)在确定桥涵施工总期限时，应考虑下述因素对施工工期的影响：

1)气候条件；

2)水文、地质条件；

3)基础类型、结构复杂程度；

4)地亩、拆迁等施工准备条件和本桥涵施工与其他工程施工的配合与干扰条件；

5)施工单位的生产能力条件等。

通过对上述诸因素的综合分析研究，来确定桥涵施工的总期限。

2. 确定工程数量

桥涵工程数量一般在图纸审核时进行计算。工程数量计算要依照设计图纸、设计说明并参照定型图纸进行。工作项目要与定额项目对口，要符合编制施工组织设计和施工图预算的要求，要方便管理及发承包合同的签订，并要求计算出分部分项工程细目数量，然后确定本桥涵工程的总数量。

3. 确定施工顺序、选择施工方法

根据桥涵工程类型、结构特点和施工条件确定施工顺序，并选择各分部分项工程施工方法和机具设备。

4. 计算桥涵工程所需工天、材料、机械台班数量

计算桥涵工程工天（包括施工单位开采砂、石及工地预制成品、半成品的劳动工天）、材料（包括正式工程和临时工程所需的主要建材、成品、半成品、构配件以及工地临时设置成品厂预制的成品、半成品所需原材料和利用本建设项目拆除或开挖出来的材料）、机械台班需要量，是施工组织设计的主要内容，是安排施工进度，确定人工、材料、机具设备供应的主要依据。人工、材料、机械台班需要量按其工程数量乘以相应的工、料、机定额而得，可在"主要工、料、机数量计算表"上进行计算，该过程应利用电子计算机计算。

（1）根据总工期要求，计算劳动力数量。

【例 5-4】 某桥梁工程计算所需建安工天（定额工天）10 000 工天，附属辅助工天（按建安工天 20％计）2 000 工天，间接用工（按建安工天 2％计）200 工天，总计 12 200 工天，总工期 60 天。由某项目队进行施工，该队共 230 人，其中生产工人 200 人，管理服务人员 30 人，出工率 80％。试从总体安排劳动力组织。

解 该工程共需 12 200 工天，工期 60 天，平均每天应出工 $\frac{12\ 200}{60}=203$ 人；而该队生产工人 200 人，出工率 80％，平均每天可出工 160 人。这说明该队要用 60 天完成桥梁工程，劳动力尚缺 43 人，计 2 580 工天。这就需要采取措施来解决劳力不足的问题：

①因任务紧、工期短，要加强政治思想工作，提高出工率。若出工率提高 10％，则平均每天可增加出工人数 20 人，计 1 200 工天；

②精兵简政，充实第一线。例如，抽调 5 名管理服务人员顶岗施工，计 300 工天；

③雇用当地民工，弥补劳力不足；

④从其他工程队借调生产工人助勤。

总体安排应和各部位进度安排结合进行，以便确切掌握哪一专业工种劳动力不足或有余等具体情况。

（2）根据劳动力数量计算总工期。

【例 5-5】 某桥梁工程总工天 20 000 工天（包括定额工天、辅助工天、间接用工），而担任施工的某项目队平均每天出工 200 人，计算该桥总工期（平均每月按 30 日历天计）。

解 该桥需施工天数 $T_z=\frac{20\ 000}{200}=100$（工天），考虑节假日休息，平均每月作业天数 23.33 天，该桥施工日历天数 $T_c=100\times\frac{30}{23.33}=129$（日历天），再考虑气候等影响日数，假如该桥受雨期等因素影响，不能施工日数为 10 天（需根据具体期限和施工地区等情况而定），则该桥总工期 $T=129+10=139$（日历天），即为 $\frac{139}{30}=4.6$（月）。

5. 确定桥涵工程单项施工进度

编制桥涵工程实施性施工组织设计时，应先安排各单个施工项目的劳动力组织、机具配备，并计算出实际工作天数（T_z）、日历天数（T_c）、每天出工人数 p（人）。

$$T_c=T_z+c+c' \tag{5-5}$$

$$p=\frac{A}{T_z} \tag{5-6}$$

式中 c——节假休息日数；

c'——转移工点及气候影响日数；

A——每一施工项目按定额计算的工天数。

每天出工人数确定后,再根据工作班制(a),计算出每班出工人数;或根据每班安排的出工人数,计算该施工项目的工作天数和日历天数。

所需某种机械台数为

$$N=\frac{M}{T_z \cdot a} \qquad (5-7)$$

式中 M——按定额计算的某种机械台班数量。

各单个施工项目的进度计算完,最后综合成整个工程的施工进度。

5.6.2 单个施工项目的劳动力组织、机具配备及进度安排

各类型的桥梁工程主要由下部建筑(分基础和墩台)、上部建筑(分梁和桥面系)及附属工程组成。

5.6.2.1 基础工程

大型桥涵的基础工程,特别是深水基础的施工,技术复杂、施工难度大,往往是控制全桥工期的重点。在安排施工进度时,要充分估计到影响进度的各种因素,特别是地质、水文、气候条件,并采用各种合理先进的施工方法,编制符合实际施工条件的进度计划。

1. 扩大基础

扩大基础亦称明挖基础,分基坑开挖和基础建造两项内容。

(1)基坑开挖的进度安排。

1)人工开挖。人工开挖基坑时,应考虑每人占用的最小工作面积 f,一般为 $2\sim3$ m²,进度安排步骤如下:

①计算每班开挖人数:

$$p=\frac{F}{f} \qquad (5-8)$$

式中 F——基坑平均开挖面积(m²)。

②计算人工开挖工天:

$$T_z=\frac{A}{a \cdot p} \qquad (5-9)$$

式中 A——人工开挖基坑所需定额工天数(工天);

a——一天工作班制,根据总工期及施工具体情况决定一班、两班或三班制。

③如按日历天在进度图上安排人工开挖基坑施工期限,还需计算日历天:

$$T_c=T_z \times \frac{30}{月平均作业天数} \qquad (5-10)$$

④确定开工日期,并按日历天在施工进度图上绘制基坑开挖进度。

2)机械开挖。

①计算机械开挖工天:

$$T_z=\frac{M}{N \cdot a}$$

式中 M——机械开挖基坑所需定额台班数(台班);

N——每班机械台数,机械开挖应有足够的工作面,一般一个基坑采用一台挖掘机开挖即可;

a——含义同前。

②如按日历天绘制进度,需计算日历天:

$$T_c = T_z \times \frac{30}{\text{月平均作业天数}} \quad (5\text{-}11)$$

③确定开工日期，并按日历天在进度图上绘制机械开挖基坑的施工期限。

3)人力开挖、机械(如卷扬机)吊土的施工进度应以人工开挖进行安排。

【例 5-6】 某桥 2 号墩基坑土方 350 m³，坑深 6 m 以下，无地下水，不设挡板，人工开挖，机械垂直吊土(吊斗为架子车)至坑口外 20 m，基坑平均面积 40 m²，三班制作业。安排此桥墩人工开挖基坑施工进度。

解 查《铁路路基工程预算定额》，定额为 4.75(工日/10 m³)。基坑平均面积 40 m²，每人占用工作面积按 3 m² 计，则平均每班开挖人数：$p = \frac{40}{3} = 13$(人)。

安排 10 人开挖，3 人在地面运土。

$$T_z = \frac{A}{a \cdot p} = \frac{35 \times 4.75}{3 \times 13} = 4(\text{工日})$$

$$T_c = 4 \times \frac{30}{23.33} = 5(\text{日历天})$$

(2)基础建造。

1)浆砌石料基础及其进度的确定。

①砌石劳动力组合。砌石小组若干(由技工、普工各一人为一砌筑小组)，另配洗石、运石、砂浆拌和、运浆等 10 人左右(如运砂 3 人、水泥 1 人、司机 1 人、运浆 2 人、洗运石 3 人)。

②基础砌筑工作面大小。每一砌筑小组平均工作面积以 3~4 m² 为宜。

③砌石量的大小及工期要求，可确定砌筑劳动力组合和工作班制。

④浆砌石料基础定额。

【例 5-7】 某桥 2 号墩片石混凝土基础 173 m³，基础砌筑平均面积 29 m²，一班制，计算其工期。

解 因每一砌筑小组占工作面积 4 m²，该基础平均面积 29 m²，可同时容纳砌石小组 $\frac{29}{4} = 7$ 个，则每班施工人数可定 $7 \times 2 + 10 = 24$ 人。

查《铁路桥涵工程预算定额》，片石混凝土基础工日定额 13.4(工日/10 m³)。

$$T_z = \frac{17.3 \times 13.4}{24} = 10(\text{工日})$$

$$T_c = 10 \times \frac{30}{23.33} = 13(\text{日历天})$$

2)混凝土(钢筋混凝土、片石混凝土)基础施工进度安排。

①确定每班施工人数。

②计算工作天数：

$$T_z = \frac{A}{a \cdot p} \quad (5\text{-}12)$$

式中 A——所需定额工天。

③日历天：

$$T_c = T_z \times \frac{30}{\text{月平均作业天数}} \quad (5\text{-}13)$$

④确定开工日期，根据 T_c 定出完工日期，即可在进度图上绘制混凝土基础施工期限。

(3)劳动力组织及主要机具配备参考指标。

1)劳动力组织(表 5-2)。

表 5-2 明挖基础每班劳动力组织

名　称	人工开挖或人挖配合机械吊土	机械开挖	基础建造			附　注
			混凝土	片石混凝土	钢筋混凝土	
基坑开挖	10～12					挖、装 6 人，架子车运土 4 人，或按 F/f 计算
卷扬机司机	1					人工开挖，配合机械吊运土方
挖掘机或抓泥机司机		1				
推土机司机	1					倒推土方回填基坑
凿岩机手	2					基坑内有方石时
空压机司机	1					基坑内有方石时
抽水机司机	2					一人看管两台抽水机
混凝土搅拌机司机			1			
混凝土拌和人员			12～16			装运碎石 6～7 人，砂子 4～5 人，水泥 2 人
运输混凝土			4～6			
浇筑及捣固混凝土			3～4			
片石				2～3		掺加片石
钢筋工					2	制作、绑扎钢筋
电焊工					1	
木工			2～4			制、立、拆模板及灌注混凝土时看模
混凝土养护			1			
电工	1		1			
班长组	1		1			
合计	19～21	9	25～34	27～37	28～37	如水中明挖基础需采用围堰，则另行考虑围堰施工劳动组织

2)施工主要机具配备(表 5-3)。

表 5-3 明挖基础施工主要机具配备表

名　称	单位	数量	附　注
单斗挖掘机(正反铲)或抓泥斗	台	1	亦可视同时施工基坑数配备台数
倾卸汽车或自卸三轮车	台		采用挖掘机(或抓泥机)开挖基坑，视弃土运距决定配备与否
推土机	台	1	进行倒运土及回填基坑平整场地用
打夯机	台	2	夯实基坑用
空气压缩机	台	1～2	视基坑土壤种类(软石、次坚石、坚石及部分硬土)、开挖方法及同时施工基坑个数配备。一般情况下配 1 台

名　称	单位	数量	附　注
凿岩机	台	2～5	视基坑土壤种类、开挖方法及同时施工基坑个数配备。一般开挖一个基坑配 2 台
风镐	台	6～10	当使用机械开挖基坑时配备
IS 型水泵（或潜水泵）	台	若干	视基坑渗水量强弱及同时施工基坑个数配备，并考虑备用量。一般开挖一个有水基坑配备 4～5 台
电动卷扬机（5～10 kN）或汽车起重机或履带起重机	台	若干	基坑垂直提升土方用。一般一个基坑开挖时用 1 台。视同时开挖基坑个数配备若干台
电动混凝土搅拌机（250～600 L）	台	1～2	视混凝土灌注量大小配备
插入式振捣器	台	3～5	视混凝土灌注量大小配备
活底混凝土吊斗	台	3～5	视混凝土灌注量大小配备
电动砂浆搅拌机（≤400 L）	台	1	当基础为浆砌片石时用
交流弧焊机（≤40 kV·A）	台	1	当基础为钢筋混凝土时用
万能杆件	套	若干	搭脚手架用
架子车及手推车	辆	若干	视人力开挖基坑运土及后盘运砂子、碎石，前盘运砂浆或混凝土工作量太小，以及同时施工基坑个数配备
镐、锹、撬杠等工具	件	若干	人力挖土用

注：若灌注混凝土不用混凝土吊斗，采用溜槽或串筒，应视灌注量大小、基础深度及同时灌注基坑个数等具体配备。

2. 沉井基础

（1）沉井制造施工期限的计算。沉井制造工期的计算方法与混凝土（钢筋混凝土）基础施工期限的计算方法相同。

（2）沉井下沉施工期限的计算。人挖配合机械（卷扬机、汽车起重机、履带起重机等）吊土，施工期限的计算与明挖基础人工开挖相同。

机械开挖（卷扬机抓泥斗或挖掘机）与明挖基础机械开挖相同。

沉井下沉施工进度安排，要考虑混凝土的强度必须达到设计要求，同时要处理好多节沉井的制造与下沉等环节的施工。

下面介绍沉井基础施工进度安排有关参考指标。

1）沉井制作主要机具配备数量（表 5-4）。

表 5-4　沉井制作主要机具配备数量

名　称	单　位	数　量	名　称	单　位	数　量
角钢弯曲机	台	1	履带起重机（≤10 t）	台	1
交流弧焊机（≤40 kV·A）	台	1	混凝土搅拌机（≤250 L）	台	2
钢筋调直机	台	1	插入式振捣器	台	2
钢筋弯曲机	台	1	混凝土吊斗	个	3～6
钢筋切割机	台	1			

2)沉井下沉进度参考指标(表 5-5)。

表 5-5　沉井下沉进度参考指标

地质情况	下沉方法	进度/(m·班$^{-1}$)
卵石地层	排水人工开挖	0.15~0.20
黏砂土层	排水人工开挖	0.50~1.00
中粗砂夹黏土	不排水、抓泥、吸泥、配合高压射水及潜水作业	0.15~0.30
砂类地层(粗~细)	不排水,抓泥下沉,辅以射水	0.32~1.20
砂夹卵石	不排水,抓泥下沉,辅以射水	0.20~0.53
砂黏土	不排水,抓泥下沉,辅以射水	0.40~0.48
黏砂土	不排水,抓泥下沉,辅以射水	0.34~1.38
砂类土及砂黏土	抓土下沉、辅以泥浆润滑套	1.10
风化岩	抓土下沉、辅以泥浆润滑套	0.33
砂类及黏砂土、砂黏土	空气吸泥机吸泥下沉,辅以射水	0.30~0.50

注:当刃角下沉时,接近设计标高,井深在 11 m 以上,自重在 1 000 t 以上,炮震下沉量在 2~46 cm,平均 17 cm。

3)沉井下沉方法及主要机具配备数量(表 5-6)。

表 5-6　沉井下沉方法及主要机具配备数量

施工方法		适用条件	机具名称	单位	数量	附　注
基本方法	排水开挖	适用于稳定且渗水量不大的地层(每 1 m^2 沉井面积渗水量小于 1 m^3/h)	电动潜水泵 JQB21—2	台	1	连接胶皮管,长度视井深及排出井口外的距离而定
			起重机≤1 t 或 10~30 kN 电动卷扬机	台	1	如使用卷扬机,则需万能杆件作抓泥架
			活底吊罐或活门吊斗	个	1	
			双胶轮车或翻板平车	辆	1	如使用平车,需配小钢轨
			风钻或风镐、风铲	台	2	视地质情况配备,基底凿岩用
			电动空气压缩机≤6 m^3/min	台	1	
	不排水开挖	1. 抓泥 不带掘凿的双瓣式抓斗,用于松散的土层;带掘凿的适用于紧密的土层;四瓣式的适用于卵石地层	履带起重机≤10 t 或 50 kN 电动快速卷扬机	台	1~2	两者可任选一种,如用吊机,则机座基底应加固,如用卷扬机则需有抓泥架
			抓泥斗	个	1~2	抓泥斗的容量与重量应视土质而定,数量视施工情况而定
			翻板平车	辆	1~2	配合卷扬机使用
			高压水泵 6DA—8×5~9	台	1~2	冲动土壤用
			高压钢管及高压胶管	m	若干	数量视情况而定

基本方法	不排水开挖	2.吸泥 (1)吸泥机适用于砂、砂夹卵石、黏砂土等地层。在黏土结层及风化岩中,可先用高压射水冲碎土层后再吸。 (2)水力吸泥机(吸石筒)使用时,不受水深影响。空气吸泥机在浅水中效率很低,但能吸出较大的石块。 (3)空气吸泥机适宜在深水中工作,一般情况下,最小水深为5 m,如水深不足,亦可采用注水措施增大水头	水力或空气吸泥机	台	1	吸泥机有空气吸泥机、水力吸泥机、水力吸石筒三类
			空压机	台	1	容量视使用空气吸泥机型吸泥深度选定
			履带起重机	台	1	悬吊吸泥机(吸石筒)用
			高压水泵 6DA—8×5~9	台	1~2	视使用水力吸泥机或冲射土块或向井内补水情况而定
			储风筒	个	若干	
			高压风、水管路	m	若干	
			低压水泵	台	1	补水用
			潜水设备	套	1	基底处理(包括潜水凿岩)用
			风钻或风镐、风铲	台	若干	基底处理
辅助措施	高压射水	(1)较坚硬的土层或风化岩层。 (2)抓土斗或吸泥机抓吸不到的地方,如刃脚隔墙下等	机械数量已配于抓泥、吸泥机械数量中	—	—	(1)射水管路可附于吸泥机旁联合动作; (2)当土质坚硬、压力不足时,可用两台水泵串联使用,此时压力可达50~54 MPa
	抽水下沉	适用于在井内抽水,不致引起翻砂、漏水的地层;或渗水量小的地层且刃脚下已掏空,但沉井仍不下沉时,可在井内抽水,以减少浮力,使沉井下沉	机械数量已配于抓泥、吸泥机械数量中	—	—	可用射水水泵或专用抽水机抽水,亦可用空气吸泥机排水
	压重下沉	当刃脚下泥土已掏空时,沉井仍不下沉,但摩擦阻力不大时,可采用井顶压重法强迫下沉	—	—	—	注意在井顶对称均匀的压重
	炮震	适用于沉井下沉最后阶段当井底泥土已掏空,而沉井仍不下沉的特殊情况下可使用	—	—	—	每次用药量不宜超过 0.2 kg,同一沉井一次只能起爆一处,并不得多于四次
	泥浆润滑套	适用于沉井深度较大(25 m以上时)且侧面阻力成为主要矛盾时	泥浆搅拌机≤150 L	台	1	数量视同时施工的沉井而定
			泥浆泵	台	1	数量视同时施工的沉井而定
			输浆管路 $\phi(50\sim150)$mm	m	若干	

4)每个沉井的施工周期(表 5-7)。

表 5-7　每个沉井的施工周期

项目	所需时间/天
筑岛	视情况定
第一节沉井制造(铺设与拆除垫木、刃脚角钢安装与焊接,绑扎钢筋,安装及拆除模板,灌注及养护混凝土)	15~20
第二、三节沉井制造(安装及拆除模板,绑扎钢筋,灌注与养护混凝土)	10~20
下沉	见表 5-5
封底与养护	5~7
填充	2~3
顶盖	1~2

注：制造工期中,如采用整体井孔模板,工期可适当缩短。

5)泥浆润滑套施工时(吸泥机吸泥下沉)劳动力组织(表 5-8)。

表 5-8　泥浆润滑套施工(吸泥机吸泥下沉)劳动力组织

人数\工种\时间	水枪	沉井制造(备料、立拆模板、灌注混凝土)	泥浆泵	空气机	供水	机电	铆焊	测量	合计
每班	5	40	2	4	2	2	1	1	57
每天	15	40	6	12	6	6	3	3	91

3. 钻孔桩基础

(1)钻孔桩施工进度按公式计算。一根钻孔桩或同时施工的一批桩(指几部钻机同时在几根桩位上钻进),在孔径、桩长、地质、施工条件等相同的情况下,其工期(T)可按式(5-14)计算:

$$T = t_o + \frac{L_z}{R} + t_g + t_s + t_k \tag{5-14}$$

式中　T——不包括开挖承台基坑和承台建造所需时间(天);

t_o——首先施工的钻孔桩埋设护筒的时间:与桩径大小有关,桩径为 0.6 m 的钢护筒,埋设一个需 1 个工日;桩径为 1.2 m 的钢护筒,埋设一个需 2 个工日;

L_z——桩长(m),如同时施工一批桩,取其平均值;

R——钻孔平均日进度(m/d):如钻进通过不同地质层,可取加权平均值;

t_g——钢筋笼安装时间:视钢筋重量计,每吨 3 个工日;钢筋笼制作可与钻进工作平行作业,故其制作时间可不计在钻孔桩工期内;

t_s——清孔及灌注水下混凝土的时间,一般需 2~3 天;

t_k——其他所有时间,如水上施工筑岛或搭设工作平台等的时间,视具体情况而定。

若一座墩(台)的各孔护筒系同时一次埋设,则推算钻孔桩的延续工期时,只计算第一批施工的桩孔埋设护筒的时间。以后开工的桩孔护筒埋设,因可与正钻进的桩孔工作平行作业,故埋设时间可不计在钻孔桩工期内。

(2)按定额计算。护筒的制作、埋设、拆除,机械钻孔,钢筋笼制作、安装,灌注水下混凝土,开挖承台基坑,凿除桩头,灌注承台混凝土等,应分别查出定额(施工定额或预算定额),计算所需工天及机械台班数量,再根据工期要求、劳动力组织、机械配备、施工顺序的衔接与搭接，最后可确定钻孔桩基础的工期。

(3)钻孔桩基础施工进度安排的有关参考指标。

1)钻孔桩基础施工每班劳动力组织(表 5-9)。

表 5-9　钻孔桩基础施工每班劳动力组织

项　目	人　数			附　注
	旋转式钻机	冲击式钻机	冲抓锥式钻机	
护筒制作、安装及拆除	6	6	6	(1)如系水上施工，还需考虑筑岛和建立工作平台，拼组护筒导向框或打导向桩，并考虑其他影响因素(如洪汛)； (2)旋转式钻机如同一小组操作两台钻机，可增加 4 人； (3)表列劳动力组织系一般岸滩正常情况的组织
机械钻孔	10～12	5～7	7～11	
钢筋笼制作安装	6～9	6～9	6～9	
清孔及灌注水下混凝土	30	30	30	
凿除桩头	2～3	2～3	2～3	
建造承台	25～30	25～30	25～30	

2)钻孔桩施工主要机具配备(表 5-10)。

表 5-10　钻孔桩施工主要机具配备数量

名　称	单　位	数　量	附　注
钻孔机械			
旋转式钻机	台	1	
泥浆泵或灰浆泵	台	1～2	视泵量大小配 1～2 台，包括胶管
泥浆搅拌机	台	1	
30 kN 电动卷扬机	台	1	包括钢丝绳、吊钩、滑轮等
冲击式钻机	台	1	包括卷扬机、搭架及 2～3 钻头
杯式抽碴筒	台	1	
交流弧焊机	台	1	修补钻头、焊接钢筋、护筒等
起动补偿器	台	1	
多级离心清水泵≤32 m³/h　68 m	台	1	钻孔补水用
冲抓式钻机	台	1～2	包括卷扬机、塔架、冲抓锥等
倾卸车或其他车辆	辆	1	运碴用
其他机械			
电动空压机 6～10 m³/min	台	1	
空气吸泥机	台	1	ϕ(100～200)附管路
高压水泵 6DA—8×7	台	1	
射水装置	套	1	连同管路为清孔用机械
柴油或振动打桩机	台	1	水中打钻平台脚手架下沉护筒
起重船 25～30 t	艘	1	水中下沉护筒用
泥浆船	艘	2	水中运送泥浆
驳船	艘	2	水中运砂、石、水泥用
拖轮	艘	2	水中运输用

名　称	单　位	数　量	附　注
千斤顶 10～15 t	台	2～4	下沉护筒用
护筒	个		视同时施工墩台及每墩台桩孔数配备
履带起重机≤10 t	台	1	如利用钻机架时可不备
导管 ϕ(250～300)	m	—	视桩孔深度及同时施工量配备
漏斗	个	—	视桩孔深度及同时施工量配备
吊斗	个	4	视桩孔深度及同时施工量配备
混凝土搅拌机 250 L	台	1	视灌注混凝土数量适量增加
胶轮车或铁斗车	辆	10	运送砂、石
钢筋制作机械	套	1	钢筋调直机、除锈机、切断机、弯曲机、交流弧焊机
气焊设备	套	1	—
万能杆件	套		视需要配备

3)不同地层、不同桩径、不同钻机的钻孔平均日进度(表5-11)。

表 5-11　钻孔平均日进度

钻机类型	孔径/m	土壤种类	平均日进度/(m·天⁻¹)	附　注
大锅锥	<1.00	砂黏土、黏砂土	3.0	具有行走装置的冲击式钻机及旋转式钻机移位一次需 2 h，红星300 型旋转式钻机移位一次需 11～15 h
旋转式钻机	0.80	砂夹卵石	3.7	
	1.00	砂黏土、黏砂土	30.0	
	1.10	砂夹卵石	5.2	
	1.50	砂黏土	19.6	
冲击式钻机	1.00	砂黏土、黏砂土	12.0	
	1.10	卵石、砂黏土夹卵石	2.2	
	1.30	卵石、砂黏土夹卵石	2.8	
	1.50	卵石层	3.0	
	1.50	卵石(颗粒 4～15 cm)	2.4	
冲抓式钻机	1.00	砂黏土、黏砂土	30.0	
	1.00	砂夹卵石	6.6	

5.6.2.2　桥墩与桥台

(1)实体桥墩台施工进度安排有关参考指标如下：

1)实体墩台施工劳动力组织(表5-12)。

表 5-12　实体桥墩台施工劳动力组织(人/班)

工作内容	混凝土墩台	石砌墩台	附　注
砂石运输	8	—	装运石料5人，砂3人
混凝土拌和	3	—	司机1人，拌合台上灌注两人

混凝土运输	5	—	司机1人，运输4人
混凝土灌注、捣固、养护	5	—	
其他	3	3	工班长1人，电工、木工各一人
砌石工	—	3	
清洗、抬运石料	—	5	
拌和灰浆、养护	—	4	
合计	24	15	

2)实体桥墩台施工机具配备(表5-13)。

表5-13　实体桥墩台施工机具配备

名　称	单位	数量	规格及说明	附　注
混凝土搅拌机	台	1	电动≤250 L	
振捣器	台	2	混凝土内部振动器 $d \leqslant 75$ mm	
卷扬机	台	3	10 kN、30 kN、50 kN各一台，人员上下、天线行走，混凝土起吊	
皮带运输机	台		30 m按传送长度安排，无天线时采用	
履带起重机	台	1	15 t无天线时采用	
缆索吊机	套	1	5 t	
活动龙门架	套	1	万能杆件组装	此表为地面施工实体墩台施工机具配备。若在水中施工，应安排船只及水上运输设备
牵引车	台	1	40 t有轨道工点用	
平车	台	3	5 t有轨道工点用	
脚手架	组	1	按施工情况计划安排	
滑动钢模	套	1		
万能杆件	t	30	约每4套	
钢筋加工机械	套	1	钢筋调直机 $d \leqslant 14$ mm，切断机 $d \leqslant 40$ mm，弯曲机 $d \leqslant 40$ mm，交流弧焊机 $d \leqslant 40$ kV·A	
整体模板	套	1	钢模板、木模板	
发电机组	套	1		

3)施工进度参考指标。

①滑模施工进度(表5-14)。

表5-14　滑模施工进度

项目 墩类	组装滑动模板/天	钢模平均提升速度/(m·天⁻¹)	墩顶实体段/天	顶帽/天	拆除钢模/天	附　注
空心墩	4	3.5~5.5	4~5	2	1	拆除钢模时间不包括拆除顶杆，因拔除顶杆可与第二墩的组装钢模同时进行
实体墩	4					

②大桥施工进度参考指标(表 5-15)。

表 5-15　大桥施工进度参考指标

孔跨及梁式(孔—m)	基础类型	每一成桥瓦工/m³	月成桥/m
5—16 钢筋混凝土梁	扩大	9.8	53.4
5—16 钢筋混凝土梁	扩大	25.2	30.2
7—16 钢筋混凝土梁	扩大	4.4	42.7
7—16 钢筋混凝土梁	扩大	10.9	36.6
8—16 钢筋混凝土梁	扩大	9.5	61.1
12—16 钢筋混凝土梁	扩大	13.7	72.32
1—23.8 预应力混凝土梁 4—31.7 预应力混凝土梁	扩大	26.1	46.3
6—23.8 预应力混凝土梁 5—16 预应力混凝土梁	扩大	34.2	36.8
13—16 预应力混凝土梁 5—31.7 预应力混凝土梁	扩大	12.4	58.6
4—31.7 预应力混凝土梁	挖孔桩等	10.3	32.6
10—23.8 预应力混凝土梁 2—16 预应力混凝土梁	挖孔桩等	14.9	43.2
4—31.7 预应力混凝土梁	沉井、扩大	22.7	32.3
7—31.7 预应力混凝土梁 2—23.8 预应力混凝土梁	沉井、扩大	21.0	43.2
2—64 下承式栓焊梁 4—80 栓焊梁	沉井、扩大	20.1	50.6
7—31.7 预应力混凝土梁 1—16 预应力混凝土梁	沉井、挖孔桩、扩大	26.6	51.9
9—31.7 预应力混凝土梁 3—80 栓焊梁	沉井	28.4	61.0
23—23.8 预应力混凝土梁	钻孔桩、扩大	12.6	97.2
30—4.5 普通 T 梁	钢筋混凝土桩	3.5	65.5

(2)采用滑动模板施工高墩的工期推算。用滑模施工一个桥墩的工期(计划天数 T)可按式
(5-15)推算:

$$T = t_1 + \frac{H}{h} + t_2 + t_3 + t_4 (天)\tag{5-15}$$

式中　t_1——组装滑动钢模的时间(天);

　　　H——采用滑模施工的墩身高度(m);

　　　h——滑动钢模平均提升速度(m/天);

　　　t_2——墩顶实体段施工所需时间(天);

　　　t_3——顶帽施工所需时间(天);

　　　t_4——滑动钢模拆除所需时间(天)。

上述施工进度见表5-14。

（3）实体桥墩台施工进度可根据其施工方法、工程数量、定额计算所需工天、材料、机械台班需要量及工期要求、施工条件、工作班制等来安排劳动力、机械台数及施工进度。

5.6.2.3 桥跨工程

1. 就地灌注钢筋混凝土梁施工进度安排的参考指标

（1）每班劳动力组织（表5-16）。

表 5-16 就地灌注钢筋混凝土梁每班劳动力组织

项 目	班组名称	人 数	附 注
在桥位上灌注混凝土梁	起重工班	24	工长1人、起重工6人、普通工17人拼装架设便梁
	混凝土工班	34	工长1人、钢筋工2人、木工4人、搅拌机2人、电工1人、普通工24人
在桥位旁或桥头路基上灌注钢筋混凝土梁	起重工班	24	工长1人、起重工6人、其他17人架设钢筋土梁
	混凝土工班	34	工长1人、钢筋工2人、木工4人、电工1人、各种司机4人、其他22人
悬臂灌注应力混凝土梁	起重工班	30	安装索道拼装托架、吊架、跑架、吊运混凝土等，其中安装挂篮10～20人
	木工班	24	制作、安装、拆除模板等
	钢筋工班	21	钢筋制作、绑扎
	混凝土工班	35	灌注混凝土及运料
	养护	2～4	
	张拉	24～32	钢丝除锈、编束、穿束、张拉锚固、记录
	压浆	6	
	管道	16	准备胶管和硬、软芯棒，穿管，安设压浆管等
	机电组	20	安装搅拌机、捣固器、拆卸运转、维修部分钳锻工
	电焊组	2	配合施工、焊接钢筋及辅助工作

（2）在桥位上或桥旁（桥头路基）灌注钢筋混凝土梁及架设时所需主要机具数量（表5-17）。

表 5-17 在桥位上或桥旁灌注钢筋混凝土梁及架设所需机具设备

名 称	规 格	单位	数 量	附 注
卷扬机	10～50 kV 电动	台	2	
钢万能杆件		t	55～70	作承托便梁用
混凝土搅拌机	250～600 L 电动	台	2～3	
捣固器	混凝土内部振动器 d≤50 mm	台	8～14	
交流弧焊机	≤40 kV·A	台	1～2	
液压千斤顶	≤200 t	台	4	移落梁用

（3）悬臂灌注预应力混凝土梁所需主要机具数量（表5-18）。

表 5-18　悬臂灌注预应力混凝土梁所需机具配备

名　称	规　格	单　位	数　量	附　注
钢万能杆件		t	90	拼作托梁吊架用
混凝土搅拌机	250～600 L 电动	台	2～3	
捣固器	电动附着振动器	台	105	
捣固器	混凝土内部振动器 $d \leqslant 50$ mm	台	6	
灰浆搅拌机	$\leqslant 200$ L	台	2	
卷扬机	10～50 kV 电动	台	2	
油压千斤顶	$\leqslant 200$ t	台	15	张拉用
压浆机		台	2	
交流弧焊机	$\leqslant 40$ kV・A	台	2	

(4)悬臂灌注预应力梁施工进度(表 5-19)。

表 5-19　悬臂灌注预应力混凝土梁施工进度

项　目	天　数	附　注
施工准备	3～5	
墩旁支架安装	10～20	只有 0 号块才有此项
安装挂篮	5～7	
绑扎钢筋	5～10	
梁段混凝土灌注	1～2	通常每次可灌注 3～4 m 长的梁段
混凝土养护、拆模	3～7	
张拉预应力钢丝束	1～2	

2. 就地灌注钢筋混凝土梁施工进度表

施工进度表可根据其施工方法、工程数量、定额、工期、工作班制等，通过计算确定。

5.6.3　施工计划进度图的编制

1. 绘制全桥立面、平面图

要标明线路走向、桥中心里程、线桥分界里程、全桥长、孔跨、墩台高度、基础形式、工程地质、地下水位、常水位、洪水位、地面及各局部标高等。

2. 编制施工进度图

(1)确定施工作业组织方法。根据工程类型、数量大小、工期要求等，选择施工作业组织方法。桥涵工程通常采用流水作业法或平行流水作业法组织施工，并计算单位流水作业数目及有关流水的参数。

(2)施工顺序必须保持施工过程的连续性，并遵守施工技术规范和安全操作规程的规定。在安排分项施工中，要充分重视季节性对桥涵工程的施工质量及工期的影响。

(3)编制施工进度图。施工进度图应根据工期要求、施工作业组织方法、各施工项目的劳动力组织、机具配备、工作班制，按施工顺序进行编制。在编制中要抓住关键，统筹全局，合理布置人力、物力，充分利用机具设备；要注意施工顺序和各作业项目的衔接与配合(搭接)；必须遵循施工技术规范规定的作业时间间隔(称技术间歇时间)以及安全规则。

实施性施工组织设计的施工进度图要按桥涵工程各分部分项工程进行编制，并反映出各分项工程的数量、定额工天、工作天数、日历天数等，可采用横道图或网络图表示。

3. 绘制劳动力动态图

在施工进度图的下方或一侧绘制劳动力动态图，以反映各个时期直接参加施工的劳动力需要情况。要注意劳动力的均衡，劳动力动态图绘出后，要计算平行流水作业系数，该值在 1.2～1.4 之间为宜，否则要重新安排劳动力组织和施工进度。同时，还应检算安排的劳动力总工天是否与定额总工天相近，以不超过 5% 为宜。

4. 绘制各种图例

绘制各种图例，并对施工计划进度图中有关图例含义加以说明。

5.7　施工场地平面布置图

学习任务

通过对施工场地平面布置图的学习，能够识读桥涵工程施工场地平面布置图上的内容，并根据施工场地平面布置图指导施工。

施工场地平面布置图是桥涵工程施工组织设计的重要组成部分之一。它是一个具体指导现场施工的空间布置图，对现场文明施工有着重要意义。实践证明，施工场地布置不好，会造成施工现场混乱，给施工管理带来许多不便和困难，甚至会影响施工进度、影响安全生产，容易发生触电、失火、水淹等危害。因此，必须充分重视施工场地的布置。

5.7.1　施工场地平面布置图的内容

施工场地平面布置图一般包括以下内容：

(1)桥涵建筑工地平面图上首先标定购(租)地界内及附近已有的和拟建的地上、地下建筑物及其他地面附着物、农田、果园、钻孔、地下洞穴、坟墓等的位置和主要尺寸，并应标出需要拆迁的建筑物及需占用的农田、果园等，以及需拆迁建筑物(如房屋)在施工期间是否可供利用，还要标出拟建线路及桥墩台位置、里程等。

(2)施工区段划分。对有两个及两个以上施工单位施工的大桥、特大桥或成组桥涵，应标出各自施工范围。

(3)对既有线改造或新增第二线桥涵工程，在施工现场地平面布置图上，应标明既有线位置、里程及既有线与设计线的关系。

(4)对施工服务的临时设施布置：

1)各种运输道路及临时便桥以及过渡工程的设置。

2)临时生活房屋，如行政管理办公用房、施工人员宿舍、食堂、浴池、文化服务用房等。

3)各种加工厂、混凝土成品厂及机械站、混凝土搅拌站。

4)各种材料、半成品、成品仓库或堆栈。

5)大堆料堆放点及机械设备设置点。

6)临时供电(或变电)、供水、蒸汽及压缩空气站及其管线和通信线路。

7)其他生产房屋，如木工棚、铁工棚、机具修理棚、车库、油库等。

8)安全及防火设施等。

(5)取土和弃土位置。取土和弃土位置如果远离施工现场，在场地布置图上无法标注时，可另加以说明。

5.7.2 施工场地的选择

桥梁施工场地的选择，要视桥址处的地形、地貌及河流(沟谷)状况而定，一般应遵循以下原则：

(1)当河流较小(河跨窄)、水不深且不通航、跨河容易时，施工场地应布置在地势比较平坦，便于与公路衔接，便于水、电管线接通的一岸。材料、行人、机具设备及拌和好的混凝土等，可通过修建临时便桥过河。

(2)当河宽阔、水深且通航、架便桥困难时，应以一岸为主要工地，另一岸布置少许设施，这样便于施工管理。

(3)河床很宽、主河道流水、河滩宽而无水时，可利用河滩进行分期施工场地布置，但要对解冻期及雨期采取防洪、防淹、防冲措施。一般河滩布置要简单，只设置生产所需的直接临时设施，对重要的使用期长的临时设施，应尽可能设置在岸上较高处。

(4)在城市繁华区域建桥，工地只能沿桥梁附近的街道布置。当场地受到限制且干扰大时，只能在桥头工地设置必需的仓库、管理机构、看守房、主要机械棚等。对于大量的生活、生产临时房屋、设施，以及占地较大的材料堆放地，可设在与交通线衔接的空旷地区，利用城市道路将材料运至工地，随用随运。

5.7.3 绘制施工场地平面布置图

在1：500～1：2 000桥址地形图上，按场地布置应注意的事项及施工过程中需设置的内容，用各种符号、图示或文字，在选择的场地上标示出来，并对各种符号、图示及施工场地布置中的重点加以说明。

5.8 中桥实施性施工组织设计示例

学习任务

通过对中桥实施性施工组织设计示例的学习，明确桥涵工程实施性施工组织设计的具体内容，包括施工顺序、施工方法与机械设备选择、施工进度安排等。

某新建线××中桥实施性施工组织设计

一、编制依据

(1)《客货共线铁路桥涵工程施工技术指南》、《铁路桥涵工程质量验收标准》、《铁路混凝土与砌体工程施工质量验收标准》、《铁路工程预算定额》。

(2)铁一院桥梁设计专册提报的《施工图技术交底》。

(3)工程建设施工合同。

(4)现场调查的有关地形地貌、工程地质、水文地质、设备材料、风土人情等资料。

(5)国家及地方有关法律法规。

(6)现场施工调查和本单位类似工程的施工经验、施工工法、技术性文件。

二、工程概况

本桥位于新疆维吾尔自治区库车县内，库车河北岸，中心里程DK81+662，桥跨形式选用3孔—24 m后张预应力混凝土梁桥。本桥采用圆柱面钢支座，固定端为库车西侧。桥长89.28 m，最大墩高4.4 m。全桥立面、平面图如图5-2所示。

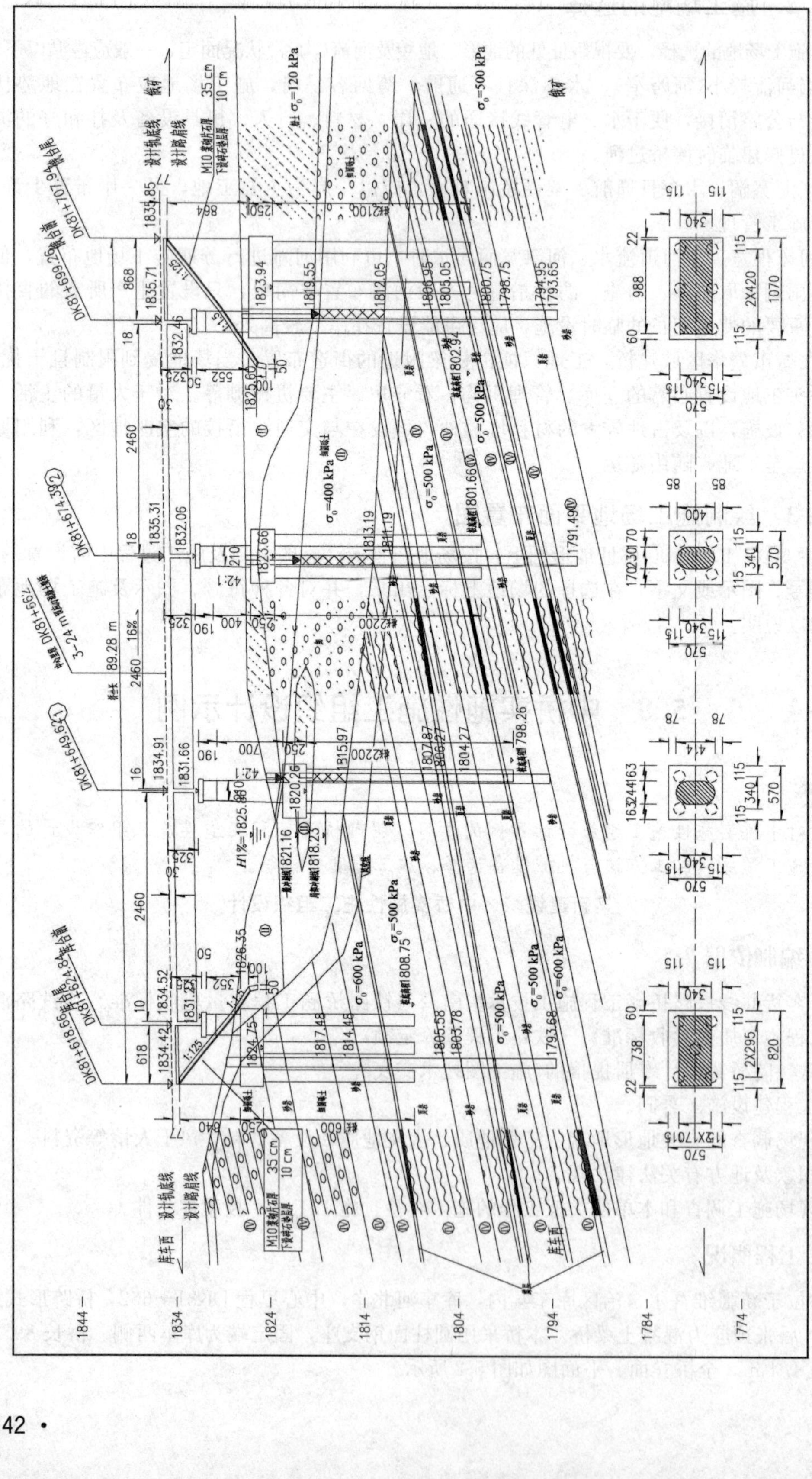

图5-2 全桥立面、平面图

本桥位于 $R=600$ m 的曲线上，为排洪而设。桥址处地震烈度为八度；需在墩台顶设置防震落梁设施。冻结深度为 1.40 m。本桥采用 T 形桥台、圆端型桥墩，基础采用钻孔桩基础。铁路等级为国铁 Ⅱ 级，具体工作量见表 5-20。

表 5-20 主要工程数量表

	工作项目	单位	0 号台	1 号墩	2 号墩	3 号台	合计
梁	预应力混凝土梁 $L=24$ m（曲线梁）	孔					0/3
桥面工程	人行道及钢栏杆 $B=1.05$ m 台上及梁下	双米					89.28
	弯轨及梭头	一座桥					1
	护轮轨/L 形挡碴块	双米					91.5/89.29
	避车台	座		1(左)	1(右)		2
	围栏/吊篮	处	1/1	1/2	1/2	1/1	4/6
	通信信号电缆槽（左侧）	m					102.3
	接触网支座 C35 混凝土（T2）	m³		2.4	2.4		4.8
	接触网支座 HPB300$\phi<$10 /HRB335$\phi>$10	kg		88/243	88/243		176/486
	人行道 HPB300 钢板	kg		20	20	20	60
	防止落梁钢材	kg	724	1 448	1 448	724	4 344
主体工程 · 墩台	墩台顶帽 C35 钢筋混凝土（T2）	m³	7.3	7.5	7.5	7.3	29.6
	墩台顶帽、垫石 HPB300$\phi<$10 /HRB335$\phi>$10	kg	135/861	213/1 076	213/1 076	135/861	696/3 874
	道碴槽、挡碴墙 C35 钢筋混凝土（T2）	m³	9.7			13.6	23.3
	道碴槽、挡碴墙 HPB300$\phi<$10 /HRB335$\phi>$10	kg	1 041/791			1 463/1 100	2 504/1 891
	墩台托盘 C30 混凝土（T2）	m³	10.9	12.5	12.5	10.9	46.8
	台顶 TQF-1 防水层	m²	26			37.2	63.2
	墩台身 C30 混凝土（T2）	m³	115.7	55.3	41.2	214.5	426.7
	支撑垫石 C50 钢筋混凝土（T2）	m³	0.5	1	1	0.5	3
	台顶保护层 C50 纤维混凝土	m³	1			1.4	2.4
	墩身护面钢筋 HPB300$\phi<$10 /HRB335$\phi>$10	kg	/1 807	405/1 180	267/810	/3 019	672/6 816
主体工程 · 套箱	C20 混凝土	m³		33.6			33.6
	HPB300ϕ8	kg		2 016			2016
主体工程 · 承台	C35(T1 H1) 钢筋混凝土	m³	116.9	81.2	81.2	152.5	431.8
	HRB335 钢筋 $\phi>$10	kg	1 204	832	832	1 574	4 442

	工作项目	单位	0 号台	1 号墩	2 号墩	3 号台	合计
主体工程 · 钻孔桩	C35(T1 H1)钢筋混凝土	m³	98.2	108	108	154.6	468.8
	HPB300/HRB335 钢筋 φ≤10 /φ>10	kg	1 342.102	1 288/9 467	1 288/9 467	1 866/13 875	5 784/43 014
	总桩长(每个基础)	m	80	88	88	126	382
	钢护筒直径 cm(4 m/个)(每个基础)	m/个	8/2	4/1	4/1	8/2	24/6
	桩穿过 Ⅰ/Ⅱ/Ⅲ 深度(每个基础)	m	0/0/10	0/0/30	0/0/55	0/42/46	0/42/141
	桩穿过 Ⅳ/Ⅴ/Ⅵ 深度(每个基础)	m	93/0/0	71/0/0	46/0/0	55/0/0	265/0/0
挖基 土石	0~3 m 土/石(不带挡土板无水)	m³	100/52	10/	110/	200/	420/52
	0~3 m 土/石(不带挡土板有水)	m³	100/				100/
	3~6 m 土/石(不带挡土板无水)	m³	/10	10/	10/	10/	20/10
	3~6 m 土/石(不带挡土板有水)	m³	10/				10/
基坑回填	基坑回填土(利用方)	m³		40	40		80
	基坑回填(台后)C15 混凝土/砂砾石	m³	25/60			25/80	50/140
	台尾人行道与路肩连接 M10 浆砌片石	m³	5.6			5.6	11.2
锥体	干砌片石垛	m³	14.5			14.5	29.0
	M10 浆砌片石坡面铺砌	m³	84.1			140.5	224.6
	碎石垫层坡面铺砌	m³	24.0			40.2	64.2
	M10 浆砌片石坡面铺砌	m³	15.0			19.2	34.2
	锥体夯填土/挖基土/回填土	m³	280/180/150			620/230/190	900/410/340
检查梯	台尾路基边坡 M10 浆砌片石	m³	5			6.5	11.5

三、总体施工组织、布置及规划

1. 组织管理机构

作业队设置于桥址附近。作业队设队长 1 人，技术负责人 1 人。下设工程管理组、物资设备组、财务组、安全质量环保组、综合管理组五个职能部门。

2. 施工总平面布置及小型临时设施

本着因地制宜、永临结合、方便施工、有利管理和缩短场内倒运距离的原则，按照安全生产、文明施工的要求布置，达到安全文明工地的标准，满足环保和创建标准文明工地的要求，可利用地方电话等来解决通信问题。统一进行施工总平面布置。该中桥工程量不大，工期短，因此，临时设施应尽量从简，工地只需搭设简易钢筋棚、木工棚、电工房等。施工场地平面布置如图 5-3 所示。

3. 开工前准备

接到设计图纸后，组织全体工程技术人员参加图纸复核，认真阅读设计文件，了解设计意图，熟悉设计内容，结合前期施工调查，准确掌握设计要求，包括便道加强、临时房屋修建、施工场地平整，以及泥浆池修建等。施工准备期 7 天，现场准备的主要项目有导线网复测、临时租地、设置办公生活生产场地及设施、临时供水、临时供电、临时通信、设置施工便道等。

施工队驻地示意图

		钢筋、模板加工及存放	材料库
办公室	医务室		
办公室		停车场	厕所
			配电房
食堂	活动室		仓库
	至木卡	宿舍	宿舍

变压器

泥浆池

1825

1835

既有乡村道

桥台前DK81+707.94
桥台尾DK81+699.26

②DK81+674.39

3-24m预应力混凝土简支梁

中心里程DK81+662

①DK81+649.62

桥台尾DK81+624.8

桥台前DK81+618.66

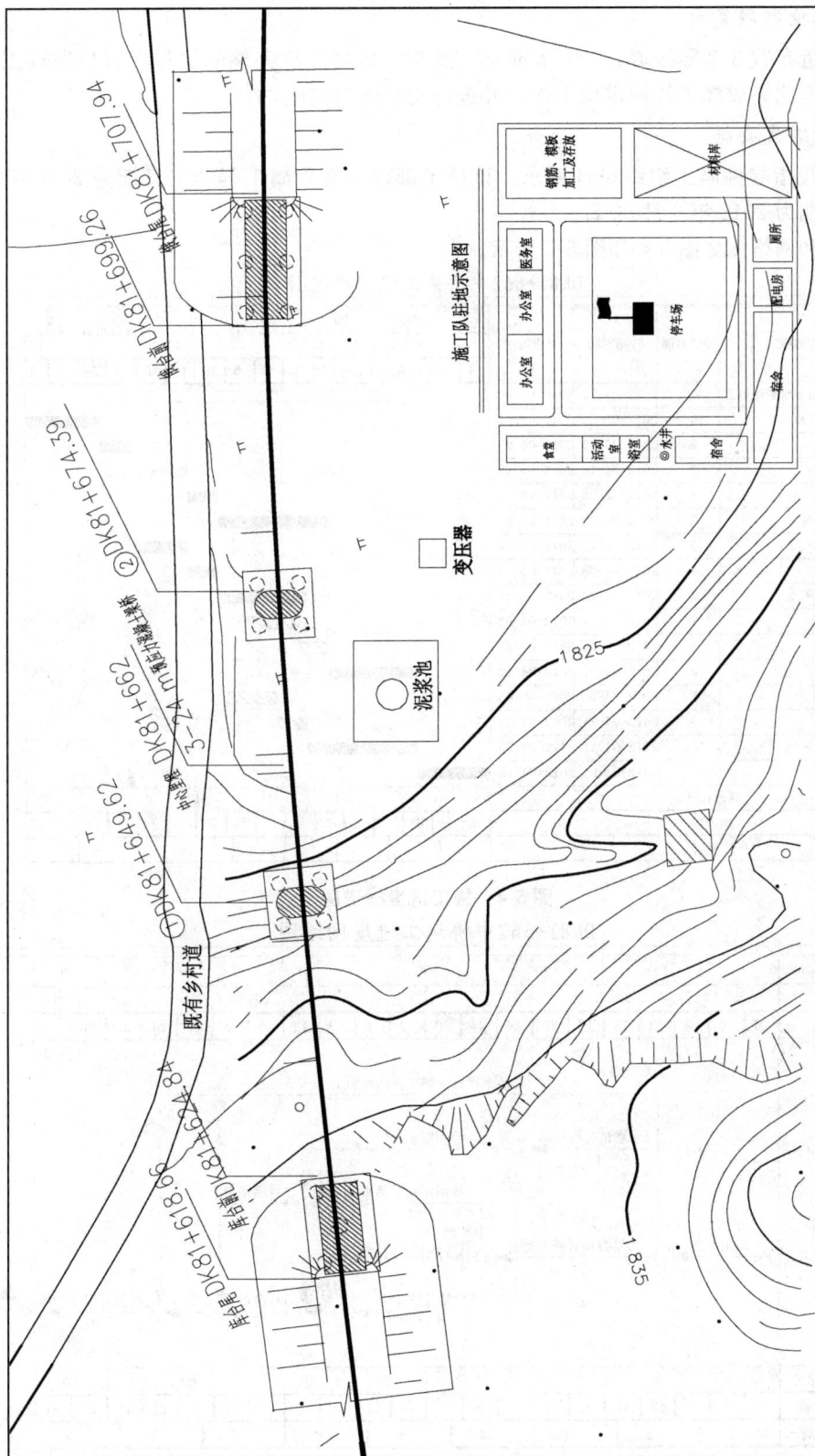

图5-3 施工场地平面布置图

4. 导线控制网复核

中桥附近布置 3 个导线点、2 个水准点。复测完成后，将完整的测量资料报监理工程师审查、批准，据此完成施工放样定位工作，并进行测量资料交底。

5. 工期进度安排

根据全线指导性施工组织设计要求，该桥下部建筑和附属工程开工日期为 2012 年 4 月 01 日，竣工日期为 2012 年 6 月 02 日。

横道图和网络图如图 5-4 和图 5-5 所示。

DK81+662中桥施工进度横道图

序号	工作名称	持续时间	开始时间	结束时间
1	桥面栏杆、避车台构件加工	40	2012-04-11	2012-05-20
2	桥面及附属工程	10	2012-05-24	2012-06-02
3	架梁	5	2012-05-19	2012-05-23
4	3号台台身	7	2012-05-12	2012-05-18
5	3号台承台	4	2012-05-08	2012-05-11
6	3号台钻孔桩基础	15	2012-04-23	2012-05-07
7	2号墩墩身	7	2012-05-12	2012-05-18
8	2号墩承台	4	2012-05-08	2012-05-11
9	2号墩钻孔桩基础	12	2012-04-26	2012-05-07
10	1号墩墩身	7	2012-04-27	2012-05-03
11	1号墩承台	4	2012-04-23	2012-04-26
12	1号墩钻孔桩基础	12	2012-04-11	2012-04-22
13	0号台台身	7	2012-04-30	2012-05-06
14	0号台承台	4	2012-04-26	2012-04-29
15	0号台钻孔桩基础	15	2012-04-11	2012-04-25
16	施工准备	10	2012-04-01	2012-04-10

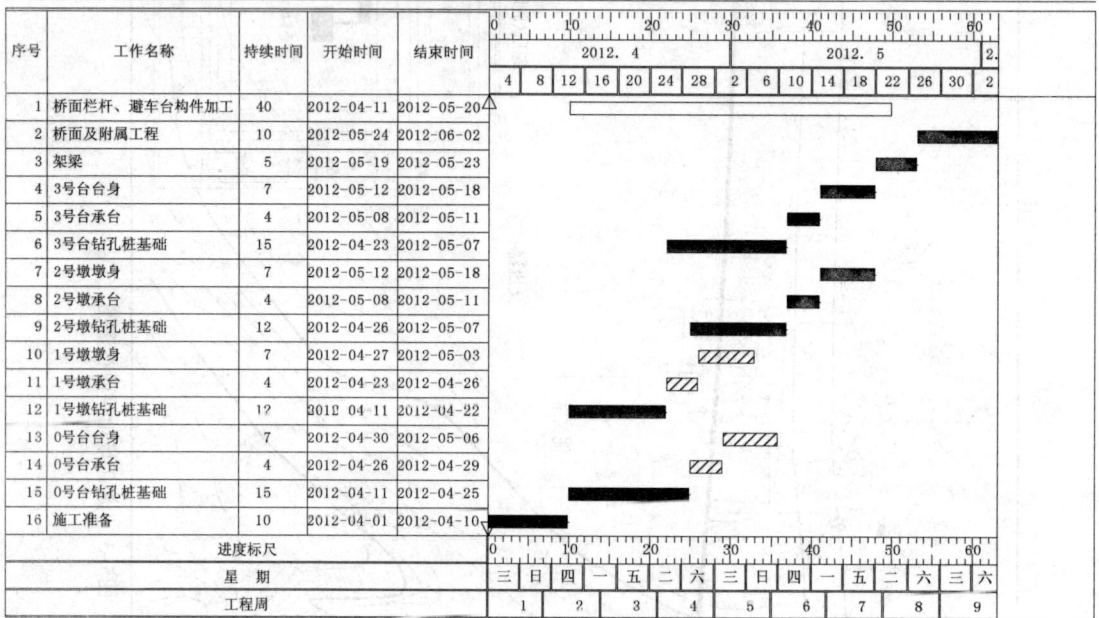

图 5-4 施工进度横道图

DK81+662中桥施工进度网络图

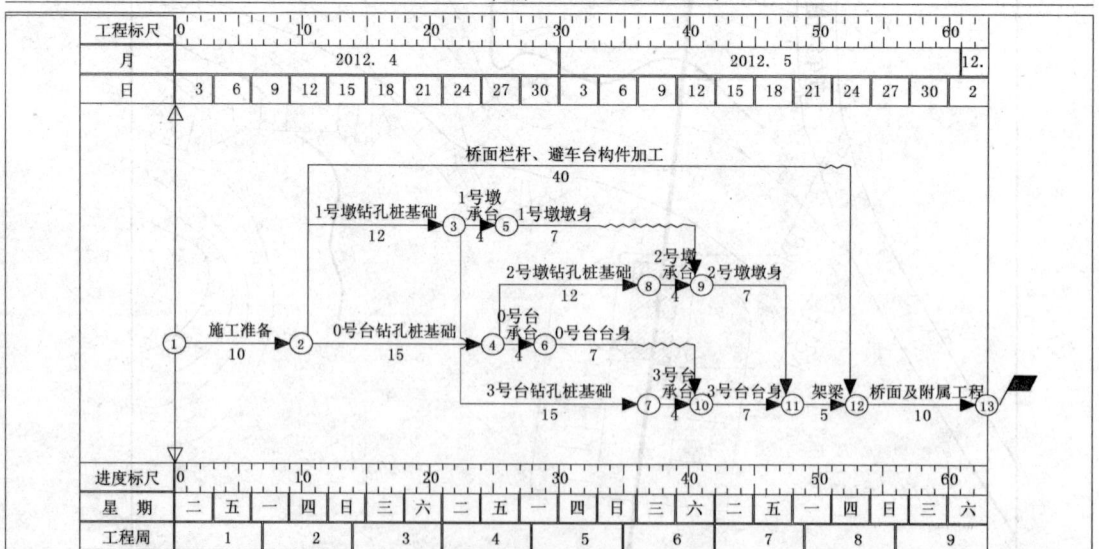

图 5-5 施工进度网络图

6. 劳动力组织

劳动力组织要考虑工期和进度要求，还要考虑工作量、工作面、工作班制及工作繁简和作业项目的衔接。作业队下设 4 个专业班组，包括钻孔桩班组、钢筋模板班组、混凝土班组、综合班组，各班组在作业队的统一管理下完成施工生产任务。

7. 工程材料、机具设备需要量及其供应安排

根据铁路路基及桥涵工程预算定额计算本工程主要材料、机械台班设备需要量。

主要材料、机具设备需要量见表 5-21 和表 5-22。

表 5-21　主要材料数量表

电算代号	工料机名称	单位	数量	单重	合重
1010002	普通水泥 32.5 级	kg	392 606.908	0.001	392.607
1010003	普通水泥 42.5 级	kg	276 751.137	0.001	276.751
1110001	原木	m³	0.52	0.65	0.338
1110003	锯材	m³	3.38	0.6	2.028
1210004	黏土	m³	21.898	1.8	39.416
1230006	片石	m³	365.902	1.8	658.624
1240011	碎石 16 以内	m³	5.99	1.5	8.985
1240012	碎石 25 以内	m³	72.18	1.5	108.27
1240014	碎石 40 以内	m³	1 088.174	1.5	1 632.262
1260022	中粗砂	m³	1 107.441	1.43	1 583.64
1900005	圆钢 Q235−Aφ=6~9	kg	12 383.979	0.001	12.383
1900012	圆钢 Q235−Aφ=10~18	kg	65 481.91	0.001	65.482
1900013	圆钢 Q235−Aφ18 以上	kg	1 099.62	0.001	1.1
1950101	槽钢 Q235−A	kg	30.784	0.001	0.031
1960025	角钢 Q235−A	kg	12 670.09	0.001	12.67
1962001	型钢	kg	14.555	0.001	0.015
2000007	钢板 Q235−A δ=7~40	kg	1 859.29	0.001	1.859
2220016	焊接钢管	kg	230.418	0.001	0.23
2300017	铸铁承插直管 DN300×5000	m	5.393	0.081 8	0.441
2601117	后张法简支 T 形梁 24 m 曲线 通桥(2005)2101−Ⅱ(单线)	孔	3	197.29	591.87
2700062	废(旧)轨	t	10.48	1	10.48
2741013	素枕 二型	根	0.959	0.043 5	0.042
2741016	木枕 Ⅱ类	根	7.22	0.050 75	0.366
2750021	平垫圈 25×45×4	个	728.85	0.000 035	0.026
2750024	螺旋道钉带螺母 M24×195	套	721.7	0.000 707	0.51
2750026	弹簧垫圈(双层) 26×44×9	个	728.85	0.000 097	0.071
2761013	接头扣板 50 kg 0~2 号	块	65.13	0.000 592	0.039
2810023	组合钢模板	kg	233.781	0.001	0.234
2810024	组合钢支撑	kg	276.717	0.001	0.277
2810025	组合钢配件	kg	307.482	0.001	0.308
2810027	大钢模板	kg	507.773	0.001	0.508
2810055	钢护筒	t	0.999	1	0.999
8999006	水	t	1135.679		

表 5-22　主要机械设备数量表

电算代号	工料机名称	单位	台班数量	需要设备数量/台
9100001	履带式液压单斗挖掘机 ≤0.6 m³	台班	2.05	1
9100102	履带式推土机 ≤75 kW	台班	1.23	1
9102102	汽车起重机 ≤8 t	台班	11.321	1
9102303	门式起重机 ≤100 t	台班	0.08	2
9102614	单筒慢速卷扬机 ≤50 kN	台班	9.224	1
9102632	双筒慢速卷扬机 ≤30 kN	台班	5.338	1
9103003	载货汽车 ≤6 t	台班	1.97	1
9104002	混凝土搅拌机 ≤400 L	台班	52.214	1
9104203	混凝土泵 ≤30 m³/h	台班	15.54	1
9104302	灰浆搅拌机 ≤400 L	台班	3.716	1
9105322	多级离心清水泵 ≤32 m³/h—125 m	台班	3.82	1
9106003	交流弧焊机 ≤42 kV·A	台班	41.549	1
9108411	钢筋切断机 d≤40	台班	11.166	1
9108421	钢筋弯曲机 d≤40	台班	14.789	1
9108511	木工圆锯机 d≤500	台班	0.789	1
9108521	木工单面压刨床 B≤600	台班	0.177	1

四、施工方案、施工工艺和方法

1. 施工用电、用水

施工用电：在 1 号墩处利用地方电源设置 400 kV 变压器一台。在高压电供电之前，使用发电机临时解决供电问题。施工用水：施工用水车 1 辆。生活用水采用焦化厂净化水。

2. 大型临时设施

混凝土均采用集中供应，与其他工程一起设混凝土拌合站一座，混凝土罐车运输。施工现场有运输道路，需适当加强，可供物质运输，施工期间要进行道路养护。

3. 具体部位施工方案

(1)钻孔桩。采用冲击钻成孔。拟采用 2 台钻机同时施工，旱地上的桩孔，将原地整平压实后钻机直接就位钻孔；位于浅河或池塘中的桩孔，采用更改水道草袋围堰钻孔施工。

采用泥浆护壁；桩身钢筋笼桩长≤20 m 的一次性加工成型，整体吊装就位，桩长≤45 m 的分两节，孔口焊接连接；混凝土采用耐久防腐混凝土，混凝土在拌合站集中拌制，混凝土输送车运输，导管法水下连续灌注混凝土。

(2)承台浅水地段采用筑岛和草袋围堰，承台钢筋在现场一次性绑扎成型，模板采用大块组合钢模板，钢管架加固支撑。混凝土采用耐久防腐混凝土，采用自动计量拌合站集中供应，混凝土输送车运输，浇筑采用混凝土输送泵或输送泵车，一次性连续灌注成型。

(3)墩(台)身、托盘、顶帽：墩身、托盘、顶帽采用整体大块钢模板，拼装成型，配以水平围带和竖向围带加固，对于 20 m 以下桥墩，采用整体钢模一次支立到位，一次灌注完成，不留施工缝；大于 20 m 的桥墩，采用整体钢模分两次分段灌注成型。空心墩采用两次分段灌注成型，第一段以空心段顶部等截面处为界，上部实心段以木模做底模整体灌注。本桥梁和桥台台顶一律斜置，并与轨底线平齐。

台身采用大块组合钢模板，钢管架加固支撑，台身和胸墙及耳墙一次施工完毕。

在绑扎承台钢筋时，同时绑扎墩台身钢筋。托盘、顶帽及垫石钢筋在加工棚绑扎成钢筋骨架，待承台混凝土浇筑完成，墩台身模板安装后，将钢筋骨架整体吊装，与墩身钢筋绑扎成整体。

墩台身、托盘、顶帽、垫石混凝土采取一次连续浇筑成型。混凝土采用自动计量拌合站集中供应，泵送入模。

（4）架梁施工：采用统一预制厂预制预应力混凝土梁，采用汽车运至现场，吊车架梁。

（5）桥面及附属：两侧桥台台尾路基边坡各设检查梯一座，上下游交错设置。采用 M10 浆砌片石铺砌。通信和信号电缆槽合槽设置于人行道的外侧。墩台施工完成后，支座锚栓孔或防震落梁支架等预留孔，应排除杂物、积水后将孔口临时封闭。架梁或安装支架前，打开预留孔，可安装支座锚栓或防震落梁支架，杆件安装后应及时采用砂浆或混凝土灌注封闭。该部位的施工质量应从严掌握。在桥墩顶帽右侧面预留接触网支架普通牛腿，本桥跨度 24 m，采用逐墩设置。本桥地震烈度为八度，需在墩台顶设置防震落梁设施。台后采用 C15 混凝土回填，其余三侧亦均采用细粒土回填。本桥位于曲线上，在曲线外侧梁及台上挡碴墙顶上设置挡碴块，挡碴块用 M20 水泥砂浆砌筑，使其黏结紧密。两孔梁之间人行道处设置钢盖板。盖板宽度为梁端人行道板缝隙宽度＋10 cm，搭接在人行道板上；盖板底用 ϕ12 钢筋与人行道角钢支架焊接。钢盖板采用 Q235 钢料，厚度 5 mm。

4. 施工工艺及方法

（1）钻孔施工。钻孔作业准备，进行钻孔桩施工前，先平整施工场地，铲除表层松软土层并夯实，利用导线控制网及全站仪定出各钻孔桩桩位，并设置护桩以便经常检查较核。在孔口周围挖设排水沟，做好排水系统，两个墩基础设一个泥浆池，集中供应钻孔中使用的泥浆。在不增加孔壁压力和影响施工的情况下合理堆放材料和机具。

护筒采用壁厚 5 mm 的 Q235 钢板卷制成坚固、不漏水的孔口护筒，钢护筒直径比桩径大 40 cm；护筒顶应高出施工水位或地下水位 2.0 m，并高出施工地面 0.5 m。护筒埋深黏性土、粉土不小于 1 m，砂类土不小于 2 m。当表层土较松软时，应将护筒埋入较硬密实土层中至少 0.5 m，护筒埋设的偏差控制在 50 mm 以内，倾斜度控制在 1％ 以内。位置核对好后将护筒周围用黏土填实，钻孔过程中经常校核筒顶标高及护筒的几何形状。

泥浆原料使用黏土或水化快、造浆能力强、黏度大的膨润土，做好泥浆的配合比试验工作，钻进时将黏土投入孔内利用钻机直接造浆，泥浆胶体率≥95％，含砂率≤4％。泥浆池设置在两墩之间，带钻碴的泥浆从钢护筒开口处流出后通过泥浆沟（1.5％）流入沉淀池，泥浆沉淀完毕后，利用高压泥浆泵将储浆池内适当比重的泥浆泵送至孔底，带动孔内钻碴从孔口流出并流回沉淀浆池，沉淀池内钻碴应及时用汽车运输至外地处理。开钻前，应充分检查钻机安装就位是否准确无误，钻架安放是否稳固，避免钻进中出现倾斜、沉陷和位移现象。采用冲击钻冲孔时，使用带圆弧刀的十字钻头。开孔及整个钻进过程中，应始终保持孔内水位高出地下水位（或河面水位）1.5～2.0 m，并低于护筒顶下 0.3 m。每钻进 4～6 m，或更换钻锤前用检孔器检测孔径检孔，以保证孔井的垂直度和桩径。冲击前以冲击锤中心对准桩中心，开孔时，用冲击钻锤小冲程反复冲击。在护筒中护筒脚下 3 m 以内钻进时，采用浓泥浆、小冲程（0.9～1.1 m）、高频率反复冲砸，使孔壁密实不坍不漏。在黏土层中钻进时，以 1～2 m 为冲程锤击，且须经常清理钻头上的泥块；在砂土层钻进时，抛入膨润土掺碳酸钠制作泥浆，同时抛入小片石，以 0.5～1 m 为冲程反复冲击，使泥膏、片石挤入孔壁，必要时须重复回填反复冲击 2～3 次，且需勤冲勤掏碴，以防坍孔；在砂卵层中钻进时，以 1～2 m 冲程锤击为宜，钻孔时需勤掏碴。遇岩层时，采用低冲程、高频率，入基岩后采用高冲程。在任何情况下，最大冲程不宜超过 3 m，防止卡钻、冲坏孔壁或使孔壁不圆。在钻进过程中，随时注意察看钢丝绳回弹、回转情况，再听冲击声音，借以判别孔底情况，掌握好松绳的尺度，松多了会减低冲程，松少了则犹如落空锤，损坏机具，勤检查钢丝绳和钻头磨损情况，检查转向装置是否灵活，预防发生质量事故。随时注意或定时检查钢丝绳是否移位，若有发现，应即时给予调整，避免出现桩孔跑位、不直、倾斜等缺陷。钻进过程中，分班连续作业，各作业班组应详细做好钻孔记录，并根据地质变化，留取各地质层的岩样，如发现记录岩样与地质资料有明显不符，立即向监理工程师及设计方汇报，以便及时处理。一根桩的钻孔必须待桩中心范围 5 m 内其他桩的混凝土浇筑完成 24 h 后才能开始，以免扰动邻桩的混凝土凝固。

在掏碴或停钻后再钻时，由低冲程逐渐向高冲程过渡。经常检查钻头直径的磨耗情况，时常修补或更换，以保证孔径符合设计要求。对于磨耗部分用耐磨焊条补焊，常备两个钻头轮换使用、修补。为防止卡钻，一次补焊不能过多，且补焊后在原孔使用时，先用低冲程冲击一段时间，再用较高冲程钻进。或用小片石回填孔径减小部分低冲程冲至原钻孔底。

钻孔的允许误差：平面位置任何方向都应控制在 5 cm 以内；钻孔直径应不小于设计桩径；倾斜度应小于 1％。

钻孔桩施工工艺如图 5-6 所示。

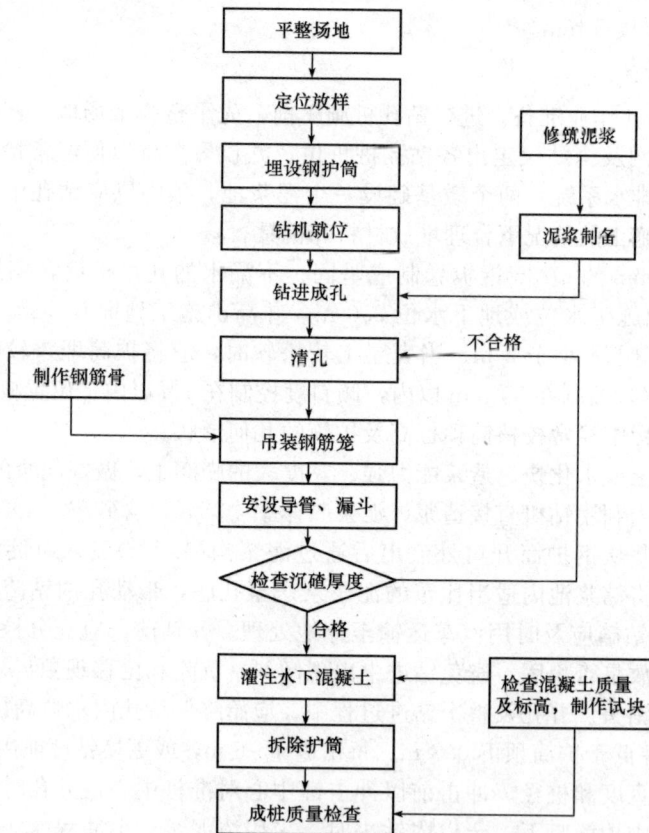

图 5-6　钻孔桩施工工艺

（2）钢筋笼制作与吊装。

钢筋笼制作：钢筋笼应根据设计图纸用卡板成型或箍筋成型制作。由于吊装高度的限制，可分两节制成，在吊装过程中再焊接成整体，以便一次整体吊装安设就位。焊接时，主筋内缘应光滑，钢筋接头不得侵入主筋内净空，钢筋笼下端应整齐，用加强箍筋全部封住不露头，使混凝土导管及吸泥管能顺利升降，防止与钢筋笼卡挂。

钢筋笼吊装就位：

1)为使钢筋笼与孔壁保持设计保护层距离，可在其上下端及中部每隔2 m，于同一断面上对称设置四个10～12 mm钢筋"耳环"。

2)在清孔后，用8 t汽车起重机安设钢筋笼。起吊时，吊点位置应恰当，以保证钢筋笼起吊不变形。

3)调入钢筋笼时，应对准孔位轻放、慢放。若遇阻碍，可徐起徐落和正反旋转使之下放，防止碰撞孔壁而引起坍塌。下放过程中，要注意孔内水位变化，如异常，马上停止，检查是否坍孔。

4)钢筋笼入孔后，要注意钢筋笼轴线上下一致并牢固就位，使钢筋笼底部处于悬吊状态下灌注水下混凝土，防止灌注水下混凝土过程中下落或被混凝土顶托上升。当灌注完毕，待桩上部混凝土初凝后，即解除钢筋笼的固定措施，以便钢筋笼同混凝土收缩，避免黏结力的损失。

(3)灌注水下混凝土：

1)灌注前搭设灌注支架，安置串筒、漏斗及导管。灌注支架采用移动式的，应事先拼装好，用时移至孔口，以悬挂串筒、漏斗及导管。导管内径为250 mm，内壁要平顺光滑，每节长2 m，最下节导管长4 m。组装后需用球塞、检查锤做通过试验，并自下而上标示尺度，编上号码。导管入孔要对准钢筋笼中心，以防卡在钢筋笼上。灌注前，导管下端距孔底沉碴0.3～0.5 m，应再次核对钢筋笼标高，导管下端距孔底尺寸、孔深、泥浆沉淀厚度、孔壁有无坍塌现象。如不符合要求，经处理后方可开始灌注。灌注工作应迅速，防止坍孔和泥浆沉淀。灌注所需混凝土数量，为设计桩体积的1.3倍左右。

2)灌注水下混凝土时，导管上的漏斗(或储料斗)一定装足混凝土量(初存量)，一旦放下时，应保证首批混凝土压出管内之水将导管埋入混凝土的深度不小于0.8 m。

3)随灌注随提升导管，注意提管速度不得过快或过慢，过快容易引起漏水，过慢容易将导管埋入混凝土内过多，导致提升导管困难，易造成断桩。在任何时候，导管埋入混凝土深度不得小于1 m，一般控制在2～4 m内。

4)为防止钢筋笼被混凝土顶托上升，在灌注下段混凝土时，应尽量加快，当孔内混凝土面接近钢筋笼时，应保持较深的埋管，放慢灌注速度，当混凝土面上升至钢筋笼内1～2 m时，应减小导管埋入深度。

5)在灌注过程中，要用测绳吊着重陀进行水下混凝土面的位置测量。混凝土灌注标高要高出桩顶设计标高0.5 m，以便清除浮浆和消除测量误差，以保证桩顶设计标高。

6)水下混凝土的坍落度应为18～22 cm，并有一定的流动度，保持坍落度降低至15 cm的时间应在1.0 h以上。混凝土搅拌时间应比一般混凝土延长1.5倍。一旦开始灌注，应连续进行直至完成。每根桩应尽量在8 h内灌注完毕。中途任何原因中断灌注皆不得超过30 min，否则采取补救措施或重钻。

(4)基坑开挖。基坑开挖前应做好下列工作：测定基坑中心线、方向、高程；按地质水文资料，结合现场情况，决定开挖坡度和支护方案、开挖范围和防护、排水措施。本桥11～18号承台开挖必须垂直下挖，设置套箱，套箱采用C20混凝土内加设钢筋。基坑开挖采用挖掘机挖去中心土方，人工开挖四周必须保证边坡垂直，下挖1 m后进行套箱施工，绑扎钢筋、安装模板、浇筑C20混凝土，然后再继续下挖，如此循环直至挖到基底标高。桩头采用小型凿岩机具清理，嵌入承台部分必须清洗、清理干净。基坑有水时，应预留积水槽并及时排水。

(5)承台施工。基坑开挖以后安装承台周围模板，模板采用大块组合钢模板并用钢管架或方木加固支撑，保证混凝土灌注过程中的强度和稳定性。同其他混凝土工程一样，要保证混凝土保护层厚度，满足抗裂及耐腐蚀的要求。将桩身伸入承台的钢筋整理并固定成喇叭式，绑扎好承台底部钢筋，灌注承台混凝土，灌注高度为 2.0 m。混凝土灌注完成后，初凝前应在承台顶面预埋钢筋头和拉环，用于控制墩身模板。初凝前应对承台顶面进行抹平压光，控制表面收缩裂纹，减少水分蒸发，改善养护条件，保证其外观质量。混凝土终凝后，应及时覆盖，定期浇水进行养生。

（6）墩、台施工。墩台身施工前，清除顶面、浮浆、油污及泥土等杂质并对顶面凿毛，冲洗干净，加强基础与墩身的连接效果，整修连接钢筋并在基础顶面测定中线、水平，标出墩台底面位置。脚手架采用碗扣式脚手架搭设，然后绑扎墩身钢筋。

墩、台身混凝土采用一套平面组合钢模施工，材料采用优质冷轧钢板做面板，厚 6 mm，墩身模板第一次使用前，应进行试拼装。墩、台托盘、顶帽及耳墙混凝土采用木模板施工，木模板制作一套进行倒用。组合钢模板要在平台上进行预拼，预拼后模板整体吊装，每节高 1.8～2.0 m，要有足够的整体性与刚度。模板在使用与搬运时必须轻拿轻放不准抛摔，每次使用完毕要及时清理整修、涂油防锈。混凝土灌注要按施工规范和桥涵施工技术手册的要求进行。用 250 L 电动搅拌机拌和混凝土，活底架子车水平运输，8 t 汽车起重机垂直运输，并用钢管搭设脚手架，以利于工人施工。墩身混凝土采用混凝土站统一配料，混凝土搅拌车搅拌运输，使用混凝土泵车泵送灌注，灌注过程中应注意混凝土的自由下落高度不得大于 2 m，大于 2 m 时应加设串筒。其他施工要求与常规混凝土施工一致。墩台施工完成后，支座锚栓孔或防震落梁支架等预留孔，应排除杂物、积水后将孔口临时封闭。架梁或安装支架前，打开预留孔，可安装支座锚栓或防震落梁支架，杆件安装后应及时采用砂浆或混凝土灌注封闭。该部位的施工质量应从严掌握。

预留孔的孔径及深度，应与安装杆件的尺寸和长度相适应，不得随意加大、加深。

五、施工质量与安全措施

为确保本工程质量，作业队成立以作业队长负责的创优领导小组和以技术负责人负专责的技术管理体系，建立质量管理网络，科学严格地制定各工序、施工工艺的质量预控措施，实施标准施工作业。施工中严格按照自检、互检、交接检的"三检"制度进行施工，上一道工序不合格，不准进入下一道工序，确保各道工序的施工质量，从而确保整个工程的质量。

作业队成立安全生产管理领导小组，作为安全生产管理机构。坚持"安全第一、预防为主"的方针，建立健全安全管理组织机构，完善安全生产保证体系，无工程重大事故，防止一般事故的发生，消灭一切责任事故，确保人民生命财产不受损害，创建安全生产标准工地。

本桥主要工程量是混凝土灌注，所以必须加强混凝土的质量管理。必须严格执行各部位的质量与安全要求(已在各作业项目的施工方法中讲述)。除此之外，还必须做到以下几点：

（1）水泥、钢材、砂子、碎石等必须有合格证和试验单。没有的必须送试验室检验，要符合设计文件对材质的要求，否则不能使用。

（2）必须认真检查隐蔽工程并填好隐蔽工程检查证。

（3）做好施工过程的生产记录，认真填写工程日记。轮班制的作业项目，必须做好交接班记录。

具体施工部位质量安全保证措施略。

═══════ ◆ 项目小结 ◆ ═══════

本项目是对铁路桥涵工程施工组织的全面介绍，介绍了桥涵工程施工组织设计文件的内容及编制依据、编制程序，调查研究桥涵施工条件的目的、具体内容，桥涵工程施工方法的选择应考虑的因素及条件，桥涵工程工作分类和单座桥、单座涵洞、成组桥涵的施工顺序安排，桥涵工程的施工流水作业法和平行流水作业法的主要参数确定，重点介绍桥涵工程施工进度安排以及桥施工场地布置，并通过对中桥工程实施性施工组织设计示例的学习，掌握铁路桥涵工程施工组织方法。只有编制科学、合理的施工组织设计，才能正确指导施工。

复习思考题

1. 桥涵工程施工组织设计编制依据有哪些？
2. 桥涵工程实施性施工组织设计的文件组成及内容包括哪些？
3. 说明桥涵实施性施工组织设计的编制程序。
4. 为什么要进行施工调查研究？施工调查研究的具体内容有哪些？
5. 选择最佳施工方案和方法应考虑哪些因素？
6. 为什么要大力推广桥涵建筑工业化和机械化施工？
7. 沉井基础、钻孔桩基础施工顺序及挖孔桩基础桩孔开挖顺序应如何安排？
8. 桥涵工程包括哪些基本工作？如何划分桥涵工程的主导工作和非主导工作？
9. 安排桥涵工程的施工顺序应注意哪些事项？如何安排成组桥涵施工顺序？
10. 桥涵工程流水作业有哪些主要参数？各参数含义是什么？
11. 如何选定适当的流水节拍，才能使流水作业组织达到均衡？流水节拍如何计算？
12. 如何确定大桥、特大桥及中小桥涵群单位流水数目？
13. 说明桥涵工程施工进度安排的步骤。
14. 如何安排扩大基础(开挖、基础建筑)施工进度？
15. 如何编制施工进度图？安排施工进度应注意哪些问题？
16. 桥涵工程施工场地平面布置的内容有哪些？布置施工场地应注意哪些事项？

17. 如表 5-23 所示，有十座桥涵的瓦工数量，总工期 90 日历天(不包括准备工作和清理工作)，每天生产瓦工数量 50 m^3，计算流水作业数目并分配各组内包括的桥涵编号。

18. 某一段铁路线共有七座大中桥，各桥瓦工数见表 5-24，施工总期限 $T=200$ 日历天，实际工作时间 $T_z=155$ 工作天，假定每天生产瓦工 30 m^3，用第二种方法计算流水作业组数目并进行分配组合，同时计算每座桥梁瓦工施工时间(工作天)。

表 5-23 各涵瓦工数量表

桥涵编号	瓦工数/m^3	桥涵编号	瓦工数/m^3
1	1 400	6	1 320
2	580	7	900
3	1 200	8	1 050
4	680	9	940
5	780	10	760

表 5-24 某段线路七座大中桥瓦工数量表

桥梁编号	1	2	3	4	5	6	7
桥中心里程	DK+000	DK52+000	DK60+000	DK73+000	DK80+000	DK93+000	DK105+000
瓦工数	1 321	3 376	1 029	1 082	1 416	844	1 822

项目6 隧道工程施工组织

项目描述

隧道是一种修建在地下的工程建筑物，它已被广泛地应用在包括铁路在内的交通、市政、人防和国防等建设中。本项目主要阐述铁路隧道工程施工特点及施工方法、辅助设备、隧道工程施工方法的选择、隧道工程施工组织设计的内容及编制。

学习目标

熟悉隧道工程施工特点及施工方法；

了解辅助设备，包括辅助坑道、供风、供水、供电、通风、排水、施工运输等的应用；

掌握隧道施工方法的选择；

掌握隧道工程实施性施工组织设计的内容，包括劳动力、机具设备的组织、施工进度的安排、施工场地平面布置等。

6.1 隧道工程施工特点及施工方法

学习任务

通过对隧道工程施工特点及施工方法的学习，能够认识隧道工程施工的特点及采用的施工方法。

在铁路建设中，隧道工程能够穿越高山峻岭，具有运输里程短、提高线路质量、保证运输安全等诸多优点。随着线路通过能力的提高，要求隧道向长（隧）、大（双线和多线断面）发展，对隧道设计和施工管理的要求也越来越高。

隧道是一种修建在地下的工程建筑物，它已被广泛地应用在包括铁路在内的交通、市政、人防和国防等建设中。此外，还有各种水下隧道和大城市的地下铁道。隧道施工是指修建隧道及地下洞室的施工方法、施工技术和施工管理的总称。

我国隧道工程建设历史悠久，特别是新中国成立以来，随着各项建设事业的发展，修建了大量的隧道工程。我国已有营运铁路隧道总里程超过 4 000 km，居世界之最。我国也是沉埋修建水底隧道座数较多的国家之一。随着我国公路建设的发展，特别是高等级公路在我国的兴起，公路隧道在数量和规模上有很大发展，而施工技术也相应地有了很大提高。

目前我国隧道工程施工中已较普遍地采用了新奥法；岩石中隧道施工除采用钻爆法掘进外，也已开始采用掘进机施工；城市沉埋隧道明挖或盖挖法施工中开始使用了地下连续墙，暗挖时采用的盾构法及沉埋暗挖法已具有较高的技术水平；并积累了在各种复杂地质条件下开挖、长大隧道的丰富经验，特别是逐渐掌握了各种不良地质情况，包括膨胀土、大型溶洞与暗河、流砂、大量涌水及瓦斯等工程地质现象下的施工技术。例如，1996 年竣工的南昆线米花岭隧道（长

9.392 km)、1999 年竣工的西康线秦岭隧道(长 19.45 km)都体现了我国隧道施工的先进水平。

1. 隧道工程施工的特点

隧道施工过程通常包括在地层中挖出土石，形成符合设计轮廓尺寸的坑道，进行必要的初次支护和砌筑最后的永久衬砌，以控制坑道围岩变形，保证隧道的长期安全使用。

隧道及地下结构物多种多样，构筑这些结构物的施工技术也多种多样。这些施工技术的形成和发展与地下结构物的施工特性有关。因此，首先要充分了解地下施工的特性。

概括地说，隧道施工具有以下特性：

(1)由于隧道是深埋于地层之下的建筑物，受地质和水文地质条件的制约，因而施工环境差、难度大、技术复杂、要求高。

(2)隧道施工是一种多工序、多工程联合的地下作业，工作面狭窄，出碴、运料运输量多，施工干扰大，为加快施工进度，需以横洞、斜井、竖井、平行导坑增加工作面，施工复杂而艰巨。因此，必须全面规划，科学地组织施工，编制切实可行的实施性施工组织设计。

(3)隧道工程大部分地处深山峻岭中，场地狭小，要使用多种机械设备，需要相当数量的洞外设施来保证洞内施工，而洞外往往受地形限制，场地布置比较困难。

(4)由于工作环境差，劳动条件恶劣，常发生坍塌、涌水、瓦斯浓度大等情况，因此要制定出切实可行的安全技术组织措施。

(5)由于地质、水文地质以及围岩压力复杂多变，在施工过程中往往需要改变施工方法，同时也要求隧道施工必须不间断地连续进行。

2. 隧道工程施工的方法

一个多世纪以来，世界各国的隧道工作者在实践中已经创造出能够适应各种围岩的多种隧道施工方法。根据隧道穿越地层的不同情况，目前隧道施工中常用的几种施工方法有：矿山法、掘进机法、沉管法、明挖法和盖挖法等。

矿山法因最早应用于矿石开采而得名，它包括传统矿山法和新奥法。由于这种施工方法多数情况下都需要采用钻眼爆破进行开挖，故又称为钻爆法。此法由于对地质条件的适应性强，开挖成本低，因而在坚岩隧道、破碎岩石隧道的掘进中，以及大量的短隧道施工中应用广泛，即使在掘进机技术更完善之后，仍然会是主要的隧道施工方法(图 6-1)。

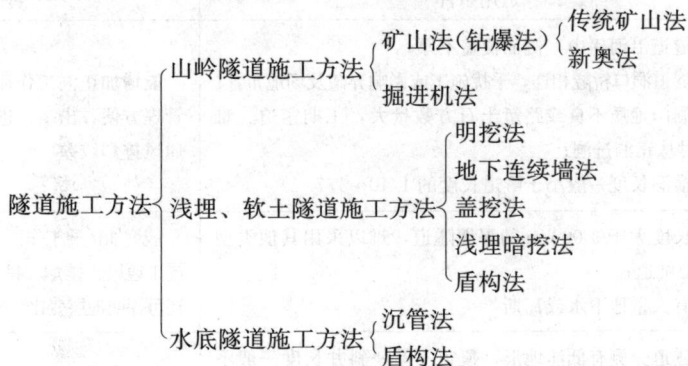

图 6-1 隧道施工方法

掘进机法包括隧道掘进机法和盾构掘进机法。隧道掘进机是一种机械化的隧道掘进设备，它通过刀具在隧道断面内直接破碎岩石从而进行连续掘进。此法适用于岩石地层，自动化程度较高，掘进的速度较快，对修建长距离隧道可缩短工期。盾构掘进的动力是环形布置的若干千斤顶，泥土开挖后由排碴系统提出，盾构前进一节后其后端即可拼装一节衬砌，如此周而复始地循环。盾构法集支护、开挖、推进、出碴、衬砌拼装于一体，机械化程度高，施工安全可靠，适用于土质围岩，尤其适用于软土、流砂、淤泥等特殊地层。

沉管法、明挖法和盖挖法等则是用来修建水底隧道、地下铁道、城市市政隧道等，以及埋深很浅的山岭隧道。

在隧道施工中最重要的是选择合理的施工方法。在长期的工程实践中，我国已经积累了相当丰富的经验和理论，逐渐形成了具有中国特色的隧道施工方法体系。

6.2 隧道施工辅助设备

学习任务

通过对辅助设备的学习，能够认识辅助设备的作用，明确辅助坑道、供风、供水、供电、通风、排水和施工运输等辅助设备的应用条件。

隧道施工(特别是长隧道)常需要利用辅助坑道来增加工作面，将隧道分割成几段，形成"长隧短做""分割围歼"，以加快施工进度。同时为配合隧道开挖、运输、支撑及衬砌等作业，还需进行多项辅助作业，如压缩空气的供应、施工供水与排水、施工供电与照明、施工通风与防尘等，从而确保隧道施工快速、安全、顺利进行，优质、高效地按期完成修建任务。

6.2.1 辅助坑道

辅助坑道分横洞、平行导坑、斜井和竖井四种类型。它除了增加隧道工作面外，还可改善施工通风、排水和运输条件，并减少施工干扰，从而加快施工进度，缩短工期。辅助坑道类型的选择，应根据隧道长度、施工期限、地形、地质、水文和弃碴场等条件，通过技术、经济比较，综合考虑、合理选择。各种辅助坑道的适用条件及其特点见表6-1。

表 6-1　辅助坑道的适用条件及特点

辅助坑道类型	适用条件	特点
横洞	1. 隧道沿河傍山，侧面覆盖不厚； 2. 隧道洞口桥隧相连，干扰施工或影响弃碴及场地布置； 3. 洞门地质不良或路堑土石方数量大，工期紧迫、难以及时从正洞进洞； 4. 横洞长度一般小于隧道长度的1/10~1/7	能增加正洞工作面，设备简单，施工及管理方便，出碴、进料运输距离较短，但通风排烟较差
平行导坑	1. 长度大于3 000 m的深埋隧道，难以采用其他类型的辅助坑道； 2. 有大量地下水或瓦斯	能增加正洞工作面，提高施工速度，解决施工通风、排烟、排水和运输干扰等问题，还可探明地层变化情况，但增加造价较多
斜井	1. 隧道旁侧有低注地形，覆盖不厚，斜井长度一般不超过200 m(特殊设计例外)； 2. 井身地质较好，地下水不多	能增加正洞工作面，出碴、进料运输距离较短，但要有提升设备
竖井	1. 隧道顶部局部地段覆盖层较薄，竖井深度一般不超过150 m； 2. 井身地质较好，地下水不多	能增加正洞工作面，出碴、进料运输距离较短，但提升设备复杂。深度小于40 m者，一般采用简易竖井

6.2.2 供风

在隧道施工中，以压缩空气为动力的风动机具被广泛采用，如凿岩机具、喷射机等。这些风动机具所需要的压缩空气都由空气压缩机产生，并通过高压风管输送给风动机具。一般隧道施工是把空气压缩机集中安设在洞口空压机站内，承担压缩空气的供应。其空压机设备能力，应根据同时工作的各种风动机最大耗风量和管路漏风系数等计算出的总耗风量来确定。每个洞口的一般耗风量见表 6-2。

表6-2　不同长度隧道一个洞口的耗风量

隧道长度/km	0.5～1	1～2	2～4	4～6
耗风量/(m³·min⁻¹)	30～50	40～60	80～100	120～150

注：1. 表中数字未包括备用量。
　　2. 采用全新断面开挖，钻孔台车综合机械化施工时，一般配备压缩空气 120～150 m³/min。

6.2.3 供水

隧道工程的供水包括隧道工程施工、生活和消防用水供给。隧道施工中，由于采用湿式凿岩、喷雾洒水，不仅要考虑水源和水质问题，同时对水压也有一定的要求（一般风钻不小于 0.3 MPa）。用水量的大小与隧道长度、施工进度、机械化程度、施工人数及当地气候等因素有关。施工现场常用概略估算来确定用水量，估算时可参考隧道施工作业单项用水指标及第二章有关计算公式，按施工高潮时的情况估算总用水量；也可参考表 6-3 所列指标估算工程总用水量。

表6-3　总用水量参考指标

隧道长度/m	最大用水量/(t·h⁻¹)	每昼夜用水量/t	说　明
<1000	8～10	50～100	1. 用水量包括施工用水、机械用水、生活用水；
1000～2000	10～14	100～150	2. 用储水池供水需考虑一定的储备量；
2000～4000	14～16	150～200	3. 需保证洞内工作面上水压≥0.3 MPa

6.2.4 供电

隧道供电必须满足动力和照明需要，并确保施工安全。一般中、小隧道采用 400/230 V 三相四线系统两端供电，长、大隧道可用 6～10 kV 高压送电。为了满足动力和照明用电的需要，在线路终端最大电压降应不小于 10%，据以选用经济合理的导线断面。隧道施工的一般电压为：在开挖衬砌作业地段采用 12～36 V；在成洞地段采用 110～220 V；电动机具用电，其电压为 380 V。照明灯光强度在作业地段每平方米不少于 15 W，在存在不安全因素地段可适当增加。在有瓦斯的隧道内，必须设有防爆措施。

6.2.5 施工通风

隧道通风的目的是送进新鲜空气，冲淡、排出有害气体和降低粉尘浓度，以改善劳动条件，从而保证施工安全、洞内工作人员身体健康和提高施工生产效率。

施工通风的方式应根据施工方法、设备条件、隧道通风长度和工作面的多少来确定。施工通风的种类、适应条件及其特点见表6-4。

表6-4 施工通风种类、适用条件及特点

通风种类	适用条件	特 点
自然通风	300 m 以下,岩层不产生有害气体的短隧道及导坑凿通后的隧道	优点:利用洞内温差及气压差,以造成的自然风流循环,不需机械通风设备。 缺点:受气候影响很大
风管通风	3 000 m 以下隧道,可配合巷道使用	优点:向工作面送入新鲜空气或吸出污浊空气,使用比较普遍和方便。 缺点:管道直径大,运输不方便;管道达到一定长度后,必须增加一台风机串联补充动力消耗
巷道通风	有平行导坑的长隧道	优点:通风设备简单,随着坑道掘进只需将局扇向前移动,不必增加风机;能供应比较大的风量,向各工作面送风,较风管通风容易; 缺点:空气随风道循环,供给的空气中混有污浊气体

6.2.6 施工排水

隧道施工常遇到地层渗水或大量涌水,尤其是穿过富水地层或褶曲、断层地带,地下水将严重妨碍工程进展和施工安全。因此,解决施工期间的防水、排水问题,是隧道施工中的重要工作。在施工组织设计中,必须提出有效的排水措施。隧道施工中常见的排水方式见表6-5。

表6-5 排水方式和适用范围

排水方式	适用范围	排水方式	适用范围
顺坡排水	利用隧道自然坡度,将水集中于侧沟排除	人工排水	反坡较小、水量较少的短隧道
机械排水	反坡较大或涌水量大的隧道		

6.2.7 施工运输

运输是隧道开挖进度的保证,特别是在长隧道施工中,合理解决运输问题,对实现隧道快速施工有重要意义。根据施工方法和开挖面的大小可选择有轨运输或无轨运输的方法。

1. 有轨运输

隧道内一般采取轨道运输,常用轨距为762 mm。牵引类型有电瓶车、防爆机车(有瓦斯地段)等。轨道布置应保持运输畅通,尽量减少会车时间及编组调车时间,并保证列车运输和行人的安全。在出碴地点,宜铺设环形线路,可人为形成土驼峰,用来自动溜放车辆;也可铺设成单线多道岔的卸车线,以利于出碴、调车编组和会车。

2. 无轨运输

双线(或多线)隧道施工采用全断面开挖时,宜选用无轨运输的方法。无轨运输选择大型自卸汽车配备装碴机装碴,具有机动灵活、高效、安全的特点。特别是在长隧道施工中,尤为有效。衡广复线大瑶山隧道施工中采用20 t自卸汽车运输,2.7 m装碴机装碴,对加快施工进度起了很大的作用。但在单线隧道施工中,由于施工空间狭小、通风困难,不宜采用无轨运输。

6.3 隧道施工方法的选择

学习任务

通过对隧道施工方法选择的学习，能够认识选择隧道施工方法需考虑的因素、明确隧道洞口、洞身及隧道内道床采用的施工方法。

6.3.1 选择隧道施工方法需考虑的因素

1. 施工条件

实践证明，施工条件是决定施工方法的最基本因素，包括一个施工队伍所具备的施工能力、素质和管理水平。目前我国隧道施工队伍的素质和施工装备水平参差不齐，因此，在选择施工方法时，必须考虑这个因素的影响。

2. 围岩条件

围岩条件包括围岩级别、地下水及不良地质现象等。围岩级别是对围岩工程性质的综合判定，对施工方法的选择起着重要的甚至决定性的作用。从施工技术的发展趋势看，地质条件虽然是重要的，但基本施工方法的变化却不显著。

3. 隧道断面面积

隧道的尺寸和形状对施工方法选择也有一定的影响。目前隧道断面有向大断面方向发展的趋势，如公路隧道已开始修建三车道甚至四车道的大断面，水电工程中的大断面洞室更是屡见不鲜。在这种情况下，施工方法必须适应其发展。在单线和双线的铁路隧道、双车道公路隧道中，越来越多地采用了全断面法及台阶法；而在更大断面的隧道工程中，先采用各种方法修小断面的导坑，再扩大形成全断面的施工方法极为盛行。

4. 埋深

隧道埋深与围岩的初始应力场及多种因素有关，通常将埋深分为浅埋和深埋两类，有时将浅埋又分为超浅埋和浅埋两类。在同样的地质条件下，由于埋深的不同，施工方法也将有很大差异。

5. 工期

作为施工条件之一的施工工期，在一定程度上会影响基本施工方法的选择。因为工期决定了在均衡生产条件下，对开挖、运输等综合生产能力的基本要求，即对施工均衡速度、机械化水平和管理模式的要求。

6. 环境条件

当隧道施工对周围环境产生如爆破振动、地表下沉、噪声、地下水条件的变化等不良影响时，环境条件甚至会成为选择施工方法的决定性因素。

从目前的工程实际出发，新奥法施工是近来发展起来的隧道施工新方法。它具有支护速度快、结构受力性能好、作业空间大、能适应隧道机械化施工等优点，在安全性和经济性方面尤为突出。因此，在选择施工方法时应优先考虑。

6.3.2 洞口施工安排及进洞方法

1. 洞口施工安排

(1)隧道洞口工程应力争在进洞前基本完成，使隧道施工不受影响。如洞口工程数量较多，进洞前难以全部完成时，应配合洞内工程进度安排，分期分批进行。

(2)洞口仰坡及土石方应于进洞前做好，山坡危石应及时处理，同时应及早做好洞口排水工程，天沟随挖随砌。洞门宜早做，尤其是地质不良的洞门，更应尽早尽快完成，以加强洞口稳定，避免与洞内工程相互干扰。

(3)洞口的桥墩(台)、涵渠、下挡等工程，考虑场地布置及弃碴需要，应在进洞前完成。

(4)洞口土石方开挖，要控制爆破火药量，不宜使用集中药包，以保证边坡、仰坡的稳定。

2. 进洞方法

一般隧道洞口所处的地质条件较差，岩层较破碎，易风化，节理发育，岩层稳定性差。因此在进洞施工时，需要先护后挖，以保证洞口岩体稳定和施工安全。在施工方法选择上要尽量减少对岩层的扰动，工序安排必须紧凑，宜尽早尽快完成洞口工程。一般根据洞内施工方法采用半断面或全断面一次开挖完成。遇特殊地质、地形条件可按下列原则选择施工方法：

(1)当洞口岩层节理发育，切割成块状，边、仰坡不稳定时，可先采用锚杆锚固仰坡危石，并且在洞口 10 m 内增设 3 m 长超前锚杆，然后采用洞身施工方法进洞。

(2)当洞顶覆盖层很薄，正常开挖容易坍顶时，可采用管棚、小导管注浆、地面加固、钢支撑等辅助方法加固围岩，然后采用洞身施工方法进洞。同时需要进行地面沉降量量测和加强洞内量测。

(3)当洞口岩层节理发育，层面倾向洞口，开挖切断层面易坍滑时，可采用先做明洞支顶，然后再进上、下导坑的方法。

(4)当洞口位于陡岩峭壁或地质不良地段，正线无进洞条件，洞口又为深路堑时，可采用绕行进洞的方法。

(5)当山体外侧覆盖层极薄时，可采用横向导坑法进洞，但应加强支撑，及时砌拱。

6.3.3 洞身的施工方法

单线隧道的施工方法主要有全断面法、半断面法(正、反台阶法)、漏斗棚架法、蘑菇形开挖法(下导坑法)、上下导坑法、上导坑法(顶设导坑法)等开挖方法；双线隧道主要有下导坑先拱后墙法、上下导坑先拱后墙法、"品"字形导坑先拱后墙法及侧壁导坑先拱后墙法等。各种施工方法的特点、适用条件及各部开挖顺序均详见隧道教材及有关施工手册，本书不再赘述。如表 6-6 所示为单、双线隧道通常采用的施工方法，可供参考。

表 6-6 单、双线隧道常用的施工方法

单、双线 围岩分类 施工方法	单 线						双 线					
	Ⅵ	Ⅴ	Ⅳ	Ⅲ	Ⅱ	Ⅰ	Ⅵ	Ⅴ	Ⅳ	Ⅲ	Ⅱ	Ⅰ
全断面法	√	√					√	√				
正台阶法	√	√					√	√				
反台阶法	√	√	√				√	√				

单、双线 围岩分类 施工方法	单　线						双　线					
	Ⅵ	Ⅴ	Ⅳ	Ⅲ	Ⅱ	Ⅰ	Ⅵ	Ⅴ	Ⅳ	Ⅲ	Ⅱ	Ⅰ
漏斗棚架法	√	√	√				√	√				
下导坑先拱后墙法 （蘑菇形开挖法）		√	√					√	√			
上下导坑先拱后墙法			√	√	√				√	√		
上导坑先拱后墙法				√	√					√	√	
"品"字形导坑先拱后墙法							√	√	√	√		
侧壁导坑先拱后墙法											√	√

注：1. 选用施工方法时，除地质条件外，还需结合其他条件来考虑。
　　2. 反台阶法按先拱后墙法施工时，可用到Ⅳ类。

明洞应根据地形、地质条件，边仰坡稳定程度，地基承载力和结构类型特点等因素综合考虑选择施工方法。施工中应特别注意安全和结构稳定。明洞施工方法主要有先墙后拱法、先拱后墙法及拱墙交替法等。

棚洞形式分为墙式、柱式、刚架式和悬臂式四种。棚洞施工均为明挖，其施工方法及步骤与一般明洞内墙或路堑挡墙施工基本一样，外墙（柱）施工与明洞外墙施工相同。梁（纵、横）和盖板可就地灌注和预制，用轨行吊车或利用绞车、千斤顶等架设。

6.3.4　整体道床特点及类型

中、小隧道内一般采用普通碎石道床，长、大隧道内多采用整体道床或混凝土宽轨枕道床。整体道床具有线路质量高、使用寿命长、线路稳定、轨距水平不易变动、维修工作量少等优点，但整体道床弹性较差、扣件复杂、现场施工精度要求高、工作量大、造价高。如基底和地下水处理不当易发生病害，修复较困难。其类型有钢筋混凝土支承块式、整体灌注式、短木枕式、预制框架式等，其中以钢筋混凝土支承块式使用最为广泛。支承块式整体道床的施工顺序和各工序间隔距离如图 6-2 所示。

```
回填落底 → 清理基地 ← 建筑人行道
预制混凝土桩身 → 埋设标桩 ← 标桩的测量
组装扣件 → 架设钢轨、钢轨支承块，悬挂支承块 ← 绝缘处理支承块
调整轨距、水平、方向
制作各类模板 → 立模板 ← 伸缩缝板涂沥青
备料 → 灌注道床混凝土 ← 搅拌、运输
抹面，整修
道床混凝土养生 → 拆卸钢轨、钢轨支承清洗、涂油、拆洗模板 ← 抬运
```

清理基底	已清好基底	测设标桩	已埋好标桩	散布支承块	架轨、立支撑架	挂支承块	调好轨距水平	调好轨距水平	立先模板	已灌注道床混凝土
	50	50	25	25				检查轨距水平		复直轨距水平

150　　12.5×4=50　　25　　50

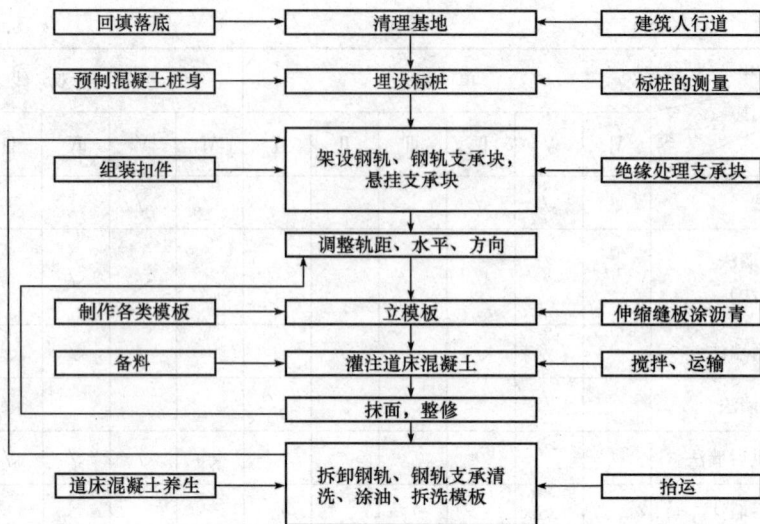

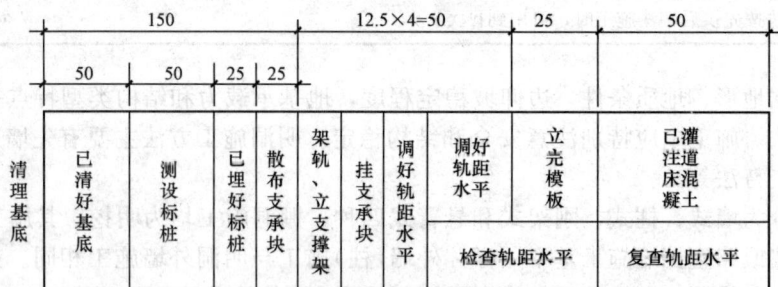

灌注施工方向由内向外

图 6-2　支承块式整体道床的施工顺序和各工序间隔距离

6.4　隧道工程施工组织设计

学习任务

通过对隧道工程施工组织设计的学习,明确劳动力、材料、机械数量的计算及劳动力和机具设备的组织;明确隧道实施性施工组织设计的内容及编制依据、原则、程序;明确隧道施工前的准备工作;明确隧道施工进度计划安排的方法及施工计划进度图的编制;识读隧道施工场地布置图的内容。

6.4.1　工、料、机数量的计算

1. 人工需要量的计算

按施工进度图安排的各作业项目的工程数量及劳动定额指标,计算人工工天需要量,再根据工作面及进度要求,计算出各作业项目每日出工人数。并根据劳动力组织,确定各工种人数,如开挖工(机械开挖时每个凿岩机应配风钻工 2 人和撬顶做药工 1 人)、支撑工、衬砌工(包括砌筑或灌注拱圈、边墙及制、立、拆模型、脚手架等工人)、出碴运输工(包括洞内装碴及卸料工、洞外卸碴及装料工、运输工、养路工、轨道铺设及电瓶车指挥工)、机械工(修理房、水泵房、充电房、

管线房等按每日 1～2 班，空压机房、发电机房等按每日开 3 班考虑，各房每班可配 2～4 人，修理房可酌情增加）、备料运输工等。最后按生产工人出工率，计算生产工人全员人数。

各作业项目每日（或每班）生产工人数（包括洞内运输及机械工）确定后，加上备料、运输、修理等辅助工人数，绘制劳动力动态图，其平行流水作业系数应控制在 1.2～1.4 范围内。

各作业项目劳动力计算与分配可按表 6-7 的格式进行。

表 6-7　人工分配及计算表

序号	工程名称	人工总数/工天	工期			平均每日出工人数	年						年			
			开工	完工	工天		7	8	9	10	11	12	1	2	…	12

2. 材料需要量的计算

根据隧道工程数量，材料消耗定额或指标，施工进度安排，分洞口计算所需钢材、木材、水泥、火工品、砂、石等主要材料，以及轻便钢轨、拱架、高压风管、通风管等周转性（备品）材料，并分季（月）编制材料、备品供应计划。

3. 机械需要量的计算

根据施工方法确定机械类型，按照工程数量、施工进度安排和机械台班定计算机械（包括辅助机械和一般机械）需要量，并考虑一定的备用机械，最后列出机械设备配备表。表中应注明施工单位现有数量、需要补充数量和要求到达工地的时间等。

6.4.2　施工进度的确定及劳动力和机具设备组织

6.4.2.1　施工进度的确定

隧道工程的总进度，往往受开挖或运输等关键作业项目的进度控制。如采用全断面开挖法，则开挖为关键作业项目；采用以导坑引进的其他各种开挖方法，则导坑开挖将控制隧道的进度，而开挖又受运输的控制，因此在安排施工进度时，必须配备相适应的运输能力，以满足隧道出碴和进料的需要。

1. 隧道开挖作业进度的计算

影响隧道开挖进度的因素很多，如围岩类别，岩石硬度，炮眼的个数、布置、深度等都直接关系到开挖的进度，而这些因素又是千变万化的，因此可根据施工定额或施工统计资料和有关参数进行开挖作业进度计算。

隧道开挖工期是以钻眼、装药、爆破、通风、安全处理、出碴、支护等一次循环作业时间为基础选定有关参数进行计算确定的；也可运用网络技术，分工序绘制循环作业网络图分析计算，并以此作为分析月平均施工进度指标的依据。

【例 6-1】　某单线隧道采用瑞典二臂台车全断面法施工，围岩为次坚石，开挖断面为 45 m²，采用进口钻具。根据《铁路工程劳动定额标准》（劳部发〔1993〕284 号），每天开挖作业循环时间如表 6-8 所示，试确定单口月开挖进度。

表 6-8　开挖作业循环时间

项目	测量划线	钻爆破眼	钻锚杆眼	装药起爆	安全处理	插锚杆	喷射混凝土	装载机装碴	综合循环时间
时间/h	0.930	3.43	0.360	1.89	1.06	1.08	2.45	4.61	15.81

解　每一循环开挖进度为 2.80 m，据此可确定单口月开挖进度为：

$$\frac{45}{15.81}\times 2.8\times 30=239.1\text{m}$$

因此，隧道施工进度指标可以该数据为依据，并综合考虑各种因素选用。

2. 衬砌作业进度的计算

衬砌作业的进度受到相应开挖作业进度的控制。在实施性施工组织设计中，通常是以开挖进度来安排衬砌进度的，有时铺底作业为避免影响洞内运输，往往放在各种开挖、衬砌项目完成后进行，衬砌作业施工进度也可根据施工定额或有关指标计算。

隧道衬砌已普遍采用喷锚技术。喷锚是喷射混凝土、喷射混凝土与锚杆、钢筋网喷射混凝土与锚杆等类型的支护或衬砌的总称。正常施工时，一个喷射混凝土工班(8 h)可喷射干拌料 5～15 m³，以单线铁路隧道喷射混凝土衬砌厚 10 cm 计，可完成 30～90 m³，折合拱部 3.3～9.0 延长米或墙边(两侧)2.7～8.1 延长米。一个锚杆工班(8 h)可插锚杆 50～100 根，以单线隧道每延长米 8～9 根计，可完成 6.3～10.1 延长米。

3. 隧道各作业项目月平均综合施工进度指标(表 6-9)

表 6-9　隧道分项目月平均进度指标

项目	正洞工区(无轨)	斜井工区(有轨)	平行导坑(有轨)
Ⅱ类围岩断面开挖	25～35	25～30	40～60
Ⅲ类围岩断面开挖	47～60	40～55	60～80
Ⅳ类围岩断面开挖	110～145	90～110	120～150
Ⅴ类围岩断面开挖	145～180	110～140	150～200
下半断面开挖	200～300	150～200	
单模板台车拱墙灌注	150～180	100～125	
双模板台车拱墙灌注	250～300	—	—
铺底、水沟	300	150	
斜井建井开挖	—	30～50	

6.4.2.2　隧道施工劳动力和机具设备组织

隧道施工劳动力组织和机具配备类型、规格、数量，应结合隧道施工方法、工期要求、地质情况、机具来源、运输条件以及工作面等因素综合安排，并应尽可能地采用隧道综合机械化施工，做到施工机械的配套使用，以充分发挥机具的效能。

(1)采用新奥法施工的隧道，劳动力组织应按开挖喷锚、衬砌两条机械化流水作业线安排，分别见表 6-10 和表 6-11。

表 6-10 机械化开挖喷锚流水作业线劳动力组织

工班	人数	说明
测量班	12	中线水平 5 人，断面组 4 人，量测组 3 人
台车班	22	班长 2 人，台车司机 2 人，司钻工 10 人，电工 4 人，维修 4 人
装炮班	24	班长 2 人，炸药加工 4 人，装药爆破 13 人，洒水清危 5 人
通风班	16	班长 1 人，粉尘测定 3 人，电工 6 人，通风管安装维修 6 人
喷锚班	35	班长 2 人，拌和司机 2 人，喷射机司机 2 人，喷射手 6 人，锚杆 7 人，其他 16 人
装运班	25	班长 2 人，装载司机 8 人，汽车司机 10 人，修理工 5 人
辅助班	16	班长 1 人，清底、水沟开挖、避人车洞开挖、其他辅助工作 15 人
合计	150	

注：表中劳动力组织为无轨运输，如采用有轨运输，则需要增加电瓶车司机和调车员。

表 6-11 衬砌作业机械化流水作业线劳动力组织

工 种	人数	说明
碎石生产线	40	—
拌和楼生产	27	负责 1 人，搅拌司机 4 人，拉铲司机 4 人，辅助 3 人，配料工 15 人
混凝土灌注	34	负责 1 人，模板台车作业 15 人，混凝土输送车司机 12 人，混凝土输送泵司机 6 人
防水板粘贴	15	
模板台车移位	18	脱立模 10 人，钢轨铺拆 8 人
铺底水沟灌注	20	
合计	154	

(2)每一洞口常用施工机具配备，见表 6-12。

(3)三管两线配备(按每一洞口负担的施工长度计算)，见表 6-13。

表 6-12 每一洞口常用施工机具的配备

顺序	机具名称	规 格	单位	隧道长度/m				说 明
				500～1 000	1 000～2 000	2 000～4 000	4 000～6 000	
1	空气压缩机	—	m³/min	30～50	40～60	80～100	120～150	以电动的为主
2	凿岩机 (带气腿)	YT-23、 YT-25	台	15～20	20～30	25～35	40～50	—
3	锻钎机	IR-50	台	1	1	1～2	1～2	—
4	装岩机	电动或风动	台	1	1～2	2～4	3～5	—
5	胶带运输机	—	台			2～3	2～3	也用在洞外配合碎石机
6	电瓶车	XK8-7/132A	台	1～2	3～4	4～5	6～8	
7	充电机	14.5 kW	台	1～2	2～3	3～4	5～6	
8	混凝土搅拌机	250 L 或 400 L	台	1	1	2～3	2～3	
9	混凝土捣固器	插入式	台	4	6	8	10	
10	灰浆搅拌机	—	台	1	1～2	1～2	2～3	
11	风动压浆机	—	台	1	1～2	1～2	2～3	—
12	电动压浆机	—	台	1	1～2	1～2	2	检查压浆用

顺序	机具名称	规 格	单位	隧道长度/m				说 明
				500～1 000	1 000～2 000	2 000～4 000	4 000～6 000	
13	喷混凝土机	—	台	1	1～2	1～2	2～3	视围岩条件而配
14	混凝土输送泵	—	台	—	1	1～2	1～2	视需要而定
15	金属活动模板台车	—	台	—	1	1～2	1～2	与混凝土输送泵配套使用
16	卷扬机	电动 0.3～1 t	台	3～4	4～5	5～6	6～7	洞内提升用
17	通风机	主扇 70B2-12 型	台	—	—	1	1	平行导坑主扇另备用 1 台
18	通风机	局扇 JBT-52,61，62	台	4	4～6	6～8	8～10	—
19	潜水泵	—	台	1～2	2～3	3～4	3～4	
20	抽水机	—	台	2	4	4～6	4～6	用于排水，大量涌水时另配
21	低压变压机	5 kV·A380/220—36 V	台	2～4	4～6	6～8	6～8	
22	钢拱架	38 kg 旧钢轨	榀	50～60	60～80	80～100	100～120	
23	斗车	0.75～2.0 m³	辆	40～50	50～70	80～100	120～150	—
24	平车	1 t	辆	12～15	15～21	24～30	36～45	运料用，按斗车的 30% 计
25	平移调车器	—	台	2	2	2～4	4～6	开挖面调车用
26	伸缩式凿岩机	YXP-24 型	台	1	1	2～3	3～4	锚杆支撑钻眼用
27	碎石机	电动 17 kW	台	1	1	1～2	2～3	—
28	磨砂机	—	台	1	1	1～2	2～3	无天然砂源或供应不足时使用
29	电焊机	—	台	1	1	1	1	洞口修配所用
30	氧焊机	—	台	1	1	1	1	洞口修配所用
31	磨钻机	—	台	1	1	1	1	洞口修配所用
32	车床	—	台	1	1	1	1	洞口修配所用
33	钻床	—	台	1	1	1	1	洞口修配所用

顺序	机具名称	规 格	单位	隧道长度/m				说 明
				500~1 000	1 000~2 000	2 000~4 000	4 000~6 000	
34	砂轮	—	台	1	1	1	1	洞口修配所用
35	钻杆对焊机	—	台	1	1	1	1	洞口修配所用

注：1. 洞外无高压电源可利用时，需另配发电机供电。

　　2. 上列机具数量和压缩空气量均未包括备用量。

表 6-13　三管两线配备

顺序	名称	规格	单位	洞口负担的施工长度/m					说明
				300~500	500~1 000	1 000~1500	1 000~1 500有平导	2 000~2 500有平导	
1	高压风管	φ200 mm	m	450~600	650~1 150	1 200~1 650	2 100~2 600	2 700~3 100	包括机房至洞口 150~200 m
2	高压水管	φ100~150 mm	m	500~700	700~1 250	1 300~1 800	2 400~2 900	3 000~3 700	包括水池至洞口 200~300 m
3	通风管	φ500~600 mm	m	400~600	600~1 100	1 100~1 600	500~600	600~800	—
4	钢轨	18~24 kg/m	双 m	1 050~1 450	1 700~2 700	2 750~4 000	5 000~7 000	7 500~8 500	包括洞外场地
5	道岔	6 号	组	10~15	14~18	16~22	30~38	40~50	包括洞外场地
6	主线	—	m	—	400~700	700~1 100	1 150~1 730	1 800~2 300	动力线自洞外变压器算起
7	支线	—	m	500~650	1 000~1 200	1 500~1 750	2 400~2 800	3 000~3 600	动力线自洞外变压器算起

注：1. 较长隧道距导坑工作面 300~400 m 以外的成洞地段，可少设置道岔，仅在适当地点设置会让线。

　　2.1 000 m 以下的隧道可不用主电缆，1 000 m 以上的隧道距导坑工作面 500 m 以外用主电缆。

6.4.3　施工进度图的编制方法

1. 确定施工作业间距

为了安全生产，减少作业之间的干扰，保证施工质量，提高生产效率，必须保持各作业间的最小间距。不同的开挖方法有不同的间距要求，可参见隧道教材有关章节。

2. 施工进度图编制步骤和方法

(1)绘出隧道纵断面示意图，标出隧道中心里程、进出口里程及隧道长度，并在纵断面图下分别说明地质水文情况、开挖方法、衬砌类型及线路情况等。

（2）确定隧道开挖顺序、导坑类型、断面尺寸及各作业间隔长度，并绘制出开挖顺序及作业间距示意图。

（3）按开挖顺序示意图及各段开挖进度，绘出各段的开挖进度线。如有辅助导坑或开挖方法有变更，应在进度线中标示。一般以横坐标为里程，纵坐标为时间，按各作业项目的进度用坐标法绘出进度线。可将开挖、衬砌等项目的各道工序单独绘出，亦可按开挖、衬砌的综合作业绘制。一般实施性施工组织设计多采用前者，只有在投标报价中采用后者。进度线按下述方法绘制：在不同地质、不同衬砌地段，计算出各段需要的天数，即天数＝每段长度/该段进度，然后以长度为横坐标，天数为纵坐标，从隧道开工的起点作直线即可。

（4）进度线绘出后，进行劳动力分配，绘制劳动力动态图，一般绘在进度线的右侧。最后绘制图例图标，注写必要的说明。

3. 绘制进度图应注意的事项

（1）注意进度变换点，并在绘制中加以标明。两端各作业项目完工时间应相交在同一断面上，以利于工作量的划分。

（2）水沟及压浆工作：若为混凝土衬砌时，可在边墙或拱圈完工后 7～14 d 内完成；若为砌石瓦工时，可在边墙及拱圈完工后 3～4 d 内完成。

（3）边墙及拱圈的衬砌，可随开挖进度进行。铺底工程应在墙拱主体衬砌及水沟、电缆槽完工后开始铺砌。洞门工程可根据地质情况及工程数量来确定工期，地质不良的洞门应尽早尽快完成，以保证施工安全。

6.4.4 洞口管道、线路布置

1. 风（水）管道

（1）管道应尽可能平、顺、直，转弯少，管径一致。

（2）分风、分水接头和闸阀必须满足施工要求，但数量应尽量减少。

（3）有平行导坑者，管道从横通道穿入正洞时，可以从轨下穿过；平导支管可考虑向前倒用。

（4）无平行导坑者，布置在靠空压机一侧。

（5）管道与水沟不宜在同一侧，以免影响排水。

2. 动力及照明电线

（1）动力、照明电线的截面积和长度必须根据施工最大用电负荷考虑，一次架设，逐渐随施工掘进向洞内延伸。

（2）动力电缆与照明电线，可悬挂在同一侧，但必须上下分开悬挂，不得悬挂于同一个横担上。

（3）电线、电缆与风管、水管及爆破用电线，必须分别悬挂在隧道两侧。

（4）爆破电线主线应用绝缘电缆，其主线与区域线均不能与其他电线靠近和交叉。

（5）电线、电缆悬挂高度，距人行道地面不得小于 2 m。

（6）在较长隧道中应考虑信号线路和电话线路的设置。

3. 洞内管线布置

洞内管线布置如图 6-3 所示。

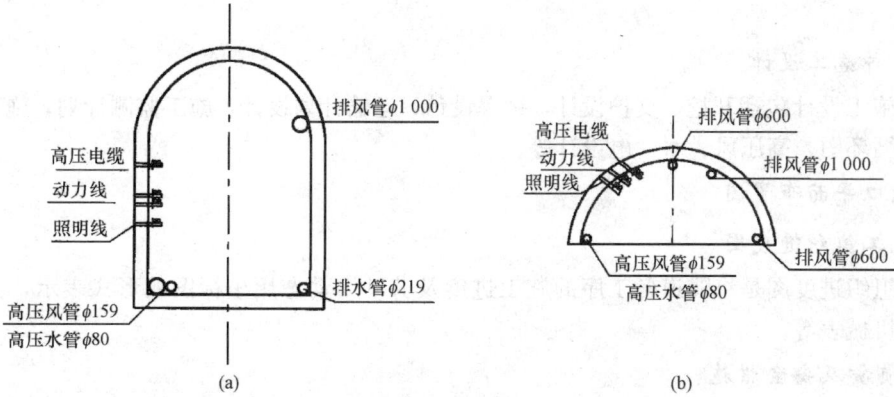

图 6-3　隧道洞内管线布置

(a)全断面开挖地段；(b)半断面开挖地段

6.4.5　隧道实施性施工组织设计的内容

在隧道工程的设计阶段和施工阶段都必须编制相应的施工组织设计文件。设计阶段编制的施工组织设计，称为隧道施工指导性施工组织设计；施工阶段编制的施工组织设计，称为实施性施工组织设计。本部分指的是实施性施工组织设计。

实施性施工组织设计是由施工单位根据指导性施工组织设计和工地具体情况，对隧道施工中各项分部工程，各工序及施工队或班组的人力、机具等配备情况，分期、分部位、分项目编制的更为具体详细的计划安排。实行施工组织动态管理，其目标是为了达到安全、经济、保质、保量、按期或争取提前圆满地完成施工任务。

实施性施工组织设计的主要内容有：

1. 工程概况

工程概况包括隧道名称、起止里程；中线平面位置及纵向坡度情况；隧道所处围岩的工程地质和水文地质情况、所处地区的气候条件、地形地貌；当地可供利用的运输道路、电力、水源和当地建筑材料等情况；本隧道与洞外其他工程的关系及工期等。

2. 施工准备工作的安排

施工准备工作的安排包括提出复测或控制测量的要求及其完成期限；计算洞口工程和临时工程(如临时便道、给水、供电、通信、施工房屋等)的工程数量，合理安排施工顺序和施工期限；合理布置为隧道施工服务的整套附属生产设施，如当地砂石料的开采场地、木工场、机修房、变电站、空压机站、水泵站等；各种机械的安装、配套及试运转；材料库的建立及部分材料的储运工作等。

3. 工程数量

工程数量包括洞内、外的各种工程数量并列表汇总。

4. 材料数量

材料数量包括主要材料及辅助材料并将供应计划列表汇总。

5. 机械(具)配备

机械(具)配备是将各种施工机械(具)的配备数量及其耗油量(列入材料表中)列表汇总。

6. 劳力及工班组织

劳力组织是将劳动计划、各工序需要的工天数列表汇总；工班组织即各工序具体劳力分工安排情况。

7. 各种施工设计

各种施工设计包括开挖、支护设计，钻爆设计，运输计划设计，施工监测计划，施工通风设计，作业循环图，高压风、水、电设计等。

8. 洞口平面布置图

9. 施工组织进度图

施工组织进度图是将隧道各工序的施工进度及劳动力动态用坐标图的形式表示，并附上主要材料、机械表等。

10. 质量及安全措施

质量及安全措施是指特别要对新技术的工艺提出质量要求，对各工序提出相应的安全措施。

6.4.6 隧道实施性施工组织设计的编制依据及程序

1. 编制依据

(1)隧道的各种设计文件、标准图、工程数量。

(2)工期要求、人工、材料、机械(具)、运输等条件。

(3)现场调查资料、预先选定的施工方案。隧道施工方案一般包括辅助坑道方案，开挖方案，支撑与预加固方案，支护与衬砌方案，风、水、电作业方案，场地布置方案，运输方案，施工进度和劳材计划及机具设备计划等。

(4)各种定额指标，包括劳动定额、材料定额和机械定额。根据定额可计算出全部工程所需的劳动工天、材料总消耗量、机械总台班数。它是编制施工计划、经济核算的依据。

(5)各种质量、安全规划及管理制度，包括主要技术组织措施；采用推广新技术；提高劳动生产率，节约人力、物力，降低工程成本；检查和提高工程质量的制度；施工安全措施；开展劳动竞赛及施工奖惩制度等。

2. 编制原则

根据隧道工程的技术与经济特点，在编制隧道施工组织设计时应贯彻以下原则：

(1)严格遵守签订的工程施工承包合同或上级下达的施工期限，保证按期或提前完成隧道施工任务。

(2)遵守隧道施工技术规范和操作规程，确保隧道工程质量及施工安全。

(3)采用新技术、新工艺、新方法，不断提高机械化施工及预制装配化施工进度，降低成本，提高劳动生产率，减轻劳动强度，统筹安排施工及尽量做到均衡生产。

(4)开源节支，精打细算，充分利用现有设施，尽量减少临时工程，降低工程造价，提高投资经济效益。

(5)认真贯彻就地取材的原则，尽量利用当地资源。

(6)合理组织冬雨期施工和隧道工程建筑材料运输、储备工作，增加全年施工工作日，力求降低冬雨期施工的附加费用。

(7)节约隧道施工用地，少占或不占农田，注意水土保持和重视环境保护。

(8)统筹布置隧道施工场地，以确保施工安全，要方便职工的生产和生活。

3. 编制程序

编制隧道施工组织设计时，既要遵守一定的程序，也要按照隧道施工的客观规律，协调和处理好各个因素的关系，采用科学的方法进行编制，编制程序如图 6-4 所示。

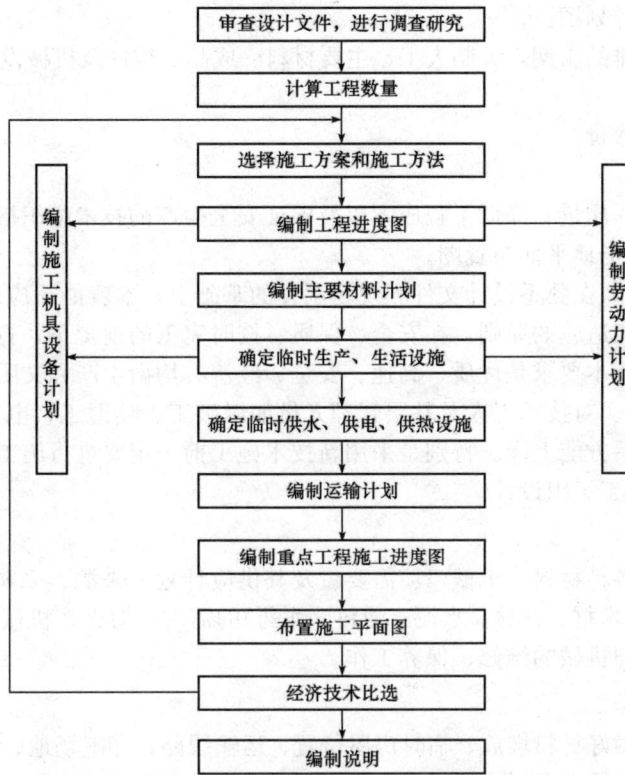

图 6-4　施工组织设计的编制程序

6.4.7　隧道施工前的准备工作

1. 技术准备

(1)审核设计文件，熟悉设计文件，并核对平纵剖面、地质资料等是否和现场条件相符，洞口位置、辅助坑道位置、排水系统以及洞口工程与其他工程安排等是否合理。

(2)控制桩的复核和复测。对洞口投点及水准点要做好交接工作，仔细复核和复测，当桩较少不便施工时应进行补设。

(3)施工调查。为给施工组织设计提供依据，需要进行施工调查，主要内容有：地质的现场核实；砂、石料来源及场地布置；二、三类材料来源；劳力、电力、交通运输以及房屋拆迁、生活供应、水源等。调查完毕写出详细报告，应包括以下内容：

1)选择施工方案。研究隧道工程设计文件、图纸及协议、合同，根据现场施工调查资料和施工单位实际情况，分析有利和不利因素，并结合上级指导性施工组织设计关于施工方案、工期、质量等方面的要求，仔细研究，多方比选，选择经济可行的施工方案。

2)计算工程数量。根据设计文件和指导性施工组织设计对施工区段的划分，分区段计算各分部位(如开挖、衬砌等)的工程数量。

3)合理确定施工方法，安排施工进度，确定开工日期，拟定各分部项目月综合平均进度及关键项目贯通里程和时间。

4)计算资源需要量。根据选定的施工方法和施工进度安排，计算人工、材料、机械设备运输工具、电力、动力设备的需要量。

5)编制施工进度计划图。

6)按施工进度安排的工期,编制人工、主要材料、成品、构件及机械设备等日历性(年、季、月)供应计划。

7)计算临时工程数量。

8)编制施工附图。

9)拟定确保工期、质量、降低工程成本以及保证安全生产的技术组织措施。

10)绘制洞口施工场地平面布置图。

(4)确定施工方案。在熟悉设计文件和现场调查的基础上,本着能适应地质变化,与施工单位人力、物力、技术相适应的原则,在安全、保质、按时完工的前提下,选择隧道的施工方案。选择隧道施工方案的基本要求是优质、高速、安全、经济、均衡生产和文明施工等。

(5)培训专业人员。对技术工人及基层管理人员如爆破工、喷射工、电工、安全员、质检员等,要进行专门培训后方能上岗。特别是采用新技术施工前一定要进行施工前的技术培训。

(6)编制实施性施工组织设计。

2. 物资准备

对隧道施工中的各种材料、机械(具)需要量及其供应计划、来源、采购、运输等都要落实,特别要保证五大材料(木材、钢材、水泥、油料、炸药)的需求。对大型机械要做好运进、试运转等工作,并要做好对旧机械的维修、保养工作。

3. 施工场地布置

根据洞口地形,做好材料堆放、临时房屋位置、运输线路、弃碴场地、专用机械及搅拌站场地等的规划。在施工场地布置时应注意以下几点:

(1)洞口相邻工程(桥、涵)应优先安排,以减少对正洞施工的干扰,并开辟场地。

(2)弃碴场要少占农田,并要避免弃碴危及已建墩台的安全。

(3)机棚、料库等临时房屋位置要考虑材料加工的连续性和作业之间的相互关系。

(4)砂、石、水泥场地要考虑便于装运,设计时应采用高站台、低货位。

(5)生活区离工地要远近适当,且要尽量集中,若靠近水源应注意防洪。

6.4.8 隧道施工进度计划

隧道施工进度计划,反映了工程从施工准备工作开始直到工程竣工为止的全部施工过程,并反映了隧道工程各方面之间的配合关系,以及工程各分部及工序之间的衔接关系。隧道施工进度计划有助于指挥部门抓住关键,统筹全局,合理布置人力、物力,正确指导施工生产的顺利进行;有助于劳动人员明确施工目标,更好地发挥主动精神;有利于施工企业内部及时配合和协同作战;有利于加快施工进度。

隧道施工进度计划是按照流水作业原理编制的;隧道施工组织必须研究隧道的施工过程。隧道施工过程一般可分为施工准备过程、基本施工过程、辅助施工过程和服务施工过程。隧道施工过程的组织,主要解决"施工空间组织"和"施工时间组织"两方面的问题。隧道施工过程的空间组织,主要解决施工单位的机构组织和人员配备问题,以及具体工程项目的各种生产、生活、运输、行政管理及临时设施的空间分布问题;隧道施工过程的时间组织,主要解决工程项目的施工作业方式和施工作业工序的安排及衔接问题。

1. 隧道施工作业方式

隧道施工作业方式有:

（1）顺序作业。即按工艺流程和施工程序安排作业，也就是按先后顺序进行组织施工操作，如隧道坑道开挖。临时工程的施工顺序是：放样、钻眼、装药、引爆、通风除尘、装碴、出碴等。

（2）平行作业。线型隧道工程施工作业面很长，因此，根据隧道各分项工程和施工技术的需要，分为几段或几个施工点，同时按程序施工。这种平行作业施工方式可缩短工期，但一般隧道施工仅有两个工作面，为了加快掘进，需设置辅助坑道，如横洞、斜井、竖井、平行导坑等，以增加坑道开挖施工工作面和能够采用平行作业方式组织生产，加快施工速度及改善施工条件等。

（3）流水作业。这种作业方式是将隧道工程划分为若干个施工段或工区，某一工种的工人队（组）先在第一施工段完成第一道工序，再转移到第二施工段完成同一道工序，同样，另一工种的工人队（组）紧跟其后，依次在各施工段完成下一道工序，依此类推，像流水一样前进，直到完成全部施工任务为止。流水作业以施工专业化为基础，优点是前一工序可迅速为后一工序让出工作面，从而加快工程进度；各队（组）在各施工段上连续均衡施工，可合理地使用劳力、材料和机具（如模板和支撑等材料能在各施工段周转使用）；各工种的工人队（组）连续进行同一种工作，可提高熟练程度，有利于保证工程质量和提高劳动生产效率。流水作业是顺序作业和平行作业相结合的一种施工方法，保留了平行作业和顺序作业施工的优点，摒弃了它们的缺点。在工序相同的多个施工段的隧道线型工程施工组织中，其优越性是显而易见的，故采用较多。

2. 隧道施工进度图

隧道施工进度计划一般采用隧道施工进度图来表示。隧道施工进度图有横道图、垂直图和网络图三种形式。

（1）横道图。横道图如图 6-5 所示，一般由两大部分组成：左面是以分项工程为主要内容的表格，包括相应的工程量、定额和劳动量等计量依据；右面是指示图表，它是由左面表格中的有关数据经计算等得到的。指示图表用横向线条形象地表示分部、分项工程的施工进度：横线的位置表示隧道施工过程；横线上的数字表示劳动力数量；横线不同的符号表示作业队（组）或施工段；横线长度表示隧道各施工阶段的工期和总工期，并综合反映各分部分项工程相互间的关系。可采用此图进行资源综合平衡。

横道图表示方法适用于绘制集中性的工程进度图、材料供应计划图，或作为辅助的图示附在说明书中向隧道施工单位下达任务。

（2）垂直图。垂直图如图 6-6 所示，一般用坐标图的形式绘制。以横坐标表示隧道长度（以百米标表示里程），以纵坐标表示施工年月（日）。用各种不同的线型代表各项不同的工序，每一条斜线都反映某一工序的计划进度情况：开工计划日期和完工计划日期，某一具体日期进行到哪一里程位置上以及计划的施工速度（月进度）。各斜线的水平方向间隔表示各工序的距离，其竖直方向间隔表示各工序的拉开时间。各工序均衡推进表示在进度图上为各斜线的相互平行。垂直图可用于隧道工程的进度分析和控制，施工日期一目了然。

（3）网络图。网络图如图 6-7 所示。隧道施工具有较强的循环性，在每一循环中，各项工作都平行作业，而网络图工程主次清晰，可一目了然地找出"交接准备"到"放炮通风"的关键线路，便于保证主要关键线路的人力和物力供应。同时，通过对网络图的识读，可以掌握次要线路上的工作情况，避免因未完成次要线路上的工作而影响关键线路上的作业进程。整个循环作业过程有条不紊，完成各作业项目的工期准备，以保证整个循环作业顺利进行。

采用网络图的形式进行隧道施工工序分析，既能反映施工进度，又能反映各工序和各施工项目相互关联、相互制约的生产和协作关系。采用网络图可表示隧道施工中集中性工程或线型工程的进度，还可以通过计算机对施工计划进行优化，是一种较先进的施工进度图的表示形式。

6.4.9 隧道施工场地平面布置

隧道施工场地布置应根据洞口地形特点，结合隧道工程规模大小、洞口地形特点、水源情况及工期要求，结合劳动力安排、机械设备、材料用量、施工方法等因素，进行全面规划、统筹安排、合理布置，做到为安全生产、快速施工创造有利条件。某隧道洞口施工场地平面布置如图 6-8 所示。

1. 弃碴场

(1)弃碴场宜设在空地的低洼处，并尽量少占农田。碴堆不得流失、坍滑，避免影响下游工农业设施及相邻建筑物。

(2)如无弃碴场地而弃于河道中时，应满足水流畅通和通航要求，并应检查各种水位时弃碴是否会形成挑水乃至影响本岸和彼岸坡面的稳定。

(3)运距不远时可考虑将弃碴用做洞外路基填方、桥头路堤填土、施工场地的填筑及填补沟壑造田。

(4)注意环境保护。

2. 材料库

大宗材料(如砂、石料、水泥、木材、钢材等)的存放地点(砂、石料堆放场地、水泥仓库、木材仓库、钢材仓库)及木材、钢材加工场地的布置，应考虑材料运进工地要方便，易于卸车，靠近使用地点，注意防洪、防潮及防火的要求，并应便于加工、搬运和施工使用等。

3. 隧道施工生产房屋和生产设施布置

(1)通风机房和空压机房应靠近洞口，尽量缩短管道长度，以减少管道能量损失，尤其要尽量避免出现过多的角度弯折。

(2)搅拌机应尽量靠近洞口，靠近砂、石料，便于装车运输等。

(3)炸药和雷管要分别存放。其库房要选择离工地 300～400 m 以外的隐蔽地点，并安装避雷装置。

(4)隧道施工机械场所的位置，要求应有便道可以直达，且用电、用水方便。

(5)隧道工地的临时道路，工地的主干道路宜呈环状布置，次要道路可布置成枝状，应有回车的调头场地。路面宽度双车道 6 m，单车道 3.5 m。

(6)行政管理和生活福利设施，应方便生产及工人生活。工地项目部办公室可位于工地出入口附近，便于有效指挥隧道施工和管理。

4. 隧道工地生活房屋的布置

生活用房要与洞口保持一定距离，以保证工人和工作人员有一个较安静的休息环境，但又不宜过远以保证工人上下班行走方便。整个生活区要适当集中，以便学习和管理。要考虑职工室外文体活动场地的布置，注意防洪防水、环境保护和卫生。

所有库房及生活用房的布置，均应充分考虑安全因素，如应避开坡面坍滑、危岩落石及泥石流等的危害；还应考虑防潮、防水、防洪(特别是水泥、炸药库)。

总而言之，隧道施工场地布置要尽量做到"占山不占地、占地不占田、修路又造田"。施工单位应通过对隧道施工现场的详细踏勘，对投标文件认真分析，充分考虑各种因素，遵循合理、实用、经济的原则，进行隧道施工设施及场地平面布置。

序号	工程项目	单位	数量	定额	劳动量/工日	每班平均人数	工作日/天
1	准备工作				178	23	8
2	采砂石料	m³	3 963	2.56	10 133	105	96
3	运输材料	t	595	0.12	2 490	24	104
4	洞外石料	m³	1 638	0.49	803	50	16
5	下部坑道	m³	2 640	1.61	4 259	40	108
6	上部坑道	m³	1 553	1.59	2 474	54	106
7	扩大	m³	3 330	1.62	5 729	58	106
8	挖底	m³	3 804	1.61	6 138	25	106
9	浇边墙	m³	847	3.17	2 681	35	106
10	浇拱圈	m³	1 168	3.17	3 704	5	106
11	拱背填片石	m³	338	1.31	112	23	96
12	压浆	m³	439	2.77	1 214	13	96
13	浇水沟混凝土盖板	m³	19.4	6.94	204	9	24
14	整修路拱	m³	1 486	0.26	393	25	16
15	浇路面	m³	1 486	0.28	414	25	16
16	砌洞门水沟	m³	185	2.10	388	15	26
	总计				41 644		

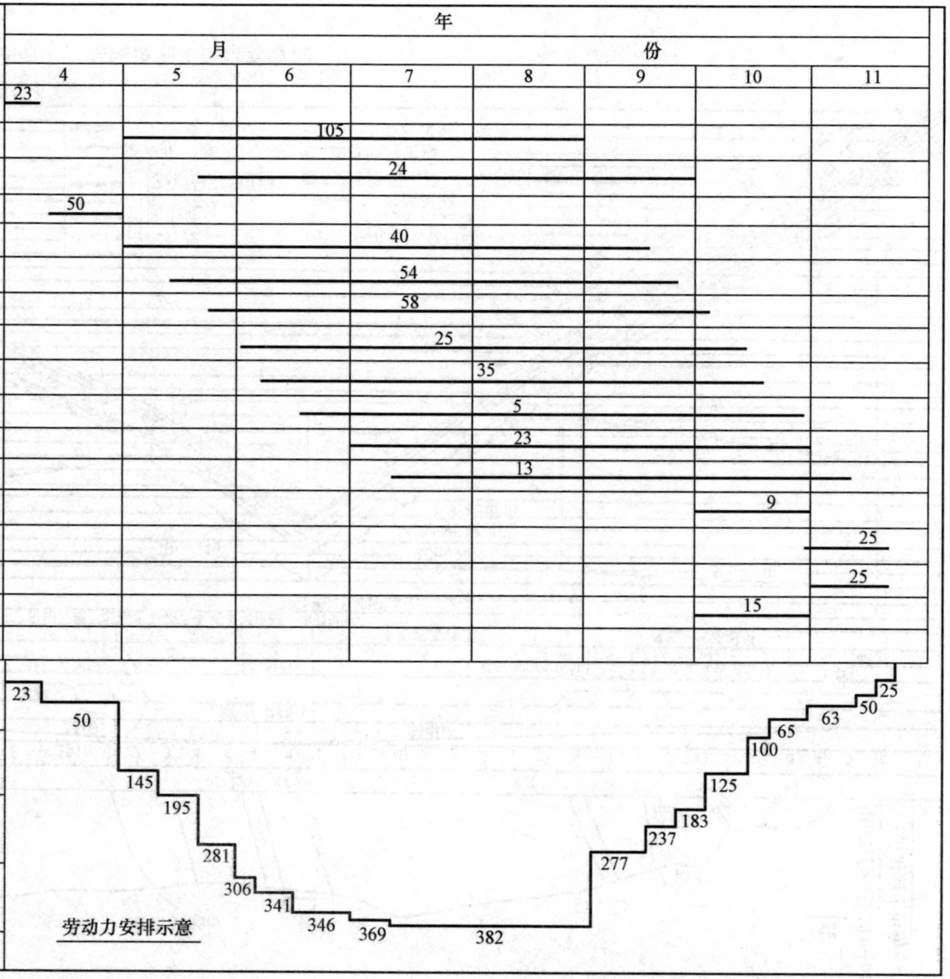

劳动力安排示意

图6-5　某隧道工程施工进度横道图

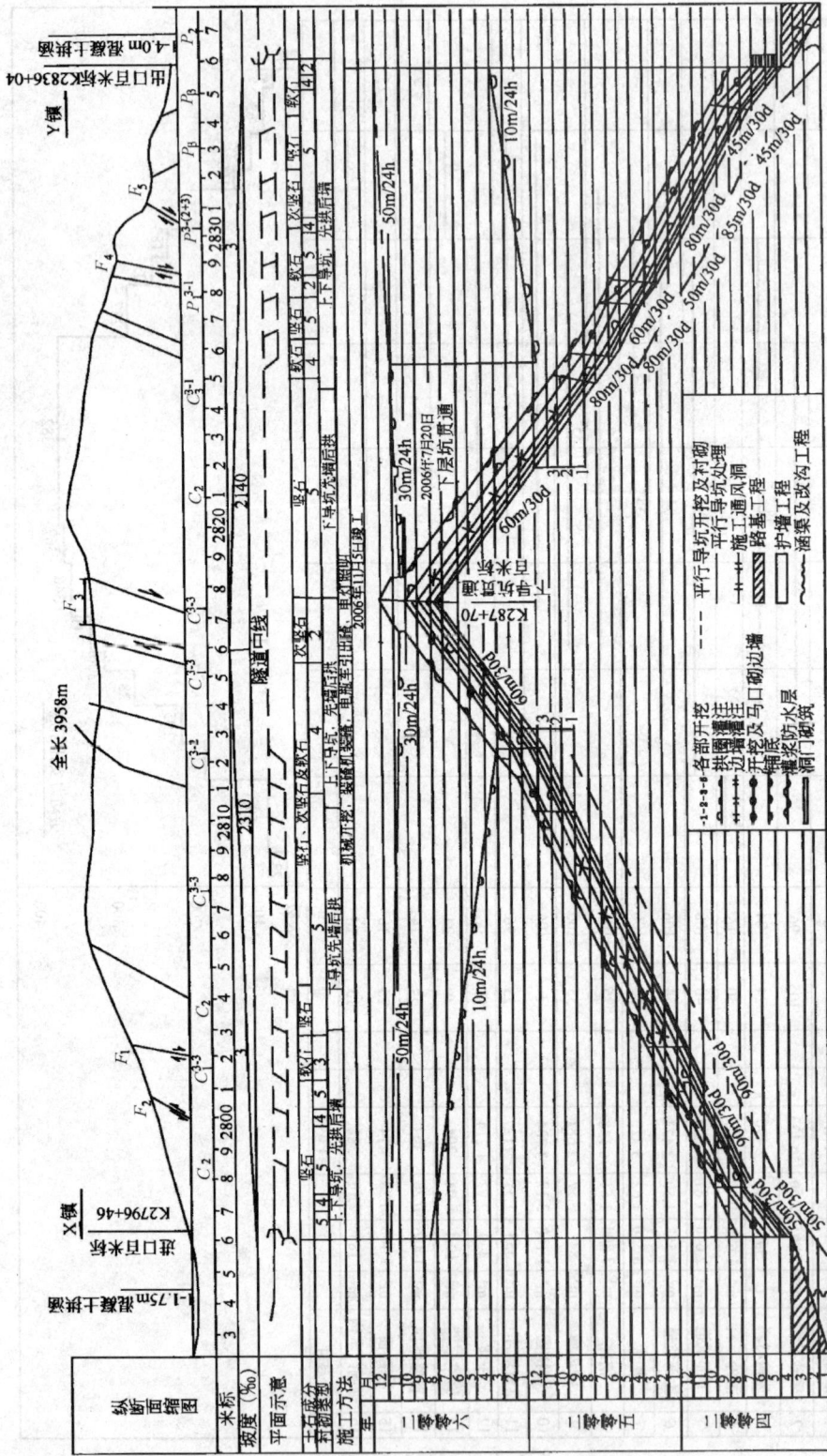

图6-6 某隧道施工进度垂直图

注：施工方法、劳动力动态、主要工程数量、主要施工机具数量等本图未予显示。

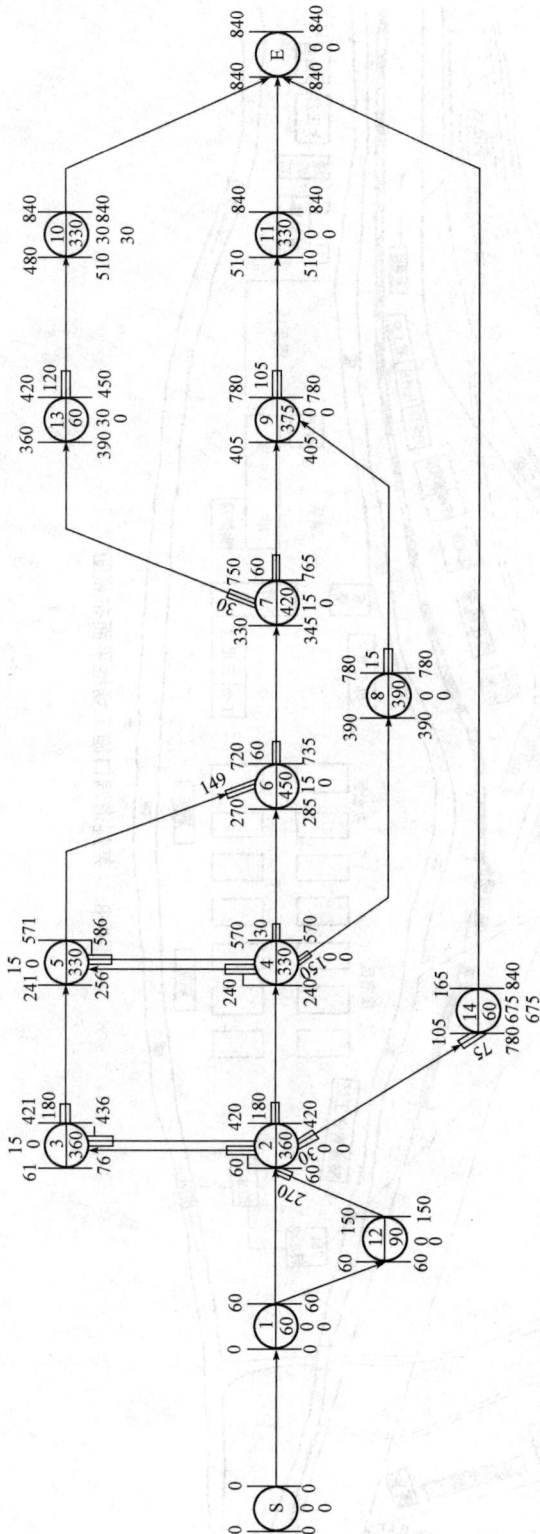

代号	工序名称	持续时间/天
①	施工准备	60
②	上半断面开挖(起拱线下0.5~1.0 m)	360
③	上半断面初期支护(拱部)	360
④	下半断面开挖(中槽马口)	330
⑤	下半断面初期支护(边墙)	330
⑥	边墙二次衬砌	450
⑦	拱部二次衬砌	420

代号	工序名称	持续时间/天
⑧	仰拱开挖	390
⑨	仰拱有填充混凝土	375
⑩	压浆	330
⑪	水沟及电缆槽	330
⑫	斜井开挖及支护	90
⑬	明洞及洞口	60
⑭	地表沟床加固	60

图例:

ES 最早可能开工时间
EF 最早可能完工时间
LS 最迟必须开工时间
LF 最迟必须完工时间
TF 总时差
FF 局部时差
STS 搭接关系(LT_{ij}为时距参数)
FTF 搭接关系(LT_{ij}为时距参数)
STF 搭接关系
STS 和 FTF 混合搭接关系

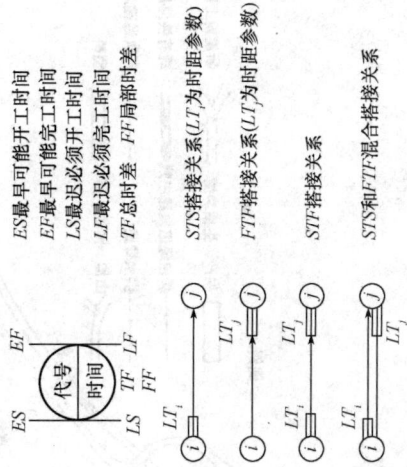

图6-7 某隧道进口区施工网络图

图例：

- ☐ 生产、生活房屋
- —·—·— 新建隧道线路中线
- ▬▬▬ 既有铁路线
- ——— 有轨运输线
- ----- 新建施工便道
- ----- 供水管路
- ⋎ 山沟、河道
- ⊏⊐ 便桥

试验室
水工房
材料库
停车场
车辆段
电房/压缩房房/锻工房
车间修理所
配电房
变压机房
洗涤道
排渣线
储渣线
备料场
覆盖室
炸药库
青春库
水源库
断层
200t水池
φ100 下水管路 L=540m
新建隧道洞口里程 DⅠK439+792
隧道明洞
φ100 上水管路 L=450m
φ100 下给水管路 L=450m
150t水池
弃渣场
弃渣场
青沟里沟
备料台
1号隧道 DⅡK440+700
球场
食堂
浴室
锅炉房
办公室
工会三用堂
车房
厕所
厕所
生活区
办公区
隧道青守工区
油库房
75t 贮水池

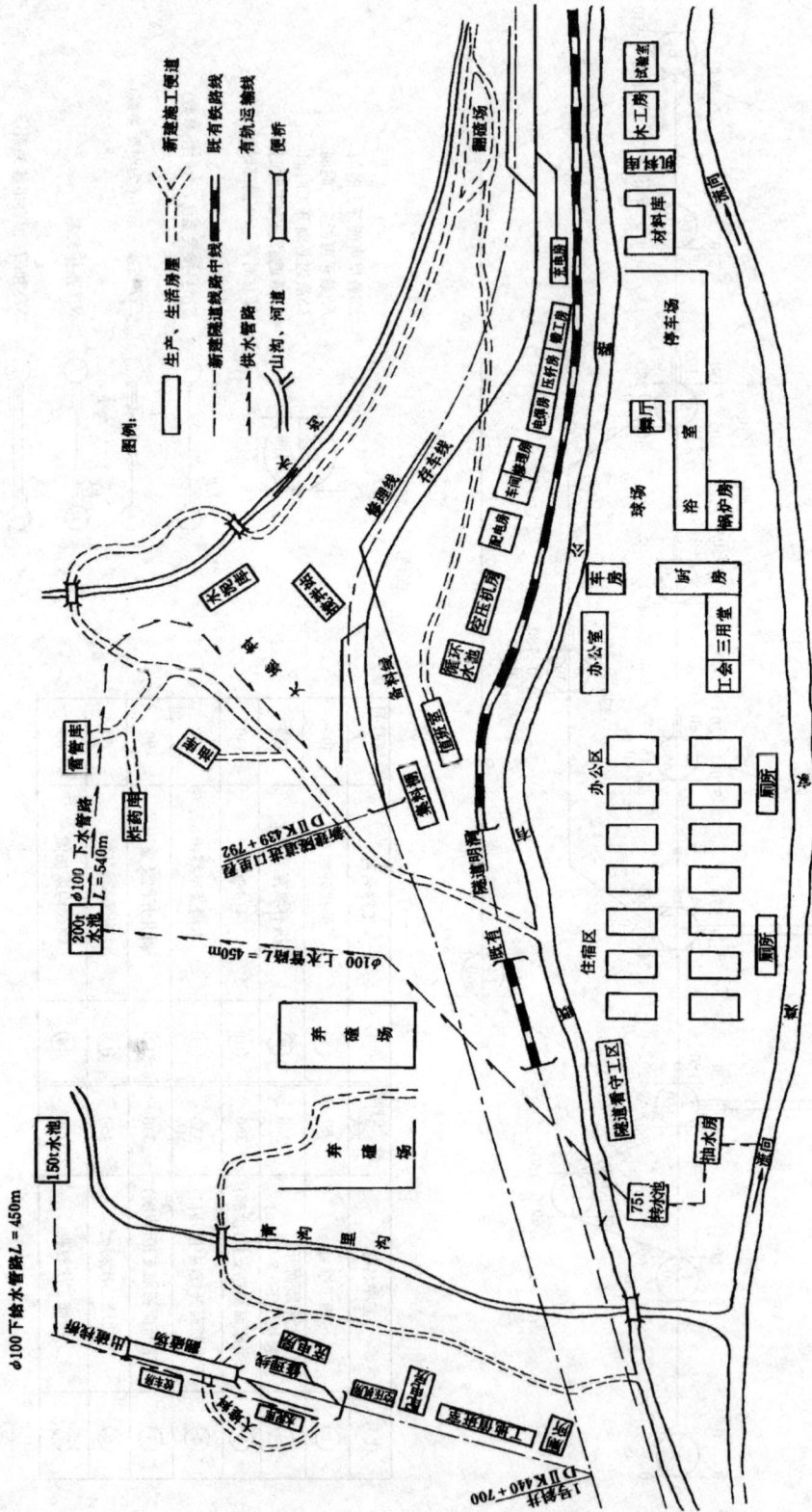

图6-8 某隧道洞口施工场地平面布置图

项目小结

本项目主要介绍铁路隧道工程施工特点及施工方法；选择隧道施工方法需考虑的因素、明确隧道洞口、洞身及隧道内道床采用的施工方法；辅助坑道、供风、供水、供电、通风、排水、施工运输等隧道施工辅助设备的适用条件；隧道工程实施性施工组织设计的内容，包括劳动力、材料、机械数量的计算及劳动力和机具设备的组织，隧道实施性施工组织设计的内容及编制依据、原则、程序；隧道施工前的准备工作，隧道施工进度计划安排的方法及施工计划进度图的编制，隧道施工场地布置图等内容。通过对本项目的学习，不断总结隧道施工经验，提高隧道施工管理水平，合理组织施工，优质、高效地完成修建任务。

复习思考题

1. 隧道工程有哪些特点？
2. 隧道施工中有哪些辅助设施，各起什么作用？如何计算其需要量？
3. 洞内施工运输有几种方法？各有什么特点？
4. 选择隧道施工方法应考虑哪些因素，注意哪些问题？
5. 隧道洞口施工应如何安排？怎样选择进洞方法？
6. 单(双)线隧道有哪些开挖方法？各有什么优缺点？根据施工条件，如何合理选择？
7. 怎样计算隧道工、料、机需要量？如何合理进行劳动力和机具设备组织？
8. 隧道工程各作业项目施工进度指标如何确定？试举例说明。
9. 简述隧道施工进度图的编制方法。
10. 隧道洞内管线如何合理布置？
11. 简述隧道工程实施性施工组织设计的文件组成及内容、编制依据、编制程序。
12. 施工进度图的表示方法有几种？
13. 隧道施工场地平面如何布置？

项目 7　轨道工程施工组织

项目描述

轨道铺设工作能否如期完成，直接影响铁路交付运营的期限。本项目是铁道工程专业的重点内容之一，主要阐述轨道工程的意义，铺轨前的施工准备工作，机械铺轨和人工铺轨的施工过程、作业程序、劳动力及机具的组织，道碴场的选择、道碴运输、道碴铺设以及轨道工程实施性施工组织设计的编制程序、文件组成及主要内容等。

学习目标

熟悉轨道工程施工准备工作的有关内容，包括技术准备、施工调查、编制实施性施工组织设计等；

掌握机械铺轨的施工过程、轨节组装基地的设置及轨节组装工序、轨节运输的机械设备、铺轨机铺轨的施工作业程序、道碴的运输及铺设方法；

了解人工铺轨的施工过程；

熟悉轨道工程实施性施工组织设计的编制程序、文件组成及主要内容。

轨道是铁道线路的上部建筑，铁路轨道施工是指在业已建成的先期工程如路基、桥涵和隧道等线路下部建筑之上进行轨道铺设的工作。线路下部建筑的按期优质完成，是铁路轨道铺设的前提；而轨道铺设工作能否如期完成，又直接影响铁路交付运营的期限。因此，轨道铺设是铁路建筑一项非常重要的基本工程，包括铺轨和铺碴两项基本内容。

轨道工程实施性施工组织设计的编制，应在充分掌握线路设计文件中指导性施工组织设计的基础上，针对本单位施工的线路情况、轨道铺设起讫点里程和铺设长度、施工期限和施工进度等，结合本单位具体条件，确定轨道铺设方案和施工方法，编制轨道铺设进度计划，制定出加快铺设进度，保证铺设质量、安全施工、降低施工成本，确保轨道工程如期建成的相应技术措施和组织管理措施。

轨道工程应在保证正线铺设的同时，尽快做好站线的铺设工作，使其能及早发挥运输能力，为轨料的存放、轨节倒装、工程列车的会让等提供方便条件，以降低施工成本和加快施工进度。

轨道铺设工作按其基本内容和顺序分为准备工作、基本工作和整修工作三个阶段。

7.1　轨道工程施工准备工作

学习任务

通过对轨道工程施工准备工作的学习，能够明确轨道工程施工前需要做的准备工作，包括技术准备、施工调查和编制实施性施工组织设计等有关内容。

认真做好施工准备是确保轨道铺设施工顺利进行的前期工作，包括技术准备、施工调查和编制实施性施工组织设计。

7.1.1 技术准备

1. 审核设计文件资料

在铺轨前除审阅复核已有的设计文件外，同时还应向有关线路下部建筑施工单位索取路基和桥涵、隧道的竣工资料，查明铺轨起讫里程、正线站线公里数、桥梁架设座数与孔数（分清正线与便线）等。主要资料有：中线控制桩表、水准基点表、断链表、曲线表、坡度及设计高程表、车站表、桥梁表、隧道表、线路有无路拱地段表、整体道床地段表、陡坡地段表、道口表、路基整修表、架桥岔线表等。

审核复制轨道铺设技术标准和车站平面布置图。其主要审核内容为：钢轨类型、数量，轨枕根数，道岔类型、开向、数量及中心里程，股道坐标及附带曲线半径、长度，引轨及插入短轨的类型、长度，异型接头及轨道电路绝缘接头位置等。

2. 线路测量

轨道工程施工前应进行线路贯通测量。在铺轨之前应检查线路中桩和临时线路标志的埋设情况。在铺轨前1个月，由施工单位从铺轨起点测设线路中线桩。直线地段每隔25 m、圆曲线上每隔20 m、缓和曲线上每隔10 m一个桩。在曲线起讫点、缓圆点、曲中点、圆缓点、道口中心点、道岔中心及岔头、岔尾点、道碴厚度变更点等均须钉设中线桩。然后做水平测量，测出路基纵断面高程，并编制路基纵断面整修表，以便路基整修。

3. 筹建铺轨基地

铺轨基地是新建铁路的一项临时性工程，是铺轨材料的装卸、存放、轨料加工以及轨节组装、列车编组、发送的场所，是铺轨工程的后方基地。对于铁路新线的建设而言，有时由于施工组织设计的需要，铺轨基地也兼做部分架梁的准备工作，如存梁等。在筹建时，必须全面考虑，统一规划，尽量与永久性工程相结合，做到投资少、占地少、上马快、作业方便，并使铺轨列车调度灵活，充分发挥基地的生产潜力。

4. 选定铺轨方案

轨道铺设施工方案设计是施工组织设计的核心，它是在对工程概况和施工特点分析的基础上，确定铺设程序和顺序，施工起点流向，铺轨、铺碴、铺道岔等分部分项工程的施工方法和施工机械选择。

(1)铺轨工程按其性质可分为正常铺轨、临时铺轨及紧急铺轨三类。这三类铺轨方式，在要求和工序的安排上都不同。正常铺轨是在正常情况下，把正式的永久轨道铺设在预先完成的正式路基以及桥梁、涵洞上和隧道内。因此，为了保证正式交付运营期限，正常铺轨期限就成为决定路基、桥涵、隧道等工程完工期限的主要因素临时铺轨是为了满足工程运输上的需要而临时铺设的轨道。紧急铺轨是在通车期限特别紧迫（如抢修时）时的铺轨。

(2)一条铁路线的铺轨依其铺轨工作面的不同，又可分为单面铺轨和多面铺轨。单面铺轨是由线路的一端向前铺轨，自线路起点循序铺设至线路的终端。其开始的一端为铺轨材料的来源地，一般都是新建铁路线与既有线的接轨点，这是铺轨中最常见的一种形式。多面铺轨是从铁路线的两端或线路中间点所展开的铺轨工作面进行铺设的，如线路的两端都有既有线路接轨的条件时，即可考虑两面铺轨的方案。在既有线上增建第二线时的铺轨，由于利用既有线运输铺轨材料和机具较为方便，所以多采用多面铺轨的方案。

无论是单面铺轨还是多面铺轨，都有先铺轨后铺碴和先铺碴后铺轨两种方案。先铺轨后铺碴可利用火车运送道碴的优点，一般在新建线路道碴需要数量极大时选用，其缺点是易损坏轨枕，易造成道碴槽和日后的路基病害；增建第二线或新线沿线盛产道碴的情况下，先铺道碴极为有利，则可以选用先铺碴后铺轨的方案。

（3）依铺轨的方法不同，可分为人工铺轨和机械铺轨。人工铺轨是先将轨料运到铺轨现场，再由人力进行铺设，它主要适用于铺轨工程量小的便线、专用线、既有线局部平面改建和城市轨道交通，较为经济。机械铺轨是将基地组装好的轨节，用轨节列车运到铺轨前方，再用铺轨机械铺设于线路上，并予以逐节连接。由于机械铺轨工效高、质量好，降低了劳动强度，避免了材料的散失、浪费，所以机械铺轨是目前铁路建设中的主要铺轨方法，主要适用于铺轨工程量大的轨道铺设。

5. 路基整修

铺轨前15天应对已完工的路基进行全面检查，如果尚有过高或过低等凹凸不平、路面宽度不够等现象，必须进行整修，以符合设计要求。路基平面和纵、横断面的形状尺寸应符合设计要求。不同土质路基交界处按1‰递减率做好顺坡，路基宽度如小于设计宽度的应予补足。

如果路堤欠填高度或路堑超挖深度不足5 cm时，可不作处理；超过5 cm时，应用同类土壤填补、夯实。如果路堤超填高度（路堤的超填高度必须是考虑沉落量后的高度，如果路基沉落量尚未完全沉落，则应定出施工坡度，在铺轨前整修好）或路堑欠挖深度不足5 cm时，可不作处理；超过5 cm时，应铲除。路基面上的草皮、树根和污垢杂物应彻底清除；整平坑洼及波浪起伏的路面。

6. 预铺道碴

为保证铺轨列车的安全行驶，防止压断轨枕和破坏路基面，铺轨前应在已整修好的路基上先铺设底层道碴。有垫层的道床按垫层厚度铺足，无垫层的道床一般厚15 cm左右，要求顶面平整，中间拉槽，以免混凝土轨枕中部受力折断。如碴源困难，可先在每根钢轨下铺设厚度不小于10 cm，宽度不窄于80 cm的碴带，碴带厚度应均匀一致。

在桥头铺轨时，两端路基上应先铺足碎石或卵石道碴，桥梁全长10 m及10 m以上的桥头，应铺足长度不小于30 m、宽度不小于4 m的道碴平台，且桥头道碴面应比桥台挡碴墙高出5 cm，顺坡坡度可采用5%，以便临时通车。钢筋混凝土桥的道碴槽，必须在铺轨前将梁上道碴铺好。

7. 埋设临时线路标志

铺轨用的临时里程标、曲线标及坡度标等线路标志，均应在铺轨前钉设齐全。

7.1.2 施工调查

施工调查是施工准备的关键，其主要内容有：

（1）考察并选择铺设基地设置方案；落实道碴采集场，并考虑采用的运输方案和道路系统。

（2）落实所需水、电、材料及机具设备供应。

（3）了解架梁河道概况，必要时提出临时通航及采用便桥通过方案。

（4）了解平交道口附近地形、地貌和车辆通行情况，提出维持道路交通的临时措施。

（5）调查站前工程完成情况，看其能否保证铺轨、铺碴、架梁工作的顺利进行。

（6）检查路基整修情况。

（7）检查线路中线桩和临时标志埋设是否符合规定，是否齐全，如有缺损应在铺轨前补齐。

（8）检查界限情况。检查跨越路基的通信和电力线路的高度及其他建筑物限界能否保证铺轨机、架桥机安全通过。如不能，则必须在铺架机械到达前进行处理。

7.1.3 编制实施性施工组织设计

铺轨前应根据设计文件要求及有关基础工程竣工资料、全线指导性施工组织设计规定的铺轨总工期，有关重点工程的施工方案以及施工单位自身的铺轨能力，编制实施性施工组织设计，对施工过程进行质量控制，对进度计划提出明确要求，并制定必要的作业指导书。实施性施工组织设计的基本内容一般包括：工程概况及施工特点的分析，铺设方案和铺设方法的选择，工程量计算，施工进度计划编制，施工准备工作计划的安排，工料机械等需要量的计划，施工平面图编制，保证工程质量、安全施工、降低成本等的技术组织措施，以及各项技术经济指标的计算分析等。

7.2 轨道工程施工方案

学习任务

通过对轨道工程施工方案的学习，明确机械铺轨和人工铺轨的施工过程；认识轨节组装基地的设置及轨节组装方式；明确轨节运输的方式和机械设备；确定铺轨机铺轨的施工作业程序；明确上碴整道的技术要求及施工方法。

轨道工程施工方案的选择与铁路线路在全国路网中的地位、高速重载的发展趋势及轨道结构类型等因素有关。铁路干线上扩大铺设无缝线路，繁忙干线上推广铺设跨区间无缝线路，高速铁路及客运专线建设时应一次铺设无缝线路。为此，必须研制并采用新型施工机械，提高工程质量和效率。

7.2.1 普通轨道机械化铺设

机械化铺设普通轨道主要包括轨节组装、轨节运输、轨节铺设和铺碴整道四个基本环节。

7.2.1.1 轨节组装

1. 轨节组装基地的设置

(1)轨节组装基地位置的选择，宜从全线考虑，统筹安排。在选择时应考虑下列因素：

1)基地最大经济供应半径：新建线为 200~300 km，既有线改建为 100~150 km；

2)基地场地宜平坦宽敞，以减少基地建设的土石方量；

3)铺轨列车进出方便，与运营线路干扰少并能充分利用新建站场与机具设备；

4)水源、电力供应方便的新线或既有线中间站；

5)一般选在新线与既有线接轨点附近，能由站线出岔。

(2)基地的平面布置，主要包括轨节组装车间、轨料存放场和轨节储备场三个部分，这些场内的料具应统一规划、合理安排，达到互相配合、协调一致，使轨节组装工作顺利进行。

1)布置轨节组装车间时，应按照进料、轨节组装、轨节装车的次序来考虑，一般设有进料线、组装作业线及装车线。进料线与装车线分别设于组装作业线的两侧，进料线连接轨料场，便于向组装车间迅速供料；装车线连接轨节储备场和车站站线，便于运出轨节和推送空车；组装作业线的两旁，放置组装用的机具设备，以便进行组装作业。

2)布置轨料存放场时，应根据铺轨进度、基地距轨料来源地的远近和运输等情况确定。基地存放轨料的数量，一般应保证铺轨日进度的十倍左右或至少能满足铺设一个区间的轨料。

为了便于轨料的装卸、搬运，场内应设有必要的吊车等起重设备及其走行轨道和进料卸车的股道。

3)布置轨节储备场时，要求场地平坦坚实，以免底层轨节钢轨变形或轨节倾斜。场地大小视计划铺轨日进度与组装能力而定，一般应储存铺设 2~3 d 所需的轨节。

储备场的布置应便于装卸，力求简化调车编组作业。由于在储备场存放轨节，增加了不少倒运装卸工作量，所以一般由组装车间直接装车运往工地，仅在轨节供应紧张时，才从储备场补充，或因工地架桥等原因停止铺轨时，才将轨节储存起来。储备厂设有两台龙门吊车担负轨节的装卸。

4)由站线出岔进入基地的联络线，其限制坡度及最小曲线半径最好与正线标准一致，在基地内的线路股道应设在平坡或不陡于 2.5‰ 的坡道上，曲线半径不小于 250 m，道岔不低于 9 号。

此外，基地还应布置供调车走行、机车整备和上水、停放车辆的股道等，并能使调车满足走行距离短，通过道岔少，作业迅速方便。

为了满足基地作业需要，还应设置动力、照明、机械维修等设备，修建必需的生产和生活房屋。

2. 轨节组装施工组织

轨节组装是在铺轨基地将钢轨、轨枕用联结零件联成轨节，然后运到铺轨工地进行铺设，是机械化铺轨的重要组成部分。轨节组装方式主要有固定台位式和单线往复式两种。由于单线往复式能提高轨节组装的机械化程度，故被广泛采用。

单线往复式的基本原理是依靠能够升降的台位和能作往复运动的台车之间的配合，将待加工的轨节依次通过组装线的各个台位完成全部材料的组装。

单线往复式轨节组装作业是在一条流动的工作台上进行的。随着现场施工方法的不断改进和提高，这种用流动工作台组装轨节的方式在我国各铁路局、工程局均被采用。下面简单介绍钢筋混凝土轨节组装生产线布置、机械设备的配置、作业程序、劳动力组合和生产能力等。

(1)轨节生产线的布置。轨节生产线布置如图 7-1 所示。作业线设置在基地 Ⅰ、Ⅱ 股道之间，Ⅰ 道为进料线，Ⅱ 道为轨节装车线。在 Ⅰ 道与作业线之间设置熬制硫黄锚固砂浆的锅炉，熬制硫黄砂浆。

(2)机械设备的配置。整个作业线配备龙门吊 7 台。其中跨度为 14 m(10 t)的 2 台，用于上枕；跨度为 21 m(5 t)的一台，可用于吊钢轨；跨度为 17 m(10 t)的 4 台，两台用于吊轨节装车，另两台在轨节存放场用于倒装轨节。机械设备的配置详见表 7-1。

(3)轨节生产作业线的作业程序和劳动力组织。单线往复式组装轨节作业，全部工序分为 10 个工段，按工序的先后将人员和所需机具固定在相应的台位上。工作台一般可用 39 辆 8 t 台车组成。在组装时，每完成一个工序后，利用作业线两端设置的电动绞车拉动工作台前移一个台位，再由升降架将轨节托起，工作台退回原位，然后落下升降架，轨节即留在下一工序的工作台上。各工段均以规定的时间来工作，工作台定时前后往返一次，升降架也相应升降一次，直至轨节生产工序全部完成。轨节生产劳动力组织见表 7-2。

作业线的生产速度为每节 10 分钟，轨节作业线两班作业日产 1 600 m。

基地Ⅱ道为轨排发运、倒装线

10 t龙门吊L＝1 700 cm　10 t龙门吊L＝1 700 cm　10 t龙门吊L＝1 700 cm　10 t龙门吊L＝1 700 cm

5 t龙门吊 L＝2 100 cm

1 100

控制台　　作业线全长为22 500 cm

轨排存放场

10 t龙门吊L＝1 400 cm

轨缝架

卷扬机

940　3 180　1 590　1 590　1 590　30　2 520　2 520　2 520　2 520　2 520　980

上枕　翻枕　轨枕　落模锚固　脱模翻枕　匀枕　布轨　预上扣件　紧固　吊轨排
　　　　　对位　　　　　　　　散扣件　　　　　　　检查

10 t龙门吊 L＝1 400 cm

硫黄锅炉房

900

龙门吊走行线25 500

基地Ⅰ道为钢筋混凝土轨枕及轨料进料线

龙门吊走行线7 000

| 砂棚 | 发电机房 | 锚固材料库 | 配件库 | | 值班室 | 工地生产调度室 |

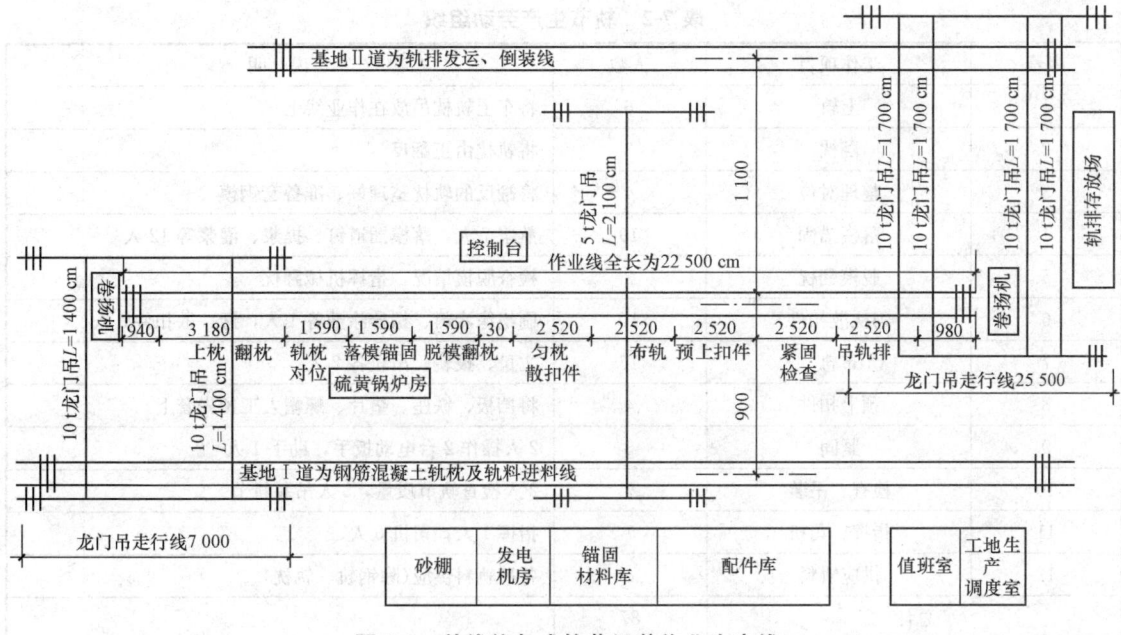

图 7-1　单线往复式轨节组装作业生产线

表 7-1　铺轨基地轨节生产线机械设备

序号	机械名称	规格	数量	序号	机械名称	规格	数量
1	走行龙门架	10t	6 台	16	手电钻	单相	4 台
2	固定龙门架	5t	—	17	电焊机	—	2 台
3	锚固台车	—	1 套	18	氧焊设备	—	2 套
4	翻枕器	—	1 套	19	充电机	—	1 台
5	电力控制柜	—	1 台	20	发电机	75 kW	1 台
6	硫黄转炉	—	2 台	21	汽车起重机	25 t	1 台
7	慢动卷扬机	3t	1 台	22	机车	—	1 台
8	慢动卷扬机	5t	2 台	23	滚轮平板车	N₆₀	80 辆
9	快动卷扬机	3t	1 台	24	车床	—	1 台
10	快动卷扬机	1t	1 台	25	刨床	—	1 台
11	散枕台车	—		26	钻床	—	1 台
12	工作台车	8t	39 台	27	台钻	—	1 台
13	电动扳手	—	2 台	28	翻斗汽车	—	2 台
14	起落架	—	38 个	29	小翻斗车	0.5 t	2 台
15	锯轨机	—	2 台	30	卡车	—	1 台

表 7-2 轨节生产劳动组织

序号	工作项目	人数	说　明
1	上轨	6	将车上轨枕吊放在作业线上
2	翻枕	3	将轨枕由正翻反
3	整理对位	4	将翻反的轨枕整理好、准备套钢模
4	落模锚固	19	熬浆 7 人，落模插道钉、提浆、灌浆等 12 人
5	脱模翻枕	2	检查脱模情况、指挥机械翻枕
6	匀枕散扣件	10	刷绝缘涂料、螺栓涂油各 1 人，搬、散扣件 8 人
7	布轨	16	丈量、拔轨、吊轨各 2 人
8	预上扣件	4	将挡板、铁座、垫片、螺帽人工预先套上
9	紧固	3	2 人操作 2 台电动扳手，助手 1 人
10	检查、吊装	7	2 人检查轨节质量，5 人吊装轨节
11	指挥、司机	7	指挥 1 人，司机 6 人
12	供应轨料	6	各种轨料供应(除钢轨、轨枕)
	总计	87	

7.2.1.2　轨节运输

经过检查合格的轨节，按照轨节编号次序装车运到铺轨前沿工地，这是机械铺轨的重要环节之一，直接影响到铺轨进度。

1. 轨节运输方式

目前，我国轨节运输方式主要有以下三种：

(1)滚轮车从基地直接运送到铺轨前沿工地，利用牵引设备和车上的滚轮直接将轨节拖进铺轨机内。

(2)先用普通平板车将轨节运到轨节换装站(该站一般设在有三股道的车站上，其中一股道为轨节换装线，另一股道为停放车辆和机车的整备线，正线为列车到发线)，在站内设置其中能力为 65~100 t 的一套换装龙门架，将整车轨节从普通平板车倒装到专用滚轮车上，运到铺轨前沿工地。

(3)用普通平板车直接将轨节装运到铺轨前沿工地，由紧跟在铺轨机后不远的倒装龙门架将轨节倒装到设有滚轮的机动平板车上，并由此车送到铺轨机尾部，拖进铺轨机。

2. 轨节运输机械配备

做好轨节运输工作需要机、车、工、电等各部门密切配合，同时需配置一定数量的机车车辆。

(1)机车需用量。一般情况下需要 5 台，其中轨节基地至换装站 2 台，换装站至铺轨前沿工地需用 3 台。

(2)滚轮车需用量。滚轮车一般需要 3 列，其中一列在工地铺轨，一列在途中运输，另一列在换装站倒装。每列可挂 16 列车，共需 48 辆，另外增加 2~4 辆作为备用。

(3)普通平板车需用量。由轨节组装基地到换装站所需的平板车数可按有关公式计算并另加备用量确定。

7.2.1.3 轨节铺设

新建铁路的轨节铺设，大多采用铺轨机进行施工，少数情况下可采用龙门架进行施工。

1. 铺轨机铺设轨节

铺轨机一般是指能在自己所铺的轨道上进行作业的铺轨机械。铺轨机按构造分为低臂铺轨机和高臂铺轨机。

(1)铺轨机械种类及适用范围。

1)低臂铺轨机是主梁前端支撑在路基上，主梁后端安装在车辆底架端部，龙门小车在主梁上运行，并通过设有吊轨节的起重机吊轨节。此类铺轨机适用于单线拆铺 50 kg、60 kg级 25 m 长的钢筋混凝土轨节。此类铺轨机主要有 TDJ-15 型、PDJ-15A 型等。

2)高臂铺轨机是主梁用立柱或桁架安装在整机的高处，轨节依靠装在主梁的起重设备及吊轨车起吊和运行。此类铺轨机的性能同低臂铺轨机大致相同。随着轨节质量、长度的不断增长，铺轨机的性能也不断提高，由简易铺轨机发展到目前的 PG-28 型、PGX-15 型(东风Ⅰ)和 PGX-30 型(图 7-2)三种铺轨机，其技术性能见表 7-3。其中 PGX-30 型铺轨机能在单线和复线上拆铺 50 kg、60 kg级钢筋混凝土轨节；能双向拆铺轨节，适用于站场和逆向支线进行铺轨作业；能悬臂铺设宽枕轨枕节。

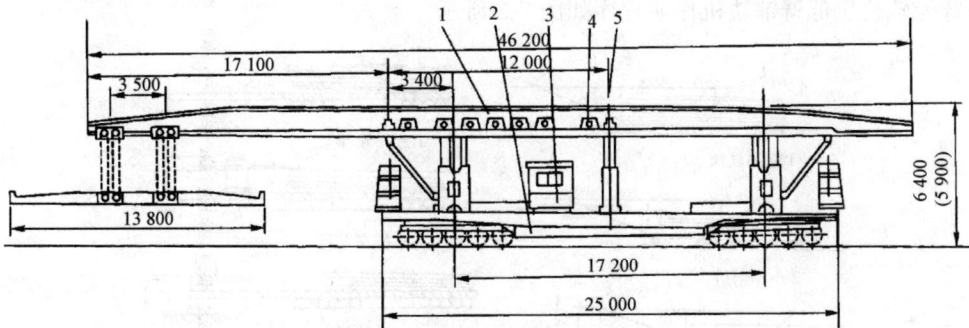

图 7-2　PGX-30 型铺轨机

1—起升与运行机构；2—柴油发电机组；3—柴油发电机司机室；4—摆头机构；5—横梁

表 7-3　铺轨机技术性能

项　目	PG-28 型	PGX-15 型(东风Ⅰ)	PGX-30 型
起重量/t	28	15	30
起升速度/(m·min^{-1})	7.2	8	7.5
运行速度/(m·min^{-1})	50	37	45
铺轨最小曲线半径/m	300	300	300
能否架桥	能	否	能
轴向架轴数/根	4	4	5
铺轨时最大轴重/kN	330	313	300
主机自重/kN	1 300	1 100	1 560
外形尺寸(长×宽×高)/m	45.8×3.56×6.55	47.3×3.6×5.7	46.5×3.5×6.4
装运轨节层数	7	8	7

（2）铺轨程序。无论何种类型的铺轨机，当轨节已经运送到铺轨机的后端时，一般均按以下程序进行铺轨作业。

1）将轨节推进主机。用铺轨机自身的卷扬设备挂千斤绳拖进轨节组。

2）主机行走对位。铺轨机自行走到已铺轨节前端的适当位置（铺轨机前轮接近已铺轨节前端第三根轨枕），制动对位。需要支腿的铺轨机，在摆头以后立即放下支腿，按要求支承固定。

3）吊运轨节。利用吊重小车在主机内对好轨节的吊点位置，落下吊钩，挂好轨节，然后吊高轨节至离下面轨节 20 cm 处，开始前进至吊臂最前方。

4）落铺轨节。吊重小车吊轨节走行到位时立即停下，并开始下落轨节至离地面约 30 cm 时停住，然后缓缓落下后端，与已铺轨节前端对位，插上轨缝片，上鱼尾板，用撬棍使轨节前端对正线路中线，并立即落铺到路基上。

5）吊重小车回位。铺好一节轨节后立即摘去挂钩，将扁担升到机内轨节之上，吊重小车退回主机，准备再次起吊。有支腿的铺轨机应立即升起支腿，主机再次前进到位，并重复以上工序。待一组轨节全部铺设完成后，立即翻倒拖船轨，再按以上工序进行铺设。

6）补上夹板螺栓。为了提高铺轨的速度，铺设轨节时仅上了两个螺栓，在铺轨机的后面还要组织人员将未上够的夹板螺栓补齐、上紧。

高臂铺轨机、低臂铺轨机作业程序如图 7-3 所示。

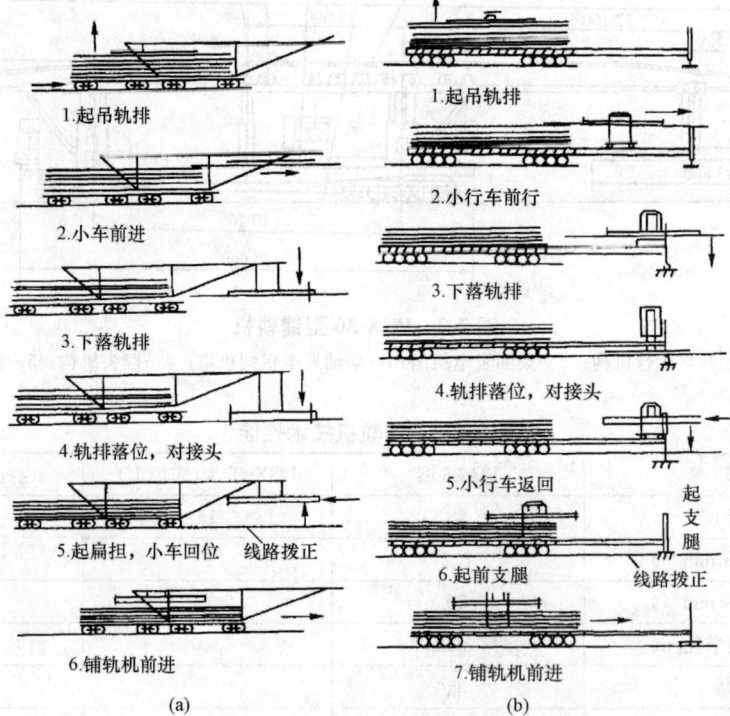

图 7-3 铺轨机作业程序

（a）高臂铺轨机作业程序；（b）低臂铺轨机作业程序

（3）劳动力组织和铺轨速度。

1）铺轨劳动力组织。铺轨劳动力组织（不包括供应轨节的人员）可参见表 7-4。

表 7-4 机械铺轨劳动力组织表

序号	工 种	主要作业内容	人 数	序号	工 种	主要作业内容	人 数
		高臂铺轨机				低臂铺轨机	
		机组人员				机组人员	
1	领工员	指挥主机铺轨	1	1	领工员	指挥主机铺轨	1
2	司机	司机室操纵	1	2	司机	主机牵引走行	1
3	司机	内燃发电司机	1	3	司机	龙门小车运行提升	1
4	司机	操纵拖拉卷扬机	1	4	司机	内燃发电司机	1
5	电工	接线、检修电气设备	2～3	5	司机	前支腿对位	1
6	钳工	机械设备修理	2	6	司机	摆头油缸操纵	1
7	列检	车辆检修	1	7	电工	电器检修	2
				8	钳工	机械检修	2
				9	列检	车辆检修	1
		以上小计	9～10			以上小计	11
		铺轨人员				铺轨人员	
1	普工	挂钩	2～4	1	普工	挂钩	4
2	普工	上夹板接头	8	2	普工	上夹板接头	10
3	普工	拨正中线	8～10	3	普工	拨正中线	10
4	普工	送托轨	4	4	普工	送托轨	0～4
5	普工	机后补螺栓并拧紧	2	5	普工	机后补螺栓并拧紧	2
		以上小计	24～28			以上小计	26～30
		总计	33～38			总计	37～41

2)铺轨速度。铺设一节轨节大约 3.5 min;铺设一组 6 层轨节约需 29 min,铺设 8 层轨节约需 36 min;铺完一列 8 组 6 层轨节约需 292 min,6 组 8 层轨节约需 276 min。

2. 龙门架铺轨机铺设轨节

铺轨龙门架是铁路铺轨半机械化施工机具之一,主要用于铺设钢筋混凝土轨节、在旧线拆换轨节及轨节基地装卸工作等。

铺轨龙门架的特点是机身不在自己铺设的轨道上走行,而在预先铺设在线路两侧的轨道上吊重和走行(图 7-4、图 7-5)。现普遍采用 PM$_{b-4}$ 型铺轨龙门架。下面简单介绍该机械的构成、适用范围、铺轨程序、劳动力组织和铺轨进度。

(1)PM$_{b-4}$ 型龙门架铺轨机的构成。该机由平车、滚轮、升降设施、走行轨、铺轨龙门架、电缆卷筒、拖拉卷扬机、柴油发电机等组成。

(2)适用范围。铺拆 50 kg 级钢筋混凝土轨节。复线铺拆轨节在正常情况下间距不得小于 5.0 m,在限制条件下不得小于 4.0 m;在曲线上作业时,需人工现场拨正。

(3)铺轨程序。

1)在轨节组装基地或换装站,对轨节列车进行编组,由机车推送到工地。

2)设置车下长于 50 m(含 50 m)的移动走行轨道。铺轨工作开始后,由铺轨列车推移,人工拨正。

3)放下车上固定走行轨，并与车下移动走行轨连接好。

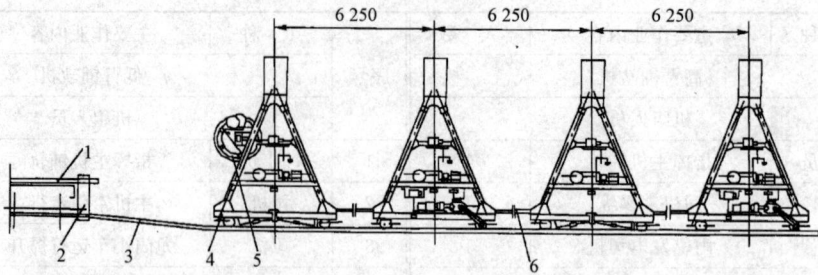

图 7-4　PM$_{b-4}$型龙门架铺轨机外形
1—平车；2—升降机构；3—走行轨道；4—铺轨龙门架；5—电缆卷筒；6—连接杆

4)喂送轨节。开动卷扬机，将轨节从滚轮车上送到最前端或托架车上，供龙门架吊铺。

5)吊运轨节。4 台龙门架同时降落，钩挂轨节，起升至离下面的轨节约 20 cm 时停住，开动龙门架在移动走行轨上迅速前进 25 m 对位。

6)落铺轨节。当悬吊的轨节后端与已铺线路的前端接近平齐时，停住龙门架，一齐落下轨节至铺轨面 20～40 cm 处，然后先落后端，插入轨缝片，再将整个轨节落下，调整轨缝，安装鱼尾板和螺栓，拨正轨节，龙门架退回并固定在走行轨上。

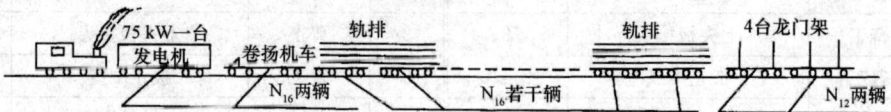

图 7-5　铺轨龙门架铺轨列车编组

(4)劳动力组织和铺轨进度。按滚轮车装运轨节，4 台龙门架架设，人工拨正龙门架走行轨道等条件，一班(8 h)作业的生产人员及机具配备见表 7-5。一般情况下，每班平均日进度为 0.8～1.0 km。

表 7-5　龙门架铺轨机铺轨劳动力组织

顺序	工种	主要作业内容	人数	主要机具
1	领工员	指挥全部工作	1	—
2	发电司机	操作柴油发电机组	1	—
3	卷扬机司机	操作拖拉轨节电动卷扬	1	—
4	龙门架司机	操作龙门架和运行	4	—
5	电工	日常接电和电器维修	1	—
6	钳工	日常机械设备维修	2	—
7	普工	按线路中桩画出中线	2	画线绳及划钩
8	线路工	上夹板和螺栓	6	扳手 4 把，小撬棍 2 根，6 磅锤一个
9	线路工	机后补上夹板螺栓并拧紧	4	扳手 4 把
10	普工	拨正轨节，对准线路中心	13	撬棍 10～13 根或压道机
11	起重工	拖拉轨节，摘挂钢丝绳	4	大锤 2 把
12	起重工	挂钩	4	小撬棍 4 根
13	起重工	回送托轨	4	—
合计			47	

7.2.1.4　铺碴整道

铺碴整道是指将道碴垫入轨枕下铺成设计要求的道床断面，并使轨道各部分符合竣工验收技术标准的要求，主要包括道碴采备、道碴运输及上碴整道等作业。铺碴整道的工作量大，要求标准高，因此必须严格按照铺碴整道的有关规定组织施工。

1. 道碴采备

（1）用碴数量计算。上碴整道所需的道碴数量，可根据道床横断面计算，再加上运输、卸碴、上碴时的损失和捣固后道床挤紧及沉落等因素，其增加率一般为：碎石道碴 11.5%、卵石道碴 11%、砂子道碴 14%。

（2）碴场选择原则。新建铁路道碴来源有三种：一是利用邻近新线的营业线既有碴场；二是沿线零星采集；三是建立永久碴场。前两种碴源，在条件允许、经济上适宜时应优先采用，但常常不是新线道碴的主要来源，新建铁路所需道碴主要依靠自建永久碴场或临时碴场，其选择原则主要有：

1）碴场的选择应考虑开采费用、施工难易程度及运输距离等。

2）建场前必须采集样品及进行钻探或挖探，试验其质量是否符合道碴技术条件和其储量是否满足产量的要求。

3）应考虑防洪、排水、冬期施工及环境保护等因素。

2. 道碴运输

一般底碴的运输多采用汽车等机动车辆进行运输，面碴采用风动卸碴车。图 7-6 所示为 K13 型风动卸碴车（载重 60 t，容积 36 m³），由走行部分、钢结构车体、漏斗装置、启门传动装置和工作室等组成。

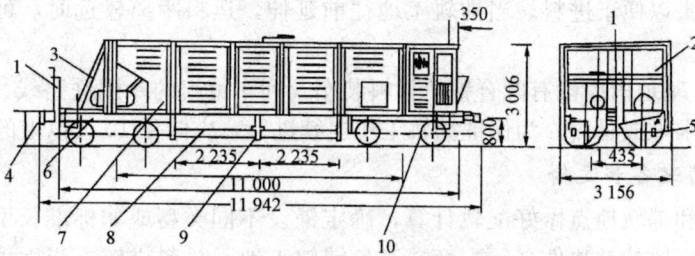

图 7-6　K13 型风动卸碴车

1—风手制动装置；2—端墙；3—扶梯；4—车钩及缓冲装置；5—转向架；
6—底架；7—侧墙；8—启门传动装置；9—漏头装置；10—工作室

3. 上碴整道

上碴整道是使用配碴整道机械将卸在线路两侧的道碴铺到轨道内，并将轨道逐步整修到设计规定的断面形状，达到稳定程度。铺碴整道到规定的高程，经过列车碾压不少于 50 次后，在交工前应按规定做一次全面的整道作业，使轨道的轨距水平、高低方向等达到规定的技术标准。

（1）铺碴技术要求。

1）铺轨前应先铺部分道碴。双层道床最好按底层厚度铺足；单层道床铺设厚度为 150~200 mm。道碴来源困难时，可在每股钢轨下先铺设两条厚度不小于 100 mm，宽度不小于 800 mm 的垫碴带。

2）铺轨后应及时上碴整道。该项工作应跟在铺轨后一至两个区间进行，在不影响铺轨作业的前提下尽量缩短距离。

3)分层铺碴、铺整结合。铺轨后第一次上碴厚度不宜大于 100 mm。经整道后的轨道应能保证铺轨列车按 30 km/h 的速度安全运行。第二次上碴整道后，随着轨道质量的提高，工程列车速度可逐步提高。

（2）道碴铺设。上碴整道工作包括上碴、起道、串碴、填枕盒、拨道、捣固、整道及修整排水等单项作业。

机械铺碴整道作业可完全由机械完成。目前铺碴机械主要分为单项作业机械和联合作业机械。

单项作业机械指少数人可以搬运、安装、拆卸的小型机具，适合于在列车间隔时间短和比较狭窄的地段上作业。目前使用的有上碴机械（如上碴犁）、匀轨缝机械（如液压轨缝调整器）、起道机械（如矮型齿条式起道机）、拨道机械（如液压起拨道机）、捣固机械（如液压捣固机）、道碴夯实机械（如单、双面夯实机）。

联合作业机械是将几种作业联合在一台机械上进行施工的一种大中型轨行机械。目前使用的有配碴整形机械（如 YZC-I 型、LPZC-I 型）、起拨道机械（该机械设有激光准直仪）、道碴捣固机械（该机械设有激光准直仪）、道床夯实机械。

7.2.2 普通轨道人工铺设

人工铺设轨道是指主要依靠人力辅以简易施工机具，将轨道材料在现场就地钉连轨节，继而上碴整道的施工方法。一般在工程量小的便线、专用线、既有线局部平面改建，站线延长和增加股道的施工中采用人工铺设轨道。

1. 材料基地

（1）基地位置选择。材料基地的位置应设置在交通便利处。一般应设在新旧线连接的分界点上，靠近车站或码头以便于进料。当铺轨工地往前延伸，运料距离较远时，可考虑设置中间材料基地。

（2）基地布置。基地内应设有配合铺轨材料装车及列车编组的专用铁路线，同时要选好堆料位置，按照规范要求堆放材料。为保证铺轨工作连续进行，应储备 10 天以上的用料。

2. 铺轨材料的配备和运输

依据设计文件和铺轨地点做好配轨计算，确定铺设不同类型或非标准长度钢轨的规格、数量。各种钢轨配件、轨枕及扣件必须配套，避免铺轨工地因材料供应不当而停工待料，影响铺轨进度。

铺轨材料通常由材料基地用轨料列车、汽车等小型运输工具运往铺轨前沿工地。

3. 轨道铺设

（1）铺轨程序。人工铺轨施工主要按以下施工顺序进行：简配钢轨、挂线散枕、排摆轨枕、混凝土枕硫黄锚固（木枕打印、钻孔、注油）、散布钢轨及构配件、钢轨划印、方正轨枕、安装扣配件和初步整修。

（2）铺轨的进度及劳动组织。人工铺轨每班（8 h）进度一般为 0.8～1.0 km。各工种人数组合约为 140 人。编制实施性施工组织设计时，应以施工定额为依据编制施工进度计划。

4. 人工铺碴

完全由人工和手动工具完成的铺碴作业称为人工铺碴。通常由起道作业组（8 人）、散碴串碴作业组（12 人）、整修作业组（6～8 人）辅以单项作业机械分工协作完成。

7.3　轨道工程实施性施工组织设计的编制

学习任务

通过对轨道工程实施性施工组织设计编制的学习，能够明确轨道工程实施性施工组织设计的编制程序、文件组成及主要内容。

1. 施工组织设计编制程序

(1)熟悉设计文件及指导性施工组织设计。

(2)调查研究铺轨铺碴施工条件。

(3)确定铺轨铺碴施工方案。

(4)安排施工顺序。

(5)确定施工进度计划。

(6)计算工、料、机等资源需要量。

(7)编制主要材料、机具供应计划。

(8)拟定加快铺轨铺碴进度措施。

(9)拟定保证施工质量及安全措施。

2. 合理确定轨道工程施工方案

正确选择轨道工程施工方案对控制整个工程的工期和造价至关重要，因此，首先要正确选择铺轨铺碴施工方案。

(1)确定铺轨方向。铺轨方向应根据轨料供应点的位置确定，铺轨方向可为单向或多向，一般工期允许情况下多采用单项铺轨。

(2)确定道碴铺设方式。道碴来源决定铺碴方向，对沿线生产的道碴应充分利用，以便于预铺或紧随铺轨进行铺碴工作。

(3)确定先铺轨后铺碴或先铺碴后铺轨方案。

(4)选择人工或机械施工方法并确定各自的施工范围。

3. 确定铺架作业时间

铺轨作业时间与工作量、铺轨方法、轨节生产能力、施工水平及日工作班数等有关，同时要考虑铺碴工程的影响及架梁作业、铺架转换作业所占的时间。

铺碴作业时间取决于道碴的生产能力，每昼夜运送能力及铺设方法等因素。

4. 轨道工程实施性施工组织设计文件的组成及其内容

(1)铺轨工程实施性施工组织设计文件的组成及其内容。

1)说明书。包括：

①工程概况及工期要求。

②铺轨、架梁的施工方法。

③轨道材料和轨节的运输方法。

④铺架施工进度计划。

⑤铺架的组织、组装基地和换装站的组织等。

⑥主要材料、机械设备、运输工具需要量的计算和供应计划的编制。

⑦轨料或轨节列车编组说明。

2)附图。包括：

①铺轨架梁施工进度图。

②铺轨材料基地、轨节组装基地、换装站的平面布置图。

③曲线配轨图。

④轨梁列车或轨节列车的编组图和运行图。

3)附表。包括：

①铺轨架梁主要工程数量表。

②主要材料和机具需要量及供应计划表。

③劳动力需要量及调配计划表。

④临时设施数量表。

(2)铺碴工程实施性施工组织设计文件的内容。

①确定碴场位置并拟定道碴数量。

②确定道碴装、运、卸的机具及其数量。

③确定铺碴方式。

④安排铺碴工程施工期限及进度。

⑤编制施工进度图及有关施工措施。

项目小结

本项目主要介绍了轨道工程施工前的准备工作、机械铺轨和人工铺轨的施工过程、作业程序、劳动力及机具的组织、轨道工程实施性施工组织设计的编制、文件组成及内容。要重点掌握施工前的技术准备工作和铺轨机施工组织及施工全过程，对单线往复式组装轨节作业程序，所需机具和劳动力组织建立起一个系统的概念，同时学会对轨道工程量的相关计算。

复习思考题

1. 轨道工程施工准备工作包括哪些内容？

2. 铺轨前应做哪些技术性的准备工作？

3. 简述轨节组装基地设置原则、轨节组装的工序。

4. 简述铺轨机械种类及其铺轨作业程序。

5. 简述铺碴整道的技术要求及作业程序。

6. 简述铺轨、铺碴工程实施性施工组织设计文件的组成及其内容。

7. 人工铺轨施工应按哪些施工顺序进行？

下篇　铁路工程概预算

项目 8   铁路工程计量

项目描述

在编制铁路工程概预算的过程中，工程计量是非常重要的一步，因为它的计算精度将直接关系着概预算的编制质量。铁路工程计量的主要依据是设计图纸及施工组织设计资料，以及《铁路工程概算定额》和《铁路工程预算定额》对工程计量的各种规定。本项目主要阐述在铁路工程定额中，铁路路基工程、桥涵工程、隧道工程、轨道工程等的工程量计量的方法及规则。

学习目标

掌握路基土、石方数量的计算方法及工程计量规则；
掌握桥涵工程的计量方法及工程计量规则；
掌握隧道工程的计量方法及工程计量规则；
掌握轨道工程的计量方法及工程计量规则。

8.1   路基工程计量

学习任务

通过对路基工程计量的学习，明确路基土、石方数量的计算方法及工程计量规则。

8.1.1   路基横断面面积的计算

路基横断面面积是指路基横断面设计线（俗称戴帽）与路基横断面原地面线所围成的面积，如图 8-1 所示阴影部分。路基横断面面积是计算路基土、石方数量的依据。

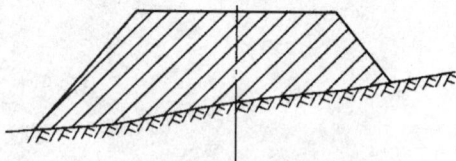

图 8-1   路基横断面

在路基横断面设计中，路基横断面图一般是绘在方格米厘纸上，由于地面线是不规则折线，因此，横断面面积的计算常用以下两种方法。

1. 几何图形法

几何图形法是将路基横断面图分解成若干个规则的几何图形，然后利用这些图形在方格米厘纸上的格子数来分块计算其面积，之后再累加起来即为路基横断面面积。

2. 积距法

积距法是将路基横断面图分解成若干个等宽为 b 的几何图形，这些几何图形可视为若干个等高为 f 的梯形，每个梯形 $\frac{b}{2}$ 处的连线即为每个等高梯形的腰，如图 8-2 所示的 f_1，f_2，f_3，…f_i，则：

每个小梯形面积 $=b\times f_i$

路基横断面面积 $=\sum(b\times f_i)=b\times\sum f_i$

在确定 b 与 $\sum f_i$ 时，由于 b 取值越小，横断面面积的计量越准确，因此，对于地面线起伏较大的断面，b 值应尽量小些。

$\sum f_i$ 的计算常用卡规法，如图 8-2 所示。先将卡规的 A 脚对准 b 点，张开卡规，使 B 脚对准 a 点，然后保持两脚距离不变，将 A 脚对准 c 点，B 脚固定于 c 点 f_2 上方延长线的 a' 点上，继续张开 A 脚对准 d 点，这时 AB 脚的距离即为 f_1+f_2。重复以上过程，待 AB 脚张大到最大距离时，将其卡在直尺上读数，并记录。累加该断面上所有的记录值，即为 $\sum f_i$。

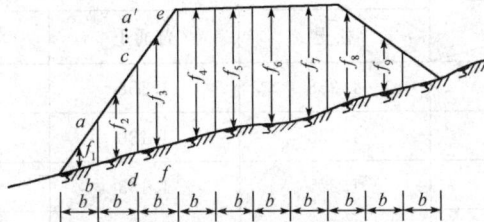

图 8-2　积距法求路基横断面面积

8.1.2　路基土、石方数量的计算

当各中桩的横断面面积求出来以后，即可按平均断面法来计算路基土、石方的工程量。

该法是假定相邻两横断面间为一棱柱体，如图 8-3 所示，其高是两桩号间的距离，其底为两横断面面积的平均值。这种方法虽然是近似法，但对于土、石方计量来说还是可以采用的，即两横断面间路基土、石方的体积按下式计算：

$$V=\frac{A_1+A_2}{2}\times L \tag{8-1}$$

式中　A_1、A_2——两相邻横断面面积；

　　　　L——两相邻横断面里程桩号之差。

当按上式计算时，应注意以下问题：

(1)当两相邻横断面形状有较大变化时，为了提高土、石方的计量精度，应在两断面之间补测一横断面，分段计算其土、石方数量。

(2)填方面积与挖方面积应按填或挖土、石方面积分开计算。

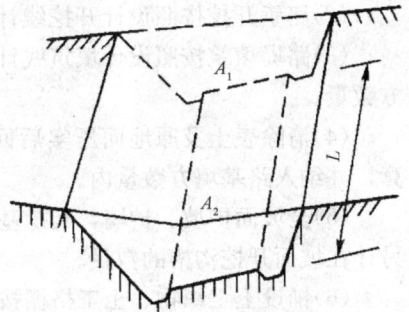

图 8-3　土、石方数量的计算

8.1.3　路基工程计量规则

1. 路基土方与石方应分类计量

路基土、石方的开挖、压实工作对于不同类别的土及岩石，其施工的难易程度是不一样的，

所需的费用也是不相同的。因此，在编制概预算时，应将不同类别的土、岩石分类计量。按照《铁路工程概算定额》和《铁路工程预算定额》的规定，路基土、岩石共分为六类。其中土壤分为三类：松土、普通土、硬土；岩石分为三类：软石、次坚石、坚石。

2. 天然密实方与压实方的关系

天然密实方是指土体在自然状态下的体积。压实方是指将天然密实方压(夯)实之后的体积。因此，天然密实方不等于压实方。在路基施工中，路基土、石方的开挖、装卸、运输是按天然密实方体积计算的，而填方是按压(夯)实以后的几何尺寸计算的，即填方是压实方。因此，在铁路工程计量时，《铁路工程概算定额》和《铁路工程预算定额》中都明确规定：除定额中另有说明外，土方挖方按天然密实体积计算，填方按压(夯)实后的体积计算；石方爆破按天然密实体积计算。当以填方压实体积为工程量，采用以天然密实方为计量单位时，压实方应乘以表8-1中的换算系数。

表 8-1　压实方与天然密实方间的换算系数

铁路等级	岩土类型	土 方			石方
		松土	普通土	硬土	
设计速度200 km/h 级以上铁路	区间	1.258	1.156	1.115	0.941
	站场	1.230	1.130	1.090	0.920
设计速度160 km/h 及以下Ⅰ级铁路	区间	1.225	1.133	1.092	0.921
	站场	1.198	1.108	1.068	0.900
Ⅱ级及以下铁路	区间	1.125	1.064	1.023	0.859
	站场	1.100	1.040	1.000	0.840

注：上表系数已包括路堤施工要求两侧加宽的土、石方数量。

3. 路基土、石方工程量的计算

(1)开挖与运输数量以天然密实体积计算，填筑数量以压(夯)实体积计算，光面(预裂)爆破数量按照设计边坡面积计算。

(2)路堑开挖按照设计开挖线计算土、石方数量。

(3)路堤填筑按照设计填筑线计算土、石方数量，护道土、石方需要预留的沉降数量计入填方数量。

(4)清除表土及原地面压实后回填至原地面标高所需的土、石方数量按设计确定的数量计算，并纳入路基填方数量内。

(5)全坡面护坡、护墙，其挖基数量仅计算原地面(或路基面)线以下部分；骨架护坡挖基需另计在坡面开挖沟槽的数量。

(6)铺设土工织物、土工格栅按照设计铺设面积计算，但特殊设计需要回折的，回折部分另行计算并纳入工程数量中。

(7)路基边坡斜铺土工网垫按照设计铺设面积计算。

(8)石灰桩、碎石桩、水泥搅拌桩、旋喷桩按照设计桩长乘以设计桩截面积计算，如需试桩，按设计文件计入工程数量。

(9)砌工体积按设计尺寸以实体体积计算，不扣除砌工中钢筋、钢绞线、预埋件和预留压浆孔道所占体积。

(10)锚杆挡土墙中锚杆制安和锚索制安按照所需主材(钢筋或钢绞线)重量计算，附件重量不得计入。其计算长度是指嵌入岩石设计有效长度，按规定应留的外露部分及加工过程中的损耗，均已计入。

(11)抗滑桩桩孔开挖，不论哪一深度均执行总孔深定额。桩身混凝土工程量按桩顶至桩底的长度乘以设计桩断面积计算，不包括护壁混凝土的数量。护壁混凝土按相应定额另计。

【例8-1】 某二级铁路路基工程挖方 1 600 m^3 天然密实方(其中松土 460 m^3，普通土 380 m^3，硬土 760 m^3)。填方数量为 960 m^3 压实方。在该路段内可移挖作填土方为 620 m^3 天然密实方(其中松土 240 m^3，普通土 160 m^3，硬土 220 m^3)。试求计价方数量。

解 计价方数量＝挖方数量＋借方数量

(1)挖方数量:挖方应按天然密实方计量，故挖方数量依题意即为 1 600 m^3 天然密实方。

(2)借方数量:借方数量＝填方数量－移挖作填(本桩利用)数量。

借方应按压实方计量。由于移挖作填方数量是按天然密实方计量的，故应将其分别除以表8-1 中的系数，换算为压实方，即

$$移挖作填数量 = \frac{240}{1.23} + \frac{160}{1.16} + \frac{220}{1.09} = 535 \ m^3 (压实方)$$

借方数量＝960－535＝425 m^3

计价方数量＝1 600＋425＝2 025 m^3

8.2 桥涵工程计量

学习任务

通过对桥涵工程计量的学习，能够明确桥涵工程的计量方法及工程计量规则。

桥涵工程结构复杂，类型繁多，特别是近年来随着桥梁设计、施工技术的不断发展，新结构、新工艺、新材料的不断应用，使得桥梁工程的计价项目日益增多，工程计量的难度也随之增大。下面分别描述桥涵工程计量的主要方法和规则。

1. 实体结构物的工程计量

桥涵的主体工程如基础、墩、台及上部构造等，一般都具有较规则的几何形体，或者是由若干个简单的几何形体组成。因此，桥涵的实体结构物可以通过几何图形的面积、体积计量其工程数量。值得注意的是，在计量现浇混凝土、预制混凝土、构件安装的工程量时，其实体结构物是指构筑物或预制构件的实际体积，即不包括其中空心部分的体积。在计量钢筋混凝土项目时，其工程量不扣除钢筋所占的体积。

2. 基础工程计量规则

桥涵基础工程主要有挖基础及抽水、围堰及筑岛、钻孔桩及挖孔桩、钢筋混凝土方桩与管桩、沉井等，其工程量计量规则如下:

(1)基坑开挖、筑岛及围堰计量规则。

1)基坑开挖工程量按基坑容量计算。其计算公式如下:

当基坑为平截方锥时(图8-4),体积 $V=\dfrac{h}{6}\times[ab+(a+a_1)(b+b_1)+a_1b_1]$

当基坑为截头圆锥时(图8-5),体积 $V=\dfrac{h\pi}{3}\times(R^2+Rr+r^2)$

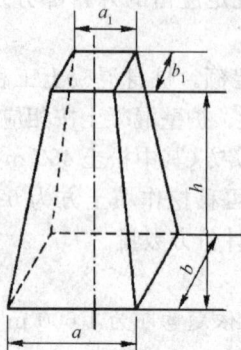

图8-4 平截方锥基坑   图8-5 截头圆锥基坑

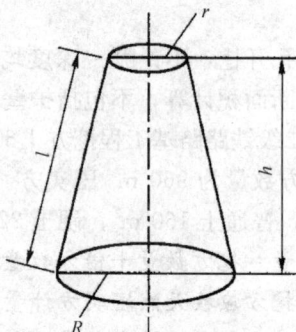

2)挡土板支护的工程量按所支挡的基坑开挖数量计算。

3)基坑回填数量=基坑开挖数量-基础(承台)砌工数量。

4)基坑深度一般按坑的原地面中心标高、路堑地段按路基成形断面路肩设计标高至坑底的标高计算。

5)井点降水使用费的计算,以50根井点管为一套,不足50根的按一套计。使用天数按施工组织设计确定的日历天数计算,24 h为一天。

6)与无砂混凝土管井配套的水泵台班数量,按施工组织设计确定的日历天数计算,24 h为一天,每天每台水泵计3个台班。

7)基坑抽水工程量为地下水位以下的湿处开挖数量。已含开挖、基础浇(砌)筑及至混凝土终凝期间的抽水。

8)抽静水定额仅适用于排除水塘、水坑等的积水。工程量按设计抽水量计算。

(2) 围堰及筑岛。

1)土坝、草袋及塑料编织袋围堰的工程量,长度按围堰中心长度计算,高度按设计的施工水位加0.5 m计算,不包括围堰内填心数量;需填心时,按筑岛填心定额另计。

2)钢围堰浮运的工程量按设计确定所需的浮运重量计算。

3)钢围堰拼装的工程量按设计的围堰身重量计算,不包括工作平台的重量。

4)双壁钢围堰在水中下沉的工程量按围堰外缘所包围的断面积乘以设计施工水位至原河床面中心标高的高度计算。

5)双壁钢围堰在覆盖层下沉的工程量按围堰外缘所包围的断面积乘以河床面中心标高至围堰刃脚基底中心标高的高度计算。

6)钢围堰拆除的工程量按施工组织设计确定的拆除数量计算。

7)双壁钢围堰基底清理的工程量按围堰刃脚外缘所包围的断面积计算。

8)拼装船组拼拆除的工程量按设计使用次数计算。

9)双壁钢围堰下沉设备制安拆的工程量按设计使用墩数计算。

(3)灌注桩工程计量规则。

1)钻孔桩钻孔深度,陆上以地面标高、水上以河床面标高、筑岛施工以筑岛平面标高、路堑地段以路基计成形断面路肩标高至桩尖设计标高计算。当采用管柱作为钻孔护筒时，钻孔深度应扣除管柱入土深度。

2）钻孔桩桩身混凝土工程量按设计桩长（桩顶至桩底的长度）加 1 m 乘以设计桩径断面积计算，不得将扩孔因素计入工程量。

3）水中钻孔工作平台的工程量，一般钻孔工作平台按承台面尺寸每边各加 2.5 m 计算面积，钢围堰钻孔工作平台按围堰外缘尺寸每边加 1m 计算面积。

4）钢护筒和钢导向护筒的工程量按设计重量计算，包括加劲肋及连接部件的重量，不包括固定架的重量。

5）钻孔用泥浆和钻渣外运工程量按钻孔体积计算，计算公式为：

$$V = 0.25\pi D^2 H$$

式中　　D——设计桩径（m）；

　　　　H——钻孔深度（m）。

6）声测管的数量按设计钢管重量计算。

7）挖孔桩开挖工程量按护壁外缘包围的断面积乘以设计孔深计算。

8）挖孔桩桩身混凝土工程量按承台底至桩底的长度乘以设计桩径断面积计算，不包括护壁混凝土的数量。

（4）沉井。

1）沉井陆上下沉的工程量按沉井外缘所包围的断面积乘以原地面或筑岛平面中心标高至沉井刃脚基底中心标高的高度计算。

2）浮运钢沉井在水中下沉的工程量按钢沉井外缘所包围的断面积乘以设计施工水位至原河床面中心标高的深度计算。

3）浮运钢沉井在覆盖层下沉的工程量按钢沉井外缘所包围的断面积乘以河床面至沉井刃脚基底中心标高的高度计算。

4）沉井基底清理的工程量按沉井刃脚外缘所包围的断面积计算。

3. 上部构造计量规则

梁、板桥上部构造的工程量包括梁、板、横隔板、桥面连续结构的工程量以及安装时的现浇混凝土的工程量。

（1）预制构件的工程量为构件的实体积（不包括空心部分）。但预应力构件的工程量为构件预制体积与构件端头封锚混凝土的数量之和。

（2）安装的工程量为安装构件的体积。

（3）构件安装时现浇混凝土的工程量为现浇混凝土和砂浆的数量之和。

（4）预应力钢绞线、预应力精轧螺纹粗钢筋及配锥形锚的预应力钢丝的工程量为锚固长度与工作长度的重量之和。

（5）使用满堂式支架搭拆定额时，满堂支架的工程量按以下公式计算：

满堂支架空间体积＝梁底至地面的平均高度×［梁的跨度（L_p）－1.2 m］×（桥面宽＋1.5 m）

桥梁支架定额单位的立面积为桥梁净跨径乘以高度，拱桥高度为起拱线以下至地面的高度，梁式桥高度为墩、台帽顶至地面的高度，这里的地面指支架地梁的底面。

（6）防水层、防护层（玻璃纤维和聚丙烯网状纤维混凝土除外）和伸缩缝的工程量按设计敷设面积计算。

（7）现浇梁支架堆载预压重量按设计梁重乘以 1.2 的系数计算。

（8）顶进框架式桥涵身重量包括钢筋混凝土桥涵身和钢刃脚的重量。

(9)顶进的工程量按设计顶程计算，即为被顶进的结构重心移动的距离。

(10)接缝处隔板与钢插销的工程量按桥身外沿周长计算。

(11)护轮轨的工程量按设计铺设长度计算，不包括弯轨和梭头的长度。

8.3 隧道工程计量

学习任务

通过对隧道工程计量的学习，能够明确隧道工程的计量方法及工程计量规则。

隧道工程主要有开挖、支护、防排水、衬砌、装饰、照明、通风及消防设施、洞门及辅助坑道等项目，工程计量规定如下：

(1)断面有效面积是指隧道洞身衬砌后的轨顶面以上净空横断面面积。

(2)隧道长度是指隧道进出口(含与隧道相连的明洞)洞门端墙墙面之间的距离，以端墙面与内轨顶面的交线同线路中线的交点计算。双线隧道按下行线长度计算；位于车站上的隧道以正线长度计算。

出碴运输的运距是指隧道工程依据施工组织设计所划分的正洞独立施工段落中最大端头运输距离，当通过辅助坑道施工正洞时，应根据不同施工方向分别计算运距。

平行导坑定额所指平导长度，是指平行导坑单口掘进长度。

(3)正洞洞身、平导、斜井的开挖、出碴的工程数量，均按图示不含设计允许超挖、预留变形量的设计开挖断面数量计算，包含沟槽及各种附属洞室的开挖数量。

(4)现浇混凝土衬砌中浇筑、运输的工程数量，均按设计断面衬砌数量计算，包含洞身及所有附属洞室的衬砌数量。

(5)正洞洞身、平导、斜井的衬砌混凝土拌制、浇筑及运输的工程数量，均按图示不含设计允许超挖回填、预留变形量的设计衬砌断面数量计算，包含沟槽及各种附属洞室衬砌数量。

(6)防水板、明洞防水层工程数量，按设计敷设面积计算。

(7)止水带、盲沟、透水软管工程数量，均按设计长度计算。

(8)拱顶压浆工程数量，设计时可按每延长米 0.25 m³ 综合考虑。

(9)喷射混凝土的工程数量，按喷射面积乘以设计厚度计算。喷射面积按设计外轮廓线计算。

(10)锚杆定额工程数量，均以 100 m 作为计算单位。砂浆锚杆按每根长 3 m、直径 22 mm 考虑，中空锚杆、自钻式锚杆按每根长 3 m 考虑，当杆径变化时，可调整其钢筋及锚杆体规格。

(11)格栅钢架、型钢钢架工程数量，均按设计钢架及除螺栓、螺母以外的连接钢材重量计算。

(12)洞门砌筑及附属工程，均按设计工程数量计算。

(13)斜井的开挖、衬砌工程数量，均包含井身、井底车场、碴仓、水仓与配电室等的综合开挖、衬砌数量。

(14)材料运输，按正洞和辅助坑道分别计算。

(15)监控量测工程数量，地表下沉与底板沉降、拱顶下沉子目按设计测点个数计算；净空变化按设计基线条数计算。

8.4 轨道工程计量

学习任务

通过对轨道工程计量的学习，能够明确轨道工程的计量方法及工程计量规则。

轨道工程包括无缝线路、机械铺轨、人工铺轨、标准轨轨料、弹性支承块式无碴道床人工铺轨、钢梁桥面人工铺轨、道岔、铺碴等项目。

1. 铺轨工程量计算规则

(1)为简化定额内容，对混凝土轨枕线路不同类型的扣配件按一根轨枕所需的含量整合。即将混凝土轨枕的扣配件整合成一个材料号，单位为组，每根轨枕一组。混凝土枕扣配件及组成见表 8-2。

表 8-2　混凝土枕扣配件及组成

混凝土枕扣配件	组成
50 kg 钢轨弹条Ⅰ型扣配件	包括 A 型弹条 4 个，平垫圈 4 个，螺旋道钉带螺帽 4 个，轨底衬垫 50 kg 3×130×165 塑料 2 个，轨距挡板(中间)50 kg 4 个，挡板座 50 kg 4 个，绝缘缓冲垫板 50 kg 2 个
50 kg 钢轨弹条Ⅰ型调高扣配件	包括平垫圈 4 个，螺旋道钉带螺帽 4 个，弹条Ⅰ型调高扣件调高垫板 2 个，绝缘缓冲垫板 50 kg 2 个，弹条调高扣件轨距挡板 50 kg 4 个，弹条调高扣件挡板座 50 kg 4 个，D型弹条 50 kg 4 个
50 kg 钢轨弹片Ⅰ型调高扣配件	包括平垫圈 4 个，螺旋道钉带螺帽 4 个，橡胶垫板 2 个，衬垫 2 个，轨距挡板 50 kg 4 个，挡板座 50 kg 4 个，补强弹片 4 个，中间弹片 4 个
60 kg 钢轨弹条Ⅰ型扣配件	包括 B 型弹条 4 个，平垫圈 4 个，螺旋道钉带螺帽 4 个，绝缘缓冲橡胶垫板 2 个，轨距挡板 60 kg 4 个，挡板座 60 kg 4 个
60 kg 钢轨弹条Ⅱ型扣配件	包括平垫圈 4 个，螺旋道钉带螺帽 4 个，绝缘缓冲橡胶垫板 2 个，轨距挡板 60 kg 4 个，挡板座 60 kg 4 个，Ⅱ型弹条 4 个
60 kg 钢轨弹条Ⅲ型扣配件	包括弹条Ⅲ型扣件 4 个，橡胶垫板 2 个，绝缘轨距垫块 4 个
60 kg 钢轨弹条Ⅰ型调高扣配件	包括 A 型弹条 4 个，平垫圈 4 个，螺旋道钉带螺帽 4 个，绝缘缓冲橡胶垫板 2 个，弹条Ⅰ型调高配件调高垫板 2 个，弹条Ⅰ型调高扣件挡板座 60 kg 4 个，弹条Ⅰ型调高扣件轨距挡板 60 kg 4 个
60 kg 钢轨弹条Ⅰ型扣配件(无碴道床用)	包括 B 型弹条 4 个，轨距挡板 60 kg 4 个，挡板座 60 kg 4 个
60 kg 钢轨弹条Ⅱ型扣配件(无碴道床用)	包括轨距挡板 60 kg 4 个，挡板座 60 kg 4 个，Ⅱ型弹条 4 个

(2)铺轨的工程量，按设计图示每股道的中心线长度(不含道岔长度)计算，道岔长度是指从基本轨前端至辙叉根端的距离，特殊道岔以设计图纸为准，铺轨工程量不扣除接头轨缝处长度。

(3)道岔尾部无枕地段铺轨，按道岔根端至末根岔枕的中心距离，以 km 为单位计算。

(4)长钢轨焊接,按设计接头数量,以个为单位计算。

(5)钢轨打磨应区分不同开通速度,按设计打磨铺轨长度计算。

(6)应力放散及锁定,按放散锁定次数和长度,以"km"和"组·次"为单位计算。

2. 铺道岔工程量计算规则

铺道岔按道岔类型、岔枕、道床形式划分,以组为单位计算。

3. 铺道床工程量计算规则

(1)铺底碴、线间石碴的工程量应按设计断面乘以设计长度,以 m³ 为单位计算。

(2)正线铺面碴工程量应区分不同开通速度,按设计面积乘以设计长度并扣除轨枕所占道床体积,以 m³ 为单位计算。

(3)站线铺面碴工程量应区分木枕、混凝土枕,按设计面积乘以设计长度并扣除轨枕所占道床体积,以 m³ 为单位计算。

(4)轨道调整应区分不同开通速度,按设计铺轨长度计算。

(5)道岔沉落整修应区分不同岔型、开通速度,按设计铺轨长度,以"组"为单位计算。

4. 轨道加强设备及护轮轨工程量计算规则

(1)安装轨距杆分普通、绝缘两种类型,按设计数量以"组"为单位计算。

(2)安装轨撑垫板、防爬器分轨型,按设计数量以"个"为单位计算。

(3)安装防爬支撑分木枕、混凝土枕,按设计数量以"个"为单位计算。

(4)安装钢轨伸缩调节器分桥面、桥头引线,按设计伸缩量以"对"为单位计算。

(5)安装护轮轨工程量,按设计长度以"双侧米"为单位计算。

5. 线路有关工程工程量计算规则

(1)平交道口。

1)单线道口面板混凝土按设计数量以"m³"为单位计算。

2)单线道口面板钢筋按设计数量以"t"为单位计算。

3)单线道口面板道口卧轨按道口通行宽度以"m"为单位计算。

4)股道间道口钢筋混凝土按设计数量以"m³"为单位计算。

5)股道间道口栏木按线路间道口面积以"m²"为单位计算。道口面积计算公式为:道口面积=道口宽度(道口铺面宽)×道口长度(相邻两股道枕木头之间的距离)。

(2)线路及信号标志按设计数量以"个"为单位计算。

(3)车挡、挡车器按设计数量以"处"为单位计算。

(4)轨道常备材料中铺轨备料按铺轨设计数量以"km"为单位计算。

(5)轨道常备材料中铺道岔备料按设计或有关规定计算出的实际备料数量以"组"为单位计算。

6. 其他工程工程量计算规则

(1)拆除线路按设计数量以"km"为单位计算。

(2)拆除道岔按设计数量以"组"为单位计算。

(3)拆除防爬器按设计数量以"个"为单位计算。

(4)拆除轨距杆按设计数量以"根"为单位计算。

(5)拆除道岔转辙器按设计数量以"组"为单位计算。

(6)拆除道口分单线、双线按设计数量以"宽度 m"为单位计算。

(7)拆除车挡按设计数量以"处"为单位计算。

(8)拆除护轮轨按设计数量以"双侧米"为单位计算。

(9)钢轨钻孔按设计数量以"孔"为单位计算。

(10)锯钢轨按设计锯口数量以"个"为单位计算。

(11)线路起落道分起落道高度、枕型按设计数量以"km"为单位计算。

(12)道岔起落道分起落道高度、岔型、枕型按设计数量以"组"为单位计算。

(13)拨移线路分枕型按设计数量以"km"为单位计算。

(14)拨移道岔分枕型、岔型按拨移数量以"组"为单位计算。

(15)更换钢轨分钢轨类型及轨枕类型按设计数量以"km"为单位计算。

(16)道岔替换线路分枕型、道岔类型按设计数量以"组"为单位计算。

(17)抽换轨枕分轨型、枕型按设计数量以"根"为单位计算。

(18)清筛道床按设计数量以"m³"为单位计算。

7. 封锁线路作业工程工程量计算规则

(1)大型机械清筛道床，如在无缝线路地段施工时，应与应力放散、锁定；当用于电气化营业线铁路时，人工和机械台班消耗量乘以 1.08 的调整系数。其中开通速度是指铁路正常运营时线路设计速度。

(2)大型机械清筛道床按清筛类型、开通速度及设计数量以"km"为单位计算。

(3)拨接线路按设计数量以"处"为单位计算。

(4)换铺无缝线路按设计数量以"km"为单位计算。

(5)人力更换提速道岔按道岔类型及设计数量以"组"为单位计算。

(6)应力放散及锁定按放散、锁定次数和长度，以"km"和"组·次"为单位计算。

◆ 项目小结 ◆

铁路工程计量是依据《铁路工程概算定额》和《铁路工程预算定额》对工程计量的各种规定，进行工程量的计算。本项目主要介绍铁路路基工程、桥涵工程、隧道工程、轨道工程等的工程量计量的方法及规则，为编制铁路工程概预算打下基础。

◆ 复习思考题 ◆

1. 路基工程土、石方数量的计算方法是什么？
2. 路基工程的工程计量规则有哪些？
3. 桥涵工程的工程计量规则有哪些？
4. 隧道工程的工程计量规则有哪些？
5. 轨道工程的工程计量规则有哪些？

项目 9　铁路工程概预算定额

项目描述

工程定额是指在正常的生产(施工)技术组织条件下完成单位合格产品所需要的人工、材料、机械设备及其资金的限额标准,是对工程造价进行宏观管理和调控的手段。本项目主要阐述工程定额的概念、特点、作用及种类,劳动定额、材料消耗定额、机械台班使用定额的定义及表示形式,铁路工程概预算定额的组成及作用、铁路预算定额的应用。

学习目标

了解工程定额的定义、特点、作用及种类;

熟悉劳动定额、材料消耗定额、机械台班使用定额的定义及表示形式;

熟悉概预算定额的组成及作用;

掌握预算定额的应用。

9.1　工程定额基本知识

学习任务

通过对工程定额基本知识的学习,能够明确工程定额的定义、特点、作用及种类。

9.1.1　工程定额的定义

在基本建设工程项目施工过程中,要完成某工序、某施工过程或某项工程的施工必须消耗一定数量的劳动力、材料、机械台班和资金。耗用多少才算合理及施工前后要做怎样的准备,都要借助工程定额来确定。所谓工程定额,就是指在正常的生产(施工)技术组织条件下完成单位合格产品所需要的人工、材料、机械设备及其资金的限额标准。不同的施工过程有不同的质量要求,不能把定额看成是单纯的数量标准,而要把定额看成是质和量的统一。它不仅规定了必须消耗的数量,还规定了它的工作内容、质量和安全要求。

例如,在《铁路工程预算定额》第二册《桥涵工程》第三章"涵洞工程"第一节"涵洞基础"中对石砌基础的规定如表 9-1 所示。

表 9-1　砂浆砌筑片石基础

工作内容：搭拆脚手板，选、修、洗石，砂浆制作、安砌及养护。　　　　　　　　　　　　　　单位：10 m³

电算代号	预算定额编号		QY-715	QY-716
	项目	单位	涵洞基础浆砌片石	
			M7.5	M10
基价			704.08	724.71
其中	人工费	元	193.33	193.33
	材料费		505.13	525.04
	机械使用费		6.34	6.34
重量		t	27.423	27.442
1	人工	工日	9.50	9.50
HT-911	M7.5 水泥砂浆	m³	(3.300)	—
HT-915	M10 水泥砂浆	m³	—	(3.300)
1010003	普通水泥 42.5 级	kg	841.500	907.500
1230006	片石	m³	11.700	11.700
1260022	中粗砂	m³	3.861	3.828
8999002	其他材料费	元	3.63	3.63
8999006	水	t	3.640	3.640
9104302	灰浆搅拌机≤400 L	台班	0.130	0.130

这条定额中除了规定的数量标准外，还有工作内容、质量标准、生产方法、安全要求和适用范围，体现了在一定的社会生产力发展水平的条件下，10 m³ 单位合格的 M10 砂浆砌筑片石基础与各种生产消费（工、料、机）之间特定的数量关系，这里的产品（M10 砂浆砌筑片石基础）和各种消费（工、料、机）之间的关系是客观的，也是特定的。

9.1.2　工程定额的特点

工程定额具有科学性、系统性、统一性、权威性、强制性、稳定性和时效性的特点。

1. 工程定额的科学性

工程定额的科学性包括两重含义：一是指工程定额必须和生产力发展水平相适应，反映出工程建设中生产消费的客观规律；二是指工程定额管理在理论、方法和手段上必须科学化，以适应现代科学技术和信息社会发展的需要。

2. 工程定额的系统性

工程定额是相对独立、完整的系统。它的结构复杂，有鲜明的层次，有明确的目标，是由多种定额结合而成的有机整体。一种专业定额是一个完整、独立的系统，铁路定额从测定到使用，直至再修订都是为了全面反映铁路工程所有的工程内容和项目，与铁路技术标准、规范相配套，完全、准确地反映铁路工程施工工艺的每一个环节。

3. 工程定额的统一性

工程定额的统一性，主要是由国家对经济发展的有计划的宏观调控职能决定的。为了使国民经济按照既定的目标发展，就需要借助于某些标准、定额、参数等，对工程建设进行规划、组织、调节、控制。而这些标准、定额、参数必须在一定范围内是一种统一的尺度，才能实现上述职能，才能利用它对项目的决策、设计方案、投标报价、成本控制进行比选和评价。

工程定额的统一性按照其影响力和执行范围来看，有全国统一定额、地区统一定额和行业统一定额等，层次清楚，分工明确；按照定额的制定、颁布和贯彻实施来看，有统一的程序、统一的原则、统一的要求和统一的用途。

4. 工程定额的权威性和强制性

主管部门通过一定程序审批颁发的工程定额具有很大权威性，这种权威性在某些情况下具有经济法规性质和执行的强制性。权威性反映统一的意志和统一的要求，也反映信誉和信赖程度。强制性反映刚性约束，反映定额的严肃性。

工程定额的权威性和强制性的客观基础是定额的科学性。只有科学的定额才具有权威。但是，科学的、有权威的定额并不一定能得到遵循和贯彻。因为工程定额虽然反映了生产消费的客观规律，但在社会主义市场经济条件下，它必然涉及各有关方面的经济关系和利益关系。赋予工程定额以一定的强制性，就意味着在规定的范围内，对于定额的使用者和执行者来说，不论主观上愿意不愿意，都必须按定额的规定执行。在当前市场不规范的情况下，赋予工程定额以强制性是十分重要的，它不仅是定额所起作用得以发挥的有力保证，而且也有利于理顺工程建设有关各方的经济关系和利益关系。需要说明的是，这种强制性也有相对的一面，在竞争机制引入工程建设的情况下，定额的水平必然会受市场供求状况的影响，从而在执行中可能产生定额水平的浮动。

5. 工程定额的稳定性和时效性

工程定额中的任何一项都是一定时期技术发展和管理的反映，因而在一段时期内都表现出稳定的状态。根据具体情况不同，稳定的时间有长有短，一般在 5 年至 10 年之间。保持定额的稳定性是维护定额的权威性所必需的，更是有效地贯彻定额所必需的。如果某种定额处于经常修改变动之中，那必然造成执行中的困难和混乱，使人们感到没有必要去认真对待它，很容易导致定额权威性的丧失。

但是工程定额的稳定性是相对的。任何一种工程定额都只能反映一定时期内的生产力水平，定额水平是一定时期内社会生产力水平的反映。一定时期的定额水平必须坚持平均先进或先进合理的原则，当生产力向前发展了，定额就会与已经发展了的生产力不相适应。这样，它原有的作用就会逐步减弱进而消失，甚至产生负效应。所以，工程定额在具有稳定性特点的同时，也具有显著的时效性。当定额不再起到促进生产力发展的作用时，工程定额就要重新编制或修订了。

从一段时期来看，定额是稳定的；从长时期看，定额是变动的。

9.1.3 工程定额的作用

1. 在工程建设中定额具有节约社会劳动和提高生产效率的作用

一方面，生产性的施工定额直接作用于建筑安装工人，企业以定额作为促使工人节约社会劳动(工作时间、原材料等)和提高劳动效率、加快工作进度的手段，以增加市场竞争能力，获取更多的利润；另一方面，作为工程造价计算依据的各类定额，又促使企业加强管理，把社会劳动的消耗控制在合理的限度内。再者，作为项目决策依据的定额指标，又在更高的层次上促使项目投资者合理而有效地利用和分配社会劳动。所有这些都说明，定额在工程建设中有节约社会劳动和优化资源配置的作用。

2. 工程定额是国家对工程建设进行宏观调控和管理的手段

市场经济并不排斥宏观调控，政府要利用各种手段影响和调控经济的发展。国家利用定额对工程建设进行宏观调控和管理，主要表现在：

(1)对工程造价进行宏观管理和调控；

(2)对资源配置进行预测和平衡；

(3)对经济结构，包括企业结构和所有制结构进行合理的调控，也包括对技术结构和产品结构的调控。

3. 工程定额有利于市场公平竞争

工程定额是对市场信息的加工，又是对市场信息的传递。工程定额所提供的准确的信息为市场需求主体和供给主体之间以及供给主体和供给主体之间的竞争提供了有利条件。

4. 工程定额是对市场行为的规范

工程定额既是投资决策的依据，又是价格决策的依据。对于投资者来说，他可以利用定额权衡自己的财务状况和支付能力、预测资金投入和预期回报，还可以充分利用有关定额的大量信息，有效地提高其项目决策的科学性，优化其投资行为。对于建筑企业来说，由于有关定额在一定程度上制约着工程中人工、物料的消耗，因此会影响到建筑产品的价格水平。企业在投标报价时，只有充分考虑定额的要求，做出正确的价格决策，才能获得市场竞争优势和更多的工程合同。

5. 工程定额有利于完善市场的信息系统

定额管理既要对大量市场信息进行加工，也要对大量信息进行市场传递，同时还要对市场信息进行反馈。信息是市场体系中不可或缺的要素，它的可靠性、完备性和灵敏性是市场成熟和市场效率的标志。在我国，以定额形式建立和完善市场信息系统，是以公有制经济为主体的社会主义市场经济的特色。

6. 工程定额有利于推广先进的施工技术和工艺

定额水平中包含着某些已成熟的先进的施工技术和经验，工人要达到或超过定额，就必须掌握和应用这些先进技术；如果工人要超过定额水平，他就必须进行创造性的劳动。第一，在自己的工作中注意改进工具和改进操作方法，注意原材料的节约，避免原材料和能源的浪费；第二，企业或主管部门为了推行定额，往往会组织技术培训，以帮助工人能达到或超过定额。这样，新技术、新工艺、新材料、新经验就很容易得到推广，从而大大提高全社会的劳动生产效率。

9.1.4 工程定额的种类

工程定额的形式与内容，是根据施工生产需要决定的，故工程定额的种类也是多种多样的，具体分类见图 9-1，从图中可以看出，工程定额无论按何种方法分类，其内容均包括劳动定额、材料消耗定额、机械台班使用定额。这三种定额是制订其他类定额的基础，也称基础定额。

9.2　基础定额

学习任务

通过对基础定额的学习，能够明确劳动定额、材料消耗定额、机械台班使用定额的定义及表示形式。

建筑工程定额

按编制程序和用途分类
- 施工定额
  - 劳动定额
    - 时间定额
    - 产量定额
  - 材料消耗定额
  - 机械台班使用定额
    - 时间定额
    - 产量定额
- 预算定额
- 概算定额
- 概算指标

按专业分类
- 建筑工程定额
- 安装工程定额
- 市政工程定额
- 水利工程定额
- 冶金工程定额
- 铁路工程定额
- 工程间接费用定额
- 其他费用定额

按主编单位及执行范围分类
- 全国统一定额
- 主管部门定额
- 地区统一定额
- 企业定额

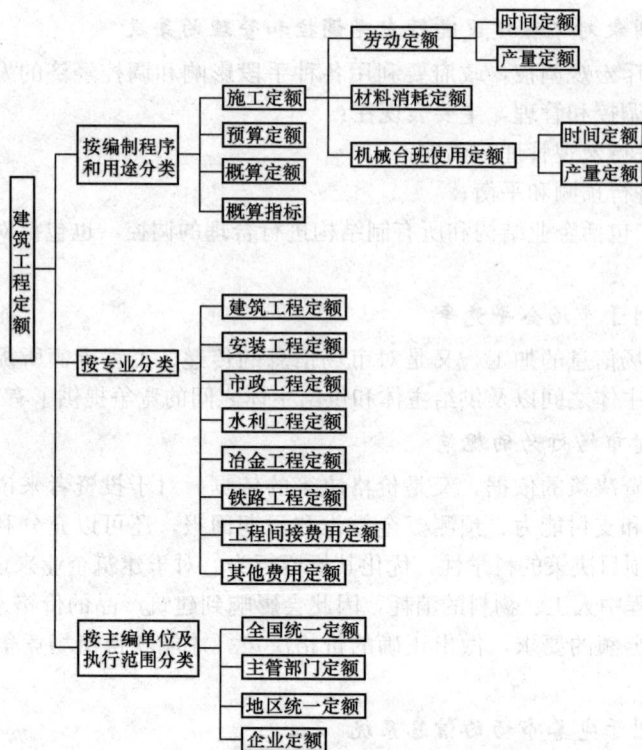

图 9-1　工程定额的分类

在施工生产中起主要作用的三大因素是劳动力、材料和施工机械(简称工、料、机),铁路工程定额是按实物量法编制的定额,因此,劳动定额、材料消耗定额和机械台班使用定额是铁路工程概预算定额的主要内容,也是制订其他各种定额的基础,被称为基础定额。

9.2.1 劳动定额

劳动定额是指在正常的生产技术和生产组织条件下,为完成单位合格产品所规定的劳动消耗量标准。它蕴含着生产效益和劳动力合理运用的标准,反映着建筑安装工人劳动生产率的平均先进水平,不仅体现了劳动与产品的关系,还体现了劳动配备与组织的关系。它是计算完成单位合格产品或单位工程量所需人工的依据。

劳动定额亦称人工定额、工时定额或工日定额,它有两种表现形式:时间定额和产量定额。

1. 时间定额

时间定额是指在技术条件正常、生产工具使用合理和劳动组织正确的条件下,工人为生产单位合格产品消耗的劳动时间,包括准备与结束的时间、基本生产时间、辅助生产时间、不可避免的中断时间以及工人必须休息的时间。时间定额以工日为单位,1 个工日相当于 1 个工人工作 8 h 的劳动量(其中潜水工作按 6 h,隧道工作按 7 h 计算)。时间定额计算如式(9-1)。

$$时间定额 = \frac{耗用工时数量}{完成单位合格产品数量} \tag{9-1}$$

$$时间定额 = \frac{工作人数 \times 工作时间}{工作时间内完成的产量或工作量}$$

或

$$时间定额 = \frac{劳动时间}{工作时间内完成的产量或工作量}$$

式中，工作人数的单位为人工(或工日)；工作时间的单位为 s、min、h、d；劳动时间的单位为工秒、工分、工时、工日(工天)。

根据我国现行工作制度，每一工日(工天)按 8 h 计算，即

$$1 工日(工天)=8 工时=8×60 工分=8×60×60 工秒$$

生产量或工程量的单位，以单位产品或工程量的计量单位计算，如 m^3、m^2、m、t、块、根等。

时间定额的计量单位以每单位产品或工程量所消耗的工日数表示，如工日/m^3、工日/m^2、工日/t、工日/块等。

2. 产量定额

产量定额是指在技术条件正常，生产工具使用合理和劳动组织正确的条件下，工人在单位时间内完成合格产品的数量。其计算单位为产品数量/工日，如 m^3/日、km^3/工日等，产量定额计算如式(9-2)。

$$产量定额=\frac{工作时间完成的产量或工程量}{劳动时间}$$

$$=\frac{工作时间内完成的产量或工程量}{工作人数×工作时间} \tag{9-2}$$

从上述内容可知，时间定额与产量定额互为倒数。它们的关系如下：

$$时间定额×产量定额=1$$

$$时间定额=\frac{1}{产量定额} \quad 或 \quad 产量定额=\frac{1}{时间定额} \tag{9-3}$$

由此可见，知道了时间定额便很容易求出产量定额。

9.2.2 材料消耗定额

材料消耗定额是指在合理使用材料的条件下，完成单位产品或单位工程量所必须消耗的一定规模的建筑材料、半成品或构配件的数量标准。所谓合格产品或工程量，是指在质量、规格等方面要符合国家标准、部颁标准或省、自治区、直辖市的标准和规范。材料消耗定额的计量单位以生产单位产品或工程量所需材料的计量单位表示，如片石混凝土所需水泥、砂子、石子、片石的计量单位分别为"t"和"m^3"。

1. 材料消耗定额的组成

材料消耗定额包括直接用于项目产品生产或工程施工的材料净用量及不可避免的工艺和非工艺性的材料损耗(包括料头、装卸车散失等)。前者称为材料净消耗定额(D_j)，亦称净定额，这是生产某产品或完成某一施工过程的有效消耗量；后者称为材料损耗定额(D_s)，但不包括可以避免的浪费和损失的材料，这是非有效消耗量。两者之和称为材料消耗总定额(D_z)，也叫材料消耗定额，用公式 $D_z=D_j+D_s$ 表示。

例如，浇筑混凝土构件，所需混凝土材料在搅拌、运输、浇筑过程中产生不可避免的零星损耗，以及振动体积变得密实，凝固后体积发生收缩等，因此，每立方米混凝土产品实际需耗用 1.01～1.02 m^3 的混凝土材料。

2. 材料损耗的分类及计算

(1)材料损耗分类。

1)运输损耗指材料在运输过程中所发生的自然损耗。这种从生产厂或供料基地运输到工地料库所发生的损耗不包括在材料消耗定额中，应列入材料采购保管费内。

2)保管损耗指材料在保管过程中所发生的自然损耗。这种损耗也不包括在材料消耗定额中，应列入材料采购保管费内。

3)施工损耗指在施工过程中，现场搬运、堆存及施工操作中不可避免的材料损耗以及残余材料和废料损耗等，这些损耗应包括在材料消耗定额内。

（2）材料损耗量。施工过程中的材料损耗一般用损耗率表示。材料损耗率计算公式如下：

$$材料损耗率 K = \frac{材料损耗定额 D_s}{材料净消耗定额 D_j} \times 100\%$$

因此，材料损耗定额计算方法为：

$$D_s = D_j \cdot K$$

3. 材料总消耗量

根据结构物或构筑物施工图纸计算出或根据实验确定出材料净消耗定额 D_j 后，可按式 $D_z = (1 + K) D_j$ 计算材料消耗总定额 D_z。

建筑材料种类繁多，数量庞大。在基本建设中，材料费在建筑工程造价中占 35%～40%。材料消耗量是节约还是浪费，对产品价值和工程造价有决定性影响。在一定的产品数量和材料质量的情况下，材料的需用量和供应量主要取决于材料消耗定额。先进合理的材料消耗定额，可以起到对材料消耗的控制和监督，保证材料的合理供应和使用。减少材料积压，使限额领料卡真正起到限额的作用。同时材料消耗定额还是制订概预算定额中材料数量及其费用的基础数据。

9.2.3 机械台班使用定额

机械台班使用定额也称机械设备使用定额。它规定了在正常施工条件下，合理组织生产与合理使用机械设备完成单位产品所必须消耗的机械台班数量标准。它标志着机械生产率的水平。

1. 机械台班使用定额的表示形式

机械台班使用定额以机械时间定额和机械产量定额两种形式表示。

（1）机械时间定额（也称机械台班时间定额）是指在正常施工条件下，规定某种机械设备完成质量合格的单位产品或单位工程量所必须消耗的机械工作时间。它包括有效工作时间、不可避免的空转时间和不可避免的中断时间。其计算公式如下：

$$机械使用定额 = \frac{机械台数 \times 机械工作时间}{工作时间内完成的产品数量或工程量}$$

式中，机械台数的计量单位为台或机组；机械工作时间的计量单位为台班、h、min、s。

机械台数与机械工作时间相乘之积为机械工作时间消耗量，计量单位为台班、机组班、台时、台分、台秒。一个台班表示一台机器工作一个工作班（8 h），一个机组班表示一组机械工作一个工作班（8 h），一个台时表示一台机器工作 1 h，其余类推如下式所示：

$$1 台班 = 8 台时 = 8 \times 60 台分 = 8 \times 60 \times 60 台秒$$

产品数量或工程量的计量单位应能具体正确地表示产品或工程量的形体特征，如 m^3、m^2、m、t 等。

机械时间定额一般以台班（或台时）/产品或工程的计量单位表示，如台班/m^3、台时/m^2、台班/m 等。

（2）机械产量定额（也称机械台班产量定额）是指在正常施工条件下，规定某种机械设备在单位时间（台班或台时）内应完成质量合格的产品数量或工程量。其计算方法如下：

$$机械产量定额 = \frac{工作时间内完成的产品数量或工程量}{机械台数 \times 机械工作时间}$$

机械产量定额的计量单位，以产品或工程的计量单位/台班（或台时）表示。例如，挖掘机挖土方产量定额的计量单位为 m^3/台班或 m^3/台时。

2. 机械时间定额与机械产量定额两者的关系

机械时间定额与机械产量定额两者的关系互为倒数，即

$$机械时间定额 \times 机械产量定额 = 1$$

9.3　概预算定额

学习任务

通过概预算定额的学习，能够明确概预算定额的组成及作用。

9.3.1　预算定额

1. 预算定额的含义

工程预算定额是在正常施工条件下，完成一定计量单位的分部分项工程或结构构件，而合理消耗的人工、材料和机械台班数量限额及其工、料、机单价（基价）标准。

预算定额反映了国家、建设单位和施工企业三者在生产活动中的经济关系。国家和建设单位按照预算定额的规定为某项工程提供物力和资金，施工企业则利用上述资金组织生产，保质、保量、按期完成工程任务。

预算定额是按照合理的施工组织和正常的施工条件编制的，并且纳入已经应用的新技术、新工艺。定额中所采用的施工方法和工程质量标准，是根据现行技术规范、规程和标准确定的。

2. 预算定额的组成

（1）一定计量单位的分部分项工程或结构构件的人工、材料和机械台班数量标准。依据它可计算出分部分项工程或结构构件的人工、材料、机械台班消耗量。这是定额中的"量"，在一定时期内是稳定的。

（2）工资（工费）、材料、机械台班单价。依据它可编制一定计量单位的分部分项工程或结构构件预算定额单价。需要指出的是，在预算定额项目表中，一般不直接标出计算各分部分项工程或结构构件的预算定额基价的工费、各种材料及机械台班单价，而是在定额说明中说明预算定额基价的人工费、材料、机械台班费的计费标准，如铁建设〔2010〕223 号文件《铁路工程预算定额》第一册《路基工程》、第二册《桥涵工程》、第三册《隧道工程》、第四册《轨道工程》等预算定额，在说明中指出各分部分项工程或结构构件的定额基价计费标准：人工费，铁建设〔2010〕196号文件《关于调整铁路基本建设工程设计概预算综合工费标准的通知》；材料费，铁建设〔2006〕129 号文件《铁路工程建设材料基期价格》（2005 年度）；机械台班费，铁建设〔2006〕129 号文件《铁路工程施工机械台班费用定额》（2005 年度）。

（3）一定计量单位的分部分项工程或结构构件的预算定额基价（单价）及其人工费、材料费和机械使用费。依据它可编制工程预算工、料、机基价费用。

"基价"是以工、料、机单位为基础计算的完成定额计量单位的合格产品所需要的人工费、材料费、机械台班使用费的合计价值，即

$$基价 = 人工工日数 \times 人工费单价 + \sum 各项材料数量 \times 各项材料单价 +$$

$$\sum 各类机械台班数 \times 各类台班单价 = 人工费 + 材料费 + 机械台班费$$

各种单价和由单价计算的基价是定额中的"价",它随市场价格的变化而变化,具有时效性。为适应社会主义市场经济的发展,按照"量、价"分离的原则,单价的调整要跟上市场经济的变化,因此在使用定额时,"量"(工、料、机消耗量)为现行定额中的数量,而"价"需注明采用的价格水平。

(4)一定计量单位的分部分项工程或结构构件所消耗的主要材料重量。"重量"说明完成某种计量单位的合格产品所需要的全部建筑安装材料的重量,以"t"为计量单位,主要用于材料运杂费计算,但不包括水及施工机械的动力燃料消耗的重量。

例如,《铁路工程预算定额》第二册《桥涵工程》挖孔桩施工中的桩孔开挖定额见表 9-2。

表 9-2 桩孔开挖

工作内容:开挖,吊运。孔口外 10 m 以内运输,支撑防护,修整桩孔,通风管路铺、拆、通风。

单位:10 m³

电算代号	预算定额编号		QY—199	QY—200	QY—201	QY—202
	项目	单位	孔深/m			
			≤10	>10	≤10	>10
	基价		421.82	636.59	571.63	861.13
其中	人工费	元	191.28	261.84	261.60	357.60
	材料费		13.34	20.87	13.57	21.10
	机械使用费		217.20	353.88	296.46	482.43
	重量	t	—	—	—	—
2	人工	工日	7.97	10.91	10.90	14.90
8999002	其他材料费	元	13.34	20.87	13.57	21.10
9102613	单筒慢速卷扬机≤30 kN	台班	2.850	3.580	3.890	4.880
910834	鼓风机≤8 m³/min	台班	—	1.430	—	1.950

3. 预算定额的作用

(1)预算定额是编制施工图预算,确定和控制项目投资、建筑安装工程造价、编制工程标底和投标报价的基础。施工图预算是施工图设计文件之一,是建设工程项目投资和确定建筑安装工程造价的必要手段。

编制施工图预算的依据:一是设计文件,它决定着工程的功能和规模,它的数据、标准和文字说明,是计算分部分项工程量和结构构件数量的依据;二是预算定额,它是确定一定计量单位工程分项人工、材料、机械消耗量的依据,也是计算分项工程单价的基础;三是人工工资单价、材料预算价格(或市场价格)、机械台班单价等价格资料。其关系如下:

单位工程人工工日需要量 $= \sum$ 分部分项工程量 $\times$ 定额单位工日数

单位工程需用各项材料数量 $= \sum$ 分部分项工程量 $\times$ 定额单位各项材料数量

单位工程需用各类机械台班数量 $= \sum$ 分部分项工程量 $\times$ 定额单位各类机械台班数量

单位工程人工费 = 单位工程人工工日数 $\times$ 人工费单价

单位工程材料费 = 单位工程人工工日数 $\times$ 人工费单价

单位工程机械台班费＝单位工程各类机械台班数×台班单价＋其他机械使用费

定额直接工程费＝人工费＋材料费＋机械台班费

(2)预算定额是对设计方案进行技术经济比较和分析的依据。设计方案在设计工作中居于中心地位。设计方案的选择要满足功能，并要求符合设计规范，既要技术先进又要经济合理。根据预算定额对方案进行技术经济分析和比较，是选择经济、合理的设计方案的重要方法。

对设计方案进行比较，主要是对不同方案通过定额对所需人工、材料和机械台班消耗量，以及材料重量、材料资源和工期等进行比较。这种比较可以确定不同方案对工程造价及工期的影响；材料重量对荷载及基础工程量和材料运输量的影响，因此而产生的对工程造价的影响等。

对于新结构、新材料的应用和推广，也需要借助于预算定额进行技术经济分析和比较，从技术与经济的结合上考虑普遍采用的可能性和效益。

(3)预算定额是编制施工组织设计的依据。在不同的设计阶段编制施工组织设计，确定出拟建工程所采用的施工方法与相应的技术组织措施，确定现场平面布置和施工进度安排，确定出人工、材料、机械、水电动力资源需要量，以及物料运输方案，不仅是建设和施工准备工作所必需的，也是保证工程顺利实现，进行建设工程成本控制的有效手段。根据预算定额确定的劳动力、建筑材料、成品、半成品和施工机械、台班的需用量，为组织材料供应和预制构件加工、平衡劳动力和施工机械提供可靠依据。

(4)预算定额是工程结算的依据。工程结算是建设单位(发包人)和施工企业(承包人)按照工程进度对已完工程实现货币支付的行为，是商品交换中结算的一种形式。由于建筑安装工程的周期长，不可能竣工后一次结算，往往需要在施工过程中通过分次结算方式支付工程价款。当采用按已完成分部分项工程量进行结算时，必须以预算定额为依据确定的工程预算结算工程价款。

按现行工程价款结算制度，根据进度按已完成分项分部工程结算工程价款，仍是一种普遍采用的形式，这样做的优点是：

1)便于较准确地计算已完成分部分项工程量；

2)便于建设单位对已完工程进行验收和施工企业考核月季度成本执行情况；

3)使企业工程价款收入符合其完工进度，符合其成本开支的时序，使企业生产耗费可以得到及时的、合理的补偿，也有利于企业的资金周转；

4)有利于业主对建设资金实行控制。

对小型或工程工期较短的工程也有实行开工前预付一定数额的预付款，竣工后一次结算的。

(5)预算定额是施工企业进行经济活动分析的依据。实行经济核算的根本目的是，用经济的方法促使企业在保证质量和工期的条件下，用较少的劳动消耗取得最大的经济效益。目前，预算定额仍决定着企业的收入，企业必须以预算定额作为评价企业工作的重要标准，成为努力实现的具体目标。企业只有在施工中尽量降低劳动消耗，提高劳动生产率，采用新技术和提高劳动者素质，才能取得较好的经济效益。

施工企业可根据预算定额，对施工中的劳动、材料、机械的消耗情况进行具体的分析，以便找出低工效、高消耗的薄弱环节及其原因。

(6)预算定额是编制概算定额和估算指标的基础。概算定额和估算指标是在预算定额的基础上经综合扩大编制的，也需要利用预算定额作为编制依据，这样做不但可以节省编制工作中大量的人力、物力和时间，收到事半功倍的效果，还可以使概算定额和估算指标在水平上与预算定额一致，以避免造成执行中的不一致。

(7)预算定额也是合理编制标底、投标的基础。在深化改革中，预算定额的指令性作用将日益削弱，而在市场经济体制下，企业按照工程单项成本报价的指导性作用则仍将存在，这是由固定资产投资的资金来源仍是公有制为主所决定的。

4. 预算定额的种类

(1)按专业性质分，预算定额有建筑工程预算定额和安装工程预算定额两大类。

建筑工程预算定额按适用对象分为建筑工程预算定额、市政工程预算定额、公路工程预算定额、房屋修缮工程预算定额、矿山井巷预算定额和铁路工程预算定额等。

安装工程预算定额按适用对象分为电气设备安装工程预算定额、机械设备安装工程预算定额、通信设备安装工程预算定额、化学工业设备安装工程预算定额、工业管道安装工程预算定额、工艺金属结构安装工程预算定额、热力设备安装工程预算定额等。

(2)按主要管理权限和执行范围分，预算定额可分为全国统一定额、行业统一定额和地区统一定额等。

全国统一定额由国务院建设行政主管部门制定发布，行业统一定额由国务院行业主管部门制定发布，地区统一定额由省、自治区、直辖市建设行政主管部门制定发布。

(3)按物质要素区分，有劳动定额、机械定额和材料消耗定额，它们各自不具有独立性，但相互依存，形成一个整体，作为编制预算定额的依据。

9.3.2 概算定额

1. 概算定额的含义

概算定额是指在预算定额的基础上，以主要工序为准，综合相关工序的扩大定额，是按主要分项工程规定的计量单位及综合相关工序编制的劳动、材料和机械台班的消耗标准。

概算定额与预算定额都属于计价定额。不同的是，它们在项目划分和综合扩大程度上存在差异，以适用于不同设计阶段的计价需要。

2. 概算定额的组成

概算定额的组成与预算定额相同，只是项目划分更为粗略。例如，在《铁路工程预算定额》第二册《桥涵工程》中，挖孔桩定额分为桩孔开挖、挖孔抽水、桩身混凝土、桩身钢筋及护壁四部分定额，而在《铁路工程概算定额》第二册《桥涵工程》中，挖孔桩定额只分为挖孔桩和桩身钢筋两部分扩大定额。表9-3是挖孔桩概算定额。

3. 概算定额的作用

(1)概算定额是初步设计阶段编制建设项目概算和技术设计阶段编制修正概算的依据。

建设程序规定：采用两阶段设计时，其初步设计必须编制概算；采用三阶段设计时，其技术设计必须编制修正概算，对拟建项目进行总估价。概算定额作为初步设计概算和技术设计修正概算的依据。

(2)概算定额是设计方案比较的依据。所谓设计方案比较，目的是选择出技术先进可靠、经济合理的方案，在满足使用功能的条件下，降低造价和资源消耗。概算定额采用扩大综合后可为设计方案的比较提供方便的条件。

(3)概算定额是编制主要材料需要量的计算基础。根据概算定额所列材料消耗指标计算工程用料数量，可在施工图设计之前提出供应计划，为材料的采购、供应做好施工准备。

(4)概算定额是编制概算指标和投资估算指标的依据。

(5)当实行工程总承包时概算定额也可作为已完工程价款结算的依据。

(6)在不具备施工预算条件下，概算定额是编制工程标底的基础。

表 9-3　挖孔桩概算定额

工作内容：开挖，抽水，护壁钢筋制安，浇筑混凝土。　　　　　　　　　　　　　　　　　　　单位：10 m³

电算代号	预算定额编号		QG—58	QG—59	QG—60	QG—61
	项目	单位	土质		石质	
			孔深≤10 m	孔深>10 m	孔深≤10 m	孔深>10 m
	基价		6 997.94	7 440.01	6 174.25	6 553.29
其中	人工费	元	1 190.40	1 326.72	975.12	1 081.44
	材料费		4 385.22	4 397.41	3 559.39	3 570.12
	机械使用费		1 422.32	1 715.88	1 639.74	1 901.73
	重量	t	39.156	39.156	34.213	34.213
2	人工	工日	49.60	55.28	40.63	45.06
HT—6069	C35 碳化环境非泵送高性能混凝土	m³	(16.560)	(16.560)	(14.510)	(14.510)
1010012	普通水泥 42.5级（高性能混凝土）	kg	3 974.400	3 974.400	3 482.400	3 482.400
1210020	矿渣粉（高性能混凝土）	kg	910.800	910.800	798.050	798.050
1240025	碎石 40 以内（高性能混凝土）	m³	14.407	14.407	12.624	12.624
1260024	中粗砂（高性能混凝土）	m³	7.618	7.618	6.675	6.675
1260132	粉煤灰（高性能混凝土）	kg	1 208.880	1 208.880	1 059.230	1 059.230
1900005	圆钢 Q235-A ϕ6～9	kg	65.826	65.826	43.884	43.884
1900012	圆钢 Q235-A ϕ10～18	kg	416.753	416.753	277.835	277.835
2031054	合金工具钢空心	kg、	—	—	1.786	1.786
2130012	镀锌低碳钢丝 ϕ0.7～5	kg	2.838	2.838	1.892	1.892
2810023	组合钢模版	kg	12.895	12.895	8.604	8.604
2810024	组合钢支撑	kg	1.377	1.377	0.919	0.919
2810025	组合钢配件	kg	2.005	2.005	1.338	1.338
3005009	聚羧酸系减水剂	kg	48.852	48.852	42.805	42.805
3220011	硝铵炸药 1 号每包 50～200 g	kg	—	—	8.930	8.930
3220012	瞬发电雷管 8 号金属壳脚线 2 m	个	—	—	11.280	11.280
3623510	铁线钉	kg	6.161	6.161	4.111	4.111
4020015	合金钻头 ϕ43	个	—	—	0.381	0.381
8999002	其他材料费	元	68.55	68.55	64.96	64.96
8999006	水	t	5.871	5.871	5.133	5.133
9100503	轮胎式装载机≤2 m³	台班	0.111	0.111	0.097	0.097
9100611	气腿式凿岩机	台班			3.229	3.572
9100621	气动锻钎机 d≤90	台班	—	—	0.192	0.192
9101102	内燃空气压缩机≤2 m³/min	台班	—	—	1.076	1.194
9102103	汽车起重机≤12 t	台班	0.320	0.320	0.320	0.320
9102613	单筒慢速卷扬机≤30 kN	台班	5.406	6.785	4.235	5.151
9102614	单筒慢速卷扬机≤50 kN	台班	0.565	0.565	0.377	0.377
9103302	混凝土搅拌输送车≤6 m³	台班	0.338	0.338	0.296	0.296
9104016	混凝土搅拌站 60 m³/h	台班	0.111	0.111	0.097	0.097
9105307	单级离心清水泵 50 m³/h—38 m	台班	2.924	3.672	2.924	3.672
9108411	钢筋切断机 d≤40	台班	0.067	0.067	0.045	0.045
9108421	钢筋弯曲机 d≤40	台班	0.091	0.091	0.060	0.060
9108634	鼓风机≤8 m³/min	台班	—	2.711	—	2.059

9.4　预算定额的应用

通过对预算定额的应用的学习，能够明确预算定额的组成及查用方法，学会预算定额的应用。

铁路工程是一种呈线形分布的带状构造物，不仅几何形体庞大，结构复杂，而且技术等级、施工方案、自然环境等也复杂多样，千差万别。没有一个完全相同的建筑产品，也没有一个完全相同的工程造价。这种单件性和复杂性，就要求人们必须寻找一个最小的计量单位，以此来分析、测算这些千差万别的建筑产品。而定额就是这样一个合格产品的"单元体"，它规定了在正常生产组织和管理条件下，完成单位合格产品所必须消耗的各种资源的数量标准。因此，定额不仅是科学管理的重要依据，更是科学、合理地测定工程造价的重要依据，能否正确地应用定额是十分重要的。本节将重点讲述《铁路工程预算定额》在铁路工程造价中的应用。

9.4.1　预算定额的组成及查用方法

1. 组成

现行的《铁路工程预算定额》(以下简称《预算定额》)的组成部分主要有以下几方面：

(1)定额的颁发文件。定额的颁发文件是指刊印在《预算定额》前面，由政府主管部门(铁道部)颁发的关于定额执行日期、定额性质、适用范围及负责解释的部门等法令性文件。

(2)总说明。总说明综合阐述定额的编制原则、指导思想、编制依据和适用范围，以及涉及定额使用方面的全面性的规定和解释，是各章说明的总纲，具有统管全局的作用。

(3)目录。目录位于总说明之后，目录简明、扼要地反映了定额的全部内容及相应的页码，对查用定额起索引作用。

(4)章(节)说明。《铁路工程预算定额》是标准轨距铁道工程专业性全国统一定额，本定额适用于新建和改建铁路工程，按专业分为12个分册，各分册定额既有专业分工，有多种专业使用的定额，又可跨册、跨阶段使用。

第一册《路基工程》：路基工程、改移道路、平交道、改沟、区间的站场土石方、特殊路基加固、防护等工程。

第二册《桥涵工程》：各种涵洞，小、中、大、特大桥，深水复杂桥，顶涵，顶桥，倒虹吸管等工程。

第三册《隧道工程》：矿山法施工隧道，包括单、双线。导坑、明洞开挖衬砌(开挖是小型机械施工，出碴机械化，衬砌采用钢模板等作业)。机械化全断面施工隧道，目前只有双线，各种作业全部用大型机械化施工。

第四册《轨道工程》：各种等级和轨型的正站线铺轨及上部建筑施工，各类型的道岔铺设，各种上部建筑附属工程和线路标志等。

第五册《通信工程》：铁路用的各种通信设备和电缆，各种无线通信以及维修设备等。

第六册《信号工程》：铁路用的各种信号安装，各种电气集中、自动闭塞、机械化驼峰，自动化设备安装等工程。

第七册《电力工程》：柴油发电所、各种变配电所，电气设备安装，各种照明设施，各种配管配线，35kV 以下的各种线缆安装、防雷接地、电气设备调试等工程。

第八册《电力牵引供电工程》：各种制式的接触网悬挂安装的有关工程，各种牵引变电所、开闭所、分区亭等设备安装有关工程，供电段设备安装等工程。

第九册《房屋建筑工程》：适用于铁路沿线（包括枢纽工程）各种新建与改扩建房屋工程（包括站房和工业厂房），不包括独立工业项目、独立建设项目的大型旅客站房、科研和院校等单位的建设项目，以及铁路各单位属于基地建设的生活福利设施等的房屋建筑工程。上述不包括的工程，应执行工程所在地的省（市）、自治区的地区统一定额。

第十册《给排水工程》：包括各种铁路沿线的上、下水管道和设备安装，水源建筑、污水处理工程等。

第十一册《机械设备安装工程》：各种国产标准和铁路专用的机械设备安装及基础工程，各种自动化装置及仪表安装，各种金属制品制作安装、工业炉窑砌筑与安装、工艺管道及附件安装、各种除锈、防腐、刷油漆、保温等工程。

第十二册《站场建筑设备工程》：各种铁路站场附属工程、站区建筑工程，以及站场标志等。

另外，《预算定额》还编制了《铁路工程基本定额》，它是编制铁路工程预算定额的基础，适用于路基、桥涵、隧道、轨道、信号、电力牵引供电、站场建筑设备以及给排水工程预算定额中混凝土、砂浆用料等有关部分。《铁路工程基本定额》的主要内容有各种辅助结构所用材料、半成品使用次数，模型板制作、安装及拆除，钢筋制作及绑扎，深水复杂桥钢木结构制作、安装及拆除，混凝土拌制、灌筑及振捣，拌制水泥砂浆，养护，混凝土及水泥砂浆配合比用料，砌筑工程石料、砂浆消耗量，工地范围内材料、成品、半成品运输定额，备料工程等。其主要作用是制订定额、定额换算和补充定额。在概预算定额中，由于各章的工程结构内容繁多，因此，每章又由若干节组成，并在每章、每节的首页都有章说明和节说明。

(5)定额表。定额表是各类定额的主要组成部分，是定额各指标数额的具体体现。其主要内容如下：

1)编号及定额表名称。定额是由大量的定额表组成的，每张定额表都具有自己唯一的定额编号。如《铁路工程预算定额》第二册《桥涵工程》，如表 9-1 所示。表上方"QY-716"为定额编号，其含义是第二册第三章第一节砂浆砌筑片石基础。"M10 砂浆砌筑片石基础"是该定额的名称。

2)工程内容。工程内容位于定额表的左上方。工程内容主要说明本定额表所包括的主要操作内容，查定额时，必须将实际发生的操作内容与表中的工程内容相对照，若不一致，应按照章、节说明中的规定进行调整。

3)定额单位。定额单位位于定额表的右上方，如表 9-1"单位：10 m^3"。定额单位是合格产品的计量单位，实际的工程数量应是定额单位的倍数。

4)代号。当采用电算方法编制工程概预算时，可引用表中代号作为工、料、机名称的识别符号。

5)项目。项目是定额表中第 2 项内容，如表 9-1 中"普通水泥 42.5 级，中粗砂，其他材料费"。项目是本定额表中工程所需的人工、材料、机具、费用的名称和规格。

6)定额值。定额值就是定额表中各种资源消耗量的数值。其中括号内的数值表示基价中未包括其价值。

7)基价。基价是指该工程细目的工程价格，是该工程细目在指定时间与地点的工程价格。

2. 查用方法

铁路工程是一个庞大的系统工程，与之对应的定额也是一个内容繁多、复杂多变的定额。

因此，查用定额的工作不仅量大，而且要十分细致。

为了能够正确地运用定额，必须反复学习定额，熟练掌握定额，在查用方法上应按如下步骤进行：

(1)确定定额种类。铁路工程定额按基建程序的不同阶段，已形成一套完整的定额体系，如《概算定额》《预算定额》《施工定额》等。在查用定额时，应根据运用定额的目的，确定所选用定额的种类，明确是查《概算定额》，还是查《预算定额》。

(2)确定定额编号。定额编号是概预算定额中每一工程细目的唯一编号。在编制概预算文件时，计算表格中均要列出所选用定额的编号，其目的一方面是便于快捷查找，核对所选用定额的准确性；另一方面是便于计算机识别和运算。

在用计算机软件编制概预算文件时，预算定额编号是用单位工程(或分部工程)的汉语拼音首字母+数码编制的。例如，预算定额第四册《轨道工程》第一章"铺轨"第二节"机械铺轨"中混凝土Ⅰ、Ⅱ型轨节拼装(1 600 根/km)的定额，当用编号表示时，则为 GY—35。

(3)阅读说明。在查到定额表号后，应详细阅读总说明和章、节说明，并核对定额表上方的"工程内容"，目的是：

1)检查所确定的定额表号是否有误。

2)确定定额值。在确认定额表号无误后，根据上述各种"说明"及"工作内容""注"的要求，看定额值是否需要调整。若不需调整，就直接抄录。若需调整还应做下一步工作。

(4)定额抽换。当设计内容或实际工作内容与定额表中规定的内容不完全相符时，应根据"说明"及"注"的规定调整定额值，即定额抽换。在抽换前应再仔细阅读总说明和章、节说明与注解，确定是否需要抽换，以及怎样抽换。

重复上述步骤即可查用下一工程内容的定额值。

9.4.2　预算定额中的有关规定

在贯彻执行定额过程中，除了对定额作用、内容和适用范围应有必要的了解以外，还应着重了解定额的有关规定，才能正确执行定额，做到正确使用。

1. 预算定额中不准调整的规定

为了强调定额的严肃性，在定额总说明和各分册说明中提出若干条不准调整的规定。例如，预算定额是按照合理的施工组织和正常的施工条件编制的，定额中所采用的施工方法和质量标准，是根据现行的铁路设计规范、施工规范、技术安全、质量评定验收标准等确定的，除另有说明外，一般不得对定额进行调整或换算；在定额中的材料消耗量，均已包括工地搬运及施工操作损耗。其中周转性材料(如模板、支撑、脚手杆、挡土板等)的消耗量，按其正常摊销次数摊入定额内，使用时不得因实际摊销次数不同而调整定额消耗量；定额中的施工机械类型、规格型号按正常情况综合选定，施工中实际采用的类型、规格型号与定额不一致时，除另有说明者外，均不得调整等。

2. 定额中允许按实计算的规定

由于基本建设工程工期较长，又多在露天作业，在施工过程中经常会发生一些事先难以预料的情况。这些情况的出现直接影响到施工过程的人工、材料、机械费用，在定额中无法考虑，因此，在定额中明确在一定范围内可以按实计算，如基础工程的排水费用等。

3. 定额中允许调整的规定

定额中也规定了可以调整的内容。如定额中混凝土和水泥砂浆的数量(表中圆括号内的数字），是用于根据混凝土和砂浆配合比计算水泥、砂子、碎石的消耗量，使用时不得重复计算。其水泥消耗量是按中粗砂编制的，当设计采用细砂时，应按基本定额有关项目进行调整。当混凝土和水泥砂浆设计强度等级与定额不同时，应按与基本定额有关配合比用料表调整消耗量；钢桁梁架设定额中的高强度螺栓带帽是按平均 0.5 kg/套编制的，当设计采用的高强螺栓带帽规格与此不符时，可调整；路基施工中当设计采用的土工合成材料和透水软管的规格型号与本定额不同时，可调整；旋喷桩定额中浆液是按纯水泥浆编制的，当设计采用添加剂或水泥用量与定额不同时，可调整；钻孔压浆定额中浆液是按水泥浆编制的，当设计采用其他类型浆液时，可调整等。

4. 不同专业定额的套用

为避免定额重复，相同的施工项目不同专业定额子目可互相套用。例如，桥涵工程基坑开挖定额中弃方运距为 20 m，如需远运时，可按路基定额相应子目另计；路基工程中挡土墙、护墙、护坡的基坑开挖、支护等，应采用桥涵预算定额相应子目等。

9.4.3 预算定额项目选用规则

1. 定额项目名称的确定

在工程量计算过程中，对每一个分项工程定额都应按设计要求和定额相应项目对照。设计规定的施工方法与定额采用的施工方法及工作内容相符，才能直接套用。

2. 定额计量单位的变化

预算定额在编制时，为了保证预算价格的精确性，对许多定额项目，采用了扩大计量单位的办法。如路基土方工程采用 100 m³ 为单位，在使用定额时必须注意计量单位的变化，避免出现小数点定位的错误。

3. 定额项目划分的规定

定额中的项目划分是根据分项工程对象和工种的不同、材料品种的不同、机械的类型不同而划分的，选用时要注意口径的一致。如施工条件不同，土方工程按土壤等级划分，墩台基础按材料等级强度划分，钻孔桩按地层分类和桩长划分等。

9.4.4 预算定额的应用

1. 正确使用定额应注意的事项

铁路工程定额是专业性全国统一定额，它用于标准轨距的铁路工程建设；要使定额在基本建设中发挥作用，除定额本身先进合理外，还必须正确应用定额。正确使用定额须注意以下几个方面：

(1)首先要学习和理解定额的总说明和分部工程说明及附注、附录、附表的规定，这是定额的核心部分。因为它指出了定额编制的指导思想、原则、依据、适用范围、使用方法、调整换算、已考虑和未考虑的因素，以及其他有关问题。对因客观条件需据实调整的换算也作了规定。

例如，在桥涵工程说明中，指出支座以孔、个为单位的定额中已含支座，以 10 t 为单位的钢桁梁支座安装定额中未含支座，未含的支座按成品价格计算；又如在路基工程说明中指出，土方工程和石方工程中汽车增运定额适用于运距 10 km 及以内运输，超过 10 km 部分乘以 0.85 的系数；在隧道工程说明中指出，衬砌沟槽模板定额，按双侧沟槽编制，如设计采用单侧沟槽，定额消耗量乘以 0.7 的系数。定额中还指出定额中的"重量"为各项材料的重量之和，不包括水和施工机械消耗的燃料重量。

(2)掌握分部分项工程定额所包括的工作内容和计量单位。在使用定额前，必须弄清一个工程由哪些工作项目组成，每个项目的工作内容是否与定额的工作内容一致，定额的计量单位是否采用扩大计量单位，如 10 m³、100 m³ 等；设计单位与定额单位是否一致，如定额中钻孔桩是以 10 m 为单位，设计中一般以 m³ 为单位等，采用统一单位；又如沉井基础是由沉井制造(下段、上段)、沉井下沉(人力开挖、卷扬机出土，卷扬机配抓土斗挖土出土)、沉井封底(水中灌注、排水灌注)、沉井填充(混凝土、片石混凝土、砂)、沉井井盖(有模板、无模板)等工作项目组成。只有当每个项目的工作内容与定额包含的工作内容一致时，才能直接使用相应定额。

(3)弄清定额项目表中各子目栏中工作条目的名称、内容和步距划分。然后以定额的计量单位为标准，将该工程各个项目按定额子目栏的工作条目逐项列出，做到完整齐全，不重不漏。

例如，在《铁路工程预算定额》第一册《路基工程》中，推土机推运土是按推土机功率(包括≤60 kW、≤75 kW、≤90 kW、≤105 kW、≤135 kW、≤165 kW、≤240 kW)，推运土土质(包括普通土、硬土)，运距≤20 m、增运 10 m 划分的。施工土方工程应按使用推土机功率、土质、运距列项。

(4)了解定额项目表中人工、材料、机械台班名称、耗用量、单价和计量单位。

(5)熟悉工程量计算规定及适用范围。按规定和适用范围计算工程数量，有利于统一口径。

在桥涵工程定额说明中，对每一部分的工程量计算均有详细的规则，需仔细阅读，熟悉要求。如定额说明中规定，明挖基础基坑深度一般按坑的原地面中心标高至坑底标高计算，路堑地段按路基形成断面路肩设计标高至坑底标高计算；钻孔桩钻孔深度，陆上以地面标高、水上以河床面标高、筑岛施工以筑岛平面标高、路堑地段以路基设计成形断面路肩标高至桩尖设计标高计算。当采用管柱作为钻孔护筒时，钻孔深度应扣除管柱入土深度等。

在计算工程数量时，工作条目与定额条目要相符，计量单位要一致，以保证正确使用定额，避免计算错误。

(6)对于分项工程的内容，应通过深入施工现场和工作实践，理解其实际含义。只有对定额内容了解透彻，在确定工作条目，套用、换算定额或编制补充定额时，才会快而准确。

2. 定额的套用

当设计与定额条件相符时，可直接套用定额(即直接查找定额)。套用时应注意以下几点：

(1)正确选用定额条目。根据设计图纸要求及说明，选择与工作项目内容相符的定额条目，并对其工程内容、技术特点和施工方法仔细核对，做到内容不漏、不重、不错。

(2)核对计量单位。条目选定后，核对并调整所列工作项目的计量单位，使之与定额条目的计量单位相一致。

(3)明确定额中的用语、符号及定额表中括号内数据的意义，区分"以内""以外"和"以上""以下"的含义。

(4)注意定额的换算。当工程设计与定额内容部分不相符，而定额允许换算时，要先对套用的定额进行必要的换算后才能使用。

3. 定额的换算(或称定额抽换)

当工作项目与定额内容部分不相符时，不能直接套用定额，应在定额规定的范围内，根据不同情况加以换算。

(1)设计规格、品种与定额不符时的换算。当设计要求的规格、品种与定额规定不同时，需先换算使用量，再按照其单价换算基价。由此看来，预、概算定额的换算实际上是基价的换算。

当砂浆或混凝土的集料粒径的设计要求与定额标准不符时，如定额中的钢筋混凝土、混凝土及砂浆的水泥用量均是按中粗砂编制的，如设计要求用细砂时，则应按有关定额进行材料用量和基价的调整。定额基价的换算按下式进行：

换算后的砂浆或混凝土预算定额基价 = 原预算定额基价 $-\sum$ (应换出的用料数×相对应的材料单价) $+\sum$ (应换入的用料数×相对应的材料单价)

【例 9-1】 某桥钻孔桩基础采用水下混凝土，设计强度等级为 C30，碎石采用 25 mm 以内粒径，使用 250 L 混凝土搅拌机灌注混凝土。试分析其混凝土的定额单价(不含灌注费用)。

解 ①查定额。由工作项目查预算定额第二册《桥涵工程》第六章混凝土拌制、运输、蒸汽养护 QY—1114(表 9-4)，定额为普通混凝土 C30，需进行换算。

②定额换算。根据《铁路工程混凝土、水泥砂浆配合比用料表》查得，并按定额 HT—553(表 9-4)，C30 水下普通混凝土，碎石粒径≤25 mm 的材料用量进行换算。

表 9-4 采用的定额

项　目	单位	QY—1114	HT—553	单价/元
材料		普通 C30 混凝土	水下 C30 混凝土	20.35
普通水泥 42.5 级	kg	3 190	4 240	0.31
碎石 40 以内	m³	8.9	—	26
碎石 25 以内	m³	—	6.8	30
中粗砂	m³	4.4	5.6	16.51
水	t	1.89	2.49	0.38

查铁路工程建设材料基期价格(2005 年度)普通水泥 42.5 级 0.31 元/kg；碎石 40 以内 30 元/m³；中粗砂 16.51 元/m³；水 0.38 元/t。

③换算后定额基价 = 1 403.87 － (3 190×0.31＋8.9×26＋4.4×16.51＋1.89×0.38) ＋ (4 240×0.31＋6.8×30＋5.6×16.51＋2.49×0.38)

$$= 1\ 403.87 - 1\ 293.66 + 1\ 611.80$$

$$= 1\ 722.01(元)$$

(2)运距换算。

1)运距超过定额项目表中子项目基本运距。

【例 9-2】 某路基利用铲斗为 6～8 m³ 铲运机铲运普通土，试计算运距 500 m 的定额基价及铲运机台班数量。

解 ①查《铁路工程预算定额》第一册《路基工程》LY—103 和 LY—104。

LY—103，运距≤200 m，单位 100 m³。

LY—104，增运 100 m，单位 100 m³(计算运距为 500 m，故需增运 3 个 100 m)。

②定额编号 LY—103＋3×LY—104。

③基价：328.28＋67.71×3＝531.41(元)。

④铲运机台班用量：0.396＋0.094×3＝0.678(台班)。

2)运距超过定额项目表中工作内容规定的运距。

【例 9-3】 某桥明挖基础，采用人力挖土卷扬机提升，无水，放坡开挖普通土，坑深 2.5 m，需要双轮车运至离基坑 110 m 处堆弃。试计算此工作项目每百立方米的定额基价和人工。

解 ①按工作项目查找定额。查预算定额第二册《桥涵工程》QY—13。定额 QY—13 中工作内容规定无水、无挡土坡，坑深≤3 m，机械提升，双轮车运至坑口外 20 m，本题要求运至离坑 110 m 处，需增运 110－20＝90(m)。

②增运。由定额说明中可知，基坑开挖运土如需远运，则按路基这一相应子目另计。查预算定额第一册《路基工程》确定定额 LY—138，运距≤50 m，单位 100 m³；LY-139，增运 50 m，单位 100 m³（运距以整 10 m 取，四舍五入），共增运 100 m。

③确定定额。QY—13＋LY—138＋LY—139。

④基价＝73.02×10＋498.17＋76.11＝1 304.48（元/100 m³）；

人工＝2.68×10＋24.48＋3.74＝55.02（工日/100 m³）。

（3）厚度和宽度换算。如防水层（热沥青、石棉沥青）的厚度，抹灰层的厚度，道碴桥面人行道宽。定额表中有些工作项目划分为基本厚度（或宽度）和增减厚度（或宽度）定额。当设计要求厚度（或宽度）与定额不符时，可按设计要求和增减定额，对定额基价进行调整换算。

【例 9-4】 某钢筋混凝土盖板涵防水层设计采用三层热沥青、二层浸制麻布，试分析基价。

解 ①查定额。由工作项目查预算定额第二册《桥涵工程》。QY—913，涂沥青一层；QY—914，涂沥青增加一层。设计要求三层，故需要增加 2 个一层。

QY—915，浸制麻布一层；QY—916，浸制麻布增加一层。

②定额编号：QY—913＋2×QY—914；QY—915＋QY—916。

③基价：沥青基价＝30.88＋2×22.81＝76.5（元）；

浸制麻布＝108.13＋98.05＝206.18（元）；

防水层基价＝76.5＋206.18＝282.68（元）。

（4）系数换算。当实际施工条件与定额规定不符时，应按定额规定的系数进行调整。如当路基、桥涵等专业定额用于隧道洞内工程时，人工应乘以 1.257 的系数；隧道工程定额洞内有轨道运输子目，均按洞内坡度≤13‰编制，当洞内坡度＞13‰时，电瓶车及充电机台班消耗量应乘以 1.5 的系数；路基工程定额中土、石方以填方压实体积为工程量，采用以天然密实方为计量单位的定额时，所采用的定额应乘以定额表中相应的系数等。

【例 9-5】 某桥地基土质为粗砂加砾石，无水，拟采用钻孔桩基础。由设计资料知，桩径为1.25 m，20 根桩总长 708 m。其中 2 根桩长 65 m，4 根桩长 56 m，其余均为 50 m 以下桩。试计算这批桩钻机钻孔所需人工费及费用。

解 ①查定额。由工作项目查铁路预算定额第二册《桥涵工程》。由地质条件粗砂加砾石查第一章第四节定额说明钻孔地层分类表，得地层分类为硬塑、坚硬的黏性土。桩径 1.25 m 则定额为 QY—107。

②桩长系数调整。由第一章第四节定额说明可知，钻孔定额适用于钻孔深度 50 m 以内桩长，超过 50 m 部分需按系数调整。查表得系数：桩长≤60 m 为 1.013，桩长≤70 m 为 1.022。

③人工＝（24×56×4×1.013＋24×65×2×1.035＋24×354）/10＝1 717.11（工日）。

费用：首先需调整基价。将人工费和机械使用费按调整系数增加。

桩长≤70 m，基价＝6 364.85＋500.64×0.022＋5 564.44×0.022＝6 498.28（元）

桩长≤60 m，基价＝6 364.85＋500.64×0.013＋5 564.44×0.013＝6 443.70（元）

总费用＝（6 498.28×65×2＋6443.70×56×4＋6 364.85×354）/10＝454 132.21（元）

4. 多专业使用的定额跨册使用简介

为了避免多专业使用的工程定额在各专册重复出现，这类工程集中放在某册内，使用的专业可跨册使用，各册定额工程范围的划分，不涉及专业分工。使用时注意各册定额说明，如《隧道工程》中说明：当路基、桥涵等专业定额用于洞内工程时，人工费应乘以 1.257 的系数。下面简单介绍跨册使用的主要情况。

（1）各专业工程使用的除锈定额均使用机械设备安装工程的定额。

(2)站后各专业工程的通用机械设备安装定额均使用机械设备工程的定额。

(3)路基工程的挡墙基础开挖和基础定额部分使用桥涵工程的定额。

(4)电气照明和电气设备安装调试定额全部集中在电力工程定额中。

(5)电力牵引供电工程使用了部分电力工程和机械设备安装工程的定额。

(6)车站地道的顶进工程，除出入口在站场建筑设备工程外，其余部分的定额使用桥涵工程定额。

(7)机械设备安装中有电梯和各种起重机轨道安装，可供房建、站场等专业使用。

9.4.5 补充定额

随着基本建设事业的不断发展，新结构、新技术、新工艺、新材料、新设备不断出现，设计不断更新，因此会出现设计要求与定额条件不一致、完全不符或缺项的情况，这就需要制订补充定额。

制订补充定额的方法有两种，一种是按定额制订原则，用测定或综合分析法制订。通常材料用量是按设计图纸的构造、做法及相应的计算公式进行计算，并加入规定的材料损耗；人工工日是按劳动定额或类似定额计算，并合理考虑劳动定额中未包括而在一般正常施工情况下又不可避免的影响因素和零星用工等；机械台班数量是按机械台班使用定额或类似定额计算，并考虑定额中未包括而在合理的施工组织条件下，尚存在的机械停歇因素的机械台班损失，经有关技术人员、定额人员和工人分析讨论，确定其工作项目的工、料、机耗用量，然后分别乘以人工工资标准、材料预算价格及机械台班单价，即得到补充定额基价。另一种方法是套用或换算相近的定额项目。一般人工和机械台班数量及费用和其他材料费可套相近的项目，而材料消耗量可按设计图纸进行计算，再加入规定的材料损耗，或通过测定确定，最后利用单价分析表得出相应的补充定额。

9.4.6 预算定额的应用实例

钢筋混凝土盖板箱涵工程，从基坑开挖开始，逐项列示如下：

(1)开挖基坑。明确施工方法、基坑土质、坑深、地下水、支护情况。

(2)基础砌筑。明确瓦工类别(浆砌片石、混凝土、钢筋混凝土等)及其强度等级。

(3)涵身及出入口。明确瓦工类别及其强度等级。

(4)钢筋混凝土盖板制作与安砌。确定施工方法，即人力施工还是机械施工。

(5)沉降缝。确定沉降类型是沥青麻筋、沥青油毡、沥青木板或其他类型。

(6)防护层。确定防护层类型是黏土、沥青砂浆、沥青混凝土或其他类型。

(7)防水层。确定涂沥青和浸制麻布的层数。

(8)基坑回填。有无远距离取土，确定运输方法。

(9)锥体护坡砌筑及垫层。干砌或浆砌，砂浆强度等级，垫层是碎石或卵石等。

(10)河床铺砌。干砌或浆砌，确定砂浆强度等级。

列出分项工程后，填列与定额条目一致的计量单位和设计数量，再按各分项工程的分类性质和施工方法，在《铁路工程预算定额》第二册《桥涵工程》中查出与设计相同的节次(项目)和目次(项目)定额条目，以及各项目相应计量单位的人工、材料和机械台班消耗指标，然后编制该工程主要工、料、机数量计算表。再根据相应的预算定额基价，计算盖板箱涵工、料、机预算基价费用。

【例 9-6】 某盖板涵设计采用 M7.5 浆砌片石基础 65.3 m³，M10 浆砌片石墙身及端翼

$52.1\ m^3$，计算该涵基础和涵身所有工、材料、机械台班需要量及其基价费用和材料总量。

解 计算过程见表9-5。

表9-5 工、料、机统计表

电算代号	工料名称	工程项目	涵洞 M5 浆砌片石基础		涵洞 M10 浆砌片石墙身		合计
		工程数量	6.53		5.21		
		单位	10 m³		10 m³		
		定额编号	QY—715		QY—721		
		单位	单位定额	数量	单位定额	数量	
1	人工	工日	9.5	62.04	15.61	81.33	143.37
1010003	普通水泥 42.5 级	kg	841.5	5 460.00	907.5	4 728.08	10 188.08
1110001	原木	m³	—	—	0.011	0.06	0.06
1110003	锯材	m³	—	—	0.008	0.04	0.04
1230006	片石	m³	11.7	76.4	11.7	60.96	137.36
1260022	中粗砂	m³	3.861	25.21	3.828	19.94	45.15
2130012	镀锌低碳铁丝 $\phi 0.7\sim 5$	kg	—	—	1.58	8.23	8.23
8999006	其他材料费	元	3.63	23.70	5.48	28.55	52.25
8999006	水	t	3.640	23.77	4.160	21.67	45.44
9104302	灰浆搅拌机≤400 L	台班	0.130	0.85	0.132	0.69	1.54
	重量	t	27.423	179.07	27.456	143.05	322.12
	基价	元	704.80	4 602.34	875.07	4 559.11	9 161.45
其中	人工费	元	193.33	1 262.44	317.66	1 655.01	2 917.45
	材料费	元	505.13	3 301.83	550.97	2 870.55	6 172.38
	机械台班使用费	元	6.34	41.40	6.44	33.55	74.95

❖ 项目小结 ❖

本项目介绍了定额的定义与作用，定额的种类，铁路工程概预算定额的组成及作用，铁路预算定额的应用。首先要建立定额的概念，弄清定额在编制施工计划、施工组织设计、概预算和竣工决算以及核定工程成本中的作用，理解劳动定额、材料消耗定额、机械台班使用定额的意义及其各自的组成内容，掌握铁路工程概预算定额的组成及预算定额的应用。

❖ 复习思考题 ❖

1. 什么是工程定额？工程定额在铁路基本建设中的作用是什么？

2. 什么是劳动定额、材料消耗定额、机械台班使用定额？其表达形式如何？

3. 什么是预算定额？什么是概算定额？它们有何区别？

4. 预算定额是由哪几部分定额组成的？

5. 查《铁路工程预算定额》，写明下列项目定额编号、工日、材料、机械台班及工费、料费、机械使用费、预算基价材料重量。

(1)人力挖松土，架子车运 100 m，道路泥泞。

（2）人力挖松土，土质湿度大，极易黏附工具，架子车运 100 m。

（3）人力挖桥基普通土，机械吊土，坑深 8 m，有水，需加挡板，用 1 t 自卸车运至 800 m 处弃土点。

（4）某桥钻孔桩基础，C20 钢筋混凝土，桩径 1.25 m，卵石层，用红星型转盘钻孔机钻进，写出钻孔桩成型后的定额。

（5）铺轨机铺设轨道 50 kg/m 的 25 m 长钢轨，钢筋混凝土枕，1 600 根/km，70 型扣板扣件，包括每公里轨料。

6. 沉井下沉，人力开挖，普通土，卷扬机吊土，架子车运土，运距 100 m，地下水位以下部分需抽水，中水流。若沉井下沉土方 400 m³，其中在地下水位以下 150 m³。计算沉井下沉所需工日、机械台班数量，以及工费、料费、机械使用费、预算基价、材料重量。

7. 某小桥为挖孔桩基础，桩孔人工开挖，卷扬机提升，次坚石计 280 m³，架子车运至离孔口 110 m 处堆弃。计算桩孔开挖所需人工、材料、机械台班需要量及其工料机预算基价费用和材料重量。

8. 某路基工程采用 10 m³ 以内自行式铲运机运土方(硬土)56 000 m³，平均运距 800 m，机械达不到需人工配合挖运部分按 10% 考虑。试按预算定额确定其人工、机械消耗及总基价。

9. 试确定某盖板箱涵工程预算定额及工、料、机数量和各种费用。挖基土 110 m³，坑深 2.5 m，涵洞基础为 M10 浆砌片石 65.32 m³ 和 C15 混凝土 6.5 m³，墙身及端翼墙 M10 浆砌片石 52.1 m³；预制盖板 C20 钢筋混凝土 3.8 m³ 和 HPB300 钢筋 0.65 t，C15 混凝土帽石 1.21 m³，防水层涂沥青二层 30.16 m³；伸缩缝沥青麻筋 20 mm 厚 2.0 m²。

10. 某桥钻孔桩工程桩深 25 m，直径 100 cm，地层由上至下为软黏土 6 m，粗砂 15 m，以下为松软的页岩，试确定此钻孔桩工程预算定额和各种费用。

项目 10 铁路工程概预算编制

📂 项目描述

　　铁路基本建设工程的概预算是按照结构设计文件，通过一系列表格计算，确定工程造价及劳动力、材料、机械台班消耗的数量，是设计文件的重要组成部分，是全面反映建设项目投资构成的主要文件，也是工程施工组织管理中必不可少的基本资料。本项目是全书的重点内容，主要阐述铁路工程概预算的作用、编制原则和依据、文件组成，概预算的编制范围、编制深度及章节的划分，概预算各项费用的组成和计算，用工程造价软件编制概预算的步骤及方法，并结合实例讲述铁路工程概预算的编制方法。

📂 学习目标

　　了解工程投资及铁路工程基本建设投资测算体系；
　　熟悉铁路工程概预算的作用、编制依据、文件组成；
　　掌握铁路工程概预算章节的划分及费用组成；
　　掌握铁路工程概预算各项费用的组成和计算方法；
　　掌握用工程造价软件编制概预算的步骤及方法。

10.1　铁路基本建设投资体系

学习任务

　　通过对铁路基本建设投资体系的学习，能够明确铁路基本建设投资体系的八种测算方式及其应用范围。

10.1.1　基本建设投资

1. 投资和基本建设投资

　　投资是指为了实现某一特定目的而将其能支配的资源投入社会再生产过程的一种社会实践活动。它是最重要和最复杂的经济活动之一。基本建设工程投资是众多投资中的一种。国家和社会通过对工程项目的投资活动，建立起交通运输的基本通道，为社会的经济发展和人民的生活提供最根本和最直接的物质条件。因此，必须对基本建设投资进行科学的管理和严格的控制。

2. 基本建设投资的管理和控制

　　我国基本建设投资的管理与控制基本上分为三个层次。

　　第一个层次是国家。国家通过基本建设计划和有关政策、法律从宏观上对基本建设投资进行管理和控制。如制定基本建设程序，要求每一个基本建设项目都严格遵守基本建设程序。

计划部门代表国家根据建设项目可行性研究报告的评审意见来进行项目审批，并按项目的设计概预算来控制投资总额。

第二个层次是项目申报单位，即项目建设单位。项目建设单位具体对基本建设项目的造价进行控制，可自己或委托设计单位编制可行性研究报告，提出项目建议书，并根据批准的可行性研究报告组织设计，根据批准的设计总概算（或施工图预算）编制标底组织施工招标，确定施工单位和委托监理单位。在施工过程中，委托监理工程师对工程费用进行严格管理。通过这一系列工作对建设成本（或造价）进行控制。

第三个层次是施工单位（或承包单位）。建设项目由施工单位具体实施，并在施工前编制施工预算，对工程成本进行严格控制。

以上三个层次涉及计划、建设、监理和施工各部门，它们都必须以维护国家利益为原则，从各自的工作和需要出发，对基本建设项目进行严格和科学的管理，为国家把好经济关。要达到上述目的，其基本手段就是制定概算定额、预算定额及概预算编制办法。

3. 投资与概预算的关系

投资是一项复杂的活动，基本建设工程项目投资是一个涉及面广，影响因素众多的动态系统。要对这个动态的过程进行有效的控制，一方面应全面了解它的运动变化规律和特征，另一方面应对投资活动的变化发展进行量化。正是这种数量变化上的特征，为我们提供了观察和控制投资活动的可能，也为我们提供了投资控制的基础和控制指标，这个量或指标就是投资额。投资额不等同于投资，虽然我们在使用上对两者不加区分，两个概念紧密联系但又有区别。投资额只是投资活动的数量表现，是衡量投资活动规模的一个指标，表示投资活动所耗费资源的总和。按计算范围、资金来源和用途不同，投资额可分为一系列指标，如总投资、全部投资、固定资产投资、流动资产投资、技术更新改造投资和设备投资等。

为了进行控制，我们必须对投资在量的方面有一个参考值，这个值又叫目标值或计划值。控制投资时，就以其为参考物，而实际的量所发生的变化就围绕它上下波动。控制的任务是使这种波动尽可能得减小。因此，在其运动过程的不同阶段便有不同的测算工作，形成不同的投资额和不同的测算种类，相应地形成了一个完整地反映投资在数量变化上的投资额测算体系。即从项目决策到竣工交付使用的整个过程中，根据在不同阶段投资额的作用和精度要求的不同，投资测算形成了投资估算、概算、施工图预算、施工预算、标底、投标报价、工程结算和竣工决算八种测算方式，并由此构成了建设项目投资额的测算体系。

在以上八种测算方式中，工程概预算具有特别重要的意义和作用，是基本建设工程投资管理的基本环节。概预算是编制建设工程经济文件的主要依据，也是其他测算方式（投资估算除外）的基础。

基本建设工程（或简称建设项目）设计总概算和施工图预算，是指在执行基本建设程序过程中，根据不同设计阶段设计文件的具体内容和国家规定的定额、指标及各项费用的取费标准，预先计算和确定每项新建、扩建、改建和重建工程所需要的全部投资额的文件，它是从经济上反映建设项目在不同建设阶段的特点，按照国家规定的特殊计划程序，预先计算和确定基本建设工程价格的计划文件，也是基本建设程序的重要组成部分。由于概预算的重要性，故它在投资额测算体系中居于主导地位。

10.1.2 铁路基本建设投资测算体系

铁路基本建设是需要耗用大量资金才能完成的建筑产品。为了确保质量，降低工程造价，对于工程费用，在基本建设的各个阶段，随着工作内容的不断深入，以及对投资额测算精度和要求的不同，都有相应的投资额测算与之对应，因而形成了投资估算→概算→施工图预算→施工预算→标底→投标报价→工程结算→竣工决算八种测算方式，从而构成了一个完整地反映投资在数量上变化的投资额测算体系。下面分别介绍这八种测算方式的意义及作用。

1. 投资估算

投资估算是拟建项目申请立项时（可行性研究阶段），对工程投资额进行的首次测算。对于任何一个大型的拟建项目，国家都要对其可行性研究报告进行全面的评审，然后才能决定是否正式立项。在可行性报告中，除应考虑国家经济发展的需要和技术上可行外，还应考虑经济的合理性，以及国家的经济实力。而投资估算则是国家投资决策的重要依据，是可行性研究报告的重要内容。因此，投资估算是论证拟建项目在经济上是否可行的重要依据，也是国家审批拟建项目是否立项的依据。

根据投资估算的作用及内容深度的不同，铁路工程投资估算分为项目建议书投资估算和工程可行性研究投资估算两大类，由申请立项单位根据相关部门规定的铁路工程投资估算编制办法编制而成。可行性研究报告被批准后，投资估算则是控制设计概算的依据，也是国家对建设项目所下达的投资限额，并可作为资金筹措计划的依据。

2. 概算

拟建项目批准立项后，即进入工程设计阶段，根据工程结构设计内容深浅程度的不同，概算又分为设计概算和修正概算两种。设计概算是指在初步设计阶段，由设计单位根据设计图纸、《铁路工程预算定额》和《铁路工程概算定额》（以下简称《概算定额》）、各类其他费用定额、建设地区的自然条件等资料，预先计算和确定工程投资额的经济文件；修正概算是在技术设计阶段，对初步设计成果作进一步修改、调整后，重新计算其工程投资额的经济文件。由于设计概算和修正概算除所处的设计阶段不同外，其采用的定额及铁建设〔2006〕113 号文《铁路基本建设工程设计概预算编制办法》（以下简称《编制办法》）均相同，故统称为概算。概算一经批准，则成为国家确定和控制铁路基本建设投资总额的依据，是工程投资总额的封顶线，即在其随后其他各阶段的投资测算额都不能随意突破概算的测算值。

3. 施工图预算

铁路基本建设工程无论采用几阶段设计，施工图设计都是设计阶段的最后一个阶段，是最终设计，也是最详尽的设计。根据施工图设计提供的工程数量和施工方案，《铁路工程预算定额》和《编制办法》所编制的反映工程造价的具体文件，即为施工图预算。随着基本建设程序的不断深入，工程项目的工作内容日益明晰，可见，施工图预算与前述的概算、投资估算相比，其计算精度更高，更接近工程的实际造价，因此，施工图预算是确定工程造价的依据；是签订建筑安装合同，编制工程标底的依据；也是施工单位加强经营管理，搞好经济核算的依据。

4. 施工预算

施工预算是指施工阶段，在施工图预算的控制下，施工单位企业根据施工图纸、铁路工程施工定额、施工组织设计等相关技术资料，从施工单位自身管理的角度，再次核定工程成本的经济文件。

施工企业通过编制施工预算，从而进一步分析施工所需的人工、材料、机械台班消耗的数量和费用，以便采取有效措施，使施工计划成本低于工程预算成本，确保施工单位获得良好的经济效益。因此，施工预算是企业内部经营核算的重要依据，也是企业管理工作的一项重要制度和措施。

5. 标底

实行招标的工程项目，在招标前建设单位都要对发包工程的总投资额再进行一次测算，其测算值即为标底。标底是一项重要的投资额测算，它是评标的一个基本尺度，即投标方的报价只有在不超过标底10％至不低于标底的20％范围内，才有可能中标，否则，将会导致投标失败。因此，标底在招标工作中起着关键的作用，其性质与概预算很相近，编制方式也相同，即一方面要严格遵守国家的有关规定和要求，另一方面对编制的精度要求很严，应力求准确。标底一般以设计概算和施工图预算为基础，并以其中的建筑安装工程费为主，且不超过批准的概算或施工图预算。

6. 投标报价

投标报价是由投标单位根据招标文件及有关资料测算完成招标工程所需各项费用的经济文件。投标报价是投标文件中最重要的组成部分，是投标工作的关键和核心，也是投标方案决定能否中标的主要依据。因为报价过高，中标率就会降低；相反，若报价太低，虽中标率高，但利润低，甚至会亏本。因此，能否准确计算和合理确定工程造价，是施工企业在投标竞争中能否获胜的前提条件。中标单位的报价，将直接成为工程承包合同价的主要依据，并对整个施工过程起着严格的制约作用，且承包单位和业主均不能随意更改报价。

投标报价是投标单位根据对工程和招标文件的理解程度编制的。投标报价不仅可按国家的有关规定进行编制，而且还可以根据投标单位的实际情况和建筑市场的竞争状况在预算造价范围内上下浮动。因此，投标报价比概预算更复杂、更灵活。

7. 工程结算

工程结算是指项目在施工过程中由于器材采购、劳务供应，包括勘察设计、可行性研究及施工单位已完工程等经济活动而引起的货币支付行为。因此，项目的结算过程实质上就是组织基本建设活动，购买机具、材料，及时补偿劳务的投资过程，也是及时掌握项目经济活动的动态及其变化的过程。

项目结算的主要内容有货物结算、劳务供应结算、工程费用结算及其他货币资金的结算等。其中工程费用结算是项目结算中最重要和最关键的部分，占项目结算额的75％～80％。工程费用的结算方式主要有按月结算、竣工后一起结算、分段结算等。结算的依据主要是由驻地监理工程师验收签认的实际已完的工程量和有关合同单价。

8. 竣工决算

竣工决算是指项目在竣工验收阶段，由建设单位编制的从项目申请立项到建成投入使用的全部实际成本的技术经济文件。它是铁路竣工验收、交付使用的重要依据。它全面反映了竣工项目从筹建到交付使用全过程各项资金的使用情况和设计概算的执行结果，是铁路建设成果和财务情况的总结性文件。

建设单位编制的竣工决算报告必须提交竣工验收委员会审查。未经竣工验收委员会审查的竣工决算报告不得作为正式的竣工决算报告上报。经竣工验收委员会审查并根据审查意见修改后的竣工决算报告才能作为财产移交、财务处理并结束有关待处理事宜的依据。竣工验收报告上报前必须经建设银行审核签证。

由此可见，投资估算→概算→施工图预算→施工预算→标底→投标报价→工程结算→竣工决算都是以价值的形态贯穿于整个投资过程之中，并构成了一个有机的整体，缺一不可。从某种意义上讲，它们是基本建设投资活动的血液，也是联结项目建设活动各经济实体的纽带。如申报项目要编制投资估算，设计要编制概算和施工图预算，招标要编制标底，投标要编制投标报价，施工前要编制施工预算，施工过程之中要进行工程结算，竣工后要编制竣工决算。而且这八种测算，其相互关系一般要求是决算不能超过预算，预算不能超过概算，概算不能超过估算，决算不能突破合同价的允许范围，并且标底不允许超概算等。这些不同单位从不同角度对同一工程项目进行的种种测算，环环相扣，紧密联系，从而达到共同对投资额进行有效控制的目的。

投资活动的进展顺序及相关工作内容和投资额测算的相互关系如图 10-1 所示。

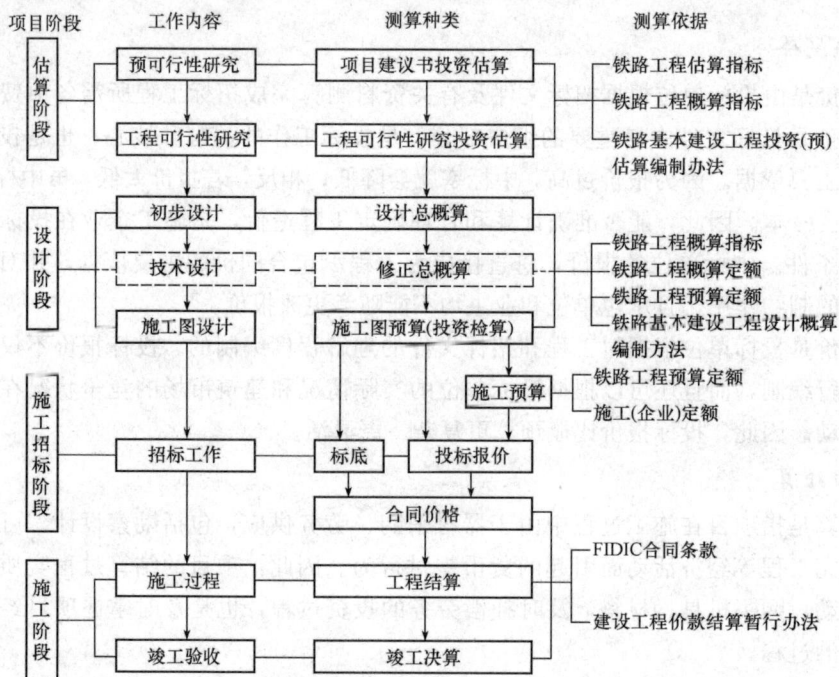

图 10-1　投资测算关系图

10.2　铁路工程概预算的作用与文件组成

学习任务

通过对铁路工程概预算的作用与文件组成的学习，能够熟悉铁路工程概预算的作用及编制原则、文件组成等。

为统一铁路基本建设项目设计概预算编制方法及计费标准，根据国家有关文件规定，铁道部结合铁路基本建设工程的特点，制定并发布了铁建设〔2006〕113 号文《铁路基本建设工程设计（概）预算编制办法》。《编制办法》适用于铁路基本建设工程大中型项目。

铁路基本建设工程的概预算是按照结构设计文件，通过一系列表格的计算，确定工程造价及劳动力、材料、机械台班消耗的数量；是设计文件的重要组成部分；是全面反映建设项目投资构成的主要文件；也是工程施工组织管理中必不可少的基本资料。

设计概算应控制在已批准的建设项目可行性研究报告投资估算允许的幅度(不大于 10%)范围内。设计概算应完整地反映设计范围内工程建设项目从筹建至竣工交付使用所需全部费用。设计概算费用包括编制期的静态投资、编制期至竣工验收时的动态投资，以及初期投产运营所需要的机车车辆购置费和铺底流动资金四个部分。

10.2.1 概预算的作用

设计概预算的编制阶段应与设计阶段一致。各设计阶段概预算编制的主要作用如下：

(1)初步设计阶段——编制总概算。

1)经审批成立的设计概算，是确定基本建设项目投资的最高限额。

2)是编制基本建设计划和控制基本建设投资，以及作为实行招标承包和投资包干的主要依据。

3)是考核设计技术经济合理性和建设成本的依据。

(2)施工图阶段——编制投资检算。

1)检验和确保施工图的投资控制在已批准的初步设计总概算范围内。

2)是考核施工用设计技术经济合理性的主要依据。

3)对于按预算承发包的工程，经审定的预算是建设单位和施工单位确定工程造价、签订建筑安装合同、办理结算、实行经济核算和考核工程成本的依据。

10.2.2 概预算的编制依据

概预算的编制是一项十分细致的工作，编制前应全面了解工程所在地的建设条件，掌握各种基础资料，正确引用规定的定额、取费标准和材料及设备价格。在编制时严格执行国家的方针、政策和有关制度，符合工程设计规范和施工技术规范。编制的主要依据如下：

(1)法令性文件。系指编制概预算中所必须遵循的国家、各部和地方主管部门颁布的有关法令性文件或规定，如《编制办法》以及各种补充规定等。

(2)设计资料。编制人员应熟悉设计资料、结构特点及设计意图。设计图纸上的工程细目数量往往不能满足概预算编制的要求，还需作必要的计算或补充，对设计文件上提出的施工方案还需补充和完善。

(3)概预算定额，各种指标以及取费标准，材料、设备预算价格等资料。

(4)施工组织设计资料。从施工组织设计中可以查出与概预算编制有关的资料，包括：工程的开竣工日期、施工方案，主要工程项目的进度要求，材料开采与堆放地点，大型临时设施的规模、建设地点和施工方法等。

(5)当地物资、劳动力、动力等资源可利用的情况。本着因地制宜、就地取材的原则，对当地情况应作深入的调查了解，经反复比较后确定最优成果。物资、外购材料要确定外购的地点、货源、质量、分期到货等情况；自备加工材料要确定料场、运来方式、运输计划(道路、运输工具及各种运输工具的比重、运价、装卸费等)；向运输部门了解当地各种运输工具可供利用的情况及运价、装卸费等有关规定。

(6)施工单位的施工能力及潜力。编制概算时，施工单位尚未明确，可按中等施工能力考虑。编制施工图预算时，若已明确施工单位，就应根据施工单位的管理与技术水平，确定新工艺、新技术采用的可能程度，明确施工单位可以提供的施工机具、劳动力、设备以及外部协作关系。

(7)了解当地自然条件及其变化规律，如气温、雨期、冬期、洪水季节及规律，风雪、冰冻、地质、水源等。

10.2.3 概算和预算的区别与联系

概算和预算是两个不同的概念，它们有区别也有联系，具体见表 10-1。

表 10-1 概算和预算的区别与联系

区别与联系		概算	施工图预算(投资检算)	施工预算
不同之处	编制单位不同	设计单位编制	设计单位编制	施工单位编制
	编制阶段不同	初步设计阶段编制	施工图设计阶段编制	工程中标后施工前编制，与建设单位无直接关系
	所起作用不同	作为国家确定和控制建设规模，编制基本建设计划，实行建设项目投资包干，签订承包合同和招标项目编制标底以及建设银行划拨贷款的依据，也是控制施工图预算，考核设计经济合理性和建设成本的依据	作为签订施工合同、进行价款结算的依据，也是施工企业下达施工计划、内部财务拨款、考核工程成本、进行经济核算的依据，还是控制施工预算的依据	是施工企业基层组织生产，编制施工作业计划，准备现场材料，签发施工任务证书和限额领料卡，考核功效，进行班组核算的依据，是施工企业基本的成本计划文件
	依据的定额不同	站前工程：预算定额 站后工程：概算定额	预算定额	施工定额
	依据的图纸资料不同	初步设计图纸及施工组织设计方案意见	施工图设计图纸及施工组织设计(合适施工方法，周密的技术措施)	详细的施工图纸和工程数量级周密合适的组织设计，施工单位自身能力
	编制的范围不同	建设项目的全部内容，即从筹建开始到投资到竣工验交所需的一切费用	只编制单位工程或单项工程预算和综合预算，即包括直接工程费、间接费、差价、利润和税金	确定建筑安装工程的分部分项工程所需人工、材料、施工机械台班消耗量和工程直接费，有的施工预算还包括施工管理费
联系之处		1. 三者都不能突破控制额。经批准的概算是建设项目投资的最高限额，施工图预算要控制在概算总额之内，而施工预算要控制在合同价内。 2. 三者费用组成、采用的费率、使用的表格、编制的步骤方法基本相同。		

10.2.4 概预算文件的组成

(1)封面：注明建设项目名称、编制单位、编制日期及第几册共几册的内容。

(2)目录：按概预算表的内容顺序编排。

(3)编制说明：

1)编制范围。设计范围及工程概况。建设项目名称，起讫里程，全长(如正、站线公里或桥、隧长)，总建筑体积(如总括工数量、总土石方数量)，总建筑面积，主要结构(如桥跨结构)，地貌特征，主要工程数量等。

2)主要编制依据。建设项目设计资料的依据及有关文号。如建设项目可行性研究报告文号、初步设计和概算批准文号，以及依据的勘测设计资料及比选方案等。

①施工组织设计。施工期限，主要施工方法和所用机械设备，临时工程的设置，施工场地布置等。

②施工调查资料。当地资源可利用情况，交通情况，主要材料价格、来源、运输及供应方法的安排，地质、气候、水文条件等。

③与概预算有关的委托书、协议书、会谈纪要的主要内容(或将抄件附后)。

3)采用的定额、费用标准、人工、材料、机械台班单价依据和来源，补充定额及编制依据的详细说明。

4)总造价、指标，及工、料、机等差价说明。

5)其他与概预算有关但不能在表格资料中反映的事项。

(4)概预算表格。铁路工程概预算应按统一的概预算表格计算。概算表格与预算表格的式样相同，只是表头字样有别。

10.3　铁路工程概预算项目组成

学习任务

通过对铁路工程概预算项目组成的学习，能够明确铁路工程概预算的编制范围、编制深度及概预算章节的划分。

10.3.1　概预算章节划分及项目组成

铁路工程是一个体形庞大的线形构造物，虽然有多样性和单件性的特点，但就其实物形态来说，都是由许多部分组成的。为了准确无误地计算和确定建筑安装工程的造价，使之有利于铁路工程概预算的编审，必须对铁路基本建设项目进行科学地分析与分解。即将一个基本建设项目分解为若干个单项工程，再将一个单项工程分解为若干个单位工程，依次又将单位工程分解为若干个分部工程，最后将分部工程分解为若干个分项工程。因此，分项工程是概预算项目划分的基本单位。铁道部颁布了统一的铁路工程"概预算项目表"，以此规范铁路工程造价文件的编制口径。

铁路工程基本建设费用是由静态投资、动态投资、机车车辆购置费、铺底流动资金四个部分构成，其中的静态投资是由建筑安装工程费、设备及工器具购置费、工程建设其他费用和基本预备费四个部分组成的。而建筑安装工程费是一个复杂庞大的综合体，是计算工作量最大的费用，同时也是概预算价值的主要组成部分，其费用通常占工程总造价的80%左右。因此，在一定意义上讲，编制铁路工程概预算，主要是编制建筑安装工程概预算。铁路工程招投标实质上也是对建筑安装工程进行招投标。因此，对建筑安装工程费用的测算精度将直接影响工程概预算的编制质量。

在编制概预算时，必须严格按照项目表的序列及内容编制，不得随意划分。如果实际出现的费用项目与项目表里的内容不完全相符时，一、二、三、四部分和"章、节"的序号应保留不变。如第二部分的设备及工器具购置费在某项工程费用中不发生时，第三部分其他基本建设费用仍为第三部分；同样，静态投资中的第四章为隧道及明洞工程，第五章为轨道工程，若路线中没有隧道工程项目，但其序号"第四章"仍应保留，轨道工程的序号不能改为"第四章"而仍为第五章。

完整的铁路基本建设项目设计概算的编制，一般应由单项概预算、综合概预算、总概预算三个层次逐步完成。

铁路基本建设工程的概算费用，按不同工程和费用类别划分，共分为四部分，十六章 33 节，编制概算应采用统一的章节表，其各章节的细目及内容，如图 10-2 所示。概预算费用项目组成如图 10-3 所示。

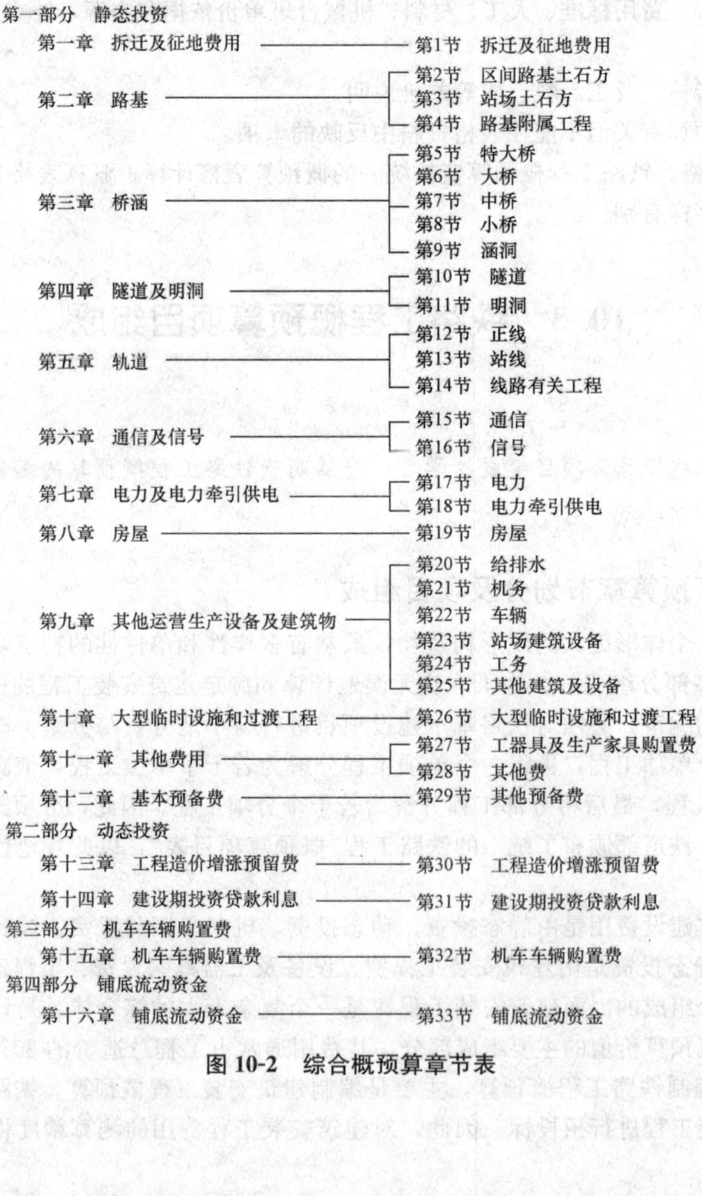

第一部分　静态投资
第一章　拆迁及征地费用 ——————— 第1节　拆迁及征地费用
第二章　路基 ——————— 第2节　区间路基土石方
　　　　　　　　　　　　 第3节　站场土石方
　　　　　　　　　　　　 第4节　路基附属工程
第三章　桥涵 ——————— 第5节　特大桥
　　　　　　　　　　　　 第6节　大桥
　　　　　　　　　　　　 第7节　中桥
　　　　　　　　　　　　 第8节　小桥
　　　　　　　　　　　　 第9节　涵洞
第四章　隧道及明洞 ——————— 第10节　隧道
　　　　　　　　　　　　 第11节　明洞
第五章　轨道 ——————— 第12节　正线
　　　　　　　　　　　　 第13节　站线
　　　　　　　　　　　　 第14节　线路有关工程
第六章　通信及信号 ——————— 第15节　通信
　　　　　　　　　　　　 第16节　信号
第七章　电力及电力牵引供电 ——————— 第17节　电力
　　　　　　　　　　　　 第18节　电力牵引供电
第八章　房屋 ——————— 第19节　房屋
第九章　其他运营生产设备及建筑物 ——————— 第20节　给排水
　　　　　　　　　　　　 第21节　机务
　　　　　　　　　　　　 第22节　车辆
　　　　　　　　　　　　 第23节　站场建筑设备
　　　　　　　　　　　　 第24节　工务
　　　　　　　　　　　　 第25节　其他建筑及设备
第十章　大型临时设施和过渡工程 ——————— 第26节　大型临时设施和过渡工程
第十一章　其他费用 ——————— 第27节　工器具及生产家具购置费
　　　　　　　　　　　　 第28节　其他费
第十二章　基本预备费 ——————— 第29节　其他预备费
第二部分　动态投资
第十三章　工程造价增涨预留费 ——————— 第30节　工程造价增涨预留费
第十四章　建设期投资贷款利息 ——————— 第31节　建设期投资贷款利息
第三部分　机车车辆购置费
第十五章　机车车辆购置费 ——————— 第32节　机车车辆购置费
第四部分　铺底流动资金
第十六章　铺底流动资金 ——————— 第33节　铺底流动资金

图 10-2　综合概预算章节表

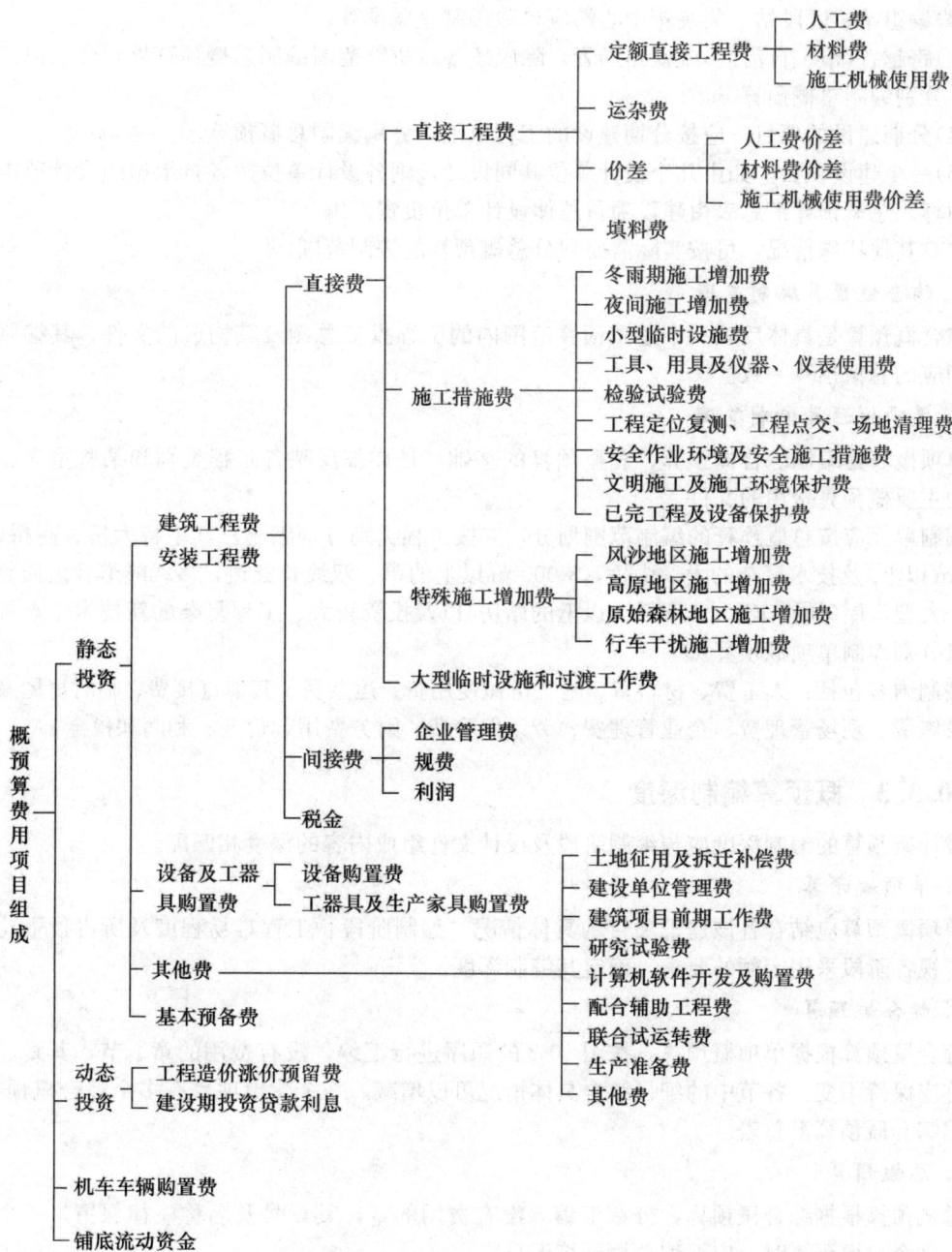

图 10-3　概预算费用项目组成表

10.3.2　概预算编制范围

1. 总概预算编制范围

总概预算是用以反映整个建设项目投资规模和投资构成的文件，一般应按整个建设项目的范围进行编制，不能随意划分编制范围。但遇有以下情况则应根据要求分段、分块划分编制范围，分别编制总概预算，并汇编该建设项目的总概预算汇总表。

（1）两端引入工程可根据需要单独编制总概预算。

(2)编组站、区段站、集装箱中心站应单独编制总概预算。

(3)跨越省(市、自治区)或铁路局者,除应按各自所辖范围编制总概预算外,尚需以区段站为界,分别编制总概预算。

(4)分期建设的项目,应按分期建设的工程范围,分别编制总概预算。

(5)一个建设项目,如由几个设计单位共同设计,则各设计单位按各自承担的设计范围编制总概预算。总概预算汇总表由建设项目总体设计单位负责汇编。

如有其他特殊情况,可按实际需要划分总概预算的编制范围。

2. 综合概预算编制范围

综合概预算是具体反映一个总概预算范围内的工程投资总额及其构成的文件,其编制范围应与相应的总概预算一致。

3. 单项概预算编制范围

单项概算是编制综合概预算、总概预算的基础,是详细反映各工程类别和某些重大、特殊工点的主要概预算费用的文件。

编制单元应按总概预算的编制范围划分,并按工程类别分别编制。其中特大桥、高桥(墩高在50 m以上)及技术复杂的大、中桥,3 000 m以上的单、双线长隧道,多线隧道及地质复杂的隧道;大型房屋(如机车库、1 500人以上的站房)以及投资较大、工程复杂的新技术工点等,应按工点分别编制单项概预算。

编制内容包括:人工费、材料费、施工机械使用费、运杂费、其他直接费、临时房屋及小型临时设施费、现场管理费、企业管理费、劳动保险费、财务费用、价差、利润和税金。

10.3.3 概预算编制深度

设计概预算的编制深度应与编制阶段及设计文件组成内容的深度相匹配。

1. 单项概预算

单项概预算应结合各该建设项目的具体情况、编制阶段、工程难易程度及所占投资比重的大小,视各阶段采用定额的要求,确定其编制深度。

2. 综合概预算

综合概预算根据单项概预算,按图10-2的顺序进行汇编,没有费用的章、节,其章、节号及名称应保持不变,各节中的细目结合具体情况可以增减。一个建设项目有多个综合概预算时,应汇编综合概预算汇总表。

3. 总概预算

总概预算根据综合概预算,分章汇编。没有费用的章,其章号及名称一律保留。一个建设项目有多个总概预算时,应汇编总概预算汇总表。

4. 投资检算

设计单位根据施工图编制投资检算,所采用的依据、原则、编制范围及单元等,应与批准的总概预算相一致,以便于投资检算与总概预算在同一基础上进行对照,分析原因,优化施工图设计。

10.3.4 定额的采用

(1)基本规定。根据不同设计阶段,各类工程(其中路基、桥涵、隧道、轨道及站场建筑设备简称"站前"工程,其余简称"站后"工程)的设计深度,以及铁路工程定额体系的划分,对具体定额的采用，原则上按以下规定执行：

1)初步设计概算："站前"工程采用预算定额；"站后"工程采用概算定额。

2)施工图预算、投资检算：不分"站前"和"站后"，一律采用预算定额。

(2)独立建设项目的大型旅客站房的房屋工程及地方铁路中的房屋工程可采用工程所在地的地区统一定额(含费用定额)。

(3)补充定额。对现行定额中的缺项部分，即没有定额的特殊工程及尚未经过实践的新技术工程，设计单位可参照现行定额的使用情况及编制说明和有关规定，根据调查、收集测定的资料自行补充单价分析，随同概预算文件一并送审，同时报送铁道部建设司工程定额所。在此基础上由工程定额所编制补充定额，供以后编制设计概预算使用。

10.3.5 静态投资费用种类

按投资构成划分，静态投资分属下列五种费用。

1. 建筑工程费(费用代号：Ⅰ)

建筑工程费指路基、桥涵、隧道及明洞、轨道、通信、信号、电力、电力牵引供电、房屋、给排水、机务、车辆、站场建筑、工务、其他建筑工程等和属于建筑工程范围内的管线敷设、设备基础、工作台等，以及拆迁工程和应属于建筑工程费内容的费用。

2. 安装工程费(费用代号：Ⅱ)

安装工程费指各种需要安装的机电设备的装配、装置工程，与设备相连的工作台、梯子等的装设工程，附属于被安装设备的管线敷设，以及被安装设备的绝缘、刷油、保温和调整、试验所需的费用。

3. 设备及工器具购置费(费用代号：Ⅲ)

设备及工器具购置费指一切需要安装与不需要安装的生产、动力、弱电、起重、运输等设备(包括备品备件)的购置费。

4. 其他费(费用代号：Ⅳ)

其他费指土地征用及拆迁补偿费、建设项目管理费、建设项目前期工作费、研究试验费、计算机软件开发与购置费、配合辅助工程费、联合试运转及工程动态检测费、生产准备费和其他。

5. 基本预备费

基本预备费指初步设计总概预算中难以预料的工程和费用。

10.4 铁路工程概预算各项费用的计算

学习任务

通过对铁路工程概预算各项费用的组成与计算的学习，能够明确铁路工程概预算各项费用的组成与计算方法。

10.4.1 直接费

直接费由直接工程费、施工措施费和特殊施工增加费构成的。

10.4.1.1 直接工程费

直接工程费是指施工过程中耗费的构成工程实体的费用，包括人工费、材料费、施工机械费以及运杂费、填料费。

1. 人工费

人工费指从事建筑安装工程施工的生产工人开支的各项费用。

$$人工费 = \sum 定额人工消耗量 \times 综合工费标准$$

其中，综合工费标准见表 10-2。

表 10-2 综合工费标准

综合工费类别	工程类别	综合工费标准/(元·工日$^{-1}$)
Ⅰ—1 类工	路基(不含路基基床表层及过渡段的级配碎石、砂砾石)，小桥涵，一般生产及办公房屋和附属，给排水、站场(不含旅客地道、天桥、雨篷)等的建筑工程，取弃土(石)场处理，临时工程	40.00
Ⅰ—2 类工	路基基床表层及过渡段的级配碎石、砂砾石	44.00
Ⅱ—1 类工	特大、大、中桥(不含箱梁的预制、运输、架设、现浇，桥面系)，通信、信号、电力、电力牵引供电、机务、车辆、动车、公务等的建筑工程	45.00
Ⅱ—2 类工	箱梁(预制、运输、架设、现浇)、钢梁、钢管拱架设，桥面系，粒料道床，站房(含站房综合楼)，旅客地道、天桥、雨篷	47.00
Ⅲ—1 类工	隧道，设备安装工程(不含通信、信号、电力、电力牵引供电的设备安装)	46.00
Ⅲ—2 类工	轨道(不含粒料道床)，通信、信号、电力、电力牵引供电的设备安装	50.00
Ⅳ 类工	计算机设备安装调试	67.00

注：大型旅客站房(含站房综合楼)及其他房屋工程，若采用工程所在地地区统一建筑工程定额的，采用与其定额相匹配的工程所在地综合工费标准。

表 10-2 中的综合工费标准，仅作为编制概预算时的工费依据，它与实际工资不同。

(1)铁路工人工资内容包括：

1)基本工资。

2)津贴和补贴。津贴和补贴是指按规定标准发放的流动施工津贴，施工津贴，隧道津贴，副食品价格补贴，煤燃气补贴，住房补贴，交通费补贴及特殊地区津贴、补贴。

3)生产工人辅助工资。生产工人辅助工资是指生产工人年有效施工天数以外非作业天数的工资。其中包括开会和履行必要的社会义务时间的工资，职工学习、培训期间的工资，调动工作、探亲、休假期间的工资，因气候影响的停工工资，女工哺乳时间的工资，由行政直接支付的病(6 个月以内)、产、婚、丧假期间的工资。

4）职工福利费。职工福利费是指按规定标准计提的职工福利基金和医药费基金。

5）生产工人劳动保护费。生产工人劳动保护费是指按国家有关部门规定标准发放的劳动保护用品的购置费、修理费，服装补贴，防暑降温费，在有碍身体健康环境中施工的保健费用等。

（2）人工费价差。人工费价差是指从基期至编制期，概预算对基期人工费价格所做的调整。调整范围包括定额统计的人工消耗量。调整方法是在编制设计概预算或验工计价时，根据《编制方法》规定允许调整的范围统计工日消耗量，按铁道部有关文件规定计算人工费价差。计算方法如下：

$$人工费价差 = \sum 定额人工消耗量 \times (编制期综合工资单价 - 基期综合工资单价)$$

2. 材料费

材料费指按施工过程中耗用的构成工程实体的原材料、辅助材料、构配件、零件和半成品、成品的用量以及周转材料的摊销量和相应预算价格等计算的费用。

$$材料费 = \sum (各类工程中各种材料数量 \times 各自相应的材料预算单价)$$

（1）材料预算价格的组成。材料预算价格由材料原价、运杂费、采购及保管费组成。

$$材料预算价格 = (材料原价 + 运杂费) \times (1 + 采购及保管费率)$$

1）材料原价。材料原价是指材料的出厂价或指定交货地点的价格，对同一种材料，因产地、供应渠道不同而出现几种原价时，其综合原价可按其供应量的比例加权平均确定。

2）运杂费。运杂费是指材料自来源地（生产厂或指定交货地点）运至工地所发生的有关费用，包括运输费、装卸费及其他有关运输的费用等。

3）采购及保管费。采购及保管费是指材料在采购、供应和保管过程中所发生的各项费用，包括采购费、仓储费、工地保管费、运输损耗费、仓储损耗费，以及办理托运所发生的费用（如按规定由托运单位负担的包装、捆扎、支垫等的料具耗损费，转向架租用费和托运签条）等。

（2）材料预算价格的确定。按上述材料预算价格的组成，各项工程材料预算价格随各建设项目所处地区、修建年代的不同而不同。为统一概预算工作，编制设计概预算时一律采用铁建设〔2006〕129 号文发布的《铁路工程建设材料基期价格》（2005 年度），作为基期材料价格。

1）水泥、木材、钢材、砖、瓦、砂、石、石灰、黏土、花草苗木、土工材料、钢轨、道岔、轨枕、钢梁、钢管拱、斜拉索、钢筋混凝土梁、铁路桥梁支座、钢筋混凝土预制桩、电杆、铁塔、机柱、接触网支柱、接触网及电力线材、光电缆线、给水排水管材等材料的基期价格采用现行的《铁路工程建设材料基期价格》（〔2006〕129 号文），编制期价格根据设计单位实地调查分析采用，以上价格均不含来源地至工地的运杂费，来源地至工地的运杂费应单独计列。若调查价格中未含采购及保管费，要计算其按材料原价计取的采购及保管费。编制期价格与基期价格的差额按价差计列。以上材料的编制期价格应随设计文件一并送审。

2）施工机械用汽油、柴油，基期价格采用现行的《铁路工程建设材料基期价格》（〔2006〕129 号文），编制期价格根据设计单位实地调查分析采用，以上均为含运杂费和采购及保管费的价格。编制期价格与基期价格的差额按价差计列（计入施工机械使用费价差中）。施工机械用汽油、柴油的编制期价格应随设计文件一并送审。

3）除上述材料以外的其他材料，基期价格采用现行的《铁路工程建设材料基期价格》（〔2006〕129 号文），其编制期与基期的价差按部颁材料价差系数调整。此类材料的基期价格已包含运杂费和采购及保管费，部分材料价差系数也已考虑运杂费和采购及保管费因素，编制概预算时不应另计运杂费和采购及保管费。

（3）材料差价。材料差价是指概（预算）基价中基期（2005 年度）的材料价格与编制期市场价格的差价。计算方法有：

1）水泥、木材、钢材、砖、瓦、砂、石、石灰、黏土、花草苗木、土工材料、钢轨、道岔、轨枕、钢梁、钢管拱、斜拉索、钢筋混凝土梁、铁路桥梁支座、钢筋混凝土预制桩、电杆、铁塔、机柱、接触网支柱、接触网及电力线材、光电缆线、给水排水管材等材料的价差，按定额统计的消耗量乘以编制期价格与基期价格之间的差额计算。

材料价差＝各类工程材料总用量×材料价差（编制期单价－基期单价）

2）水、电价差（不包括施工机械台班消耗的税、电），按定额统计的消耗量乘以编制期价格与基期价格之间的差额计算。

3）其他材料的价差以定额消耗材料的基期价格为基数，按部颁材料价差系数调整，系数中不含机械台班中油燃料价差。

材料差价系数是由铁道部统一制定发布的，适用于国家铁路建设大、中型建设项目的新建和改扩建铁路工程的新建工程类别。铁道部只发布设计阶段用材料价差系数，施工阶段材料价差由建设单位根据甲、乙方施工承发包合同及工程建设项目的具体情况，在年度验工计价结算时予以调整，调整幅度应控制在部颁材料价差系数的总水平内，其款源在工程造价增涨预留费项内解决。

（4）再用轨料价格的计算规定。修建正式工程使用的旧轨料（不包括定额规定使用的废轨、旧轨，如桥梁和平交道的护轮轨、车挡弯轨等），其价格按设计调查的价格分析确定；本工程范围内拆除后利用的，一般只计运杂费，需整修的，按相同规格型号新料价格的 10％计算整修管理费。

3. 施工机械使用费

施工机械使用费是指列入概预算定额的施工机械台班数量，相应机械台班费用单价计算的施工机械费用和定额所列的其他施工机械费，也称施工机械台班费。

施工机械使用费 ＝ $\sum$（各类工程各种施工机械台班数量×各自相应的台班单价）

机械台班单价计算方法如下。

（1）施工机械台班费用的组成。施工机械台班费用由不变费用和可变费用组成。

1）不变费用（第一类费用或固定费用）

①折旧费：指机械在规定的使用期限（耐用总台班）内，陆续收回其原值（不含贷款利息）的费用。

②大修理费：指机械按规定的大修间隔台班进行必要的大修理，以恢复其正常功能所需的费用。

③经常修理费：指机械除大修以外的各级技术保养、修理及临时故障排除所需的费用；为保障机械正常运行所需的替换设备、随机配备的工具与附具的摊销和维护费用；机械运转与日常保养所需的润滑、擦拭材料费用；机械停置期间的维护保养费用等。

④安拆及进出场费：指机械在施工现场进行安装、拆卸与搬运所需的工费、材料费、机具费和试运转费用；辅助设施（基础、底座、固定锚桩、走行轨道、枕木等）的搭拆与折旧费用。

2）可变费用（第二类费用）。

①人工费：指机上司机和其他操作人员的人工费，以及上述人员在机械规定的年工作台班以外的人工费。

②燃料动力费：指机械在运转施工作业中所耗用的液体燃料（汽油、柴油）、固体燃料（煤）、

电和水的费用。

③车船使用税：指按国家有关规定应交纳的车船使用税及保险费。

（2）基期施工机械台班单价的取定。编制设计概预算以铁建设〔2006〕129 号文《铁路工程施工机械台班费用定额》（2005 年度）作为取定基期施工机械使用费的依据。

以现行的《铁路工程建设材料基期价格》中的燃料价格及费用定额规定的基期综合工费标准计算出的台班单价作为基期施工机械台班单价，以编制期的综合工费标准、油燃料价格、水电单价的台班单价作为编制期施工机械台班单价。

（3）施工机械台班费价差。施工机械台班费价差是指基期至编制期由于人工费标准、油燃料及水、电等价格的变化所产生的价差，应按定额统计的机械台班消耗量乘以编制期施工机械台班单价与基期施工机械台班单价的差额计算。施工机械台班费用中折旧费、大修费、经常修理费等的价差调整，将根据国家或铁道部规定视价格变动对其影响程度进行不定期的修订或调整。

4. 运杂费

运杂费指材料（包括供应材料及自备材料）、成品、半成品、构配件及机电设备等，从施工组织设计所拟定的材料厂、供料基地或既有线卸料地点前方办理货运业务的营业站或自备材料采集地点或交货地点起，运至工地的料库或堆料地点（直发料指从料源地运至工地）所需的有关费用。

运杂费 $= \sum$ 材料重量×运杂费单价

运杂费单价分析如下：

(1)运杂费的组成。

1)运输费。运输费是指用各种运输工具运送各种材料所发生的运费。

2)装卸费。装卸费是指运输过程中和装车及卸车所发生的费用。材料运至工地可能不止发生一次装卸费，或只装不卸（如梁在倒运中），应计算清楚，避免重复和遗漏。

3)其他有关运输的费用（如火车运输的取送车费、过轨费，汽车运输的渡船费等）。

4)材料管理费。材料管理费是指由施工单位负责采购、运输、保管和供应的材料、成品、半成品、构件和机电设备等，在采购、运输、保管和供应过程中所发生的一切有关费用（不包括材料供应部门所发生的费用）。包括采买、办理托运所发生的费用（如按规定由托运单位负担的包装、捆扎、支垫等的料具耗损费，转向架租用费和托运签条），押运、运输途中的损耗，料库盘存，天然毁损和材料的验收、检查、保管等有关各项管理费用以及看料工的工资。

5)运输损耗费。运输损耗费是指砂、碎石（包括道碴及中、小卵石）、黏土砖、黏土瓦、石灰五种材料，由于运输过程中损耗较大，需增加的运输损耗费。

(2)运杂费的计算。

1)各种运输单价。

①火车运价。火车运价分营业线火车运价、临管线火车运价、工程列车运价、其他铁路运价四种。

a. 营业线火车运价。按编制期的《铁路货物运价规则》有关规定计算，计算公式如下：

营业线火车运价(元/t)$=K_1 \times$（发到基价＋运行基价×运价里程）＋附加费运价

其中：附加费运价$=K_2 \times$（电气化附加费费率×电气化里程＋铁路建设基金费率×运价里程）。

计算公式中的有关因素说明如下：

Ⅰ. 各种材料计算货物运价所采用的运价号、综合系数 K_1、K_2 见表 10-3。

表 10-3　铁路运价号、综合系数表

序号	分类名称　　　　　　　项目	运价号(整车)	综合系数 K_1	综合系数 K_2
1	砖、瓦、石灰、砂石料	2	1.00	1.00
2	道碴	2	1.20	1.20
3	钢轨(≤25 m)、道岔、轨枕、钢梁、电杆、机柱、钢筋混凝土管桩、接触网圆形支柱	5	1.08	1.08
4	100 m 长定尺钢轨	5	1.80	1.80
5	钢筋混凝土梁	5	3.48	1.64
6	接触网方形支柱、铁塔、硬横梁	5	2.35	2.35
7	接触网及电力线材、光电缆线	5	2.00	2.00
8	其他材料	5	1.05	1.05

注：1. K_1 包含了游车、超限、限速和不满载等因素；K_2 只包含不满载及游车因素。

　　2. 火车运土的运价号和综合系数 K_1、K_2，比照"砖、瓦、石灰、砂石料"确定。

　　3. 爆炸品、一级易燃液体除 K_1、K_2 外的其他加成，按编制期《铁路货物运价规则》的有关规定计算。

Ⅱ. 电气化附加费按该批货物经由国家铁路正式营业线和实行统一运价的运营临管线电气化区段的运价里程合并计算。

Ⅲ. 货物运价、电气化附加费费率，铁路建设基金费率等按编制期的《铁路货物运价规则》及铁道部的有关规定执行。

Ⅳ. 计算货物运输费用的运价里程，由发料地点起算，至卸料地点止，按编制期《铁路货物运价规则》的有关规定计算。其中，区间(包括区间岔线)装卸材料的运价里程，应由发料地点的后方站起算，至卸料地点的前方站(均系指办理货运业务的营业站)止。

b. 临管线火车运价。临管线火车运价应执行由铁道部批准的运价。运价中包括路基、轨道及有关建筑物和设备(包括临管用的临时工程)等的养护、维修、折旧费。运价里程应按发料地点起算，至卸料地点止，区间卸车算至区间工地。

c. 工程列车运价。工程列车运价包括机车、车辆的使用费(指租用费和燃料、油脂等耗用费)，乘务员及有关行车管理人员的工资、津贴和差旅费，线路及有关建筑物和设备的养护维修费、折旧费以及有关运输的一切管理费用。运价里程应按发料地点起算，至卸料地点止。区间卸车算至区间工地。工程列车运价按营业线火车运价(不包括铁路建设基金、电气化附加费和超限、限速加成等)的 1.4 倍计算：

$$工程列车运价(元/t)=1.4 \times K_2 \times (发到基价+运行基价 \times 运价里程)$$

d. 其他铁路运价。其他铁路运价按有关主管部门的规定办理。

②汽车运价。材料运输道路为公路时，汽车运价按工程所在省(自治区或直辖市)规定的汽车运价计算；材料运输道路为施工便道时，汽车运价按工程所在省(自治区或直辖市)规定的汽车运价乘以 1.2 的系数计算。

③船舶运价及渡口等收费标准。船舶运价及渡口等收费标准，应以建设项目所在地区县级以上运输主管部门的规定计列。

④其他运输单价。人力、架子车、单轨车、大平车、轻轨斗车、轨道平车、机动翻斗车等运输单价，应按有关定额资料分析确定。

2)各种装卸费单价。

①火车、汽车的装卸单价，不分火车、汽车，不论新线或营业线，均按表10-4所列综合单价计算。

表 10-4　火车、汽车装卸费单价

单位：元/t

一般材料	钢轨、道岔、接触网支柱	其他 1 t 以上的构件
3.4	12.5	8.4
注：其中装占 60%，卸占 40%。		

②水运等的装卸单价，按建设项目所在地区县级以上运输主管部门的规定计列。

③人力、架子车、单轨车、大平车、轻轨斗车、轨道平车、机动翻斗车等的装卸单价，按有关定额资料分析确定。

3)其他有关运输的费用。

①取送车费（调车费）。用铁路机车往专用线、货物支线（包括站外出岔）或专用铁路的站外交接地点调送车辆时，会收取送车费。计算取送车费的里程，应自车站中心线起算，到交接地点或专用线最长线路终端止，里程往返合计（以 km 计）。取送车费的计费标准原则上按铁道部运输主管部门的规定办理。取送车费按 0.10 元/（t·km）计列。

②过轨费。托运人自备货车或租用铁路货车（不论空重）用自备机车或租用铁路机车牵引，经由营业线至接轨站时，除机车、车辆使用费按规定计算外，并应计列过轨费，其计费标准原则上按铁道部运输主管部门的规定办理。过轨费综合按 0.018 元/t·km 计列，运距以 km 计。

③汽车运输的渡船费。应按建设项目所在地区县级以上运输主管部门的规定计列。

4)材料管理费。一般材料、当地料、成品、半成品、机械设备等，不论运输方式如何或发生运杂费与否，均综合按每吨重量计列 0.40 元的施工部门材料管理费。但工、器具及生产家具和不是作为材料对待的渗水土壤、黏土等均不计列。

材料总重量不包括材料中的水，水不计列材料管理费。

5)运输损耗费。砂、碎石（包括道碴及中、小卵石）、黏土砖、黏土瓦、石灰五种材料，按其运杂费（不包括材料管理费）的 2.5% 计列运输损耗费（不含供料方运至工地的材料）。

6)平均运杂费单价的有关规定。

①平均运杂费单价分析的编制范围，原则上应与单项概算的编制单元相适应。

②路基、挡土墙、桥梁、涵洞、隧道、轨道等工程的平均运杂费单价，原则上应根据设计的工程量，按概预算定额统计的主要材料（包括成品、半成品、构件、设备）重量和各该材料的不同运输方法的运价进行分析求算；房屋、给排水、站场建筑、通信、信号、电力及电力牵引供电等工程，可按该工程的建筑类型制定的材料重量比例指标计算平均运杂费单价。

③分析平均运杂费单价，应按施工组织设计所拟定的材料供应计划，对不同的材料品类及不同的运输方法分别计算平均运距，平均运距应考虑各种运输方法的起码运距及进级规定，如系采用加权平均计算的运距，则不应再次进级。

平均运距是指一个施工单位在一段线路上施工，而该施工区段内工点分散且不均匀，各工点用料也不一样，所用材料又分当地料和外来料，为计算简单，对多工点用料采用的各类材料运输中心的平均运距。在分析平均运杂费单价时均采用平均运距。

$$平均运距 = \frac{\sum 各种运输材料的重量(t) \times 该种材料的运距(km)}{\sum 各种所运材料的重量(t)}$$

④各种运输方法的比例，应以施工组织设计确定的运输方案为依据。

⑤旧轨件的运杂费，其重量应按设计轨型计算。如设计轨型未确定，可采用代表性轨型的重量，其运距由调拨地点的车站起算。如未明确调拨地点者，可按以下原则编列：已明确调拨的铁路局，但未明确调拨地点者，则由该铁路局所在地的车站起算；未明确调拨的铁路局者，则按工程所在地区的铁路局所在地的车站起算。

5. 填料费

填料费指购买不作为材料对待的土方、石方、渗水料、矿物料等填筑用料所支出的费用。

10.4.1.2 施工措施费

施工措施费指直接费以外施工过程发生的，定额中未包括而应属于直接工程费的其他各项费用。

1. 冬期施工增加费

冬期施工增加费指建设项目的某些工程，根据施工组织设计的安排需在冬期施工，从而引起需采取防寒保温设施、人工与机械的工效降低以及技术作业过程的改变等所增加的有关费用。

(1)冬期施工增加费的内容。

1)因冬期施工所需增加的一切人工、机械与材料的支出。

2)施工机具所需修建暖棚(包括拆、移)，增加油脂及其他保温设备。

3)因施工组织设计确定，需增加的一切保温、加温及照明等有关支出。

4)与冬期施工有关的其他各项费用，如清除工作地点的冰雪等费用。

(2)冬期施工增加费的计算期限。以工程所在地区连续5年以上的气象资料为依据，按工程类别分别确定如下：

①桥、隧等工程的瓦工，从每年第一次连续5天出现室外日平均温度在5℃以下或日最低温度在-3℃以下的第一天起，至最后一次连续5天出现同样温度的最后一天止。

②路基土方工程，从每年第一次连续15天出现室外日平均温度在0℃以下的第一天起，至土壤连续冻结的最后一天止。

③其他工程，可参照桥、隧工程的期限计算。

2. 雨期施工增加费

雨期施工增加费指建设项目的某些工程，根据施工组织设计的安排需在雨期施工，从而引起需采取的防雨、防潮和防护设施，人工与机械的工效降低以及技术作业过程的改变等所需增加的有关费用。

(1)雨期施工增加费的内容。

①因雨期施工所需增加的人工、机械费的支出，包括工作效率的降低及易被雨水冲毁的工程所增加的工作内容等(如基坑坍塌和排水沟等堵塞的清理、路基边坡冲沟的填补等)。

②路基土方工程的开挖和运输，因雨期施工(非土壤中水影响)而引起的黏附工具，降低工效所增加的费用。

③因防止雨水必须做的防护措施的费用，如挖临时排水沟、防止基坑坍塌所用的支撑、挡板等。

④材料因受潮、受湿的耗损费用。

⑤增加防雨、防潮设备的费用。

⑥其他有关雨期施工所需增加的费用，如因河水高涨致使工作困难而增加的费用等。

(2)雨期施工增加费的计算期限。以工程所在地区连续5年以上的气象资料为依据，凡在1个月内降雨天数在10天以上，且该月平均日降雨量大于3.5 mm的月份，即为计算雨期施工增加费的期限。

3. 夜间施工增加费

夜间施工增加费指根据施工组织设计安排，必须在夜间连续施工或在隧道内铺碴、铺轨、铺设电线、电缆，架设接触网等工程，所发生的工作效率降低、夜班津贴，以及有关照明设施（包括所需照明设施的装拆、摊销、维修及油燃料、电）等增加的有关费用。

4. 小型临时设施费

小型临时设施费指施工企业为进行建筑安装工程施工，所必须修建的生产和生活用的一般临时建筑物、构筑物和其他小型临时设施所发生的费用。

小型临时设施包括：

(1)为施工及施工运输（包括临管）所需修建的临时生活及居住房屋，文化教育及公共房屋（如三用堂、广播室等）和生产、办公房屋（如发电站，变电站，空压机站，成品厂，材料厂、库，堆料棚，停机棚，临时站房，货运室等）。

(2)为施工或施工运输而修建的小型临时设施，如通往中小桥、涵洞、牵引变电所等工程和施工队伍驻地以及料库、车库的运输便道引入线（包括汽车、马车、双轮车道），工地内运输便道、轻便轨道、龙门吊行走轨，由干线到工地或施工队伍驻地的地区通信引入线、电力线和达不到给水干管路标准的给水管路等。

(3)为施工或维持施工运输（包括临管）而修建的临时建筑物、构筑物。如临时给水（水井、水塔、水池等），临时排水沉淀池，钻孔用泥浆池、沉淀池，临时整备设备（给煤、砂、油，清灰等设备），临时信号，临时通信（指地区线路及引入部分），临时供电，临时站场建筑设备。

(4)其他。大型临时设施和过渡工程项目内容以外的临时设施。

小型临时设施费用包括：小型临时设施的搭设、移拆、维修、摊销及拆除恢复等费用；因修建小型临时设施而发生的租用土地、青苗补偿、拆迁补偿、复耕及其他所有与土地有关的费用等。

5. 工具、用具及仪器、仪表使用费

工具、用具及仪器、仪表使用费指施工生产所需不属于固定资产的生产工具、检验用具及仪器、仪表等的购置、摊销和维修费，以及支付给生产工人自备工具的补贴费。

6. 检验试验费

检验试验费指施工企业按照规范和施工质量验收标准的要求，对建筑安装的设备、材料、构件和建筑物进行一般鉴定、检查所发生的费用，包括自设试验室进行试验所耗用的材料和化学药品费用等，以及技术革新的研究试验费。其中不包括应由研究、试验和科技三项费用支出的新结构、新材料的试验费；不包括应由建设单位管理费支出的建设单位要求对具有出厂合格证明的材料进行试验，对构件破坏性试验及其他特殊要求检验试验的费用；不包括设计要求的和需委托其他有资质的单位对构筑物进行检验试验的费用。

7. 工程定位复测、工程点交、场地清理费

工程定位复测、工程点交、场地清理费是工程开工前或施工中建设单位提交的工程测量坐标点、水准点等施工测量资料，施工单位复测验证所发生的费用，以及工程交工和工程完工时需清理施工场地所发生的费用。

8. 安全作业环境及安全施工措施费

安全作业环境及安全施工措施费是指用于购置施工安全防护用具及设施、宣传落实安全施工措施、改善安全生产环境及条件、确保施工安全等所需的费用。

9. 文明施工及施工环境保护费

文明施工及施工环境保护费指现场文明施工费用及防噪声、防粉尘、防振动干扰、生活垃圾清运排放等费用。

10. 已完工程及设备保护费

已完工程及设备保护费是指竣工验收前，对已完工程及设备进行保护所需费用。

施工措施费，以各类工程的基期人工费与基期施工机械使用费之和为计算基数，根据施工措施费地区划分表（表10-5），按表10-6、表10-7所列费率计列。

表 10-5　施工措施费地区划分表

地区编号	地域名称
1	上海，江苏，河南，山东，陕西(不含榆林地区)，浙江，安徽，湖北，重庆，云南，贵州(不含毕节地区)，四川(不含凉山彝族自治州西昌市以西地区、甘孜藏族自治州)
2	广东，广西，海南，福建，江西，湖南
3	北京，天津，河北(不含张家口市、承德市)，山西(不含大同市、朔州市、忻州地区原平以西各县)，甘肃，宁夏，贵州毕节地区，四川凉山彝族自治州西昌市以西地区、甘孜藏族自治州(不含石渠县)
4	河北张家口市、承德市，山西大同市、朔州市、忻州地区原平以西各县，陕西榆林地区，辽宁
5	新疆(不含阿勒泰地区)
6	内蒙古(不含呼伦贝尔盟—图里河及以西各旗)，吉林，青海(不含玉树藏族自治州曲麻莱县以西地区、海北藏族自治州祁连县、果洛藏族自治州玛多县、海西蒙古族藏族自治州格尔木市辖的唐古拉山区)，西藏(不含阿里地区和那曲地区的尼玛、班戈、安多、聂荣县)，四川甘孜藏族自治州石渠县
7	黑龙江(不含大兴安岭地区)，新疆阿勒泰地区
8	内蒙古呼伦贝尔盟—图里河及以西各旗，黑龙江大兴安岭地区，青海玉树藏族自治州曲麻莱县以西地区、海北藏族自治州祁连县、果洛藏族自治州玛多县、海西蒙古族藏族自治州格尔木市辖的唐古拉山区，西藏阿里地区和那曲地区的尼玛、班戈、安多、聂荣县

表 10-6　施工措施费率

类别代号	工程类别	地区编号 1	2	3	4	5	6	7	8	附注
		费率/%								
1	人力施工土石方	20.55	21.09	24.70	27.10	27.37	29.90	30.51	31.57	包括人力拆除工程，绿色防护、绿化，各类工程中单独挖填的土石方，爆破工程
2	机械施工土石方	9.42	9.98	13.83	15.22	15.51	18.21	18.86	19.98	包括机械拆除工程，填级配碎石、砂砾石、渗水土，公路路面，各类工程中单独挖填的土石方
3	汽车运输土石方采用定额"增运"部分	5.09	4.99	5.40	6.12	6.29	6.63	6.79	7.35	包括隧道出碴洞外运输
4	特大桥、大桥	10.28	9.19	12.30	13.53	14.19	14.24	14.34	14.52	不包括梁部及桥面系
5	预制混凝土梁	27.56	22.14	37.67	41.38	44.65	44.92	45.42	46.31	包括桥面系

类别代号	工程类别 \ 地区编号	1	2	3	4	5	6	7	8	附注
		费率/%								
6	现浇混凝土梁	17.24	13.89	23.50	25.97	27.99	28.16	28.46	29.02	包括梁的横向联结和湿接缝，包括分段预制后拼接的混凝土梁
7	运架混凝土简支箱梁	4.68	4.68	4.81	5.16	5.25	5.40	5.49	5.73	—
8	隧道、明洞、棚洞，自采砂石	13.08	12.74	13.61	14.75	14.90	14.96	15.04	15.09	—
9	路基加固防护工程	16.94	16.25	18.89	20.19	20.35	20.59	20.80	20.94	包括各类挡土墙及抗滑桩
10	框架桥、中桥、小桥，涵洞、轮渡、码头、房屋、给排水、工务、站场、其他建筑物等建筑工程	21.25	20.22	23.50	25.53	26.04	26.27	26.47	26.65	不包括梁式中、小桥梁部及桥面系
11	铺轨、铺岔，架设混凝土梁（简支箱梁除外）、钢梁、钢管拱	27.08	26.96	27.83	29.50	30.17	32.46	34.12	40.96	包括支座安装，轨道附属工程，线路备料
12	铺砟	10.33	9.07	12.38	13.71	13.94	14.52	14.86	15.99	包括线路沉落整修、道床清筛
13	无砟道床	27.66	23.60	35.25	38.90	41.35	41.55	41.93	42.60	包括道床过渡段
14	通信、信号、电力、牵引变电、供电段、机务、车辆、动车，所有安装工程	25.30	25.40	25.80	27.75	28.03	28.30	28.70	29.55	—
15	接触网建筑工程	25.12	23.89	27.33	29.26	29.42	29.74	30.20	30.46	

注：1. 对于设计速度≤120 km/h的工程，其机械施工土石方工程、铺架工程的施工措施费应按表10-7规定的费率计算，其余工程类别的费率采用表10-6中的规定。

2. 大型临时设施和过渡工程按表列同类正式工程的费率乘以0.45的系数计列。

表 10-7　设计速度≤120 km/h 的工程施工措施费费率表

工程类别 \ 地区编号	1	2	3	4	5	6	7	8
机械施工土石方	9.03	9.59	13.44	14.83	15.12	17.82	18.47	19.59
铺轨、铺岔，架设混凝土梁	25.33	25.21	26.08	27.75	28.42	30.71	32.38	39.21

10.4.1.3　特殊施工增加费

特殊施工增加费内容包括：

（1）风沙地区施工增加费。其是指在内蒙古及西北地区的非固定沙漠地区施工时，月平均风力在四级以上的风沙季节，进行室外建筑安装工程时，由于受风沙影响应增加的费用，本项费用按下列算法计列：

风沙地区施工增加费 $= \sum$ 室外建筑安装工程的定额工日 $\times$ 编制期综合工费单价 $\times 3\%$

（2）高原地区施工增加费。其是指在海拔 2 000 m 以上的高原地区施工时，由于人工和机械受气候、气压的影响而降低工作效率，所增加的费用。本项费用根据工程所在地的不同海拔高度，不分工程类别，按下列算法计列：

高原地区施工增加费 $= \sum$ 定额工日 $\times$ 编制期综合工费单价 $\times$ 高原地区工日定额增加幅度 $+$ 定额机械台班量 $\times$ 编制期机械台班单价 $\times$ 高原地区机械台班定额增加幅度

高原地区施工定额增加幅度见表 10-8。

表 10-8　高原地区施工定额增加幅度

海拔高度/m	定额增加幅度/%	
	工天定额	机械台班定额
2 000～3 000	12	20
3 001～4 000	22	34
4 001～4 500	33	54
4 501～5 000	40	60
5 000 以上	60	90

（3）原始森林地区施工增加费。其是指在原始森林地区进行新建或增建二线铁路施工，由于受气候影响，其路基土方工程应增加的费用。本项费用按下列算法计列：

原始森林地区施工增加费 $= \sum$（路基土方工程的定额工日 $\times$ 编制期综合工费单价 $+$ 路基土方工程的定额机械台班量 $\times$ 编制期机械台班单价）$\times 30\%$

（4）行车干扰施工增加费。其是指在不封锁的营业线上，在维持通车的情况下，进行建筑安装工程施工时，由于受行车影响造成局部停工或妨碍施工而降低工作效率等所需增加的费用。

1）行车干扰施工增加费的计费范围见表 10-9。

表 10-9　行车干扰施工增加费计费范围

名称	受行车干扰范围	受行车干扰项目	包括	不包括
路基	在行车线上或在行车线中心平距 5 m 及以内	填挖土方、填石方	路基抬高落坡全部工程	路基加固防护及附属土石方工程
	在行车线的路堑内	开挖土石方的全部数量以及路堑内的挡土墙、护墙、护坡、侧沟、吊沟的全部砌筑工程数量	以邻近行车线的一股道为限	控制爆破开挖石方，路堤挡土墙、护坡
	平面跨越行车线运土石方	跨越运输的全部数量	隧道弃碴	—

名称	受行车干扰范围	受行车干扰项目	包括	不包括
桥涵	在行车线上或在行车线中心平距5m及以内	涵洞的主体瓦工,桥梁工程的下部建筑主体瓦工	桥梁的锥体护坡及桥头填土	桥涵其他附属工程及桥梁架立和桥面系等,框架桥、涵管的挖土、顶进,框架桥内、涵洞内的路面、排水等工程
隧道及明洞	在行车线的隧道、明洞内施工	改扩建隧道或增设通风、照明设备的全部工程数量	明洞、棚洞的挖基及衬砌工程	明洞、棚洞拱上的回填及防水层、排水沟等
轨道	在行车线上或在行车线中心平距5m及以内或在行车线的线间距≤5m的邻线上施工	全部数量	拆铺、改拨线路,更换钢轨、轨枕及线路整修作业	线路备料
电力牵引供电	在行车线上或在行车线两侧中心平距5m及以内或在行车线的线间距≤5m的邻线上施工	在既有线上非封锁线路作业的全部数量和邻线未封锁而本线封锁线路作业的全部数量	—	封锁线路作业的项目(邻线未封锁的除外);牵引变电及供电段的全部工程
其他室外建筑安装及拆除	在行车线上或在行车线两侧中心平距5m及以内	全部数量	靠行车线较近的基本站台、货物站台,天桥、灯桥,地道的上下楼梯,信号工程的室内安装	站台土方不跨线取土者

在封锁的营业线上施工(包括要点施工在内,封锁期间邻线行车的除外),在未移交正式运营的线路上施工和在避难线、安全线、存车线及其他段管线上施工均不计列行车干扰施工增加费。

2)行车干扰施工增加费的计算。每次行车的行车干扰施工定额人工和机械台班增加幅度按0.31%计(接触网工程按0.40%计)。行车干扰施工定额增加幅度包含施工期间因行车而应做的整理和养护工作,以及在施工时为防护所需的信号工、电话工、看守工等的人工费用及防护用品的维修、摊销费用在内。

本项费用,根据每昼夜的行车次数(以现行铁路局运输部门的计划运行图为准,所有计划外的小运转、轨道车、补机、加点车的运行等均不计算),按受行车干扰范围内的工程项目的工程数量,以其定额工日和机械台班量乘以行车干扰施工定额增加幅度计算。

①土石方施工及跨股道运输的行车干扰施工增加费,不论施工方法如何,均按下列算法计列:

土石方施工及跨股道运输的行车干扰施工增加费=受施工干扰工日(表10-10)×编制期综合工费单价×受干扰土石方数量×每昼夜行车次数×0.31%

表 10-10　土石方施工及跨股道运输的行车干扰的工日

单位：工日/100 m³（天然密度体积）

序号	工作内容	土方	石方
1	仅挖、装(爆破石方仅为装)在行车干扰范围内	20.4	8.0
2	仅卸在行车干扰范围内	4.0	5.4
3	挖、装、卸(爆破石方为装、卸)均在行车干扰范围内	24.4	13.4
4	平面跨越行车线运输土石方，仅跨越一股道或跨越双线、多线股道的第一股道	15.7	23.0
5	平面跨越行车线运输土石方，每增跨一股道	3.1	4.6

②接触网工程的行车干扰施工增加费按下列算法计列：

接触网工程的行车干扰施工增加费＝受行车干扰范围内的工程数量×(所对应定额的应计行车干扰的工日×编制期综合工费单价＋所对应定额的应计行车干扰的机械台班量×编制期机械台班单价)×每昼夜行车次数×0.40％

③其他工程的行车干扰施工增加费按下列算法计列：

其他工程的行车干扰施工增加费＝受行车干扰范围内的工程数量×(所对应定额的应计行车干扰的工日×编制期综合工费单价＋所对应定额的应计行车干扰的机械台班量×编制期机械台班单价)×每昼夜行车次数×0.31％

10.4.1.4　大型临时设施和过渡工程费

大型临时设施和过渡工程费指施工企业为进行建筑安装工程施工及维持既有线正常运营，根据施工组织设计确定所需的大型临时建筑物和过渡工程修建及拆除恢复所发生的费用。

1. 项目及费用内容

(1)大型临时设施(简称大临)。

1)铁路岔线、便桥。其是指通往混凝土成品预制厂、材料厂、道碴场(包括砂、石场)、轨节拼装场、长钢轨焊接基地、钢梁拼装场、制(存)梁场的岔线，机车转向用的三角线和架梁岔线，独立特大桥的吊机行走线，以及重点桥隧等工程专设的运料岔线等。

2)铁路便线、便桥。其是指混凝土成品预制厂、材料厂、道碴场(包括砂、石场)、轨节拼装场、长钢轨焊接基地、钢梁拼装场、制(存)梁场等场(厂)内为施工运料所需修建的便线、便桥。

3)汽车运输便道。其是指通行汽车的运输干线及其通往隧道、特大桥、大桥和轨节拼装场、混凝土成品预制厂、材料厂、砂石场、钢梁拼装场、制(存)梁场、混凝土集中拌合站、填料集中搅拌站、大型道碴存储场、长钢轨焊接基地、换装站等的引入线，以及机械化施工的重点土石方工点的运输便道。

4)运梁便道。其是指专为运架大型混凝土成品梁而修建的运输便道。

5)轨节拼装场、混凝土成品预制厂、材料厂、制(存)梁场、钢梁拼装场、混凝土集中拌合站、填料集中搅拌场、大型道碴存储场、长钢轨焊接基地、换装站等的场地土石方、瓦工及地基处理。

6)通信工程。其是指困难山区(起伏变化很大或比高＞80 m的山地)铁路施工所需的临时通信干线(包括由接轨点最近的交接所为起点所修建的通信干线)，不包括由干线到工地或施工地段沿线各施工队伍所在地的引入线、场内配线和地区通信线路。当采用无线通信时，其费用应控制在有线通信临时工程费用水平内。

7)集中发电站、集中变电站(包括升压站和降压站)。

8)临时电力线(供电电压在 6 kV 及以上)。包括临时电力干线及通往隧道、特大桥、大桥和混凝土成品预制厂、材料厂、砂石场、钢梁拼装场、制(存)梁场等的引入线。

9)给水干管路。其是指为解决工程用水而铺设的给水干管路(管径 100 mm 及以上或长度 2 km 及以上)。

10)为施工运输服务的栈桥、缆索吊。

11)渡口、码头、浮桥、吊桥、天桥、地道。

12)铁路便线、岔线、便桥和汽车运输便道。

(2)过渡工程。其是指由于改建既有线、增建第二线等工程施工,为确保既有线(或车站)运营工作的安全和不间断地运行,同时也为了加快建设进度,尽可能地减少运输与施工之间的相互干扰和影响,从而对部分既有工程设施必须采取的施工过渡措施。

内容包括临时性便线、便桥和其他建筑物及设备,以及由此引起的租用土地、青苗补偿、拆迁补偿、复垦及其他所有与土地有关的费用等。

2. 费用计算规定

(1)大型临时设施和过渡工程,应根据施工组织设计确定的项目、规模及工程量,按相关规定的各项费用标准,采用定额或分析指标,按单项概预算计算程序计算。

(2)大型临时设施和过渡工程,均应结合具体情况,充分考虑借用本建设项目正式工程的材料,以尽可能节约投资,其有关费用的计算规定如下:

1)借用正式工程的材料。

①钢轨、道岔计列一次铺设的施工损耗,钢轨配件、轨枕、电杆计列铺设和拆除各一次的施工损耗(拆除损耗与铺设同),便桥枕木垛所用的枕木,计列一次搭设的施工损耗。

②借用表 10-11 中所列的材料,计列由材料堆存地点至使用地点和使用完毕由材料使用地点运至指定归还地点的运杂费,其余材料不另计运杂费。

③借用正式工程的材料,在概预算中一律不计折旧费,损耗率均按《铁路工程基本定额》执行。

2)使用施工企业的工程器材。

①使用施工企业的工程器材,按表 10-11 所列的施工器材年使用费率计算使用费。

表 10-11 临时工程施工器材年使用费率

序号	材料名称	年使用费率/%
1	钢轨、道岔	5
2	钢筋混凝土枕、钢筋混凝土电杆	8
3	钢铁构件、钢轨配件、铁横担、钢管	10
4	油枕、油浸电杆、铸铁管	12.5
5	木制构件	15
6	素枕、素材电杆、木横担	20
7	通信、信号及电力线材(不包括电杆及横担)	30

注:1. 不论按摊销或折旧计算,均一律按表列费率作为编制概预算的依据。其中通信、信号及电力线材的使用年限超过 3 年时,超过部分的年使用费率按 10% 计。困难山区使用的钢筋混凝土电杆,不论其使用年限多少,均按 100% 摊销。

2. 计算单位为季度,不足一季度,按一季度计。

②以上材料、构件的运杂费，属表 10-11 所列材料类别的，计列由始发地点至使用地点的往返运杂费，其余不再另计运杂费。

3)利用旧道碴，除计运杂费外，还应计列必要的清筛费用。

4)不能倒用的材料，如瓦工用料，道碴(不能倒用时)，计列全部价值。

(3)铁路便线、岔线、便桥的养护费计费标准。为使铁路便线、岔线、便桥经常保持完好状态，其养护费按表 10-12 规定的标准计列。

表 10-12　铁路便线、岔线、便桥养护费

项目	人工	零星材料费	道碴/[m³·(月·km)⁻¹]		
			3 个月以内	3~6 个月	6 个月以上
便线岔线	32 工日/(月·km)	—	20	10	5
便桥	11 工日/(月·km)	1.25 元/月·延长米	—	—	—

注：1. 人工费按概预算综合工费标准计算。

2. 便线、岔线长度不满 100 m 者，按 100 m 计；便桥长度不满 1 m 者，按 1 m 计。计算便线、岔线长度，不扣除道岔及便桥长度。

3. 便桥换算长度的计算：

钢梁桥：1 m＝1 换算米

木便桥：1 m＝1.5 换算米

瓦工及钢筋混凝土梁桥：1 m＝0.3 换算米

4. 养护的期限，根据施工组织设计确定，按月计算，不足一个月者，按一个月计。

5. 道碴数量采用累计法计算(例：1 km 便线当其使用期为一年时，所需道碴数量＝3×20＋3×10＋6×5＝120 m³)。

6. 费用内包括冬期除雪清除和雨期养护等一切有关费用。

7. 架梁及存梁岔线等，均不计列养护费。

8. 便线、岔线、便桥，如通行工程列车或临管列车，并按有关规定计列运费者，因运价中已包括了养护费用，不应另列养护费；如修建的临时岔线(如运土、运料岔线等)只计取送车费或机车、车辆租用费者，可计列养护费。

9. 营业线上施工，为保证不间断行车而修建通行正式运营列车的便线、便桥，在未办理交接前，其养护费按照表列规定加倍计算。

(4)汽车便道养护费计费标准。为使通行汽车运输便道经常保持完好的状态，其养护费按表 10-13 规定的标准计算。

表 10-13　汽车运输便道养护费

项目		人工	碎石或粒料
		工日/(月·km)	m³/(月·m³)
土路		15	—
粒料路 (包括泥结碎石路面)	干线	25	2.5
	引入线	15	1.5

注：1. 人工费按概预算综合工费标准计算。

2. 计算便道长度，不扣除便桥长度。不足 1 km 者，按 1 km 计。

3. 养护的期限，根据施工组织设计确定，按月计算，不足一个月者，按一个月计。

4. 费用内包括冬期积雪清除和雨期养护等一切有关费用。

5. 便道中的便桥不另计养护费。

10.4.2 间接费

1. 间接费内容

(1)企业管理费。企业管理费是指建筑安装企业组织施工生产和经营管理所需的费用。内容包括：

1)管理人员工资。管理人员工资是指管理人员的基本工资、津贴和补贴、辅助工资、职工福利费、劳动保护费等。

2)办公费。办公费是指管理办公用的文具、纸张、账表、印刷、邮电、书报、宣传、会议、水、电、烧水和集体取暖用煤等费用。

3)差旅交通费。差旅交通费是指职工因公出差、调动工作的差旅费、助勤补助费、市内交通费和误餐补助费，职工探亲路费，劳动力招募费，职工退休、退职一次性路费，工伤人员就医路费以及管理部门使用的交通工具的油料、燃料及牌照费。

4)固定资产使用费。固定资产使用费是指管理和试验部门及附属生产单位使用的属于固定资产的房屋、车辆、设备仪器等的折旧、大修、维修或租赁费。

5)工具用具使用费。工具用具使用费是指管理使用的不属于固定资产的生产工具、器具、家具、交通工具和检验、试验、测绘、消防用具等的购置、维修和摊销费。

6)财产保险费。财产保险费是指施工管理用财产、车辆保险。

7)税金。税金是指企业按规定交纳的房产税、车船使用税、土地使用税、印花税等各项税费。

8)施工单位进退场及工地转移费。其是指施工单位根据建设任务需要，派遣人员和机具设备从基地迁往工程所在地或从一个项目迁至另一个项目所发生的往返搬迁费用及施工队伍在同一建设项目内，因工程进展需要，在本建设项目内往返转移，以及民工上、下路所发生的费用。包括：承担任务职工的调遣差旅费，调遣期间的工资，施工机械、工具、用具、周转性材料及其他施工装备的搬运费用；施工队伍在转移期间所需支付的职工工资、差旅费、交通费、转移津贴等；民工的上、下路所需车船费、途中食宿补贴及行李运费等。

9)劳动保险费。其是指由企业支付离退休职工的易地安家补助费、职工退职金、6个月以上病假人员的工资、职工死亡丧葬补助费、抚恤费以及按规定支付给离休干部的各项经费等。

10)工会经费。其是指企业按照职工工资总额计提的工会经费。

11)职工教育经费。其是指企业为职工学习先进技术和提高文化水平，按职工工资总额计提的费用。

12)财务费用。其是指企业为筹集资金而发生的各种费用，包括企业经营期间发生的短期贷款利息净支出、金融机构手续费，以及其他财务费用。

13)其他。包括技术转让费、技术开发费、业务招待费、绿化费、广告费、公证费、法律顾问费、审计费、咨询费、无形资产摊销费、投标费、企业定额测定费等。

(2)规费。规费是指政府和有关部门规定必须缴纳的费用。内容包括：

1)社会保障费。其是指企业按规定缴纳的基本养老保险费、失业保险费、基本医疗保险费、工伤保险费、生育保险费。

2)住房公积金。其是指企业按规定缴纳的住房公积金。

3)工程排污费。其是指施工现场按规定缴纳的工程排污费用。

(3)利润。其是指施工企业完成所承包工程获得的盈利。

2. 间接费计算

本项费用以基期人工费和基期施工机械使用费之和为计算基数，按不同工程类别，采用表10-14所规定的间接费率计算。

$$间接费 = \sum(基期人工费 + 基期施工机械费) \times 间接费费率$$

表 10-14　间接费率

类别代号	工程类别	费率/%	附　注
1	人力施工土石方	59.7	包括人力拆除工程，绿色防护、绿化，各类工程中单独挖填的土石方，爆破工程
2	机械施工土石方	19.5	包括机械拆除工程，填级配碎石、砂砾石、渗水土，公路路面，各类工程中单独挖填的土石方
3	汽车运输土石方采用定额"增运"部分	9.8	包括隧道出碴洞外运输
4	特大桥、大桥	23.8	不包括梁部及桥面系
5	预制混凝土梁	67.6	包括桥面系
6	现浇混凝土梁	38.7	包括梁的横向连接和湿接缝，包括分段预制后拼接的混凝土梁
7	运架混凝土简支箱梁	24.5	—
8	隧道、明洞、棚洞，自采砂石	29.6	—
9	路基加固防护工程	36.5	包括各类挡土墙及抗滑桩
10	框架桥、中桥、小桥、涵洞、轮渡、码头、房屋、给排水、工务、站场、其他建筑物等建筑工程	52.1	不包括梁式中、小桥梁部及桥面系
11	铺轨、铺岔，架设混凝土梁(简支箱梁除外)、钢梁、钢管拱	97.4	包括支座安装，轨道附属工程，线路备料
12	铺碴	32.5	包括线路沉落整修、道床清筛
13	无碴道床	73.5	包括道床过渡段
14	通信、信号、电力、牵引变电、供电段、机务、车辆、动车，所有安装工程	78.9	—
15	接触网建筑工程	69.5	—

注：大型临时设施和过渡工程按表列同类正式工程的费率乘以0.8的系数计列。

10.4.3　税金

税金指按国家税法规定应计入建筑安装工程造价内的营业税、城市维护建设税及教育费附加。税金计列标准：

(1)营业税按营业额的3%计列。

(2)城市维护建设税以营业税税额作为其计税基数，其税率随纳税人所在地不同而异，即市区按7%；县城、镇按5%；不在市区、县城或镇者按1%计列。

(3)教育费附加按营业税的3%计列。

为简化概算编制，税金统一按建筑安装工程费(不含税金)的3.35%计列。

税金=(直接费+间接费)×税率(3.35%)

10.4.4 设备及工器具购置费

设备及工器具购置费指构成固定资产标准的设备购置和虽低于固定资产标准，但属于设计明确列入设备清单的设备，按设计确定的规格、型号、数量，以设备原价加综合业务费提成和运杂费计算的购置费。工程竣工验收时，设备（包括备品备件）应移交运营部门。

1. 设备购置费的内容

（1）设备原价。其是指设计单位根据生产厂家的出厂价格及国家机电产品市场价格目录和设备价格信息等资料综合确定的设备原价。内容包括按专业标准规定的保证在运输过程中不受损失的一般包装费，及按产品设计规定配带的工具、附具和易损件的费用。非标准设备原价（包括材料费、加工费及加工厂的管理费等），可按厂家加工订货等价格资料，并结合设备价格信息，经分析认证后确定。

（2）综合业务费提成。其是指设备自生产厂家（来源地）运至施工组织设计所拟定的材料厂或供料基地的运杂费，以及物资供应部门的间接业务费提成（指采购、供销、保管及与此有关的费用等）。

（3）运杂费。其是指设备由施工组织设计所拟定的材料厂、供料基地运至工地料库（或安装地点）所发生的费用。

2. 设备购置费的计算规定

（1）编制设计概预算时，采用现行的《铁路工程建设设备预算价格》中的设备原价，作为基期设备原价。编制期设备原价由设计单位根据调查资料确定。编制期与基期设备原价的差额按价差处理，直接列入设备购置费中。缺项设备由设计单位进行补充。

（2）设备运杂费：为简化概预算编制工作，设备运杂费以基期设备原价为计算基数，一般地区按 6.1% 计列，新疆、西藏按 7.8% 计列。

10.4.5 其他费

其他费指根据有关规定，应由基本建设投资支付并列入建设项目总概算内，除建筑安装工程费、设备及工器具购置费以外的有关费用。

1. 土地征用及拆迁补偿费

土地征用及拆迁补偿费指按照《中华人民共和国土地管理法》规定，为进行铁路建设所支付的土地征用及拆迁补偿费用。内容包括：

（1）土地征用补偿费：土地补偿费，安置补助费，被征用土地地上、地下附着物及青苗补偿费，征用城市郊区菜地缴纳的菜地开发建设基金，征用耕地缴纳的耕地开垦费，耕地占用税等。

（2）拆迁补偿费：被征用土地上的房屋及附属构筑物、城市公共设施等迁建补偿费等。

（3）土地征用、拆迁建筑物手续费：在办理征地拆迁过程中，所发生的相关人员的工作经费及土地登记管理费等。

（4）用地勘界费：委托有资质的土地勘界机构对铁路建设用地界进行勘定所发生的费用。

土地征用补偿费、拆迁补偿费应根据设计提出的建设用地面积和补偿动迁工程数量，按工程所在地区的省（自治区、直辖市）人民政府颁发的各项规定和标准计列。

土地征用、拆迁建筑物手续费按土地补偿费与征用土地安置补助费的 0.4% 计列；用地勘界费按国家和工程所在地区的省（自治区、直辖市）人民政府的有关规定计列。

2. 建设管理费

建设管理费包括：建设单位管理费，建设管理其他费、建设项目管理信息系统购建费、工程监理与咨询服务费、工程质量检测费等费用。

(1)建设单位管理费。其是指建设单位从筹建之日起至办理竣工财务决算之日止发生的管理性质开支。

内容包括：工作人员工资、基本养老保险费、基本医疗保险费、失业保险费、工伤保险费、生育保险费、住房公积金、办公费、差旅交通费、劳动保护费、工具用具使用费、固定资产使用费、零星购置费、招募生产工人费、技术图书资料费、印花税、业务招待费、施工现场津贴、竣工验收费和其他管理性质开支。

本项费用以概预算第二章至第十章费用总额为计算基数，按表 10-15 所规定的费率采用累进法计列。

表 10-15　建设单位管理费率

第二章至第十章费用总额/万元	费率/%	算例/万元	
		基数	建设单位管理费
500 及以内	1.74	500	500×1.74%=8.7
501~1 000	1.64	1 000	8.7+500×1.64%=16.9
1 001~5 000	1.35	5 000	16.9+4 000×1.35%=70.9
5 001~10 000	1.10	10 000	70.9+5 000×1.10%=125.9
10 001~50 000	0.87	50 000	125.9+40 000×0.87%=473.9
50 001~100 000	0.48	100 000	473.9+50 000×0.48%=713.9
100 001~200 000	0.20	200 000	713.9+100 000×0.20%=913.9
200 000 以上	0.10	300 000	913.9+100 000×0.10%=1013.9

(2)建设管理其他费。内容包括：建设期交通工具购置费、建设单位前期工作费、建设单位招标工作费、审计(查)费、合同公证费、经济合同仲裁费、法律顾问费、工程总结费、宣传费、按规定应缴纳的税费，以及要求施工单位对具有出厂合格证明的材料进行试验，对构件破坏性试验及其他特殊要求检验试验的费用等。

建设期交通工具购置费按表 10-16 所列的标准计列，其他费用按概预算第二章至第十章费用总额的 0.05% 计列。

表 10-16　建设期交通工具购置标准

线路长度（正线公里）	交通工具配置情况		价格/(万元·台⁻¹)
	数量/台		
	平原丘陵区	山区	
100 及以内	3	4	20~40
101~300	4	5	
301~700	6	7	
700 以上	8	9	

注：1. 平原丘陵区指起伏小或比高≤80 m 的地区；山区指起伏大或比高>80 m 的山地。
　　2. 工期 4 年及以上的工程，在计算建设期交通工具购置费时，均按 100% 摊销；工期小于 4 年的工程，在计算建设期交通工具购置费时，按每年 25% 计算。
　　3. 海拔 4 000 m 以上的工程，交通工具价格另行分析确定。

本项费用以实际发生计算。

(3)建设项目管理信息系统购建费。其是指为利用现代信息技术，实现建设项目管理信息化需购建项目管理信息系统所发生的费用，包括有关设备的购置与安装、软件的购置与开发等。

本项费用按铁道部有关规定计列，以实际发生计算。

(4)工程监理与咨询服务费。其是指由建设单位委托具有相应资质的单位，在铁路建设项目的招投标、勘察、设计、施工、设备采购监造(包括设备联合调试)等阶段实施监理与咨询的费用(设计概预算中每项监理与咨询服务费应列出详细条目)，以实际发生计算。

1)招投标咨询服务费。本项费用按国家和铁道部有关规定计列。

2)勘察监理与咨询费。本项费用按国家和铁道部有关规定计列。

3)设计咨询服务费。本项费用按国家和铁道部有关规定计列。

4)施工监理与咨询费。其中施工监理费以概预算第二章至第九章建筑安装工程费用总额为基数，按表10-17费率采用内插法计列，施工咨询费按国家和铁道部有关规定计列。

表 10-17　施工监理费率表

第二章至第九章建筑安装工程费用总额 M/万元	费率 b/%	
	新建单线、独立工程、增建二线、电气化改造工程	新建双线
$M \leqslant 500$	2.5	0.7
$500 < M \leqslant 1\ 000$	$2.5 > b \geqslant 2.0$	
$1\ 000 < M \leqslant 5\ 000$	$2.0 > b \geqslant 1.7$	
$5\ 000 < M \leqslant 10\ 000$	$1.7 > b \geqslant 1.4$	
$10\ 000 < M \leqslant 50\ 000$	$1.4 > b \geqslant 1.1$	
$50\ 000 < M \leqslant 100\ 000$	$1.1 > b \geqslant 0.8$	
$M > 100000$	0.8	

5)设备采购监造监理与咨询费。本项费用按国家和铁道部有关规定计列。

(5)工程质量检测费。其是指为保证工程质量，根据铁道部规定由建设单位委托具有相应资质的单位对工程进行检测所需的费用。

本项费用按国家和铁道部有关规定计列。

(6)工程质量安全监督费。工程质量安全监督费是指按国家有关规定实行工程质量安全监督所发生的费用。

本项费用按概预算第二章至第十章费用总额的 $0.02\% \sim 0.07\%$ 计列。

(7)工程定额测定费。其是指为制定铁路工程定额和计价标准，实现对铁路工程造价的动态管理而发生的费用。

本项费用按概预算第二章至第九章建筑安装工程费用总额的 $0.01\% \sim 0.05\%$ 计列。

(8)施工图审查费。其是指建设主管部门认定的施工图审查机构按照有关法律、法规，对施工图涉及公共利益、公共安全和工程建设强制性标准的内容进行审查所需的费用。

本项费用按国家和铁道部有关规定计列。

(9)环境保护专项监理费。其是指为保证铁路施工对环境及水土保持不造成破坏，而从环保的角度对铁路施工进行专项检测、监督、检查所发生的费用。

本项费用按国家有关部委及建设项目所经地区省(自治区、直辖市)环保部门的有关规定计列。

(10)营业线施工配合费。其是指施工单位在营业线上进行建筑安装工程施工时,需要运营单位在施工期间参加配合工作所发生的费用(含安全监督检查费用)。

本项费用按不同工程类别的计算范围,以编制期人工费与编制期施工机械使用费之和为基数,乘以表10-18所列费率计列。

表 10-18 营业线施工配合费费率表

工程类别	费率/%	计算范围	说明
一、路基			
1. 石方爆破开挖	0.5	既有线改建、既有线增建二线需要封锁线路作业的爆破、浅孔爆破	不含石方装、运、卸及压实、码砌
2. 路基基床加固	0.9	挤密桩等既有基床加固及基床换填	仅限于行车线路基,不含土石方装、运、卸
二、桥涵			
1. 架梁	9.1	既有线改建、增建二线拆除和架设成品梁	增建二线限于线间距 10m 以内
2. 既有桥涵改建	2.7	既有桥梁墩台、基础的改建、加固,既有桥梁部加固;既有涵洞接长、加固、改建	—
3. 顶进框架桥、顶进涵洞	1.4	行车线加固及防护,行车线范围内主体的开挖及顶进	不包括引道、土方外运
三、隧道及明洞	4.1	需要封锁线路作业的既有隧道及明、棚洞的改建、加固、整修	—
四、轨道			
1. 正线铺轨	3.5	既有轨道拆除、起落、重铺及拨移;换铺无缝线路	仅限于行车线
2. 铺岔	5.5	既有道岔拆除、起落、重铺及拨移	仅限于行车线
3. 道床	2.4	既有道床扒除、清筛、回填或换铺、补碴及沉落整修	仅限于行车线
五、通信、信号	14.6	全部建安工程	—
六、电力	1.1	全部建安工程	—
七、接触网	2.0	仅以接触网工程为计算范围	已含牵引变电所,供电段等工程的施工配合费
八、给排水	0.5	全部建安工程	—

3. 建设项目前期工作费

本项费用以实际发生计算。

(1)项目筹融资费。其是指为筹措项目建设资金而支付的各项费用,主要包括向银行借款的手续费以及为发行股票、债券而支付的各项发行费用等。

本项费用根据项目融资情况，按国家和铁道部的有关规定计列。

(2)可行性研究费。其是指编制和评估项目建议书(或预可行性研究报告)、可行性研究报告所需的费用。

本项费用按国家和铁道部有关规定计列。

(3)环境影响报告编制与评估费。其是指按照有关规定编制与评估建设项目环境影响报告所发生的费用。

本项费用按国家和铁道部有关规定计列。

(4)水土保持方案报告编制与评估费。其是指按照有关规定编制与评估建设项目水土保持方案报告所发生的费用。

本项费用按国家和铁道部有关规定计列。

(5)地质灾害危险性评估费。其是指按照有关规定对建设项目所在地区的地质灾害危险性进行评估所需的费用。

本项费用按国家有关规定计列。

(6)地震安全性评估费。其是指按照有关规定对建设项目进行地震安全性评估所需费用。

本项费用按国家有关规定计列。

(7)洪水影响评价报告编制费。其是指按照有关规定就洪水对建设项目可能产生的影响和建设项目对防洪可能产生的影响做出评价，并编制洪水影响评价报告所需的费用。

本项费用按国家有关规定计列。

(8)压覆矿藏评估费。其是指按照有关规定对建设项目压覆矿藏情况进行评估所需的费用。

本项费用按国家有关规定计列。

(9)文物保护费。其是指按照有关规定对受建设项目影响的文物进行原址保护、迁移、拆除所需的费用。

本项费用按国家有关规定计列。

(10)森林植被恢复费。其是指按照有关规定缴纳的所征用林地的植被恢复费用。

本项费用按国家有关规定计列。

(11)勘察设计费。

1)勘察费。其是指勘察单位根据国家有关规定，按承担任务的工作量应收取的勘察费用。

本项费用按国家主管部门颁发的工程勘察收费标准和铁道部有关规定计列。

2)设计费。其是指设计单位根据国家有关规定，按承担任务的工作量应收取的设计费用。

本项费用按国家主管部门颁发的工程设计收费标准和铁道部有关规定计列。

3)标准设计费。其是指采用铁路工程建设标准设计图所需支付的费用。

本项费用按国家主管部门颁发的工程设计收费标准和铁道部有关规定计列。

4. 研究试验费

研究试验费指为本建设项目提供或验证设计数据、资料和结合本建设项目在设计和施工过程中进行必要的研究试验所需的费用。不包括：

(1)应由科技三项费用(新产品试制费、中间试验费和重要科学研究补助费)开支的项目。

(2)应由其他直接费开支的施工企业对建筑材料、设备、构件和建筑物等进行一般鉴定、检查所发生的费用及技术革新的研究试验费。

(3)应由勘察设计费开支的项目。

本项费用应根据设计提出的，并经上级主管单位批准的具体研究试验项目，按其内容和要求，计算所需的费用。

5. 计算机软件开发及购置费

计算机软件开发及购置费指购买计算机硬件所附带的单独计价的软件，或需另行开发与购置的软件所需的费用，不包括项目建设、设计、施工、监理、咨询工作所需软件。

本项费用应根据设计提出的开发与购置计划，经建设主管单位批准后按有关规定计列。

6. 配合辅助工程费

配合辅助工程费指在该建设项目中，凡全部或部分投资由铁路基本建设投资支付修建的工程，而修建后的产权不属铁路部门所有者，其费用应按协议额或具体设计工程量，按有关规定计算完整的第一章至第十一章概预算费用。

7. 联合试运转费

联合试运转费指铁路建设项目在施工全面完成后至运营部门全面接收前，对整个系统进行有负荷或无负荷联合试运转或进行工程动态检测所发生的费用，包括所需的人工、原料、燃料、油料和动力的费用，机械及仪器、仪表使用费用，低值易耗品及其他物品的购置费用等。

本项费用的计算方法：

(1)需要临管运营的，按 0.15 万元/正线公里计列。

(2)不需临管运营而直接交付运营部门接收的，按下列指标计列：新建单线铁路：3.0 万元/正线公里；新建双线铁路：5.0 万元/正线公里。

(3)时速 200 km 及以上客运专线铁路联合试运转费标准，另行分析确定。

8. 生产准备费

(1)生产职工培训费。其是指新建和改扩建铁路工程，在交验投产以前对运营部门生产职工培训所必需的费用。内容包括：培训人员的工资、津贴和补贴、职工福利费、差旅交通费、劳动保护费、培训及教学实习费等。本项费用按表 10-19 所规定的标准计列。

表 10-19　生产职工培训费标准
单位：元/正线公里

铁路类别　　　　　线路类别	非电气化铁路	电气化铁路
新建单线	7 500	11 200
新建双线	11 300	16 000
增建第二线	5 000	6 400
既有线增建电气化	—	3 200
注：时速 200 km 及以上客运专线铁路的生产职工培训费标准另行分析确定。		

(2)办公和生活家具购置费。其是指为保证新建、改扩建项目初期正常生产、使用和管理，所必需购置的办公和生活家具、用具的费用。

范围包括：行政、生产部门的办公室、会议室、资料档案室、文娱室、食堂、浴室、单身宿舍、行车公寓等的家具用具。

其中不包括应由企业管理费、奖励基金或行政开支的改扩建项目所需的办公和生活家具购置费。本项费用按表 10-20 所规定的标准计列。

表 10-20　办公和生活家具购置费标准　　　　　　　　单位：元/正线公里

线路类别　　　　　　　铁路类别	非电气化铁路	电气化铁路
新建单线	6 000	7 000
新建双线	9 000	10 000
增建第二线	3 500	4 000
既有线增建电气化	—	2 000
注：时速 200 km 及以上客运专线铁路的办公和生活家具购置标准另行分析确定。		

（3）工器具及生产家具购置费。其是指新建、改建项目和扩建项目的新建车间，交验后为满足初期正常运营必须购置的第一套不构成固定资产的设备、仪器、仪表、工卡模具、器具、工作台（框、架、柜）等的费用。其中不包括：构成固定资产的设备、工器具和备品、备件；已列入设备购置费中的专用工具和备品、备件。本项费用按表 10-21 所规定的标准计列。

表 10-21　工器具及生产家具购置费标准　　　　　　单位：元/正线公里

线路类别　　　　　　　铁路类别	非电气化铁路	电气化铁路
新建单线	12 000	14 000
新建双线	18 000	20 000
增建第二线	7 000	8 000
既有线增建电气化	—	4 000
注：时速 200 km 及以上客运专线铁路的工器具及生产家具购置费标准另行分析确定。		

9. 其他费用

其他费用指以上费用之外的，经铁道部批准或国家、相关部委及工程所在省（自治区、直辖市）规定应纳入设计概预算的费用。

10.4.6　基本预备费

1. 基本预备费的主要用途

（1）在进行设计和施工过程中，在批准的初步设计范围内，必须增加的工程和按规定需要增加的费用（含相应增加的价差及税金）。本项费用不含Ⅰ类变更设计增加的费用。

（2）在建设过程中，工程遭受一般自然灾害所造成的损失和为预防自然灾害所采取的措施费用。

（3）在上级主管部门组织施工验收时，验收委员会（或小组）为鉴定工程质量，必须开挖和修复隐蔽工程的费用。

（4）由于设计变更所引起的废弃工程，但不包括施工质量不符合设计要求而造成的返工费用和废弃工程。

（5）征地、拆迁的价差。

2. 基本预备费的计费标准

本项费用以概预算第一至第十一章费用总额为基数，初步设计概算按 5% 计列，施工图预算、投资检算按 3% 计列。

10.4.7　工程造价增涨预留费

工程造价增涨预留费原指为正确反映铁路基本建设工程项目的概算总额，在设计概算编制年度到项目建设竣工的整个期限内，因形成工程造价诸因素的正常变动（如材料、设备价格的上涨，人工费及其他有关费用标准的调整等），导致必须对该建设项目所需的总投资额进行合理的核定和调整，而需预留的费用。

本项费用应根据建设项目施工组织设计安排，以其分年度投资额及不同年限，按国家及铁道部公布的工程造价年上涨指数计算。其计算公式为

$$E = \sum_{n=1}^{N} F_n \left[(1+p)^{c+n} - 1 \right]$$

式中　E——工程造价增涨预留费；

$\quad\quad N$——施工总工期（年）；

$\quad\quad F_n$——施工期第 n 年的分年度投资额；

$\quad\quad c$——编制年至开工年年限（年）；

$\quad\quad n$——开工年至结（决）算年年限（年）；

$\quad\quad p$——工程造价年增长率。

10.4.8　建设期投资贷款利息

建设期投资贷款利息指建设项目中分年度使用国内贷款，在建设期内应归还的贷款利息。计算公式为

$$S = \sum_{n=1}^{N} \left(\sum_{m=1}^{n} F_m \times b_m - F_n \times \frac{b_n}{2} \right) \times i$$

式中　S——建设期投资贷款利息；

$\quad\quad N$——建设总工期（年）；

$\quad\quad n$——施工年度；

$\quad\quad m$——还息年度；

F_n、F_m——在建设的第 n、m 年的分年度资金供应量；

$\quad b_n$、b_m——在建设的第 n、m 年份还息贷款占当年投资比例；

$\quad\quad i$——建设期贷款年利率。

10.4.9　机车车辆购置费

根据铁道部《铁路机车、客运投资有偿占用暂行办法》的规定，在新建铁路、增建二线和电气化技术改造等基建大中型项目总概算中，增列按初期运量所需要的新增机车车辆的购置费。

本项费用按设计确定的初期运量所需要的新增机车车辆的型号数量及编制期机车车辆购置价格计算。

10.4.10　铺底流动资金

为保证新建铁路项目投产初期正常运营所需流动资金有可靠来源，根据原国家计委的规定，计列铺底流动资金，主要用于购买原材料、燃料、动力，支付职工工资和其他有关费用。

本项费用按下列指标计列：

新建单线：Ⅰ级铁路，8万元/正线公里；Ⅱ级铁路，6万元/正线公里。

新建双线：12万元/正线公里。

如初期运量较小，上述指标可酌情核减；既有线改扩建、增建二线以及电气化改造工程不计列铺底流动资金。

10.5 铁路工程概预算编制的方法与步骤

通过对铁路工程概预算编制的方法步骤的学习，能够明确概预算各项费用的计算程序及编制步骤，用造价软件编制概预算的方法。

10.5.1 概预算各项费用的计算程序

概预算的总金额是由以下四大部分组成的：

(1)建筑安装工程费；

(2)设备、工具、器具及家具购置费；

(3)工程建设其他费用；

(4)预备费。

在上述各项费用中，每项费用都有其具体的费用内容和计算方法，并按照一定的规则和程序进行。现将各项费用的计算程序和方法归纳如表 10-22 所示。

表 10-22 费用项目组成及单项概预算计算程序

序号	费用名称		计算式
1	基期人工费		按设计工程量和基期价格水平计列
2	基期材料费		
3	基期施工机械使用费		
4	定额直接工程费		(1)+(2)+(3)
5	运杂费		指需要单独计列的运杂费，按施工组织设计的材料供应方案及有关规定计算
6	价差	人工费价差	基期至编制期价差按有关规定计列
7		材料费价差	
8		施工机械使用费价差	
9		价差合计	(6)+(7)+(8)
10	填料费		按设计数量和购买价计算
11	直接工程费		(4)+(5)+(9)+(10)
12	施工措施费		[(1)+(3)]×费率
13	特殊施工增加费		(编制期人工费+编制期施工机械使用费)×费率或编制期人工费×费率
14	直接费		(11)+(12)+(13)

序号	费用名称	计算式
15	间接费	［(1)＋(3)］×费率
16	税金	［(14)＋(15)］×费率
17	单项概预算价值	(14)＋(15)＋(16)
注：表中直接费未含大型临时设施和过渡工程费，大型临时设施和过渡工程需单独编制单项。		

10.5.2 概预算的编制步骤

如上所述，概预算中的各项费用计算都是按照一定的程序、方法进行的。目前，概预算的编制一般都用计算机进行，即具体计算、填表部分由计算机完成。然而需要指出的是，计算机做概预算，是在手算的基础上进行的。因此，只有通过手算才能更深刻地理解概预算的编制过程，才能真正掌握各种数据和表格之间的相互关系，下面我们按照手算的具体操作程序，介绍概预算的编制过程(概算与预算的编制除采用的定额不同外，其编制过程基本相同)。

在编制概预算文件之前，应全面掌握设计文件、设计图纸、施工组织设计及概预算调查资料，然后，按以下步骤进行。

1. 列项

列项是根据工程设计的内容，按"概预算项目表"(图 10-2)的要求，将一个复杂的建设项目分解成若干个分项工程，并以项、目、节、细目的顺序依次列出。然后按定额项目表的要求，将分项后的每一工程与相应的定额表号一一对应。

列项是一项非常重要的基础工作。编制人员不仅要精通工程项目的全部设计内容，而且要有科学、严谨的工作态度，既不能漏列、重列，更不能巧立名目。在列项时最好先列在草稿上，待复核无误后，再正式填入建筑安装工程单项概预算表中。

2. 初编建筑安装工程单项概预算表和设备及安装工程单项概预算表

概预算的所有计算过程都是通过表格的形式来表示的。一套概预计算表格共有以下 16 种。

(1)编制说明；

(2)总概算汇总表；

(3)总概算汇总对照表；

(4)总概算表；

(5)总概算对照表；

(6)综合概算汇总表；

(7)综合概算汇总对照表；

(8)综合概算表；

(9)综合概算对照表；

(10)单项概算费用汇总表；

(11)建筑工程单项概算表；

(12)设备及安装工程单项概算表；

(13)主要材料(设备)平均运杂费单价分析表；

(14)补充单价分析表、补充设备价格表；

(15)主要工、料、机及设备统计汇总表；

(16)主要工程数量汇总表。

概预算的总金额是以建筑安装工程单项概预算表和设备及安装工程单项概预算表为基础，计算、汇总而来的。初编建筑安装工程单项概预算表和设备及安装工程单项概预算表是指只能按照列项中项、目、节的逻辑关系，将各项费用名称、定额编号、定额值等列入该表内，按照工、料、机的定额单价及各种费率进行计算，故建筑安装工程单项概预算表只能初编，尚不能计算。

3. 编制主要材料(设备)平均运杂费单价分析表

编制主要材料(设备)平均运杂费单价分析表是根据初编建筑安装工程单项概预算表中所发生的材料的规格名称、相应的定额编号及所消耗的外购材料名称、定额值等填入相应栏内，进行运杂费单价分析。

4. 编制补充单价分析表、补充设备价格表

编制补充单价分析表、补充设备价格表是指定额库中没有的适用于本工程且由用户单位自己补充的补充定额。

编制补充单价分析表的方式有三种：

(1)手动方式：直接在补充定额列表中输入要补充定额的编号、名称等(补充定额必须以"BC"为起始字母)，然后在定额消耗中输入定额的消耗。

(2)抽换方式：抽换是利用标准定额修改后成为一条新的定额。单击"抽换"按钮，在编号中输入标准定额或选中一条标准定额(在选择书目中选择那册书的定额)，单击"输入"按钮，用户需在补充定额列表中修改默认的补充定额编号及需修改的定额内容。

(3)复制、粘贴方式：这种方式利用了现有补充定额。在定额列表中选中要复制的补充的定额，单击"复制"和"粘贴"按钮，在列表中就列出一条完全相同的新的补充定额，然后修改其编号及内容。

5. 补编建筑工程单项概算表、设备及安装工程单项概算表

在完成主要材料(设备)平均运杂费单价分析表、补充单价分析表、补充设备价格表的编制后，初编建筑工程单项概算表、设备及安装工程单项概算表中的工、料、机单价及各项费率均为已知，这样建筑工程单项概算表、设备及安装工程单项概算表的编制即可完成了。

6. 编制主要工、料、机及设备统计汇总表

编制主要工、料、机及设备统计汇总表是将人工单价、材料预算单价、机械台班单价，按人工、材料、机械的代号顺序依次汇总于主要工、料、机及设备统计汇总表中。

7. 编制主要工程数量汇总表

编制主要工程数量汇总表是将工程项目中所消耗的人工、主要材料、机械台班等规格名称按代号的顺序列入"规格名称"栏内，然后以"项"为单位，分别统计各实物的消耗量及总数量。

8. 编制综合概算表

编制综合概算表是在建筑工程单项概算表、设备及安装工程单项概算表的基础上计算出工程具体投资总额及其各项费用的构成。

9. 编制综合概算汇总表

综合概算汇总表是在综合概算表的基础上编制的。

10. 编制总概算表

编制总概算表是根据"概预算项目表"的格式，将工程项目中实际发生的费用，按项、目、节的顺序填入相应栏内。当实际出现的工程费用与项目表的内容不完全相符时，部分"项"的序号保留不变，"目"和"节"和"细节"的序号可以根据需要增减，即按实际出现的"目""节"和"细节"依次排列。然后根据工程数量和概预算金额，计算技术经济指标及各项费用比重。

11. 编制总概算汇总表

根据总概算汇总表中提供的概预算总金额，各单位工程或分项工程的费用比值和各项技术经济指标，我们可以从经济角度对设计是否合理予以评价，并找出挖潜措施。

至此，概预算的主要表格全部编制完毕。

12. 撰写编制说明

编制说明是在编完概预算全部计算表格后，根据编制的全过程，阐述概预算的编制内容、编制依据和编制成果，即工程总造价、各实物量消耗指标等。对编制中存在的问题以及与概预算有关，但又不能在表格中反映的事项均应在"编制说明"中以文字的形式表述清楚。

13. 复核、印刷、装订、报批

对概预算当全面复核，确认无误后，参编人员应签字并加盖资格印章，待设计单位各级负责人签字审批后，即可印刷，并按规定的数量分别装订成册，上报待批。

10.5.3　铁路工程造价软件编制概预算

10.5.3.1　造价软件简介

目前全国铁路造价软件较多，"铁路建设投资控制系统"软件从专业角度出发，可方便快捷地编制和审核铁路工程工程量清单、预算、概算、养护预算等造价文件，具有分解系数、组价方案、清单调价、参数化设计、即时计算等功能，是进行造价管理和造价分析"最有效、最实用、最专业"的工具软件。随着新定额的颁布实施，"铁路建设投资控制系统"作为《编制办法》的配套软件，适用于铁路工程造价咨询、设计、施工、监理、项目管理、行业主管等单位和个人以及铁路工程造价专业的老师和学生。

1. 设计依据

(1)铁建设〔2006〕113 号文件《铁路基本建设设计概(预)算编制办法》。

(2)铁建设〔1998〕115 号文件《铁路基本建设工程设计概算编制办法》。

(3)铁建设〔2006〕129 号文件《铁路工程建设材料基期价格》。

(4)铁建设〔2006〕129 号文件《铁路工程施工机械台班费用定额》。

(5)铁建设〔2010〕222 号文件《铁路工程预算定额》。

2. 系统特点

(1)全新体验。铁路建设投资控制系统软件内集合了铁道部于 2006 年新颁布并实施的新的编制办法的计算程序。

(2)易学易用，操作简单。"铁路建设投资控制系统"软件操作采取四步完成预算编制：一项目、二方案、三输入、四报表，新接触概预算人员易懂、易上手，具有良好的学习指导作用，使新接触本软件的概预算人员轻松把握软件操作要点，迅速完成概预算文件的编制。

(3)功能强大。铁路建设投资控制系统软件包括了预算、概算、清单，具有运杂费方案、价格信息、即时计算、分解系数、组价方案、清单调价、补充定额编制等强大的功能。

(4)网络升级。铁路建设投资控制系统软件用户在"铁路工程造价信息平台"进行即时升级更新，享受管理平台为相应的用户提供相应的分析依据、个性报表以及补充定额等资源，满足不同用户的需求。

10.5.3.2 造价软件编制概预算方法

在铁路工程造价软件中编制一份造价文件，只需经过"项目设置""方案确定""量价输入""报表输出"四步基本操作，即可完成。

第一步：项目设置。

(1)创建项目：执行"项目管理"→"新建"命令将弹出对话框，用户输入新建建设项目名称，在下拉列表框中选择文件模板，单击"保存"按钮，系统将创建项目。

(2)项目设置：创建项目成功后，系统将弹出设置项目信息的窗体，设置项目信息。

1)项目定义。选择或填写项目内容：建设项目名称、项目简称、编制范围、项目类型、编制阶段、工程总量、正线里程、项目负责人等信息。

进入软件运行主界面后，首先明确自己要做什么样的造价文件，预算还是概算。

2)部文选择。编制办法文件编号、定额文号、材料单价、机械单价、设备单价的文号。

3)其他设置。包括线路等级、正线数目、速度目标值、牵引种类、闭塞方式等。

4)项目简介。

第二步：方案确定管理。

(1)单价方案：工、料、机、设备费方案。

(2)结尾方案：建筑安装取费公式和设备取费公式的调整。

(3)取费方案：设备运杂费、施工措施费、特殊地区施工增加费、施工配合费、间接费、税金的费率的确定。在"费率文件"窗口中首先选定费率标准，然后在"费率属性"窗口中依次按工程实际情况选择或输入费率的属性值，软件会即时计算出相应的费率值。

(4)运输方案的选择。包括运输起讫点、运输方式、吨公里运价、距离、装卸次数及费用等，设置完成后退出。

(5)项目补充材料、设备、机械、单价分析。

第三步：量价输入。

(1)建立项目表。项目表的建立，软件提供了从标准分项库导入、从 Excel 导入两种方式。

1)从章节条目库导入：用户只需在左侧章节条目库，选择需要的标准分项，单击"导入"按钮，导入完成后依据设计资料，在右侧输入相应的工程量，完成项目表的建立。

2)从 Excel 导入：用户首先要在 Excel 中完整的输入项目表，包括工程数量，并保存为文件，执行"导入、导出分项列表"→"导入"命令，选择事先保存好的文件，直接导入。

(2)组价。造价分析的主要任务之一就是对项目表中的计算分项进行分项组价。每一计算分项的分项组价为四种组价方法(输入单价、输入金额、定额列表、费用列表)中的一种。

绝大部分计算分项都是运用定额列表来组价的。定额组价是根据计算分项的工作内容在相应的定额库中选择工作内容相同或相近的定额细目组合而成。由于计算分项的工作内容会受施工方案的影响，因此不同的施工方案就可以有不同的定额组价，即同一计算分项在不同的情况下会有多个组价方案。软件系统为用户提供了组价方案的保存工程，用户可以在方案库中对同一计算分项保存多个组价方案，以后使用时用户可以像选择定额一样直接选择方案，减少反复的去单个选择定额的过程。

1)在分项列表中选中一个计算分项。

2)打开定额库，找到所需定额的章、表。

3)在右下窗口定额细目表中选中定额子目，双击该条定额，则本条定额被添加到定额列表中，输入"分解系数"或"数量"，选择取费类别。

4)定额调整。当定额细目的工作内容和分项的工作内容不完全一致时，要对定额细目进行必要的调整。软件的定额调整分为"定额组合""配合比调整""综合调整"三类。

①定额组合。定额组合是指由一个主定额细目和几个辅助定额细目乘组合系数后组合为一个完整的定额细目。

为了简化定额组合的繁琐过程，软件系统对土方运输和运距进行判断，即只要输入土方运输和施工组织运距，单击"计算"按钮，系统自动将定额消耗进行组合，并反算"组合系数"，完成定额的组合。

②配合比调整。"配合比"是指稳定混合料、砂浆、水泥混凝土的配合比，打开"配合比调整"窗口，系统会根据定额细目定额消耗中用到的半成品材料判断属于哪一类配合比，用户只需选择或输入要调整到的结果，就可完成调整。

③综合调整。综合调整可进行工、料、机抽换，定额消耗量调整和工、料、机乘系数。

用户可在定额消耗窗口中直接调整定额消耗量，包括对定额中的人工、材料、机械进行抽换、新增，或者是输入人工、材料、机械相应的系数，对定额中的消耗按一定的系数进行调整。

(3)调整。整个组价的过程中，软件随时在进行汇总计算，只要用户修改任何一个参数或定额，相应的造价金额会即时改变，因此用户组价完成，就意味着一个完整的初步预算编制完成。如用户对编制的结果要进行局部的调整，可以对前面做的所有内容进行调整，包括参数设置、运杂费、组价。

第四步：报表输出。

用户对项目的造价分析结果满意后，执行"项目管理"→"报表输出"命令，选择报表类别，再在报表名称中选择需要打印的报表，直接打印输出。

10.6 概预算算例

学习任务

通过对概预算算例的学习，能够学会概预算的编制方法。

天津地区附近××专用线，新建线路全长 3.5 km。混凝土采用现场集中拌制，设置 60 m³/h 搅拌站一处，混凝土运输车运送至施工现场。T 梁采用现场预制，架桥机架设。各项工程概预算(本算例为模拟)，具体材料价格和工程数量数据如下：

(1)主要参考资料。

1)铁建设〔2006〕113 号文《铁路基本建设设计概预算编制办法》；

2)铁建设〔2006〕129 号文《铁路工程建设材料基期价格》(2005 年度)；辅助材料价差采用〔2008〕105 号文；

3)铁建设〔2006〕129 号文《铁路工程施工机械台班费用定额》(2005 年度)；

4)人工费采用铁建设〔2010〕196 号文关于调整《铁路基本建设工程设计概预算综合工费标准》

5)《铁路工程预算定额》。

(2)水、电不调整价差。燃油：汽油 7.5 元/kg；柴油 7.0 元/kg

(3)材料价差见表 10-23、表 10-24，其他材料均不调价。

表 10-23　主要材料价差

材料名称	单位	基期价/元	编制期价/元	差价/元
42.5 水泥	t	310	420	110
32.5 水泥	t	260	390	130
钢材	t	3 270	4 260	990
50 kg/m 钢轨 25 m	根	4824.77	7 500	2 675.33
60 kg/m 钢轨 25 m	根	5881.23	8 500	2 619.77
Ⅲ型混凝土枕	根	120	260	140
60 kg 12 号 AT 单开道岔	组	175 301	183 000	7 699
60 kg 12 号 AT 岔枕	组	27 270	29 800	2 530

表 10-24　地方材料价差

材料名称	单位	基期价/元	编制期价/元	差价/元
片石	m³	15	30	15
砂	m³	16.51	43	26.49
碎石(各种规格)	m³	26	63	37
道碴	m³	26	63	37

(4)工程数量表(表 10-25 至表 10-29)

1)路基土石方(表 10-25)。

表 10-25　路基土石方

序号	工程名称	单位	数量	备注
1	挖土方(外弃利用运距 2 km)	m³	3 150	—
2	利用土填方	m³	2 207	—
3	借土填方	m³	5 355	取土距离 11 km
4	挖排水沟土方	m³	2 100	—
5	抛填片石	m³	830	—
6	挖挡土墙基础土方	m³	65	—
7	M10 浆砌片石挡土墙	m³	50	—
8	C10 垫层混凝土	m³	12	—

2)中桥(表 10-26)。

表 10-26　中桥工程数量

序号	工程名称	单位	数量	备注	
1	C30 承台混凝土	m³	2 133	—	
2	承台钢筋 ϕ16	t	31	—	
3	基坑挖土方:基坑深 3 m, 无水	m³	1 200	—	
4	基坑挖土方:基坑深 3 m, 有水	m³	1 650	—	

序号	工程名称	单位	数量	备注	
5	基坑回填	m³	720	—	
6	陆上钻孔，桩径 1.25 m	m	395	砂砾土	
7	钻孔桩钢筋笼制安(陆上)	t	12	—	
8	C30 水下混凝土	m³	698	—	
9	泥浆外运	m³	698	—	
10	钢护筒	t	3.2	—	
11	C30 墩身混凝土，墩高 29 m	m³	200.8	—	
12	C30 托盘及台顶混凝土	m³	121	—	
13	C30 顶帽混凝土	m³	33	—	
14	墩身钢筋 ϕ12	t	3.5	—	
15	托盘及台顶钢筋 ϕ12	t	16.9	—	
16	顶帽钢筋 ϕ12	t	5.7	—	
17	C50 预制 T 形梁混凝土	m³	56.5	—	
18	预制 T 形梁钢筋	t	12.1	—	
19	C50 横向联结湿接缝混凝土	m³	5.9	—	
20	湿接缝钢筋	t	0.66	—	
22	球型钢支座	个	12	—	
23	C50 现浇挡碴墙及竖墙混凝土	m³	18.9	—	
24	现浇挡碴(防撞)墙及竖墙(钢筋)	t	4.6	—	
25	混凝土栏杆安装	双侧米	46	—	
26	护轮轨	m	92	木枕地段	—
27	弯轨及梭头	处	1	木枕地段	—
28	围栏	t	5.6	—	
29	吊篮支架、栏杆、检查梯	t	6.6	—	
30	避车台	孔	3	—	
31	夯填一般土	m³	560	—	
32	干砌片石锥体护坡	m³	103	—	
33	M10 浆砌片石锥体护坡	m³	45	—	
34	C10 混凝土垫层	m³	45	—	
35	M10 浆砌片石桥头检查台阶	m³	8	—	

3)涵洞(表 10-27)。

表 10-27　涵洞工程数量

序号	工程名称	单位	数量	备注
1	C20 普通混凝土预制管节混凝土	m³	27.46	管径 2.5 m
2	管节钢筋	t	7.352	—

序号	工程名称	单位	数量	备注
3	C20 现浇管座(混凝土)	m³	391.1	—
4	双孔间填筑(C20 混凝土)	m³	3.9	—
5	C20 混凝土端翼墙	m³	19.9	—
6	C20 混凝土帽石	m³	3.3	—
7	M7.5 锥体护坡浆砌片石	m³	13.9	—
8	M7.5 出入口铺砌浆砌片石	m³	41.8	—
9	松填(碎石)	m³	13.5	锥坡透水层
10	两油一布防水层	m²	38.1	—
11	M10 水泥砂浆保护层	m²	36.6	—
12	沥青麻筋沉降缝	m²	3.9	—
13	挖基坑土方≤3m,无水	m³	256	—
14	基坑回填(原土)	m³	101	—

4)轨道(表 10-28)。

表 10-28　轨道工程数量

序号	工程名称	单位	数量	备注
1	铺轨 50 kg—25 m 钢轨, 木枕 1 760 根/km	km	0.7	—
2	铺轨 60 kg—25 m 钢轨,Ⅲ型 混凝土枕 1 667 根/km	km	2.8	—
3	单开道岔 V≤160 km/h, 60 kg12 号 混凝土枕(固定辙岔)	组	2	—
4	轨道加强设备:防爬器(穿销式)	个	300	木枕 50 kg
5	轨道加强设备:防爬支撑(混凝土枕)	个	500	—
6	铺碴	m³	3 800	—
7	落道	km	3.5	—
8	拆除线路	km	0.12	接轨点改造

5)大型临时工程(表 10-29)。

表 10-29　大型临时工程数量

序号	工程名称	单位	数量	备注
1	新建便道	km	1.5	—
2	利用改造地方道路	km	3.2	—
3	60 m³/h 混凝土集中搅拌站	处	1	—
4	架桥机进场	组	1	—

(5)预算计算见下面总概算表、综合概算表及单项概算表(表 10-30 至表 10-39)。

表 10-30　总概算表

建设名称	天津地区×××专用线工程					编号	××专用线_ZGS_01	
编制范围	专用线部分					概算总额	961.33 万元	
工程总量	3.5 正线公里					技术经济指标	274.67 万元/正线公里	
章别	费用类别	概算价值/万元					技术经济指标/万元	费用比例/%
		Ⅰ建筑工程费	Ⅱ安装工程费	Ⅲ设备购置费	Ⅳ其他费	合计		
	第一部分 静态投资	—	—	—	—	961.33	274.67	100
一	拆迁及征地费用	3.45	—	—	—	3.45	0.99	0.36
二	路基	39.87	—	—	—	39.87	11.39	4.15
三	桥涵	200.38	—	—	—	200.38	2.44	20.84
四	隧道及明洞	—	—	—	—	—	—	—
五	轨道	562.78	—	—	—	562.78	160.79	58.54
六	通信、信号及信息							
七	电力及电力牵引供电							—
八	房屋							
九	其他运营生产设备及建筑物							
十	大型临时设施和过渡工程	94.84	—	—	—	94.84	27.1	9.87
十一	其他费	—	—	—	14.23	14.23	4.07	1.48
	以上各章合计	901.32	—	—	14.23	915.55	261.59	95.24
十二	基本预备费	—	—	—	—	45.78	13.08	4.76
	以上总计	—	—	—	—	961.33	274.67	100
	第二部分:动态投资	—	—	—	—	—	—	—
十三	工程造价增涨预留费	—	—	—	—	—	—	—
十四	建设期投资贷款利息							
	第三部分:机车车辆购置费	—	—	—	—	—	—	—
十五	机车车辆购置费							
	第四部分:铺底流动资金	—	—	—	—	—	—	—
十六	铺底流动资金	—	—	—	—	—	—	—
	概预算总额	—	—	—	—	961.33	274.67	100

表 10-31　综合概算表

建设名称		天津地区××× 专用线工程	工程总量	3.5正线公里	编号	××专用线 _ZHGS_01
编制范围		专用线部分	概算总额	9 613 303 元	技术经济指标	2 746 658 元 /正线公里
章别	节号	工程及费用名称	单位	数量	概算价值/元	指标/元
		第一部分静态投资	正线公里	3.5	9 613 303	2 746 658
一		拆迁及征地费用	正线公里	3.5	34 546	9 870.29
		其中：Ⅰ.建筑工程费	正线公里	3.5	34 546	9 870.29
	1	拆迁及征地费用	正线公里	3.5	34 546	9 870.29
		其中：Ⅰ.建筑工程费	正线公里	3.5	34 546	9 870.29
		Ⅰ.建筑工程费	正线公里	3.5	34 546	9 870.29
		二、砍伐、挖根	根	120	34 546	287.88
		伐树	株	120	34 546	287.88
二		路基	正线公里\路基公里	3.5\0	398 668	113 905.14\0
		其中：Ⅰ.建筑工程费	正线公里\路基公里	3.5\0	398 668	113 905.14\0
	2	区间路基土石方	施工方\施工方	13 445\0	348 159	25.9\0
		其中：Ⅰ.建筑工程费	施工方\施工方	13 445\0	348 159	25.9\0
		Ⅰ.建筑工程费	施工方\施工方	13 445\0	348 159	25.9\0
		一、土方	m³	10 712	348 159	32.5
		（一）挖土方	m³	3 150	58 751	18.65
		1.挖土方(运距≤1 km)	m³	3150	45 848	14.55
		（2）机械施工	m³\km	3 150\0	45 848	14.55\0
		2.增运土方(运距>1 km的部分)	m³·km	6 300	12 903	2.05
		（二）利用土填方	m³	2 207	28 282	12.81
		2.机械施工	m³	2 207	28 282	12.81
		（三）借土填方	m³	5 355	261 126	48.76
		1.挖填土方(运距≤1 km)	m³	5 355	26 1126	48.76
		（2）机械施工	m³	5 355	261 126	48.76
	4	路基附属工程	正线公里	3.5	50 509	14 431.14
		其中：Ⅰ.建筑工程费	正线公里	3.5	50 509	14 431.14
		Ⅰ.建筑工程费	正线公里	3.5	50 509	14 431.14
		一、附属土石方及加固防护	正线公里	3.5	38 258	10 930.86
		（一）土石方	km	3.5	385	110
		1.土方	km	3.5	385	110
		（九）地基处理	m³	830	37 873	45.63
		1.抛填石(片石)	m³	830	37 873	45.63
		二、支挡结构	m³	65	12 251	188.48

建设名称	天津地区×××专用线工程	工程总量	3.5正线公里	编号	××专用线_ZHGS_01
编制范围	专用线部分	概算总额	9 613 303 元	技术经济指标	2 746 658 元/正线公里
	(一)挡土墙浆砌石	瓦工方	65	12 251	188.48
三	桥涵	延长米\桥梁公里	82.02\0	2 003 811	24 430.76\0
	其中:Ⅰ.建筑工程费	延长米\桥梁公里	82.02\0	2 003 811	24 430.76\0
7	中桥(0座)	延长米	82.02	1 766 330	21 535.36
	其中:Ⅰ.建筑工程费	延长米	82.02	1 766 330	21 535.36
	Ⅰ.建筑工程费(0座)	延长米	82.02	1 766 330	21 535.36
	甲、新建(0座)	延长米	82.02	1 766 330	21 535.36
	一、梁式中桥(0座)	延长米	82.02	1 766 330	21 535.36
	(一)基础	瓦工方	2 133	880 241	412.68
	2.承台	瓦工方	2 133	239 669	112.36
	(1)混凝土	瓦工方	2 133	83 168	38.99
	(2)钢筋	t	31	156 501	5 048.42
	5.钻孔桩	m	395	640 572	1 621.7
	(二)墩台	瓦工方	354.8	350 503	987.89
	1.混凝土	瓦工方	354.8	197 334	556.18
	2.钢筋	t	26.1	153 169	5 868.54
	(三)预应力混凝土简支箱梁	孔	6	192 371	32 061.83
	1.预制	孔	3	117 099	39 033
	2.架设	孔	3	75 272	25 090.67
	(十二)支座	元		37 856	
	2.板式橡胶支座	孔	3	37 856	12 618.67
	(十三)桥面系	延长米	82.02	209 895	2 559.07
	1.混凝土梁桥面系	延长米	82.02	209 895	2 559.07
	(十四)附属工程	项	1	52 992	52 992
	7.台厚及锥体填筑	m³	90	52 992	588.8
	(十五)基础施工辅助设施	元	—	42 472	—
9	涵洞(0座)	横延长米	11.21	237 481	21 184.75
	其中:Ⅰ.建筑工程费	横延长米	11.21	237 481	21 184.75
	Ⅰ.建筑工程费(0座)	横延长米	11.21	237 481	21 184.75
	甲、新建(0座)	横延长米	11.21	237 481	21 184.75
	一、圆涵(0座)	横延长米	11.21	237 481	21 184.75
	(一)明挖(0座)	横延长米	11.21	237 481	21 184.75
	2.双孔(0座)	横延长米	11.21	237 481	21 184.75

建设名称	天津地区×××专用线工程		工程总量	3.5正线公里	编号	××专用线_ZHGS_01
编制范围	专用线部分		概算总额	9 613 303 元	技术经济指标	2 746 658 元/正线公里
		(1)涵身及附属	横延长米	11.21	230 856	20 593.76
		(2)明挖基础(含承台)	瓦工方	256	6 625	25.88
四		隧道及明洞	正线公里\隧道公里	3.5\0	—	—
五		轨道	正线公里	3.5	5 627 815	1 607 947.14
		其中:Ⅰ.建筑工程费	正线公里	3.5	5 627 815	1 607 947.14
	13	站线	铺轨公里	3.5	5 495 541	1 570 154.57
		其中:Ⅰ.建筑工程费	铺轨公里	3.5	5 495 541	1 570 154.57
		甲、新建	铺轨公里	3.5	5 495 541	1 570 154.57
		Ⅰ.建筑工程费	铺轨公里	3.5	5 495 541	1 570 154.57
		一、铺新轨	铺轨公里	3.5	4 614 566	1 318 447.43
		(一)木枕	铺轨公里	0.7	799 916	1 142 737.14
		(二)钢筋混凝土枕	铺轨公里	2.8	3 814 650	1 362 375
		三、铺新岔	组	2	458 960	229 480
		(一)单开道岔	组	2	458 960	229 480
		1.有砟道床铺道岔	组	2	458 960	229 480
		五、铺道床	铺轨公里	3.5	422 015	120 575.71
		(一)粒料道床	m³	3 800	422 015	111.06
		1.面砟	m³	3 800	422 015	111.06
	14	线路有关工程	正线公里	3.5	132 274	37 792.57
		其中:Ⅰ.建筑工程费	正线公里	3.5	132 274	37 792.57
		Ⅰ.建筑工程费	正线公里	3.5	132 274	37 792.57
		一、附属工程	元		132 274	
六		通信、信号	正线公里	3.5		
七		电力及电力牵引供电	正线公里	3.5		
八		房屋	正线公里	3.5		
九		其他运营生产设备及建筑物	正线公里	3.5		
十		大型临时设施和过渡工程	正线公里	3.5	948 400	270 971.43
		其中:Ⅰ.建筑工程费	正线公里	3.5	948 400	270 971.43
	28	大型临时设施和过渡工程	正线公里	3.5	948 400	270 971.43
		其中:Ⅰ.建筑工程费	正线公里	3.5	948 400	270 971.43
		Ⅰ.建筑工程费	正线公里	3.5	948 400	270 971.43
		一、大型临时设施	正线公里	3.5	848 400	242 400
		(三)汽车运输便道	km	4.7	348 400	74 127.66

建设名称		天津地区×××专用线工程	工程总量	3.5正线公里	编号	××专用线_ZHGS_01
编制范围		专用线部分	概算总额	9 613 303 元	技术经济指标	2 746 658 元/正线公里
		2. 新建引入线	km	1.5	150 000	100 000
		3. 改(扩)建便道	km	3.2	38 400	12 000
		4. 利用地方既有道路补偿费	元		160 000	
		(十)混凝土集中搅拌站	处	1	400 000	400 000
		大型设备进出场费	套	1	100 000	100 000
		二、过渡工程	正线公里	3.5	100 000	28 571.43
		(三)站场封锁转线	处	1	100 000	100 000
十一		其他费	正线公里	3.5	142 287	40 653.43
		其中：Ⅳ. 其他费	正线公里	3.5	142 287	40 653.43
	29	其他费用	正线公里	3.5	142 287	40 653.43
		其中：Ⅳ. 其他费	正线公里	3.5	142 287	40 653.43
		Ⅳ. 其他费	元		142 287	
		一、建设项目管理费	元		7 088	
		(二)建设管理其他费	元		4 489	
		2. 其他费用	元		4 489	
		(六)工程质量安全监督费	元		1 796	
		(七)工程定额测定费	元		803	
		十一、安全生产费	元		135 199	
		以上各章合计	正线公里	3.5	9 155 527	2 615 864.86
		其中：Ⅰ. 建筑工程费	正线公里	3.5	9 013 240	2 575 211.43
		Ⅳ. 其他费	正线公里	3.5	142 287	40 653.43
十二	30	基本预备费	正线公里	3.5	457 776	130 793.14
		以上总计	正线公里	3.5	9 613 303	2 746 658
		第二部分：动态投资	正线公里	3.5		
十三	31	工程造价增涨预留费	正线公里	3.5		
十四	32	建设期投资贷款利息	正线公里	3.5		
		第三部分：机车车辆购置费	正线公里	3.5		
十五	33	机车车辆购置费	元			
		第四部分：铺底流动资金	正线公里	3.5		
十六	34	铺底流动资金	正线公里	3.5		
		概预算总额	正线公里	3.5	9 613 303	2 746 658

表 10-32 单项概算表(路基土石方)

建设名称	天津地区×××专用线工程		编号	××专用线_ZGS_01-002	
工程名称	区间路基土石方		工程总量	13 445 施工方	
工程地点			概算价值	348 159 元	
所属章节	二章 2 节		概算指标	25.9 元/施工方	
单价编号	工作项目或费用名称	单位	数量	费用/元	
				单价	合价
	区间路基土石方	施工方\施工方	13 445\0	25.9\0	348 159
	Ⅰ.建筑工程费	施工方\施工方	13 445\0	25.9\0	348 159
	一、土方	m³	10 712	32.5	348 159
	(一)挖土方	m³	3 150	18.65	58 751
	1.挖土方(运距≤1 km)	m³	3 150	14.55	45 848
	(2)机械施工	m³\km	3 150\0	14.55\0	45 848
LY-2	≤0.6 m³ 挖掘机自挖自卸普通土	100 m³	31.5	177.43	5 589
LY-14	≤0.6 m³ 挖掘机装车普通土	100 m³	31.5	199.42	6 282
LY-113	≤6t 自卸汽车车运土运距≤1 km	100 m³	31.5	455.37	14 344
	人工费	元			974
	机械使用费	元			25 241
	一、定额直接工程费	元			26 215
	人工价差	元	47.86	22.65	1 085
	机械台班差	元			8 723
	三、价差合计	元			9 808
	直接工程费	元			3 6023
	五、施工措施费	%	26 215	12.31	3 227
	直接费	元			39 250
	七、间接费	%	26 215	19.5	5 112
	八、税金	%	44 362	3.35	1 486
	九、单项预算价值	元			45 848
	2.增运土方(运距>1 km 的部分)	m³·km	6 300	2.05	12 903
LY-114＊2	≤6 t 自卸汽车车运土,增运1 km	100 m³	31.5	273.09	8 602
	机械使用费	元			8 602
	一、定额直接工程费	元			8 602
	机械台班差	元			2 655
	三、价差合计	元			2 655

建设名称	天津地区×××专用线工程		编号	××专用线_ZGS_01－002	
工程名称	区间路基土石方		工程总量	13 445 施工方	
工程地点			概算价值	348 159 元	
所属章节	二章2节		概算指标	25.9 元/施工方	
单价编号	工作项目或费用名称	单位	数量	费用/元	
				单价	合价
	直接工程费	元			11 257
	五、施工措施费	%	8 602	4.48	385
	直接费	元			11 642
	七、间接费	%	8 602	9.8	843
	八、税金	%	12 485	3.35	418
	九、单项预算价值	元			12 903
	（二）利用土填方	m³	2 207	12.81	28 282
	2. 机械施工	m³	2 207	12.81	28 282
LY－437＊2	填筑压实Ⅱ级及以下铁路	100 m³	22.07	707.9	15 624
	人工费	元			575
	材料费	元			953
	机械使用费	元			14 096
	一、定额直接工程费	元			15 624
	人工价差	元	28.26	22.65	640
	机械台班差	元			G 434
	三、价差合计	元			7 074
	直接工程费	元			22 698
	五、施工措施费	%	14 671	12.31	1806
	直接费	元			24 504
	七、间接费	%	14 671	19.5	2 861
	八、税金	%	27 365	3.35	917
	九、单项预算价值	元			28 282
	（三）借土填方	m³	5 355	48.76	261 126
	1. 挖填土方（运距≤1 km）	m³	5 355	48.76	261 126
	（2）机械施工	m³	5 355	48.76	261 126
TLF	填料费	m³	5 355	8	42 840
LY－6	≤1.0 m³ 挖掘机自挖自卸硬土	100 m³	53.55	191.88	10 275
LY－437	填筑压实Ⅱ级及以下铁路	100 m³	53.55	353.95	18 954
LY－113	≤6 t自卸汽车车运土，运距≤1 km	100 m³	53.5	455.37	24 362
LY－114＊10	≤6 t自卸汽车车运土，增运1 km	100 m³	53.5	1 365.45	73 052

建设名称	天津地区×××专用线工程			编号	××专用线_ZGS_01—002	
工程名称	区间路基土石方			工程总量	13 445 施工方	
工程地点				概算价值	348 159 元	
所属章节	二章 2 节			概算指标	25.9 元/施工方	
单价编号	工作项目或费用名称	单位	数量	费用/元		
					单价	合价
	人工费	元				1 427
	材料费	元				1 156
	机械使用费	元				124 060
	一、定额直接工程费	元				126 643
	人工价差	元	70.12		22.65	1 590
	机械台班差	元				41 672
	三、价差合计	元				43 262
	四、填料费	元				42 840
	直接工程费	元				212 745
	五、施工措施费	%	125 487		12.31	15 447
	直接费	元				228 192
	七、间接费	%	125 487		19.5	24 470
	八、税金	%	252 662		3.35	8 464
	九、单项预算价值	元				261 126

表 10-33　单项概算表(路基附属)

建设名称	天津地区×××专用线工程			编号	××专用线_ZGS_01—004	
工程名称	路基附属工程			工程总量	3.5 正线公里	
工程地点				概算价值	50 509 元	
所属章节	二章 4 节			概算指标	14 431.14 元/正线公里	
单价编号	工作项目或费用名称	单位	数量	费用/元		
					单价	合价
	路基附属工程	正线公里	3.5		14 431.14	50 509
	Ⅰ.建筑工程费	正线公里	3.5		14 431.14	50 509
	一、附属土石方及加固防护	正线公里	3.5		10 930.86	38 258
	(一)土石方	km	3.5		110	385
	1. 土方	km	3.5		110	385
LY—452	挖沟排水沟、侧沟、天沟、急流槽及截水沟土	100 m³	0.65		317.37	206
	人工费	元				30
	材料费	元				1

建设名称	天津地区×××专用线工程			编号	××专用线_ZGS_01-004	
工程名称	路基附属工程			工程总量	3.5 正线公里	
工程地点				概算价值	50 509 元	
所属章节	二章 4 节			概算指标	14 431.14 元/正线公里	
单价编号	工作项目或费用名称	单位	数量	费用/元		
				单价	合价	
	机械使用费	元			175	
	一、定额直接工程费	元			206	
	人工价差	元	1.47	22.65	34	
	机械台班差	元			68	
	三、价差合计	元			102	
	直接工程费	元			308	
	五、施工措施费	%	205	12.31	25	
	直接费	元			333	
	七、间接费	%	205	19.5	40	
	八、税金	%	373	3.35	12	
	九、单项预算价值	元			385	
	（九）地基处理	m³	830	45.63	37 873	
	1. 抛填石（片石）	m³	830	45.63	37 873	
LY-368	抛填片石	10m³	83	206.65	17 152	
	人工费	元			3 631	
	材料费	元			1 3521	
	一、定额直接工程费	元			17 152	
	人工价差	元	178.43	22.65	4 042	
	调查价差	元			13 521	
	三、价差合计	元			17 563	
	直接工程费	元			34 715	
	五、施工措施费	%	3 631	16.66	605	
	直接费	元			35 320	
	七、间接费	%	3 631	36.5	1 325	
	八、税金	%	36 645	3.35	1 228	
	九、单项预算价值	元			37 873	
	二、支挡结构	m³	65	188.48	12 251	
	（一）挡土墙浆砌石	瓦工方	65	188.48	12 251	
LY-132	人力挑抬运普通土运距≤20 m	100 m³	0.65	521.57	339	
LY-390	浆砌片石挡土墙 M10	10 m³	5	807.51	4 037	
QY-941	垫层：混凝土 C10,碎石粒径≤40	m³	12	110.74	1 329	

建设名称	天津地区×××专用线工程		编号	××专用线_ZGS_01－004	
工程名称	路基附属工程		工程总量	3.5 正线公里	
工程地点			概算价值	50 509 元	
所属章节	二章 4 节		概算指标	14 431.14 元/正线公里	
单价编号	工作项目或费用名称	单位	数量	费用/元	
				单价	合价
	人工费	元			1 812
	材料费	元			3 695
	机械使用费	元			198
	一、定额直接工程费	元			5 705
	人工价差	元	89.04	22.65	2 017
	调查价差	元			2 945
	系数价差	元	73	0.244	18
	机械台班差	元			100
	三、价差合计	元			5 080
	直接工程费	元			10 785
	五、施工措施费	%	2 010	16.66	335
	直接费	元			11 120
	七、间接费	%	2 010	36.5	734
	八、税金	%	11 854	3.35	397
	九、单项预算价值	元			12 251

表 10-34 单项概算表(中桥)

建设名称	天津地区×××专用线工程		编号	××专用线_ZGS_01－013	
工程名称	中桥(1 座)		工程总量	82.02 延长米	
工程地点			概算价值	1 766 330 元	
所属章节	三章 7 节		概算指标	21 535.36 元/延长米	
单价编号	工作项目或费用名称	单位	数量	费用/元	
				单价	合价
	中桥	延长米	82.02	21 535.36	1 766 330
	Ⅰ.建筑工程费	延长米	82.02	21 535.36	1 766 330
	甲、新建	延长米	82.02	21 535.36	1 766 330
	一、梁式中桥	延长米	82.02	21 535.36	1 766 330
	(一)基础	瓦工方	2 133	412.68	880 241
	2.承台	瓦工方	2 133	112.36	239 669
	(1)混凝土	瓦工方	2 133	38.99	83 168
QY－321	陆上承台混凝土(非泵送)	10 m³	21.33	464.07	9 898

建设名称	天津地区×××专用线工程			编号	××专用线_ZGS_01—013	
工程名称	中桥(1座)			工程总量	82.02延长米	
工程地点				概算价值	1 753 873 元	
所属章节	三章7节			概算指标	21 383.48元/延长米	
单价编号	工作项目或费用名称	单位	数量	费用/元		
					单价	合价
QY—1080 参	混凝土拌制:搅拌站≤60 m³/h, C30[HT—6063,HT—211]	10 m³	21.757		1 453.14	31 616
QY—1122	混凝土搅拌运输车: 容量≤6 m³ 装卸	10 m³	21.76		145.69	3 170
QY—1123	混凝土搅拌运输车: 容量≤6 m³ 运1 km	10 m³	21.76		24.59	535
	人工费	元				6 239
	材料费	元				29 591
	机械使用费	元				9 389
	一、定额直接工程费	元				45 219
	人工价差	元	259.96		21	5 460
	调查价差	元				17 335
	系数价差	元	563		0.198	111
	机械台班差	元				1 458
	三、价差合计	元				24 364
	直接工程费	元				69 583
	五、施工措施费	%	15 628		17.58	2 747
	直接费	元				72 330
	七、间接费	%	15 628		52.1	8 142
	八、税金	%	80 472		3.35	2 696
	九、单项预算价值	元				83 168
	(2)钢筋	t	31		5 048.42	156 501
QY—327	陆上承台(钢筋)	t	31		3 565.31	110 525
	人工费	元				4 970
	材料费	元				103 874
	机械使用费	元				1 681
	一、定额直接工程费	元				110 525
	人工价差	元	207.08		21	4 349
	调查价差	元				31 136
	系数价差	元	1 029		0.198	204
	机械台班差	元				580

建设名称	天津地区×××专用线工程			编号	××专用线_ZGS_01-013	
工程名称	中桥(1座)			工程总量	82.02 延长米	
工程地点				概算价值	1 753 873 元	
所属章节	三章 7 节			概算指标	21 383.48 元/延长米	
单价编号	工作项目或费用名称	单位	数量	费用/元		
				单价	合价	
	三、价差合计	元			36 269	
	直接工程费	元			146 794	
	五、施工措施费	%	6 651	17.58	1 169	
	直接费	元			147 963	
	七、间接费	%	6 651	52.1	3 465	
	八、税金	%	151 428	3.35	5 073	
	九、单项预算价值	元			156 501	
	5. 钻孔桩	m	395	1 621.7	640 572	
QY-13	人力挖土方卷扬机提升: 基坑深≤3 m,无水	10 m³	69.77	73.02	5 095	
QY-101	陆上钻机钻孔: 桩径≤1.25 m,土	10 m	39.5	3 145.77	124 258	
QY-186	钻孔桩钢筋笼制安陆上	t	12	3 760.18	45 122	
QY-174	陆上钻孔浇筑水下混凝土 土质地层(非泵送)	10 m³	69.8	430.68	30 062	
QY-1092 参	混凝土拌制:搅拌站≤60 m³/h, C30[HT-6962,HT-558]	10 m³	78.316	1 737.72	136 091	
QY-1122	混凝土搅拌运输车: 容量≤6 m³ 装卸	10 m³	78.3	145.69	11 408	
QY-1123	混凝土搅拌运输车: 容量≤6 m³ 运 1 km	10 m³	78.3	24.59	1 925	
QY-180	钻孔桩泥浆外运 1 km 以内	10 m³	69.8	13.95	974	
QY-181*4	钻孔桩泥浆外运,增运 1 km	10 m³	69.8	10.97	766	
QY-194	钻孔桩钢护筒陆 上钢护筒埋深>1.5 m	t	3.2	1 029.51	3 294	
	人工费	元			24 662	
	材料费	元			180 355	
	机械使用费	元			153 978	
	一、定额直接工程费	元			358 995	

建设名称	天津地区×××专用线工程		编号	××专用线_ZGS_01－013	
工程名称	中桥(1座)		工程总量	82.02延长米	
工程地点			概算价值	1 753 873 元	
所属章节	三章7节		概算指标	21 383.48元/延长米	
单价编号	工作项目或费用名称	单位	数量	费用/元	
				单价	合价
	人工价差	元	1 027.58	21	21 578
	调查价差	元			81 159
	系数价差	元	13717	0.198	2 716
	机械台班差	元			30 884
	三、价差合计	元			136 337
	直接工程费	元			495 332
	五、施工措施费	%	178 640	17.58	31 405
	直接费	元			526 737
	七、间接费	%	178 640	52.1	9 3071
	八、税金	%	607 755	3.35	20 764
	九、单项预算价值	元			640 572
	(二)墩台	瓦工方	354.8	987.89	350 503
	1. 混凝土	瓦工方	354.8	556.18	197 334
QY－370	单双柱式桥墩:立柱混凝土非泵送	10 m³	20.08	1 394.75	28 007
QY－1080 参	混凝土拌制:搅拌站≤60 m³/h, C30[HT－6063，HT－670]	10 m³	20.482	1 580.18	32 365
QY－421	托盘及台顶混凝土(非泵送)	10 m³	12.1	1 425.29	17 246
QY－1080 参	混凝土拌制:搅拌站≤60 m³/h, C30[HT－6063，HT－670]	10 m³	12.342	1 580.18	19 502
QY－396	陆上顶帽混凝土 墩高≤30m	10 m³	3.3	1 188.28	3 922
QY－1080 参	混凝土拌制:搅拌站≤60 m³/h, C30[HT－6063，HT－670]	10 m³	3.366	1 580.18	5 319
QY－1122	混凝土搅拌运输车: 容量≤6 m³ 装卸	10 m³	36.18	145.69	5 271
QY－1123	混凝土搅拌运输车: 容量≤6 m³ 运 1 km	10 m³	36.18	24.59	890
	人工费	元			16 167
	材料费	元			71 050
	机械使用费	元			25 305

建设名称	天津地区×××专用线工程			编号	××专用线_ZGS_01－013	
工程名称	中桥(1座)			工程总量	82.02 延长米	
工程地点				概算价值	1 753 873 元	
所属章节	三章7节			概算指标	21 383.48 元/延长米	
单价编号	工作项目或费用名称	单位	数量	费用/元		
				单价	合价	
	一、定额直接工程费	元			112 522	
	人工价差	元	673.63	21	14 148	
	调查价差	元			29 979	
	系数价差	元	7 607	0.198	1 506	
	机械台班差	元			3 885	
	三、价差合计	元			49 518	
	直接工程费	元			162 040	
	五、施工措施费	％	41 472	17.58	7 291	
	直接费	元			169 331	
	七、间接费	％	41 472	52.1	21 607	
	八、税金	％	190 938	3.35	6 396	
	九、单项预算价值	元			197 334	
	2. 钢筋	t	26.1	5 868.54	153 169	
QY－373	单双柱式桥墩(立柱钢筋)	t	3.5	3 690.52	12 917	
QY－423	托盘及台顶钢筋	t	16.9	3 948.72	66 734	
QY－411	陆上顶帽(钢筋):墩高≤30 m	t	5.7	4 010.26	22 859	
	人工费	元			9 936	
	材料费	元			88 376	
	机械使用费	元			4 198	
	一、定额直接工程费	元			102 510	
	人工价差	元	414	21	8 693	
	调查价差	元			25 867	
	系数价差	元	1441	0.198	285	
	机械台班差	元			1 000	
	三、价差合计	元			35 845	
	直接工程费	元			138 355	
	五、施工措施费	％	14 134	17.58	2 485	
	直接费	元			140 840	
	七、间接费	％	14 134	52.1	7 364	
	八、税金	％	148 204	3.35	4 965	
	九、单项预算价值	元			153 169	

建设名称	天津地区×××专用线工程		编号	××专用线_ZGS_01-013	
工程名称	中桥(1座)		工程总量	82.02 延长米	
工程地点			概算价值	1 753 873 元	
所属章节	三章7节		概算指标	21 383.48 元/延长米	
单价编号	工作项目或费用名称	单位	数量	费用/元	
				单价	合价
	(三)预应力混凝土简支箱梁	孔	6	32 061.83	192 371
	1. 预制	孔	3	39 033	117 099
QY-459	预制T形梁(混凝土)	10 m³	5.65	2 083.91	11 774
QY-1084 参	混凝土拌制：搅拌站≤60 m³/h，C50[HT-6082，HT-427]	10m³	5.707	2 032.67	11 600
QY-460	预制T形梁(钢筋)	t	12.1	3 835.36	46 408
QY-518	现浇翼缘板及T形梁架设后横向联结湿接缝混凝土	10 m³	0.59	1 377.42	813
QY-1084 参	混凝土拌制：搅拌站≤60 m³/h，C50[HT-6082，HT-427]	10 m³	0.602	2 032.67	1 224
QY-460	预制T形梁钢筋	t	0.66	3 835.36	2 531
QY-1122	混凝土搅拌运输车：容量≤6 m³ 装卸	10 m³	6.3	145.69	918
QY-1123	混凝土搅拌运输车：容量≤6 m³ 运 1 km	10 m³	6.3	24.59	155
	人工费	元			5 804
	材料费	元			63 979
	机械使用费	元			5 640
	一、定额直接工程费	元			75 423
	人工价差	元	241.83	23	5 562
	调查价差	元			18 849
	系数价差	元	2380	0.104	248
	机械台班差	元			1 342
	三、价差合计	元			26 001
	直接工程费	元			101 424
	五、施工措施费	%	11 444	36.2	4 143
	直接费	元			105 567
	七、间接费	%	11 444	67.6	7 736
	八、税金	%	113 303	3.35	3 796
	九、单项预算价值	元			117 099
	2. 架设	孔	3	25 090.67	75 272

建设名称	天津地区×××专用线工程		编号	××专用线_ZGS_01－013	
工程名称	中桥(1座)		工程总量	82.02 延长米	
工程地点			概算价值	1 753 873 元	
所属章节	三章7节		概算指标	21 383.48 元/延长米	
单价编号	工作项目或费用名称	单位	数量	费用/元	
				单价	合价
QY－488	架桥机安拆、调试 130 t	次	1	21 374.78	21 375
QY－496	130 t 架桥机架设 T 形梁，跨度 24 m	单线孔	3	8 848.76	26 546
QY－512	桥头线路加固	座	1	1 744.16	1 744
	人工费	元			3 631
	材料费	元			5 895
	机械使用费	元			40 139
	一、定额直接工程费	元			49 665
	人工价差	元	151.29	23	3 479
	系数价差	元	917	0.104	95
	机械台班差	元			6 987
	三、价差合计	元			10 561
	直接工程费	元			60 226
	五、施工措施费	%	43 770	4.3	1 882
	直接费	元			62 108
	七、间接费	%	43 770	24.5	10 724
	八、税金	%	72 832	3.35	2 440
	九、单项预算价值	元			75 272
	(十二)支座	元	3	12 618.67	37 856
	2. 板式橡胶支座	孔	3	12 618.67	37 856
QY－623	支座安装(金属支座,弧形支座)	单线孔	3	2 330.84	6 992
2611012	大弧形支座,24 m 钢筋混凝土梁用	孔	3	7 442.69	22 328
	人工费	元			294
	材料费	元			25 025
	机械使用费	元			4 001
	一、定额直接工程费	元			29 320
	人工价差	元	12.25	21	258
	调查价差	元			599
	系数价差	元	690	0.104	72
	机械台班差	元			1 071
	三、价差合计	元			2 000
	直接工程费	元			31 320

建设名称	天津地区×××专用线工程		编号	××专用线_ZGS_01—013	
工程名称	中桥(1座)		工程总量	82.02 延长米	
工程地点			概算价值	1 753 873 元	
所属章节	三章 7 节		概算指标	21 383.48 元/延长米	
单价编号	工作项目或费用名称	单位	数量	费用/元	
				单价	合价
	五、施工措施费	%	4 295	26.21	1 126
	直接费	元			32 446
	七、间接费	%	4 295	97.4	4 183
	八、税金	%	36 629	3.35	1 227
	九、单项预算价值	元			37 856
	(十三)桥面系	延长米	82.02	2 559.07	209 895
	1. 混凝土梁桥面系	延长米	82.02	2 559.07	209 895
QY—660	现浇挡碴(防撞)墙及竖墙混凝土浇筑	10 m³	1.89	1 150.74	2 175
QY—1084	混凝土拌制:搅拌站≤60 m³/h,C50 碳化环境非泵送高性能混凝土	10 m³	1.928	2 234.89	4 308
QY—661	现浇挡碴(防撞)墙及竖墙钢筋	t	4.6	3 743.23	17 219
QY—650	混凝土栏杆(安装)	100 双侧米	0.46	5 946.24	2 735
QY—656	木枕地段铺设护轮轨(单线)护轮轨	100 m	0.92	56 714.25	52 177
QY—657	木枕地段铺设护轮轨(单线)弯轨及梭头	一座桥	1	5 427.97	5 428
QY—686	桥上设施桥墩检查设施围栏	t	5.6	4 334.67	24 274
QY—687	桥上设施桥墩检查设施吊篮支架、栏杆、检查梯	t	6.6	5 026.61	33 175
QY—689	桥梁拼装式检查设施(单轨式)固定设备	孔	3	2 843.24	8 530
QY—1122	混凝土搅拌运输车:容量≤6 m³ 装卸	10 m³	1.93	145.69	281
QY—1123	混凝土搅拌运输车:容量≤6 m³ 运 1 km	10 m³	1.93	24.59	47
	人工费	元			14 383
	材料费	元			131 117
	机械使用费	元			4 849
	一、定额直接工程费	元			150 349
	人工价差	元	599.29	23	13 783

建设名称	天津地区×××专用线工程			编号	××专用线_ZGS_01－013	
工程名称	中桥(1座)			工程总量	82.02 延长米	
工程地点				概算价值	1 753 873 元	
所属章节	三章 7 节			概算指标	21 383.48 元/延长米	
单价编号	工作项目或费用名称	单位	数量	费用/元		
				单价	合价	
	调查价差	元			11 799	
	系数价差	元	29 729	0.198	5 886	
	机械台班差	元			1 311	
	三、价差合计	元			32 779	
	直接工程费	元			183 128	
	五、施工措施费	%	19 232	36.2	6 962	
	直接费	元			190 090	
	七、间接费	%	19 232	67.6	13 001	
	八、税金	%	203 091	3.35	6 804	
	九、单项预算价值	元			209 895	
	(十四)附属工程	项	1	52 992	52 992	
	7. 台厚及锥体填筑	m³	90	588.8	52 992	
LY－374	夯填砂卵石	10 m³	56	232.74	13 033	
QY－956	干砌片石锥体护坡	10 m³	10.3	375.11	3 864	
QY－961	浆砌片石锥体护坡 M10	10 m³	4.5	778.24	3 502	
QY－941	垫层：混凝土 C10，碎石粒径≤40	m³	45	115.12	5 180	
QY－982	桥头检查台阶：浆砌片石 M10	10 m³	0.8	824.32	660	
	人工费	元			11 289	
	材料费	元			14 912	
	机械使用费	元			38	
	一、定额直接工程费	元			26 239	
	人工价差	元	470.38	21	9 877	
	调查价差	元			7 227	
	系数价差	元	92	0.198	18	
	机械台班差	元			21	
	三、价差合计	元			17 143	
	直接工程费	元			43 382	
	五、施工措施费	%	11 327	17.58	1 991	
	直接费	元			45 373	
	七、间接费	%	11 327	52.1	5 901	
	八、税金	%	51 274	3.35	1 718	

建设名称	天津地区×××专用线工程			编号	××专用线_ZGS_01—013	
工程名称	中桥(1座)			工程总量	82.02 延长米	
工程地点				概算价值	1 753 873 元	
所属章节	三章7节			概算指标	21 383.48 元/延长米	
单价编号	工作项目或费用名称	单位	数量	费用/元		
					单价	合价
	九、单项预算价值	元				52 992
	(十五)基础施工辅助设施	元	2 820		15.06	42 472
QY—1	机械挖土方:基坑深≤6 m,无水	10 m³	120		33.06	3 967
QY—2	机械挖土方:基坑深≤6 m,有水	10 m³	162		33.55	5 435
QY—43	基坑抽水:弱水流≤15 m³/h	10 m³ 湿土	50		72.64	3 632
QY—47	基坑回填(原土)	10 m³	72		67.21	4 839
	人工费	元				6 986
	材料费	元				119
	机械使用费	元				10 768
	一、定额直接工程费	元				17 873
	人工价差	元	291.08		21	6 114
	系数价差	元	119		0.198	24
	机械台班差	元				4 713
	三、价差合计	元				10 851
	直接工程费	元				28 724
	五、施工措施费	%	17 754		17.58	3 121
	直接费	元				31 845
	七、间接费	%	17 754		52.1	9 250
	八、税金	%	41 095		3.35	1 377
	九、单项预算价值	元				42 472

表 10-35　单项概算表(涵洞)

建设名称	天津地区×××专用线工程			编号	××专用线_ZGS_01—015	
工程名称	涵洞(××座)			工程总量	11.21 横延长米	
工程地点				概算价值	237 481 元	
所属章节	三章9节			概算指标	21 184.75 元/横延长米	
单价编号	工作项目或费用名称	单位	数量	费用/元		
					单价	合价
	涵洞	横延长米	11.21		21 184.75	237 481
	Ⅰ.建筑工程费	横延长米	11.21		21 184.75	237 481
	甲、新建	横延长米	11.21		21 184.75	237 481
	一、圆涵	横延长米	11.21		21 184.75	237 481
	(一)明挖	横延长米	11.21		21 184.75	237 481
	2.双孔	横延长米	11.21		21 184.75	237 481
	(1)涵身及附属	横延长米	11.21		20 593.76	230 856
QY—729	圆涵:场内预制管节 混凝土孔径>2.0 m	10 m³	2.75		1 295.78	3 563

建设名称	天津地区×××专用线工程			编号	××专用线_ZGS_01−015	
工程名称	涵洞(××座)			工程总量	11.21 横延长米	
工程地点				概算价值	237 481 元	
所属章节	三章9节			概算指标	21 184.75 元/横延长米	
单价编号	工作项目或费用名称	单位	数量	费用/元		
				单价	合价	
QY−1112	混凝土拌制：搅拌机≤250 L，C20 普通混凝土	10m³	2.778	1 198.95	3 331	
QY−730	圆涵(管节钢筋)	t	7.352	3 617.56	26 596	
QY−731	圆涵(现浇管座，混凝土)	10 m³	39.11	511.46	20 004	
QY−1112	混凝土拌制：搅拌机≤250 L，C20 普通混凝土	10 m³	39.892	1 198.95	47 828	
QY−726	双孔间填筑混凝土	10 m³	0.39	237.27	93	
QY−1112	混凝土拌制：搅拌机≤250 L，C20 普通混凝土	10 m³	0.398	1 198.95	478	
QY−733	圆涵钢筋混凝土管节安装孔径＞1.0 m	10 m³ 混凝土	5.12	381.54	1 953	
QY−721	涵洞墙身及端翼墙(浆砌片)石 M10	10 m³	1.99	875.07	1 741	
QY−725	帽石、墙顶：混凝土	10 m³	0.33	1 279.51	423	
QY−1112	混凝土拌制：搅拌机≤250 L，C20 普通混凝土	10 m³	0.337	1 198.95	405	
QY−1122	混凝土搅拌运输车：容量≤6 m³ 装卸	10 m³	43.38	144.36	6 262	
QY−1123	混凝土搅拌运输车：容量≤6 m³ 运 1 km	10 m³	43.38	24.5	1 063	
QY−960	浆砌片石：锥体护坡，M7.5	10 m³	1.39	720.41	1 002	
QY−962	浆砌片石：河床护底，M7.5	10 m³	4.18	701.48	2 933	
LY−366	松填(碎石)	10m³	1.35	318.1	430	
QY−913	热沥青防水层：涂沥青一层	10 m²	3.81	29.93	114	
QY−914	热沥青防水层：涂沥青增加一层	10 m²	3.81	22.48	86	
QY−915	热沥青防水层：浸制麻布一层	10 m²	3.81	104.99	400	
QY−949	伸缩缝、沉降缝：水泥砂浆 M10	10 m²	3.66	325.03	1 190	
QY−944	热作式伸缩缝、沉降缝：沥青麻筋，厚30	10 m²	3.9	1 570.58	6 125	
	人工费	元			21 101	

建设名称	天津地区×××专用线工程		编号	××专用线_ZGS_01-015	
工程名称	涵洞(××座)		工程总量	11.21 横延长米	
工程地点			概算价值	237 481 元	
所属章节	三章9节		概算指标	21 184.75 元/横延长米	
单价编号	工作项目或费用名称	单位	数量	费用/元	
				单价	合价
	材料费	元			94 789
	机械使用费	元			10 130
	一、定额直接工程费	元			126 020
	人工价差	元	1 036.9	22.65	23 484
	调查价差	元			47 985
	系数价差	元	7 203	0.315	2 269
	机械台班差	元			1 854
	三、价差合计	元			75 592
	直接工程费	元			201 612
	五、施工措施费	%	31 231	17.58	5 490
	直接费	元			207 102
	七、间接费	%	31 231	52.1	16 271
	八、税金	%	223 373	3.35	7 483
	九、单项预算价值	元			230 856
	(2)明挖基础(含承台)	瓦工方	256	25.88	6 625
QY-7	人力挖土方人力提升:基坑深≤3 m,无水	10 m³	25.6	67.34	1 724
QY-47	基坑回填(原土)	10 m³	10.1	57.17	577
	人工费	元			2 263
	材料费	元			38
	一、定额直接工程费	元			2 301
	人工价差	元	111.2	22.65	2 520
	系数价差	元	38	0.315	12
	三、价差合计	元			2 532
	直接工程费	元			4 833
	五、施工措施费	%	2 263	17.58	398
	直接费	元			5 231
	七、间接费	%	2 263	52.1	1 179
	八、税金	%	6 410	3.35	215
	九、单项预算价值	元			6 625

表 10-36 单项概算表(站线)

建设名称	天津地区×××专用线工程		编号	××专用线_ZGS_01－022	
工程名称	站线		工程总量	3.5铺轨公里	
工程地点			概算价值	5 495 541 元	
所属章节	五章 13 节		概算指标	1 570 154.57 元/铺轨公里	
单价编号	工作项目或费用名称	单位	数量	费用/元	
				单价	合价
	站线	铺轨公里	3.5	1 570 154.57	5 495 541
	甲、新建	铺轨公里	3.5	1 570 154.57	5 495 541
	Ⅰ.建筑工程费	铺轨公里	3.5	1 570 154.57	5 495 541
	一、铺新轨	铺轨公里	3.5	1 318 447.43	4 614 566
	(一)木枕	铺轨公里	0.7	1 142 737.14	799 916
GY－114	人工铺轨:木枕 50 kg; 钢轨 1 760 根	km	0.7	6 775.9	4 743
GY－231	轨料木枕:Ⅰ类 50 kg 钢轨,轨长 25 m;K 形分开式扣件 1 760 根	km	0.7	846 301.92	592 411
	人工费	元			3 708
	材料费	元			592 448
	机械使用费	元			998
	一、定额直接工程费	元			597 154
	人工价差	元	154.5	26	4 018
	调查价差	元			149 963
	系数价差	元	97 914	0.17	16 645
	机械台班差	元			390
	三、价差合计	元			171 016
	直接工程费	元			768 170
	五、施工措施费	%	4 706	26.21	1 233
	直接费	元			769 403
	七、间接费	%	4 706	97.4	4 584
	八、税金	%	624 024	3.35	25 929
	九、单项预算价值	元			799 916
	(二)钢筋混凝土枕	铺轨公里	2.8	1 362 375	3 814 650
GY－84	人工铺轨:混凝土枕 60 kg; 钢轨Ⅲ型 A1667 根	km	2.8	23 970.43	67 117
GY－168	轨料:混凝土枕Ⅲ型枕定尺 钢轨 25 m,60 kg;钢轨Ⅲ型 A 弹条Ⅱ型扣件 1667 根	km	2.8	800 215.53	2 240 603
	人工费	元			50 857
	材料费	元			2 250 084

建设名称	天津地区×××专用线工程		编号		××专用线_ZGS_01—022
工程名称	站线		工程总量		3.5铺轨公里
工程地点			概算价值		4 057 230 元
所属章节	五章 13 节		概算指标		1 159 208.57 元/铺轨公里
单价编号	工作项目或费用名称	单位	数量	费用/元	
				单价	合价
	机械使用费	元			· 6 779
	一、定额直接工程费	元			2 307 720
	人工价差	元	2 119.04	26	55 095
	调查价差	元			1 242 127
	系数价差	元	70 191	0.171	12 003
	机械台班差	元			2 813
	三、价差合计	元			1 312 038
	直接工程费	元			3 619 758
	五、施工措施费	%	57 636	26.21	15 106
	直接费	元			3 634 864
	七、间接费	%	57 636	97.4	56 137
	八、税金	%	2 449 275	3.35	123 649
	九、单项预算价值	元			3 814 650
	三、铺新岔	组	2	229 480	458 960
	(一)单开道岔	组	2	229 480	458 960
	1. 有碴道床铺道岔	组	2	229 480	458 960
GY—377	人工铺道岔：单开道岔 V≤160 km/h； 木岔枕 60 kg，钢轨 12 号	组	2	1771.33	3543
GY—539	道岔轨料：单开道岔 V≤160 km/h；混凝土岔枕 60 kg， 钢轨 12 号，固定辙岔	组	2	202 652.81	405 306
GY—805	安装轨道加强设备： 防爬器(穿销式)木枕 60 kg	1 000 个	0.3	15 809.22	4 742
GY—807	安装轨道加强设备： 防爬支撑(混凝土制)，木枕	1 000 个	0.5	3 788.08	1 894
	人工费	元			3 234
	材料费	元			411 830
	机械使用费	元			421
	一、定额直接工程费	元			415 485
	人工价差	元	134.75	26	3 504

建设名称	天津地区×××专用线工程			编号	××专用线_ZGS_01—022	
工程名称	站线			工程总量	3.5 铺轨公里	
工程地点				概算价值	4 057 230 元	
所属章节	五章 13 节			概算指标	1 159 208.57 元/铺轨公里	
单价编号	工作项目或费用名称	单位	数量	费用/元		
				单价	合价	
	调查价差	元			20 473	
	机械台班差	元			103	
	三、价差合计	元			24 080	
	直接工程费	元			439 565	
	五、施工措施费	%	3 655	26.21	958	
	直接费	元			440 523	
	七、间接费	%	3 655	97.4	3 560	
	八、税金	%	444 083	3.35	14 877	
	九、单项预算价值	元			458 960	
	五、铺道床	铺轨公里	3.5	120 575.71	422 015	
	(一)粒料道床	m³	3 800	111.06	422 015	
	1. 面碴	m³	3 800	111.06	422 015	
GY—725	站线铺面碴：碎石道碴，混凝土枕	1 000 m³	3.8	44 901.19	170 625	
	人工费	元			48 129	
	材料费	元			116 075	
	机械使用费	元			6 421	
	一、定额直接工程费	元			170 625	
	人工价差	元	2 005.38	23	46 124	
	调查价差	元			163 940	
	机械台班差	元			4 010	
	三、价差合计	元			214 074	
	直接工程费	元			384 699	
	五、施工措施费	%	54 550	10.83	5 908	
	直接费	元			390 607	
	七、间接费	%	54 550	32.5	17 729	
	八、税金	%	408 336	3.35	13 679	
	九、单项预算价值	元			422 015	

表 10-37 单项概算表（线路有关）

建设名称	天津地区×××专用线工程		编号	××专用线_ZGS_01—023	
工程名称	线路有关工程		工程总量	3.5 正线公里	
工程地点			概算价值	132 274 元	
所属章节	五章 14 节		概算指标	37 792.57 元/正线公里	
单价编号	工作项目或费用名称	单位	数量	费用/元	
				单价	合价
	线路有关工程	正线公里	3.5	37 792.57	132 274
	Ⅰ. 建筑工程费	正线公里	3.5	37 792.57	132 274
	一、附属工程	元	1	132 274	132 274
GY—1043	线路落道：混凝土枕(站线)	km	3.5	10 296	36 036
GY—1053	道岔落道：12 号混凝土岔枕	组	2	1 176	2 352
GY—1018	拆除工程：拆除线路(木枕地段)	km	0.12	1410.25	169
	人工费	元			38 556
	材料费	元			1
	一、定额直接工程费	元			38 557
	人工价差	元	1 606.5	26	41 769
	三、价差合计	元			41 769
	直接工程费	元			80 326
	五、施工措施费	%	38 556	26.21	10 106
	直接费	元			90 432
	七、间接费	%	38 556	97.4	37 554
	八、税金	%	127 986	3.35	4 288
	九、单项预算价值	元			132 274

表 10-38 单项概算表（大临过渡）

建设名称	天津地区×××专用线工程		编号	××专用线_ZGS_01—037	
工程名称	大型临时设施和过渡工程		工程总量	3.5 正线公里	
工程地点			概算价值	948 400 元	
所属章节	十章 28 节		概算指标	270 971.43 元/正线公里	
单价编号	工作项目或费用名称	单位	数量	费用/元	
				单价	合价
	大型临时设施和过渡工程	正线公里	3.5	270 971.43	94 8400
	Ⅰ. 建筑工程费	正线公里	3.5	270 971.43	948 400
	一、大型临时设施	正线公里	3.5	242 400	848 400
	(三)汽车运输便道	km	4.7	74 127.66	348 400
	2. 新建引入线	km	1.5	100 000	150 000
	3. 改(扩)建便道	km	3.2	12 000	38 400

建设名称	天津地区×××专用线工程		编号	××专用线_ZGS_01－037	
工程名称	大型临时设施和过渡工程		工程总量	3.5 正线公里	
工程地点			概算价值	948 400 元	
所属章节	十章28节		概算指标	270 971.43 元/正线公里	
单价编号	工作项目或费用名称	单位	数量	费用/元	
				单价	合价
	4. 利用地方既有道路补偿费	元	3.2	50 000	160 000
	(十)混凝土集中搅拌站	处	1	400 000	400 000
	大型设备进出场费	套	1	100 000	100 000
	二、过渡工程	正线公里	3.5	28 571.43	100 000
	(三)站场封锁转线	处	1	100 000	100 000

表 10-39 工料机数量统计汇总表

建设项目名称	天津地区×××专用线工程							
统计范围	专用线部分				工程量	3.5 正线公里		
电算代号	工料机名称	单位	数量	基期		编制期		
				单价	合价	单价	合价	
1	Ⅰ类工	工日	2 126.76	20.35	43 279.67	43	91 450.9	
2	Ⅱ类工	工日	3 355.95	24	80 542.8	45	151 017.75	
6	Ⅱ－2类工	工日	2 997.76	24	71 946.34	47	140 894.91	
8	轨道(不含粒料道床)类工	工日	4 014.8	24	96 355.15	50	200 739.9	
1010002	普通水泥32.5级	kg	155 854.96	0.26	40 522.29	0.39	60 783.44	
1010003	普通水泥42.5级	kg	577 352.35	0.31	178 979.23	0.42	242 487.99	
1010012	普通水泥42.5级(高性能混凝土)	kg	6 362.4	0.31	1 972.34	0.31	1 972.34	
1110001	原木	m³	0.14	794	111.16	794	111.16	
1110003	锯材	m³	19.02	1 013	19 264.22	1 013	19 264.22	
1210002	膨润土	kg	28 029.28	0.14	3 924.1	0.14	3 924.1	
1210004	黏土	m³	8.77	8	70.14	8	70.14	
1210020	矿渣粉(高性能混凝土)	kg	1 349.6	0.2	269.92	0.2	269.92	
1230006	片石	m³	1 238.07	15	18 571.05	30	37 142.1	
1240014	碎石：40 以内	m³	1 487.87	26	38 684.51	63	93 735.56	
1240016	碎石：80 以内	m³	13.9	23	319.82	63	876.02	
1240019	碎石道碴Ⅰ级	m³	4 430.8	26	115 200.8	63	279 140.4	
1240023	碎石：25 以内(高性能混凝土)	m³	16.58	30	497.43	63	1 044.6	

续表

				基期		编制期	
建设项目名称		天津地区×××专用线工程					
统计范围	专用线部分			工程量		3.5 正线公里	
电算代号	工料机名称	单位	数量	单价	合价	单价	合价
1240118	天然级配砂(砾)卵石	m³	700	9	6 300	9	6 300
1260022	中粗砂	m³	667.33	16.51	11 017.55	43	28 695.02
1260023	细砂	m³	422.91	14.5	6 132.14	14.5	6 132.14
1260024	中粗砂(高性能混凝土)	m³	7.71	16.51	127.33	43	331.62
1260132	粉煤灰(高性能混凝土)	kg	1 349.6	0.24	323.9	0.24	323.9
1260141	滑石粉 325 目	kg	121.36	0.32	38.83	0.32	38.83
1270012	建筑石油沥青	kg	429.42	1.59	682.78	1.59	682.78
1270015	软煤沥青 8 号	kg	1 435.39	1.06	1 521.51	1.06	1 521.51
1270020	木材防腐油	kg	16.19	1.42	22.99	1.42	22.99
1280037	万能胶 309	kg	4.18	15.03	62.84	15.03	62.84
1710104	聚氨酯防水涂料	kg	1.84	9.34	17.19	9.34	17.19
1900005	圆钢 Q235-Aφ6~9	kg	10 682.56	3.31	35 359.28	4.26	45 507.71
1900012	圆钢 Q235-Aφ10~18	kg	15 070.95	3.33	50 186.25	4.26	64 202.23
1900013	圆钢 Q235-Aφ18 以上	kg	611.68	3.28	2 006.33	4.26	2 605.78
1910101	螺纹钢 φ6~9	kg	1 536	3.3	5 068.8	4.26	6 543.36
1910102	螺纹钢 φ10~18	kg	74 886.31	3.27	244 878.24	4.26	319 015.69
1940005	工字钢 Q235-A	kg	1 458.21	3.62	5 278.72	3.62	5 278.72
1950101	槽钢 Q235-A	kg	34.32	3.43	117.72	3.43	117.72
1960025	角钢 Q235-A	kg	4 913.73	3.19	15 674.8	3.19	15 674.8
2000007	钢板 Q235-A δ=7~40	kg	307.89	3.9	1 200.77	3.9	1 200.77
2031043	白铁皮 δ=0.2	kg	1.02	3.68	3.75	3.68	3.75
2100005	钢丝绳	kg	456.46	7.23	3 300.21	7.23	3 300.21
2130012	镀锌低碳钢丝 φ0.7~5	kg	561.73	4.46	2 505.32	4.46	2 505.32
2220016	焊接钢管	kg	250.4	3.87	969.05	3.87	969.05
2611012	大弧形支座:24 m 钢筋混凝土梁用	孔	3	7 442.69	22 328.07	7 442.69	22 328.07
2700062	废(旧)轨	t	10.54	3 131	33 000.74	3 131	33 000.74
2700213	钢轨:50 kg 25 m 中锰钢	根	56.06	4 824.77	270 457.31	4 824.77	270 457.31
2700214	钢轨:60 kg 25 m 中锰钢	根	224.22	5 881.23	1 318 712.92	5 881.23	1 318 712.92
2710017	接头夹板 50 kg	块	147.58	91.58	13 515.56	91.58	13 515.56
2710018	接头夹板 60 kg	块	459.65	117.41	53 967.27	117.41	53 967.27
2711010	接头螺栓带帽 18~43 kg	kg	323.4	7.35	2 376.99	7.35	2 376.99

建设项目名称	天津地区×××专用线工程							
统计范围	专用线部分			工程量	3.5正线公里			
电算代号	工料机名称	单位	数量	基期		编制期		
				单价	合价	单价	合价	
2711012	接头螺栓带帽 50 kg	套	446.74	5.02	2 242.66	5.02	2 242.66	
2711013	高强度接头螺栓带帽 60 kg	套	1 391.38	4.91	6 831.66	4.91	6 831.66	
2712011	弹簧垫圈 50 kg	个	451.18	0.35	157.91	0.35	157.91	
2712012	弹簧垫圈 60 kg	个	1 405.15	0.37	519.91	0.37	519.91	
2713012	铁垫板 50 kg	块	2 831.52	19.8	56 064.13	19.8	56 064.13	
2713210	塑料垫板	块	2 471.39	2.88	7 117.61	2.88	7 117.61	
2714012	防爬器 60 kg	个	301.5	15.57	4 694.36	15.57	4 694.36	
2714111	防爬支撑(混凝土)	个	505	3.31	1 671.55	3.31	1 671.55	
2726013	提速混凝土枕单开道岔 60 kg12 号 AT 专线 4249	组	2	175 301	350 602	183 000	366 000	
2741013	素枕二型	根	0.37	101	37.77	101	37.77	
2741015	木枕Ⅰ类	根	1 235.7	153.37	189 518.7	153.37	189 518.7	
2741016	木枕Ⅱ类	根	7.22	128.27	926.11	128.27	926.11	
2741114	预应力混凝土枕Ⅲ型 A	根	4681.6	120.19	562 681.5	120.19	562 681.5	
2741402	混凝土岔枕 60 kg12 号单开	组	2.01	27 270	54 703.62	29 800	59 778.8	
2741807	桥梁护轨铸铁梭头	个	2	294.6	589.2	294.6	589.2	
2750020	平垫圈 25×50×6	个	5 026.56	0.32	1 608.5	0.32	1 608.5	
2750024	螺旋道钉带螺帽 M24×195	套	9 954.56	3.31	32 949.59	3.31	32 949.59	
2750025	轨卡螺栓带帽	套	5 026.56	3.96	19 905.18	3.96	19 905.18	
2750031	道钉 16×16×165	个	725.22	1.92	1 392.42	1.92	1 392.42	
2764010	轨卡(中间)50、60 kg	个	4 792.37	1.91	9 153.42	1.91	9 153.42	
2764011	轨卡(接头)50 kg	个	234.19	1.6	374.71	1.6	374.71	
2766103	60 kg 钢轨弹条Ⅱ型扣配件	组	4 681.6	63.63	297 890.21	63.63	297 890.21	
2810023	组合钢模板	kg	264.43	4.46	1 179.38	4.46	1 179.38	
2810024	组合钢支撑	kg	358.5	4.46	1 598.9	4.46	1 598.9	
2810025	组合钢配件	kg	441.8	5.85	2 584.52	5.85	2 584.52	
2810027	大钢模板	kg	1 098.6	5.65	6 207.09	5.65	6 207.09	
2810028	定型钢模板	kg	938.09	6.27	5 881.82	6.27	5 881.82	
2810047	钢配件	kg	191.03	6.38	1 218.75	6.38	1 218.75	
2810055	钢护筒	t	0.4	4 496.07	1 798.43	4 496.07	1 798.43	
2810115	万能杆件	t	0.01	6 589.98	79.08	6 589.98	79.08	

続表

建设项目名称	天津地区×××专用线工程						
统计范围	专用线部分			工程量	3.5 正线公里		
电算代号	工料机名称	单位	数量	基期		编制期	
				单价	合价	单价	合价
2811011	铁拉杆	kg	854.1	3.5	2 989.35	3.5	2 989.35
2811012	铁件	kg	71.13	4	284.54	4	284.54
2900016	煤	t	2.34	243.48	568.53	243.48	568.53
2900019	木柴	kg	177.96	0.42	74.74	0.42	74.74
2910056	机械油	kg	51.34	2.75	141.2	2.75	141.2
2910115	脱膜剂	kg	31.36	1.44	45.16	1.44	45.16
3000016	白石蜡 50 号	kg	140.03	4.36	610.52	4.36	610.52
3002011	纯碱：含量≥98%	kg	2 102.03	1.27	2 669.58	1.27	2 669.58
3002040	硫黄（块状）	kg	4 060.81	1.59	6 456.69	1.59	6 456.69
3003011	氧气	m³	59.33	1.69	100.27	1.69	100.27
3003015	乙炔气	kg	37.32	11.79	440.04	11.79	440.04
3005009	聚羧酸系减水剂	kg	99.87	8.1	808.95	8.1	808.95
3120616	醇酸桥梁面漆	kg	108.68	13.97	1 518.26	13.97	1 518.26
3120706	酚醛防锈漆 F53	kg	106.49	10.95	1 166.07	10.95	1 166.07
3120814	醇酸漆稀释剂 X—6	kg	6.19	5.29	32.75	5.29	32.75
3310211	输气（水）胶管 d150	m	6.6	173.61	1 145.31	173.61	1 145.31
3310217	输水胶管 d100	m	6.6	60.35	398.13	60.35	398.13
3378010	PVC 硬塑泄水算 250×250×10	个	8.81	7.87	69.37	7.87	69.37
3378011	PVC 硬塑泄水管及管盖 φ150×40	套	6.27	47.19	295.98	47.19	295.98
3391020	氯丁橡胶条	kg	3.67	32.69	120.07	32.69	120.07
3391025	闭孔乳胶海绵 δ=5	kg	10.45	32.88	343.69	32.88	343.69
3420011	青麻（白麻、片麻）	kg	534.3	8.47	4 525.52	8.47	4 525.52
3420128	麻布	m²	45.72	5.66	258.78	5.66	258.78
3440016	安全网锦纶	m²	33.57	17.88	600.23	17.88	600.23
3601037	六角头螺栓带帽 M12×300	套	2.02	2.21	4.47	2.21	4.47
3601067	六角头螺栓带帽 M20×(160~250)	套	50.67	5.4	273.64	5.4	273.64
3617914	普通螺栓带帽	kg	260.97	7.63	1 991.22	7.63	1 991.22
3618025	钩头螺栓带帽 M22×500	套	518.49	9.76	5 060.5	9.76	5 060.5

· 302 ·

建设项目名称	天津地区×××专用线工程							
统计范围	专用线部分			工程量	3.5正线公里			
电算代号	工料机名称	单位	数量	基期		编制期		
				单价	合价	单价	合价	
3623510	铁线钉	kg	95.52	3.3	315.21	3.3	315.21	
3631032	钢垫圈50	个	574.3	2.11	1211.78	2.11	1 211.78	
3710010	电焊条结 422φ2.5～3.2	kg	244.44	4.5	1 100	4.5	1 100	
3710015	电焊条结 707φ3.2～4	kg	272.27	6.15	1 674.45	6.15	1 674.45	
4841024	U形螺栓带帽	kg	25.9	9.26	239.83	9.26	239.83	
4900017	黑胶布：宽20 mm，长30 m	卷	1.04	6.82	7.13	6.82	7.13	
4900026	聚氯乙烯带 2.23×25	kg	1.04	4.55	4.75	4.55	4.75	
8999002	其他材料费	元	13 047.3	1	13 047.31	1	13 047.31	
8999006	水	t	1 669.11	0.38	634.28	0.38	634.28	
9100001	履带式液压单斗挖掘机 ≤0.6 m³	台班	33.84	447.37	15 252.11	610.26	20 711.31	
9100003	履带式液压单斗挖掘机 ≤1.0 m³	台班	21.57	687.71	14 910.32	948.24	20 493.1	
9100102	履带式推土机≤75 kW	台班	10.73	456.72	4 927.13	690.87	7 429.34	
9100104	履带式推土机≤105 kW	台班	16.61	582.34	9 671.5	844.99	14 033.59	
9100317	自行式振动压路机≤15 t	台班	28.33	612.11	17 341.69	928.03	26 292.02	
9100401	平地机≤120 kW	台班	3.91	570.93	2 231.19	808.34	3 158.99	
9100503	轮胎式装载机≤2 m³	台班	9.68	523.86	5 073.06	742.46	7 191.15	
9102101	汽车起重机≤5 t	台班	4.51	278.55	1 255.15	347.22	1 564.57	
9102102	汽车起重机≤8 t	台班	23.87	418.55	9 992.89	503.69	12 025.59	
9102103	汽车起重机≤12 t	台班	26.38	520.64	13 736.57	604.59	15 951.5	
9102104	汽车起重机≤16 t	台班	9.17	671.92	6 161.5	752.9	6 911.37	
9102105	汽车起重机≤20 t	台班	6.58	867.09	5 701.12	940.1	6 181.16	
9102109	汽车起重机≤40 t	台班	3	1 794.58	5 383.74	1 847.7	5 543.1	
9102203	轮胎起重机≤25 t	台班	0.61	913.11	557.91	1 130.56	690.77	
9102233	轨道式内燃起重机≤16 t	台班	0.6	653.09	391.85	825.17	495.1	
9102303	门式起重机≤20 t	台班	2.52	437.68	1 102.95	489.2	1 232.78	
9102311	万能杆件门式起重机≤75 t	台班	3.53	713.66	2 517.79	765.18	2 699.56	
9102612	单筒慢速卷扬机≤20 kN	台班	0.08	64.03	5.31	91.63	7.61	

建设项目名称	天津地区×××专用线工程							
统计范围	专用线部分			工程量		3.5 正线公里		
电算代号	工料机名称	单位	数量	基期			编制期	
				单价	合价	单价	合价	
9102613	单筒慢速卷扬机≤30 kN	台班	7.95	76.21	605.94	101.41	808.48
9102614	单筒慢速卷扬机≤50 kN	台班	13.58	82.47	1 115.28	107.67	1 461.87
9102621	单筒快速卷扬机≤10 kN	台班	2.9	57.6	167.04	84.78	245.86
9102632	双筒慢速卷扬机≤30 kN	台班	6.41	97.65	626.03	122.85	787.6
9102671	液压千斤顶≤200 t	台班	0.23	13.87	3.13	13.87	3.13
9103102	自卸汽车≤6 t	台班	360.52	333.85	120 360.6	436.89	157 508.89
9103302	混凝土搅拌输送车≤6 m³	台班	26.49	1 171.14	30 995.34	1 306.5	34 596.7
9103321	泥浆运输车≤4 000 L	台班	5.44	274.34	1 492.41	407.08	2 214.52
9103411	内燃机车（一班制）	台班	3.39	3 810.77	12 918.51	4 964.87	16 830.91
9103503	轨道车≤120 kW	台班	11.48	592.32	6 799.84	871.38	10 003.44
9103514	轨道平车≤60 t	台班	28.22	104.15	2 939.53	104.15	2 939.53
9104001	混凝七搅拌机≤250 L	台班	19.97	69.07	1 379.33	97.61	1 949.27
9104016	混凝土搅拌站≤60 m³/h	台班	9.68	1 785.14	17 287.29	1 970.36	19 090.64
9104207	混凝土泵≤60 m³/h	台班	0.28	893.04	252.73	922.02	260.93
9104213	混凝土输送泵车 ≤60 m³/h	台班	0.32	921.09	291.06	756.21	239.7
9104302	灰浆搅拌机≤400 L	台班	2.41	48.76	121.17	81.15	197.58
9105286	旋挖钻机≤280 kNm	台班	18.72	5 080.74	95 126.7	6 132.25	11 4814.12
9105301	单级离心清水泵 ≤12.5 m³/h—20 m	台班	2.09	34.36	71.85	61.27	128.12
9105305	单级离心清水泵 ≤25 m³/h—32 m	台班	74	40.97	3 031.78	65.54	4 849.96
9105310	单级离心清水泵 ≤170 m³/h—26 m	台班	9.36	85.52	800.64	110.09	1 030.66
9105322	多级离心清水泵 ≤32 m³/h—125 m	台班	7.7	81.37	626.55	105.94	815.74
9105351	离心式泥浆泵 ≤47 m³/h—19 m	台班	1.33	59.5	78.9	84.07	111.48
9105355	离心式泥浆泵 ≤150 m³/h—39 m	台班	18.72	184.51	3 454.58	209.08	3 914.6
9105401	泥浆搅拌机≤150 L	台班	9.36	44.97	421.01	75	702.15
9105541	高压油泵≤63 MPa	台班	0.28	59.61	16.87	86.52	24.49

建设项目名称	天津地区×××专用线工程							
统计范围	专用线部分			工程量		3.5 正线公里		
电算代号	工料机名称	单位	数量	基期			编制期	
				单价	合价		单价	合价
9106003	交流弧焊机≤42 kV·A	台班	72.54	116.18	8 427.7		147.26	10 710.26
9106013	直流弧焊机≤32 kW	台班	16.44	99.97	1 643.51		134.01	2 203.12
9106211	对焊机≤75 kV·A	台班	1.53	117.73	180.13		151.77	232.21
9107021	铺轨滚筒平车≤12 t	台班	41.8	24.07	1 006.12		24.07	1 006.12
9107101	液压起拨道机≤15 kW	台班	14.67	203.4	2 983.47		293.33	4 302.56
9107103	液压捣固机≤240 根/h	台班	29.34	117.17	3 437.3		208.92	6 128.88
9107402	架桥机≤130 t	台班	2.26	7 216.66	16 309.65		8 423.04	19 036.07
9108131	立式钻床 d≤25	台班	1.39	44.28	61.5		73.26	101.76
9108132	立式钻床 d≤50	台班	4.2	57.42	241.05		86.4	362.71
9108401	钢筋调直机 d≤14	台班	7.13	92.13	656.43		150.09	1 069.39
9108411	钢筋切断机 d≤40	台班	14.05	64.4	900.01		90.86	1 281.87
9108421	钢筋弯曲机 d≤40	台班	19.79	50.4	990.84		76.86	1 530.13
9108511	木工圆锯机 d≤500	台班	3.86	17.91	69.13		17.91	69.13
9108521	木工单面压刨床 B≤600	台班	0.96	28.41	27.27		28.41	27.27
9199999	其他机械使用费	台班	2 957.05	1	2 957.05		1	2 957.05

项目小结

铁路工程的概预算是指保质保量按期完成经批准的设计文件所列的建设项目所需要的资金数量。经审批的概预算是基本建设技术文件的重要组成部分，是基本建设管理体制中的基础文件。本项目详细介绍了铁路工程概预算的意义、分类、文件组成、编制依据、编制范围、编制深度及章节的划分，概预算各项费用的组成和计算方法，并介绍用工程造价软件编制概预算的步骤及方法，最后结合实例讲述铁路工程总概预算、综合概预算、单项概预算的编制方法和过程。

复习思考题

1. 概预算的编制依据是什么？
2. 概预算文件有哪几种形式？各在什么时候编制？
3. 概预算章节如何划分？概预算费用组成有哪些？
4. 什么是人工费？如何计算？
5. 材料的预算单价是如何组成的？材料差价如何计算？
6. 什么是差价？包括哪些内容？
7. 运杂费的组成内容有哪些？
8. 其他费包括哪些内容？如何计算？

参 考 文 献

[1] 吴安保. 铁路工程施工组织[M]. 北京：人民交通出版社，2009.

[2] 李明华. 铁路及公路工程施工组织与概预算[M]. 北京：中国铁道出版社，2006.

[3] 赵君鑫. 铁路工程施工组织设计[M]. 成都：西南交通大学出版社，2004.

[4] 向群，贾艳红. 铁路工程施工组织管理与概预算[M]. 北京：中国铁道出版社，2011.

[5] 铁建设〔2010〕223 号文. 铁路工程概预算定额[S]. 北京：中国标准出版社，2011.